U0529313

本书为中国社会科学院"'一带一路'法律风险防范与法律机制构建"大型调研项目最终成果。

编委会名单

编委会名誉主任

刘楠来　陈泽宪

编委会主任

陈国平　莫纪宏

编委会副主任

柳华文　廖　凡

编委会委员
（以姓氏拼音为序）

戴瑞君　傅攀峰　郝鲁怡　何晶晶　何田田　黄　晋　蒋小红
李庆明　李西霞　李　赞　刘敬东　刘小妹　罗欢欣　毛晓飞
马金星　曲相霏　任宏达　沈　涓　孙南翔　孙世彦　谭观福
　　　　田　夫　王翰灵　张卫华　张文广　钟瑞华

当代国际法丛书
丛书主编 莫纪宏
丛书副主编 柳华文

网络空间经贸规则法治机制研究

Research on the Rule of Law Mechanism
of Economic and Trade Rules in Cyberspace

孙南翔　著

中国社会科学出版社

图书在版编目（CIP）数据

网络空间经贸规则法治机制研究／孙南翔著 . —北京：中国社会科学出版社，2022.9

（当代国际法丛书）

ISBN 978－7－5227－0267－4

Ⅰ.①网… Ⅱ.①孙… Ⅲ.①互联网络—国际贸易—贸易法—研究 Ⅳ.①D996.1

中国版本图书馆 CIP 数据核字（2022）第 091533 号

出 版 人	赵剑英
责任编辑	张冰洁 李 沫
责任校对	季 静
责任印制	王 超

出　版	中国社会科学出版社
社　址	北京鼓楼西大街甲 158 号
邮　编	100720
网　址	http://www.csspw.cn
发 行 部	010－84083685
门 市 部	010－84029450
经　销	新华书店及其他书店
印　刷	北京明恒达印务有限公司
装　订	廊坊市广阳区广增装订厂
版　次	2022 年 9 月第 1 版
印　次	2022 年 9 月第 1 次印刷
开　本	710×1000 1/16
印　张	19
插　页	2
字　数	302 千字
定　价	99.00 元

凡购买中国社会科学出版社图书，如有质量问题请与本社营销中心联系调换
电话：010－84083683
版权所有　侵权必究

目 录

导 言 ·· (1)

第一章 网络空间与国家主权：一个概念的厘定 ············· (4)
 第一节 网络空间与全球混合场域理论 ························· (4)
  一 网络空间的基本架构与治理模式 ····················· (5)
  二 私域或是公域：网络空间治理的逻辑前提 ········ (8)
  三 全球混合场域的治理机制：以海洋和天空治理为
   样本 ·· (12)
  四 网络空间治理：以全球混合场域的治理机制为
   视角 ·· (20)
 第二节 网络空间中的数据主权理论 ··························· (28)
  一 数据主权的概念缘起 ·· (28)
  二 网络空间的无序状态：数据主权的自发博弈 ····· (32)
  三 破解网络空间安全困境：基于数据主权的合作 ··· (36)
 第三节 网络空间的主权与人权：冲突与协调 ············· (42)
  一 人权与国际法：基于国际贸易法的视角 ··········· (43)
  二 人权语境下的互联网自由与限制 ····················· (50)
  三 互联网自由的人权属性 ···································· (54)
  四 互联网自由的合法限制条件 ····························· (61)
 第四节 基于主权的合作：重新认识网络经济主权 ······· (67)
  一 网络经济主权：一个从实体空间到网络空间的
   概念 ·· (69)
  二 网络经济主权的主要内容 ································ (72)
  三 基于网络经济主权原则的国际治理模式 ··········· (78)

第五节 人工智能时代的网络空间合作机制 …………………（81）
　　一 从网络时代到人工智能时代的法律挑战 ……………（82）
　　二 人工智能技术对国际海洋法的挑战 …………………（83）
　　三 国际社会应对人工智能技术挑战的三个原则 ………（85）
　　四 积极应对人工智能对人类社会形成的挑战 …………（91）

第二章 网络空间与国际经贸规则的新发展 ……………………（93）
　第一节 多边主义视角下的网络空间国际经贸规则 …………（94）
　　一 "互联网自由"与"互联网规制"：从国际法角度的
　　　 切入 ……………………………………………………（94）
　　二 WTO 协定对互联网贸易自由的适用 ………………（99）
　　三 WTO 协定对互联网规制措施的适用 ………………（107）
　第二节 区域经贸协定中的数据跨境流动规则 ………………（123）
　　一 跨境数据流动与国际经贸协定的关联性 ……………（124）
　　二 WTO 协定对跨境信息流动的可适用性及局限性 …（131）
　　三 应对文本沉默的挑战：跨境信息流动的规则创新
　　　 路径 ……………………………………………………（140）
　　四 新型经贸协定对数据跨境流动的规制范式 …………（146）
　第三节 安全例外规则对网络空间经贸活动的适用 …………（154）
　　一 国家安全例外在国际经贸体系中的作用 ……………（155）
　　二 国家安全例外的自裁决性及审查标准 ………………（160）
　　三 国家安全例外的事项认定：演化的重要安全
　　　 利益 ……………………………………………………（165）
　　四 国家安全例外的时间事项：无差异的网络时空 ……（169）

第三章 网络空间国内立法的发展动向 …………………………（175）
　第一节 网络空间美欧立法的发展动向 ………………………（175）
　　一 美国恢复互联网自由指令的实践 ……………………（175）
　　二 欧盟《数字服务法》《数字市场法》的立法
　　　 探索 ……………………………………………………（177）
　第二节 网络空间信息市场化治理的机制变革 ………………（181）

一　网络个人信息商业化利用的现实需求 …………………（182）
　　二　网络个人信息商业化利用的条件 ……………………（185）
　　三　网络个人信息商业利用的市场化机制 ………………（190）
　第三节　网络空间信息治理的政府角色与地位 ……………（203）
　　一　政府进入网络个人信息市场机制的必要性 …………（203）
　　二　政府介入网络个人信息利用机制的功能定位及其
　　　　手段 …………………………………………………（204）
　　三　政府介入的行动空间：以《消费者保护法》
　　　　路径为例 ……………………………………………（206）
　　四　面向未来的网络个人数据交易与保护机制 …………（226）

第四章　百年未有变局下的网络空间经贸规则革新 …………（235）
　第一节　网络空间经贸规则的变化 …………………………（235）
　　一　互联网经贸领域的进展 ………………………………（235）
　　二　互联网经贸规则法治化所面临的挑战 ………………（237）
　　三　互联网经贸规则的缔约实践 …………………………（240）
　第二节　网络与信息企业海外投资的新挑战及应对 ………（244）
　　一　网信企业"走出去"面临多重竞争与博弈 …………（244）
　　二　网信领域国际经贸法律合作的未来趋势 ……………（250）

第五章　网络空间经贸规则的中国参与 ………………………（255）
　第一节　中国网络空间法治化治理导向与实践 ……………（255）
　　一　中国网络与信息行业的外向型发展 …………………（255）
　　二　中国网络空间的法治化进程 …………………………（263）
　　三　中国互联网规制措施具有合法性与必要性 …………（272）
　第二节　中国参与网络空间国际经贸规则的挑战 …………（274）
　　一　中国互联网贸易法律体系所面临的挑战 ……………（274）
　　二　中国网信企业"走出去"面临的挑战 ………………（275）
　第三节　对中国参与网络空间经贸规则的建议 ……………（277）
　　一　通过网络综合治理推动互联网贸易法治化发展 ……（277）

二 构建面向未来的网络空间国际法治机制 …………（280）
  三 推动网络空间经贸规则法治化治理的中国方案 ………（284）

参考文献 ………………………………………………………（290）

导　言

随着互联网技术的发展，经济主权从实体空间拓展到网络空间。网络空间中的经济主权表现为国家对网络基础设施的控制权、对网络技术标准的管理权、对互联网贸易活动的规制权以及制定网络经贸规则的平等参与权。以网络经济主权合作为主导的治理模式应发挥国家的核心作用，以硬法与软法为路径、以多边场合为重点，实现多目标、分层次网络空间治理机制。

"互联网自由"与"互联网规制"是信息时代的两项核心议题。在WTO框架下，互联网贸易自由包括信息技术产品贸易自由、服务贸易自由、网络分销媒介自由以及与贸易相关的信息自由。然而，互联网贸易自由并非是绝对的。通过对非贸易关切的考量，WTO协定赋予成员方实施互联网规制措施的权力，其包括国家安全例外、公共道德与公共秩序例外、个人数据保护例外。根据条约解释的方法出发，不同的例外条款具有不同的适用标准与条件。

网络空间逐步从"以技术为中心"的无主地体系转变为"以人为中心"的权利体系。本质上，以人为中心的互联网自由以权利为本位。互联网自由包括互联网表达自由、互联网信息获得自由、互联网基础设施和设备的可获得性以及互联网通信自由。然而，互联网自由是相对的。对互联网自由的限制应至少满足三个条件：一是限制措施为法律所明确规定；二是措施满足合法性目标；三是措施具有必要性。由此，各国应在法律上明确信息利益主体的救济机制和争议解决方法，有理有据有节地保障网络空间的国家安全、公共利益和个人权利，并增强国内外的互联网基础设施和设备可获得性，解决地区性的"数字鸿沟"难题，以此实现全人类的更美好未来。

随着信息存储和传输的规模化与便利化，人类社会已经步入大数据时代。在数据时代，数据跨境流动和储存更加日常化和便捷化。由此，国家数据安全面临更为严峻的挑战。在国际法层面，数据主权将成为各国对数据及与数据相关的技术、设施和服务商进行管辖的理论基础。实践中国家间的自发博弈形成了多重管辖权冲突和国家安全困境的无秩序状态。欲破解无秩序困境，国际社会应回归数据主权的合作参与性，以对数据的属地管辖和属人管辖为原则，对虚拟空间共有物实施共管，并对虚拟空间犯罪采取集体行动，以确保全人类共同的安全和发展。

在国内法层面，传统的个人信息自决权、去识别化机制等无法保护数据主体的合法利益。由于信息可成为合同对价，互联网服务提供者从用户信息中获利，并且数据使用协议本身为合同属性，对数据的治理可从传统的公法角度转向以市场化机制为导向的互联网信息交易模式。由此，数据主体转化为消费者。通过交易信息透明度、消费者的知情同意、诚信交易原则、权利与义务对等、救济方式的合理性等要求，对数据主体的保护从人格性层面转向消费者权益体系。

近年来，虽然网络空间国际经贸活动迅猛增加，然而互联网经贸规则法治化治理机制的发展却相对迟缓。当前，各网络大国开始以数字贸易为方向深化区域层面的经贸合作，以安全审查制度为工具限制互联网行业的海外投资，并以控制者标准为基础拓展数据治理的管辖范围。实践中，由于互联网经贸治理机制碎片化、主要网络大国立场分歧难以消弭、互联网经贸单边主义抬头，互联网经贸规则法治化治理机制正面临挑战。

习近平总书记指出，信息化为中华民族带来了千载难逢的机遇[①]。网络信息技术是全球研发投入最集中、创新最活跃、应用最广泛、辐射带动作用最大的技术创新领域，是全球技术创新的竞争高地。世界经济加速向以网络信息技术产业为重要内容的经济活动转变，我们要把握这一历史契机，以信息化培育新动能，用新动能推动新发展。当前，世界主要国家都把互联网作为经济发展、技术创新的重点，把互联网作为谋求竞争新优势的战略方向。我们要鼓励和支持我国网信企业"走出

---

① 习近平：《敏锐抓住信息化发展历史机遇　自主创新推进网络强国建设》，《人民日报》2018年4月22日。

去",深化互联网国际交流合作,积极参与"一带一路"建设,做到"国家利益在哪里,信息化就覆盖到哪里"。[①] 党的十八大以来,我国网信事业加速发展,并在经济上、技术上、战略上取得了丰硕的成果。但随着全球经贸单边主义的兴起,特别是美国对国内法的域外滥用,我国网信企业在国际竞争中正面临严峻的法律甚至政治风险。如何从顶层设计和国家法律政策的层面,更加关注网信领域的国际竞争与博弈,增强网信领域市场主体的法治思维与合规意识,帮助网信企业走出去,更好的服务"一带一路"建设和网络强国战略,是我们当前必须解决的一项重大课题。结合以上的分析,本书从世贸组织法、国际人权法、国内网络信息治理、国际网络空间合作等多视角,对网络空间经贸规则的构建进行深入研究。

[①] 习近平:《在网络安全和信息化工作座谈会上的讲话》,《人民日报》2016年4月20日。

第一章

网络空间与国家主权：一个概念的厘定

21世纪以来，随着互联网、云计算等通信和网络技术的发展，网络空间成了人类生存的第五空间（fifth dimension 或 fifth domain）。与网络空间的重要性相背离，网络空间的治理模式仍处在早期摸索之中，理论的多元性无疑增加了选择的难度及成本。本节从互联网的基本架构出发，探讨网络空间的基本属性，并通过追溯海洋、天空等国际治理机制的形成过程及其制度框架，探寻互联网治理的国际治理机制的应由之路。

第一节 网络空间与全球混合场域理论

除传统的海洋、陆地、天空和太空外，网络空间被视为人类的第五空间。网络空间并非是自然造物，而是人为产物，人类的智慧和理性贯穿于网络空间始终。与网络空间的重要性相背离的，是网络空间的治理模式仍处在早期探索的无秩序状态中。解决互联网治理的前提应回归到界定网络空间的属性上，与海洋、天空等相似的，网络空间是国内私域和全球公域共同构成的全球混合场域。基于此，通过回溯海洋、天空等场域的国际治理机制的形成机理及治理元素，对互联网的治理应在明确国家主权的基础性作用下，通过对国内私域和全球公域的界定，对两种不同属性的场域实施有针对性的制度与规则。[①] 具言之，在互联网的国内私域中，国家具有基于属地管辖和属人管辖的排他性主权，但应给予其他国家信息或数据的无害通过和传播权；在全球公域中，各国应回归到主权的合作参与性上，通过联合国机制对网络空间共有物实施共管，并对网络空间犯罪采取集体行动，以确保全人类共同的安全与发展。作为世界上最大的发展中国家和联合国安理会的常任理事国，我国应反对网络大国以任何形式为之的霸权主义，为谋求稳定、平等、公正的国际秩序做出应有贡献。

一 网络空间的基本架构与治理模式

（一）网络空间的基本架构

除传统的海洋、陆地、天空和太空之外，网络空间被视为人类的第五空间。网络空间并非是自然造物，而是人为产物，人类的智慧和理性贯穿于网络空间始终。根据劳伦斯·莱斯格关于互联网的经典论述，互联网自下至上分别由物理层、规则层和内容层所组成。[②] 物理层包括电缆、光纤、发射塔、卫星等基础设施；规则层主要包括互联网的各项标准和协议，如互联网名称和代码分配机构（以下简称ICANN）负责创设和分配的域名设置规则，以及互联网工程任务组（以下简称IETF）负责制定的互联网相关技术规范等；[③] 内容层则通过制定详细的法律或规范体系，管理网络上储存、发送和接收的信息和数据，包括对网络犯罪等治理机制。[④] 网络空间的良性运作，与上述三个层次协调与发展息息相关。基础设施架构起互联网运作的物质支持；规则层突破跨越时空

[①] 参见张晓君《网络空间国际治理的困境与出路——基于全球混合场域治理机制之构建》，《法学评论》2015年第4期，第50—61页。

[②] Lessig, Lawrence, *The Future of Ideas: The Fate of the Commons in a Connected World*, Random House LLC, 2002, p. 23.

[③] See Paul Rosenzweig, "The International Governance Framework for Cybersecurity", *Canada - United States Law Journal*, Vol. 37, 2012, pp. 409 – 410.

[④] See Jose Ma. Emmanuel A. Caral, "Lessons From ICANN: Is Self - Regulation of the Internet Fundamentally Flawed?", *International Journal of Law and Information Technology*, Vol. 12, No. 1, 2004, pp. 9 – 10; and see Surya Mani Tripathi, "Anshu Pratap Singh, Dipa Dube, Internet Governance: A Developing Nation's Call for Administrative Legal Reform", *International Journal of Legal Information*, Vol. 37, 2009, pp. 378 – 379.

通信的技术难题,并使互联网在全球实现一体化;内容层则保障了公民的权利和国家的安全。正基于此,互联网得以成为全球公民的生活空间之一,互联网的治理也宜从其基本架构着手。

(二) 网络空间治理的模式探索

最初的互联网雏形为旨在服务军事目的的美国高等研究计划署网络(APPANET),该技术直到20世纪80年代才进入商用和科学研究领域,并改名为互联网(Internet)。[1] 随后,互联网的影响力迅速扩大,逐步成为人类生活的重要场域之一。由此,各国政府开始纷纷关注互联网治理。该过程被形象地称为网络空间的"再主权化"(re-sovereignization)或"网络的威斯特伐利亚时代"(a cybered Westphalian age)的来临。[2] 时至今日,理论上,国内层面上,互联网治理存在多种模式,归纳起来,可分为自我管理模式(self-regulation model)、单一政府干预模式和全球主义模式(globalism model)。

在互联网产生之时,自我管理模式曾一度是网络治理的主要形式。该模式认为互联网社区具有自我管理的能力,其无须任何国内法或国际法的约束。[3] 自我管理模式理念建构于网络中性原则(network neutrality),该原则被定义为"使用者在互联网上使用内容、服务和应用程序的权利不受网络经营者或政府的干预";同时,"网络经营者的权利将合理地免除其传输被第三方视为是非法的或不当的内容或程序的责任"。[4] 基于网络中性原则,主张自我管理模式的专家认为互联网是没有疆界的,其建立起一个独立而完整的全球社区,在该网络社区内,由网民自发地形成一套公民道德体系(civic virtue),而无须通过使用法律

---

[1] See Carol M. Celestine, "Cloudy Skies, Bright Futures? In Defense of a Private Regulatory Scheme for Policing Cloud Computing", *University of Illinois Journal of Law, Technology and Policy*, 2013, pp. 144 – 145.

[2] Paul Rosenzweig, "Trade And Jobs, The International Governance Framework for Cybersecurity", *Canada – United States Law Journal*, Vol. 37, 2012, pp. 405 – 406.

[3] Kevin A. Meehanp, "The Continuing Conundrum of International Internet Jurisdiction", *Boston College International and Comparative Law Review*, Vol. 31, 2008, p. 353.

[4] Mueller M, Cogburn D., Mathiason J, et al., Net Neutrality as Global Principle for Internet Governance, Syracuse University School of Information Studies. Internet Governance Project (IGP), 2007, http://www.internetgovernance.org/wordpress/wp-content/uploads/NetNeutrality-GlobalPrinciple.pdf, last visited on 5th Aug., 2020.

规范和国家管辖权的外部方式介入跨国或国际网络空间的管理。①

随着网络战略地位的提高,各国开始逐渐认识到进行网络治理的重要性。单一政府干预模式主要是指通过互联网过滤或审查、登记备案等行政行为由政府进行网络上的信息控制,以此保障互联网的稳定发展和国家安全之目标。② 在实践中,政府干预也有程度之分,主要有两种类型,一是将新重商主义(neo-mercantilism)的观点引入互联网治理,该派观点主张互联网管理的方式应是自由放任的(laissez-faire),政府只确保自由的信息流动以及消除互联网的负面影响;③ 二是强调政府的主动性防御功能,该观点认为网络上的内容并非中性的,而是服务于信息来源国的利益,④ 基于此,政府应主动介入互联网的管理。

第三种管理模式提倡全球主义共同进行网络管理。该模式依赖于国际条约或公约实现多国在政治、经济、技术和文化领域的合作。⑤ 全球主义模式在互联网上的知识产权保护和反儿童色情领域已有所发展。⑥ 除上述模式外,在实践中,特别是在联合国框架下的信息社会世界峰会(WSIS)中,多元利益共同体主义(multistakeholderism)的互联网治理方式被倡导,具体而言,其指通过多元主体的参与,包括政府、私人部门和网络市民社会,共享塑造互联网发展的权利。⑦

---

① David R. Johnson, David G. Post, The New "Civic Virtue" of the Internet, available at http://uncommonculture.org/ojs/index.php/fm/article/view/570/491, last visited on 5th Aug., 2020.

② See Ronald J. Deibert, Masashi Crete – Nishihata, "Global Governance and the Spread of Cyberspace Controls", *Global Governance*, Vol. 18, 2012, p. 339.

③ Lyombe Eko, Many Spiders, "One Worldwide Web: Towards a Typology of Internet Regulation", *Communication Law and Policy*, Vol. 6, 2001, p. 464.

④ Lyombe Eko, Many Spiders, "One Worldwide Web: Towards a Typology of Internet Regulation", *Communication Law and Policy*, Vol. 6, 2001, p. 467.

⑤ Kevin A. Meehanp, "The Continuing Conundrum of International Internet Jurisdiction", Boston College International and Comparative Law Review, Vol. 31, 2008, p. 355.

⑥ See WTO, The Geneva Ministerial Declaration on global electronic commerce, http://www.wto.org/english/tratop_e/ecom_e/mindec1_e.htm, last visited on 5th Aug., 2020.; UN-HR, Art. 34 Of Convention on the Rights of the Child, available at http://www.ohchr.org/en/professionalinterest/pages/crc.aspx, last visited on 5th Aug., 2020.

⑦ See World Summit on the Information Society, "Tunis Agenda for the Information Society", *Informatsionnoe Obshchestvo*, 2005, pp. 37 – 56.

二 私域或是公域：网络空间治理的逻辑前提

网络空间治理的模式之分与互联网的属性紧密相连，回应互联网治理模式之选应回归到明确两大问题之上。① 其一，互联网是否能够免于国家主权管辖；其二，互联网是否能够免于国际机制的合作。

（一）网络空间无法免于主权管辖

在互联网发展初始阶段，网络空间被视为是免于主权管辖的，因为政府管制将会限制获取信息、自由表达等权利。② 然而，随着网络日益深入人们生活之中，其已然告别最初的内部"自成一体"的状态，而拓展至国家管辖的范围之内。

免于主权管辖的观点多由技术专家所支持，然而，互联网的架构均无法脱离国家主权而单独存在。在互联网的物理层中，所有关于信息和通信网络的组成部分都是财产权利，毋庸置疑，相关设备及设施需要主权国家的保护；③ 其次，在规则层中，建构其互联网的 ICANN 最初是由美国建设并运营的，即使后来依美国法改组为非营利组织，如今也受到美国的资助，④ 因此，互联网的规则层根本无法脱离主权国家的影响；当前，最重要的原因在于网络空间传递的信息对现实世界产生重要的影响，其不仅体现在信息地发送、接收和储存过程中，需符合既有国内规

---

① 文中使用"私域"与"公域"的概念，而非使用"公共产品"和"私人产品"概念。笔者认为网络空间更多地被视为是与海洋、天空等之类的场域，以海洋为例，有学者将海洋认为是"全球公域"（global commons），而将海洋场域内的资源认为是"全球公共产品"（global public goods）。笔者认为上述界定同样适用于网络空间，互联网为人类生活提供的是以"私"或"公"为属性的场域，而非供消费的产品。然而，全球公域与全球公共产品的概念也具有相关性，公共产品的"排他性"或"竞争性"反映在场域内，即是国家主权间的"排他性"或"竞争性"问题。参见 Joel P. Trachtman, The economic structure of international law, London: Harvard University Press, 2008, p. 13;［美］罗伯特·基欧汉、约瑟夫·奈《权力与相互依赖》，门洪华译，北京大学出版社 2012 年第四版，第 85—86 页。

② Ronald J. Deibert, Masashi Crete‐Nishihata, "Global Governance and the Spread of Cyberspace Controls", *Global Governance*, Vol. 18, 2012, p. 339.

③ See Sean Kanuck, "Sovereign Discourse on Cyber Conflict Under International Law", *Texas Law Review*, Vol. 88, 2010, pp. 1573–1574.

④ See Jose Ma. Emmanuel A. Caral, "Lessons From ICANN: Is Self‐Regulation of the Internet Fundamentally Flawed?", *International Journal of Law and Information Technology*, Vol. 12, No. 1, 2004, pp. 21–22.

则，而且体现为国家对网络空间的交易行为等商业行为进行安全保障，同时，网络空间的信息流动与国家安全更是休戚相关。[①] 因此，网络空间豁免（cyberspace exemption）说并无实现的可能，与海洋、天空等现实空间相同，国家主权也适用于网络空间。

（二）网络空间并非是完全的国内私域

界定网络空间的治理模式，必须以确定互联网的属性为前提。目前，绝大多数国家已实质接受无法对互联网进行单边管辖的观点。以互联网技术为代表的信息革命改变了国家对其与国内相关的资源的排他性管辖权，具体体现为：第一，信息革命削弱了国家机构控制信息流动的能力，国家不允许出版发行的印刷品及相关信息极易通过网络或卫星通信而获得；第二，信息革命实现了在国家境内建立起（虚拟的）平行社区（parallel communities），网络社区在一定程度上不受该国的管辖，这与传统的领土属于国家的观念相冲突；第三，信息革命使国家权威和安全受到威胁。[②] 综言之，在技术层面上，互联网无法成为独立的国内私域。

假使互联网在技术上可实现国内私有化，然而，最大的问题是国内私有化将导致互联网的巴尔干化（cyber-balkanization），互联网将由全球网逐步变成一系列更小的、以社区为基础的使用者群，[③] 进而可能丧失互联网的根本宗旨——信息自由和便利地流动。更深入而言，在明确互联网无法免于主权管辖的前提下，国家的非集体合作必然形成互联网管理的单边主义倾向，即一国的法律具有了域外效力。特别是，一国将其价值进行立法，而这些立法对互联网上的他国公民与居民产生行动限制，而这些公民与居民并未共享上述价值，也并未参与该国是否进行行

[①] 如美国阻止儿童色情信息的拥有和传播；法国阻止纳粹的宣传；澳大利亚对诽谤的管理等，均为国家主权在网络空间中的体现。See Lieutenant Colonel Patrick W Franzese, "Sovereignty in Cyberspace: Can It Exist?", *Air Force Law Review*, Vol. 64, 2009, pp. 12-14.

[②] Adeno Addis, "The Thin State in Thick Globalism: Sovereignty in the Information Age", *Vanderbilt Journal of Transnational Law*, Vol. 37, 2004, p. 47.

[③] Joanna Kulesza, Roy Balleste, "Signs and Portents in Cyberspace: The Rise of Jus Internet as a New Order in International Law, Fordham Intellectual Property", *Media & Entertainment Law Journal*, Vol. 23, 2014, p. 1332.

动限制的决策。① 互联网管理的单边主义产生法律适用上的正当性和合法性困境,因此,互联网的国内私有化和单边主义均将产生国家主权间的冲突,显然不利于维持互联网的稳定与发展。

(三) 网络空间并非是完全的全球公域

在西方体系中,对网络空间属性的颇为时兴的说法为:互联网构成全球公域 (global commons)。② 虽然对全球公域尚不存在统一的概念,但在国际组织中,对全球公域的理解大体相似,具体而言,全球公域为"海洋、外层空间及南极洲等处于国家管辖之外的区域和资产"。③ 换言之,全球公域是指不能被特定国家所控制的,并向所有国家、组织和个人开放的领域,由于它们的存在超越了任何国家主权,管理必须通过国际条约或协定达到。④

虽然网络空间在某些层面上与全球公域具有相似的特征,但是互联网并不具有完全的全球公域属性。支持互联网发展的基础设施都是由私人企业或国家所拥有或运营的,不是完全脱离国家主权的约束,因此,互联网并非居于国家管辖范围之外,所有的信息和数据都需落地到服务器上,即使是在云计算兴起的时代。在实践中,晚近以来,越来越多的国家开始实施互联网过滤 (Internet filtering) 机制,实行互联网监管政策。⑤ 即使是大力倡导"互联网为全球公域"的美国,也通过《美国爱国者法案》等实现行政行为对网络空间进行审查和监管。⑥ 由上可知,互联网并非完全的全球公域。

---

① Yochai Benkler, "Internet Regulation: A Case Study in the Problem of Unilateralism", *European Journal of International Law*, Vol. 11, 2000, p. 172.

② 该观点不仅在学界较为流行,而且也成为美国的对外战略中的重要理论支撑。

③ Organization for Economic Co-operation and Development, Glossary of Statistical Terms, Global Commons, http://stats.oecd.org/glossary/search.asp, last visited on 5th Aug., 2014.; United Nations Statistics Division, Global Commons, available at http://unstats.un.org/unsd/environmentgl/gesform.asp?getitem=573, last visited on 5th Aug., 2020.

④ Tara Murphy, "Security Challenges in the 21st Century Global Commons", *Yale Journal of International Affairs*, Vol. 5, 2010, p. 30.

⑤ Ronald J. Deibert, "Masashi Crete-Nishihata, Global Governance and the Spread of Cyberspace Controls", *Global Governance*, Vol. 18, 2012, p. 339.

⑥ See Scott J. Shackelford, "Toward Cyberpeace: Managing Cyberattacks through Polycentric Governance", *American University Law Review*, Vol. 62, 2013, pp. 1311–1314.

(四) 国内私域与全球公域的混合场域：网络空间的实然属性

由于互联网既并非完全的国内私域，亦非完全的全球公域，因此有学者认为互联网构成了不同于完全的国内私域或全球公域的全球复合场域——公共池塘资源（common pool resources）。[1] 然而，公共池塘资源的特征在于非排他性。[2] 然而互联网却能够具有部分的排他性，如国家可对位于本国内的基础设施进行管辖。实际上，定义网络空间的困难在于互联网本身是个结合国内私域和全球公域的混合场域，而当前的研究都企图用一种模型定义网络空间。

正如约瑟夫·奈所言，将网络空间描述为"公共产品"或"全球公域"并不完全准确。具体而言，"公共产品"是指那些所有人都可获益的非排他性产品，虽然其可以用来描述一些互联网的信息协议，但是却无法描述物理形态下的基础设施，其时常成为设施所在的主权国家的财产资源；同时，网络空间也并非为类似于公海的场域，因为其部分受到主权的控制。[3] 为解开互联网的属性之谜，应回归到排他性的国家主权所能及之范围。

需要明确的是，互联网与国家主权是相符的。虽然有学者认为互联网摧毁了国家边界并导致国家主权的终点，[4] 但是，该说法并不准确。本质上，互联网通信都是从一个固定的场所节点到达另一个固定场所的节点。2011年"阿拉伯之春"中，埃及和利比亚关闭了本国的互联网准入端口。首先，从实践中，当前的过滤技术已经在网络空间中创造出

---

[1] Scott J. Shackelford, "Toward Cyberpeace: Managing Cyberattacks through Polycentric Governance", *American University Law Review*, Vol. 62, 2013, pp. 1289 – 1290.

[2] 奥斯特罗姆对"公共池塘资源"的定义认为，由于该资源系统大，使得排斥因使用资源而获益的潜在受益者的成本很高。因此，公共池塘资源基本不存在排他性。参见 Elinor Ostrom, A Generalized Framework for Analyzing Sustainability of Social – Ecological Systems, Science, Vol. 325, 2009, p. 422；[美] 埃莉诺·奥斯特罗姆《公共事物的治理之道：集体行动制度的演进》，余逊达等译，上海译文出版社2014年版，第36页。

[3] Nye Joseph S., *The Future of Power*, Public Affairs, 2011, p. 143.

[4] See G. Greenleaf, "An Endnote on Regulating Cyberspace: Architecture vs. Law?", *University of New South Wales Law Journal*, Vol. 21, No. 2, 1998, p. 593.; Dan Jerker B. Svantesson, "Time for the Law to Take Internet Geolocation Technologies Seriously", *Journal of Private International al Law*, Vol. 8, No. 3, 2012, pp. 474 – 475.

电子领土（E-borders）。① 其次，在存在国家疆域的互联网中，必然会面临主权的冲突与合作。冲突与合作是国际关系中无法回避的两大主题。因此，存在电子疆域的国家合作必须确定私域和公域的界限。概括而言，在互联网的管理中，一国享有的排他性主权的场域为国内私域；任何单一国家所不能享有排他性主权的场域即为全球公域。最后，在实践中，各国纷纷以立法的形式确定了其实施排他性主权的场域，但也同时承认单一主权所未能企及之处。基于此，笔者认为互联网的本质属性是国内私域与全球公域的混合场域。

三 全球混合场域的治理机制：以海洋和天空治理为样本

（一）公域和私域的治理机制概述

我们生活在一个相互依赖的时代，② 互联网的形成与发展亦如斯。全球化与相互依赖的现实产生了全球公共问题，而全球公共问题的治理需要国际机制。因此，下文拟对与互联网相关的全球公共问题的治理机制进行分析。在场域的治理上，全球公共问题主要包括：其一，传统的国内私域的僵化理念将导致各国政府治理的碎片化，继而引发国家间的管辖权冲突。③ 其二，在新兴的全球公域理论中，如何防止因不存在激励结构而引发的负外部性，导致一国对公域资源的过度使用，进而形成"公地悲剧"。④ 上述两个重要问题贯穿于国际治理机制的始终，解

---

① Tim Gerlach, Note, "Using Internet Content Filters to Create E-Borders to Aid International Choice of Law and Jurisdiction", *Whittier Law Review*, Vol. 26, 2005, p. 912.

② ［美］罗伯特·基欧汉、约瑟夫·奈：《权力与相互依赖（第四版）》，门洪华译，北京大学出版社2012年版，第3页。

③ 传统的绝对主权的观念下，国家有将其国内制度推广到地区或全球治理之中的雄心和抱负。而不同国家对同一物实施管辖权的结果将是国家间形成利维坦中的"个体对个体之战争"的状态，即爆发国家冲突。参见苏长和《全球公共问题与国际合作：一种制度的分析》，上海人民出版社2009年版，第7页。

④ "公地悲剧"由哈丁在1968年首倡,哈丁的论文结论为:公域的自由将摧毁一切(freedom in a commons brings ruin to all)。其原因在于自利的动机将导致公域中的资源被过度利用。该模型经常与"公有"(commons)概念联系在一起，也经常用以形容污染、全球气候变化、资源短缺等社会现象。See Garrett Hardin, "The Tragedy of the Commons", *Science*, Vol. 1968, 162, p. 1244; Tara Murphy, "Security Challenges in the 21st Century Global Commons", *Yale Journal of International Affairs*, Vol. 5, 2010, p. 31.

决超越国家层面的跨国或全球问题的有效途径应包含两个层面：一是明确私域和公域的界限；二是分别规定对私域和公域的治理方式。大体而言，在私域中，治理机制以国家的主权权利为核心，但需为其他国家提供适当的信息或技术便利，如外国船舶在本国领海的无害通过权；另一方面，公域是人类共同居住空间，主要包括海洋、天空和太空，也包括人类共同关切的事物，例如环境、气候等。对公域问题，主要是建立起完整的国际机制，以集体行动对全球问题进行治理。

如前所言，网络空间是人造之物，其复杂的机制与框架决定了其难以用单一的标准进行衡量。然而，网络空间也反映出公域和私域的混合特性。即使是被美国称为"全球公域"的海洋和天空，也并非表现出完全的公域特性。[①] 以海洋为例，正如苏长和教授所述，鉴于技术的限制，在近代以前，对海洋资源的使用不存在对抗性，但是随工业化革命和远程贸易的发展，各沿海国都对海洋提出一定的主权要求，于是，虽然海洋具有自然的非排他性，但是其对抗性的局面导致海洋并非纯粹的公共物。[②] 因此，国际海洋治理机制的目的在于回答：沿海国在海洋中的特别权利是什么，它们应从何处终止，真正的共有物又从何开始？[③] 最终，《联合国海洋法公约》确定了以国家主权管辖为主的私域和以集体治理机制为主的公域两个平行的治理机制。不仅在海洋治理上，天空也体现出公域和私域的结合。有鉴于此，为寻求网络空间治理的有效方式，可以对现有的海洋等空间的国际机制进行分析。如表1—1所示，笔者列叙了在海洋、空气空间、外层空间及其他区域的主要国际治理机制，其中，以海洋和空气空间为主。

[①] Ian Brownlie, *Principles of Public International Law*, Oxford University Press, pp. 115-116.

[②] 参见苏长和《全球公共问题与国际合作：一种制度的分析》，上海人民出版社2009年版，第89—90页。

[③] [美] 路易斯·亨金：《国际法：政治与价值》，张乃根等译，中国政法大学出版社2005年版，第123页。

表 1—1　　　　　　　　全球场域的国际治理机制①

所在领域	协定名称	完全缔约方数	发展中国家占据比例（%）	主要国际机制
海洋	《联合国海洋法公约》	162	83	海洋自由；适当照顾沿岸国利益
海洋	《国际捕鲸管制公约》	89	60	鲸类等资源为全人类共同利益；允许国家捕获；但避免滥捕
海洋	《防止倾倒废弃物及其他物质污染海洋的公约》	82	58	海洋环境及其生物关系人类利益；对海洋环境污染的个别或集体控制
空气空间	《国际民用航空公约》	191	88	确认国家航空主权原则；确定不定期航空飞机的飞行自由
空气空间	《保护臭氧层维也纳公约》	169	78	各国有开发其资源的主权权利；各国负有责任不对其他国家的环境或其本国管辖范围以外地区的环境引起损害
空气空间	《蒙特利尔议定书》	168	77	有义务采取适当措施保护人类健康和环境；国际合作保护臭氧层免遭破坏

---

① 发展中国家比例的数据来自海洋国际治理机制还包括《关于防止、调查和惩处违犯海关法罪实行行政互助的国际公约》《国际防止船舶造成污染公约》等；空气空间国际治理机制还包括《关于在航空器内的犯罪和某些其他行为的公约》《关于制止非法劫持航空器的公约》《关于制止危害民用航空安全的非法行为的公约》等；外层空间国际治理机制还包括《关于登记射入外层空间物体的公约》《外空物体所造成损害之国际责任公约》等。

续表

所在领域	协定名称	完全缔约方数	发展中国家占据比例（%）	主要国际机制
外层空间	《外层空间公约》	100	58	外层空间是全人类共同利益，不得据为己有；各国应在平等的基础上自由探索和利用
	《关于援救航天员、送回航天员及送回射入外空之物体之协定》	92	24	为促进外空和平探测及使用而开展国际合作
	《月球公约》	13	62	月球为全体人类的共同财产；和平和科学利用月球
其他区域	《南极条约》	89	60	南极为全人类的共同财富；南极只能用于和平的目的
	《联合国气候变化框架公约》	173	78	气候变化是人类共同关心的问题；各国有权并且应当保证可持续的发展，并进行国际合作
	《京都议定书》	100	55	气候变化是人类共同关心的问题；以市场机制减少温室气体排放

（二）全球治理机制的形成背景

对海洋、天空等区域的国际机制研究，应首先回归到其形成背景。针对海洋国际治理机制而言，早在公元前，罗马法就将海洋规定为人类共同之物（communes omnium naturali jure）。然而，在罗马帝国瓦解之后，各国在事实上行使了在海滨地区的主权。囿于当时科技水平，人类对海洋资源的索取并未发生冲突。然而随着航海技术的提高，不同国家开始主张对海洋资源的单边管辖,甚至有国家主张海洋应是封闭的。①为应对海洋国际治理的无秩序状态,国际法鼻祖格劳秀斯在《论海洋自由》一书中,首次系统地论述了"海洋自由"的观念,并将自然国际法引入到海洋治理之中。② 随后,在承认国家主权的基础上,海洋自由原则逐渐被各国实践所认可。为进一步将海洋治理机制化,以联合国为平台的海洋法编撰历经三次会议,随着第一次和第二次联合国海洋法会议的无果而终,历经 9 年磋商和讨论,《联合国海洋法公约》终于在 1982 年 12 月得到通过。该公约随即成为海洋国际治理机制的核心,其成功之处在于实现了海洋自由和适当照顾沿海国之间的利益平衡。

根据古罗马法谚所述:谁拥有土地,谁就拥有土地上方的天空(cujus est solum, ejus est summits usque ad coelum),上层空间秩序的形成与国家领土密不可分。上层空间开始成为国家主权所及范围。然而,随着飞行时代的来临,人们开始认识到若秉承空域私有权的制度,将对航空飞行等造成严重的障碍,因此,私有权在上层空间某个界限消失的事实便得到多数国家的承认。③ 晚近以来,对上层空间的治理都围绕着国家主权和飞行自由的协调而展开。当前,空气空间法律制度众多,其中,最重要的国际机制当属国际航空法,主要的航空法包括 1919 年的《巴黎公约》和 1944 年《芝加哥国际民用航空公约》。《巴黎公约》确认了关于空域主权的习惯国际法的地位,同时也规定了其他国家的无害通过权。然而,随后制定并经多次修订的《芝加哥公约》虽明确规定了空域主权,但却摒弃了给予缔约国航空器的无害通过权。

人类对外层空间的探索从不止息。伴随火箭技术的发展和发射卫星技术的成熟,国家主权也相应地拓展至外层空间。但是,相比于海洋和空气空间,人类对外太空控制能力相对较弱,现代科技无法改变行星运动的轨迹,也无法实施对外层空间的有力影响。但是,在冷战的"星际大战"期间,美国和苏联纷纷主张主权可拓展至包括月球在内的所有外

---

① See Lieutenant Colonel Patrick W. Franzese, "Sovereignty in Cyberspace: Can It Exist?", *Air Force Law Review*, Vol. 64, 2009, p. 11.

② 参见[荷]雨果·格劳秀斯《论海洋自由或荷兰参与东印度贸易的权利》,马忠法译,上海世纪出版集团 2013 年版,第 9—12 页。

③ Lieutenant Colonel Patrick W. Franzese, "Sovereignty in Cyberspace: Can It Exist?", *Air Force Law Review*, Vol. 64, 2009, p. 22.

层空间。庆幸的是,全人类的理性最终战胜了主权狂热徒的冲动,国际机制确定了主权不能无限地拓宽至外太空的观念,并最终在 1967 年《外层空间条约》中规定,外层空间免于主权约束的法律地位,并要求主权国家对在外层空间的国家行为负责。① 在其他领域,如南极洲、防止气候变化、生态环境保护等,经过历史实践也均建立起相应的国际机制,并在国际机制中明确国家主权是合作的前提,以此为基础,建立起平衡主权和全球公益平衡的治理框架及实施路径。②

(三) 全球混合场域的国际治理机制的要素

1. 国家主权

国家主权贯穿于当今所有国际机制之中,其是国际集体行动的前提。《联合国海洋法公约》序言中就明确"各缔约国认识到有需要在妥为顾及所有国家主权的情形下,为海洋建立一种法律秩序"。现代国家主权不仅体现在陆地领土,也拓展至与其陆地领土及其内水之外相邻的领海,同时,沿海国的主权权利还进一步拓展至公约所确立的毗连区和专属经济区。③ 类似地,《芝加哥公约》在第 1 条中规定了"各缔约国承认每一国家对其领土之上的空域具有完全的和排他的主权"。

即使是相关国际组织以"处于国家管辖之外的区域和资产"来定义全球公域,然而不应忽视的是,即使是公海、外层空间及南极洲等全球公域也并非脱离于国家的管辖。全球公域与国家主权概念是相辅而成的。直至现今,国际法的主体仍主要是国家,所有的国际法律秩序都是基于国家主权为前提条件的,只有通过主权国家的承认与批准,全球治理框架才具有合法性与正当性。基于此,公域治理机制的首要要素为国

---

① 参见《外层空间条约》第 2、6、7 条。
② 如《联合国气候变化框架公约》及《京都议定书》等确定了主权国家在应对气候变化的作用与地位,并设置了市场机制实现全人类共同的减少温室气体排放的规则。
③ 《联合国海洋法公约》第一节第 2 条,第四节第 33 条第 1 款:沿海国可在毗连其领海称为毗连区的区域内,行使为下列事项所必要的管制:(a) 防止在其领土或领海内违犯其海关、财政、移民或卫生的法律和规章;(b) 惩治在其领土或领海内违犯上述法律和规章的行为;第 56 条第 1 款规定:1. 沿海国在专属经济区内有:(a) 以勘探和开发、养护和管理海床上覆水域和海床及其底土的自然资源(不论为生物或非生物资源)为目的的主权权利,以及关于在该区内从事经济性开发和勘探,如利用海水、海流和风力生产能等其他活动的主权权利;(b) 本公约有关条款规定的对下列事项的管辖权:(1) 人工岛屿、设施和结构的建造和使用;(2) 海洋科学研究;(3) 海洋环境的保护和保全;(c) 本公约规定的其他权利和义务。

家主权。

2. 公域与私域的界分

正如西方谚语所言，好篱笆结交好邻居（good fences make good neighbors）。在确定国家主权为国际机制的治理要素后，国际治理机制在各国的国内私域间筑起"篱笆"。在国内私域内，国家享有完全的主权，并有尊重他国主权的义务；同时，在单个国家所不能完全控制和管辖的区域便构成全球公域。在国际协定中，多对私域与公域进行界分。《联合国海洋法公约》将不包括国家的专属经济区、领海、内水或群岛国的群岛水域的全部海域确定为公海。① 实践中，公约确定了距离沿海国领海基线 200 海里的界限，在该领域之外为公海，即全人类的共同财富，在该公域内，各国可以共同使用相关资源。② 除此之外，国家对上层空间的排他性主权也并非是完全的。根据国际惯例，国家领空一般都限定在其陆地和领海以上 100 公里以内。③ 因此，在国家领空之外的所有空域即构成了全球公域。基于不同的性质，全球治理机制均需对国内私域和全球公域进行界定，进而适用不同的合作机制。

3. 关于国内私域的规定

根据科斯经济学，界定各国私域的重要意义在于确定各国的"产权"，即一国排他性的主权所及范围。④ 然而，全球化促进了各国间的联系，更不可避免地产生国家管辖权冲突，进而形成治理的碎片化。有鉴于此，国际机制也部分涉及具有域外影响力的国内私域部门。在《联合国海洋法公约》中，就有专门对他国船舶通过沿海国领海的相关规定。海洋国际治理机制允许，在不损害沿岸国的和平、良好秩序和安全

---

① 《联合国海洋法公约》第 86 条。

② 然而《联合国海洋法公约》并没有对不属于领海的专属经济区或毗连区的性质做出明示，其并非严格意义的国内私域，也非全球公域。在该特殊区域内，沿海国享有部分主权权利，而除外的权利则属于所有国家。

③ See Sean Kanuck, "Sovereign Discourse on Cyber Conflict Under International Law", *Texas Law Review*, Vol. 88, 2010, p. 1576.

④ 科斯定理主要是解决产权、不确定性和交易成本等问题。科斯定理也经常被用来分析国际制度或国际法机制问题。See Joel P. Trachtman, *The Economic Structure of International Law*, London: Harvard University Press, 2008, pp. 39 – 51；参见［美］罗伯特·基欧汉《霸权之后：世界政治经济中的合作与纷争》（增订版），苏长和等译，上海世纪出版集团 2012 年版，第 86—90 页。

下，所有国家的船舶享有无害通过其领海的权利。① 在航空领域，《芝加哥公约》区分了民用航空器和国家航空器，在遵守公约规定的条件下，其给予各缔约国的一切不从事定期国际航班飞行的航空器飞入或飞经他国领土而不降落的权利；而对国家航空器而言，未经特别协议或其他方式的许可并遵照其中的规定，则不得在另一缔约国领土上空飞行或在此领土上降落。②

4. 关于全球公域的规定

全球公域之概念树立于以国家主权为前提的国际秩序中。在公域中，一方面，国际条约在不同程度上激励着国家主权的行使，避免陷入"公地悲剧"；另一方面，其也对国家主权行使限制，从而实现全人类的共同利益。《联合国海洋法公约》第 80 条明确规定，公海不构成任何国家的领土。该公约还对沿海国、船旗国及所有国家设定了具体的义务，如救助服务、禁止贩卖奴隶、合作制止海盗行为等。③ 同时，公约也明确给予国家军舰、军用飞机等在特殊情形下的登临权，也给予沿海国军舰、军用飞机等紧追权。④ 国际机制也影响着外层空间的正常运行，以援救宇航员为例，国际协定要求宇航员发生意外事故或遇难时，各国应向其提供一切可能的援助。⑤ 晚近以来，国际条约的发展更为精细化，在全球公域中规定了更为复杂的合理分配空间及使用相关自然资源的机制，例如对捕鱼、卫星静止轨道和电磁频率等的规定。⑥

（四） 简短的小结

回溯海洋、天空等的治理机制的形成历程，全球公共问题的形成可得出普遍性的特征。技术革命与工业发展使人类的触角拓展至最初所未能企及之处，在国家逐步拓宽的空间中，均由最初的非对抗性的状态走向了对抗性的状态，全球混合场域的治理机制的实质意义为解开国家主

---

① 《联合国海洋法公约》第 3 节
② 《芝加哥公约》第 5 条、第 3 条。
③ 《联合国海洋法公约》第 98、99、100 条。
④ 《联合国海洋法公约》第 110、111 条。
⑤ 参见《援救宇航员、送回宇航员和归还发射到外层空间的物体的协定》第 1—4 条。
⑥ 例如 1996 年执行的《1982 年 12 月 10 日〈联合国海洋法公约〉有关养护和管理跨界鱼类种群和高度洄游鱼类种群的规定的协定》。See Sean Kanuck, "Sovereign Discourse on Cyber Conflict Under International Law", *Texas Law Review*, Vol. 88, 2010, p. 1576.

权间的对抗性矛盾,最终实现基于国家主权的合作状态。相应地,在场域的性质上,海洋、天空等经历了从全球公域到国内私域的过程,并最终成为国内私域和全球公域的混合场域。在国际治理机制中,相关国际条约均明确了国家主权在全球秩序中的根本作用。基于此,条约进一步明确国内私域和全球公域的界限,确定国家管辖权所及范围,并针对私域和公域分别规定符合其属性的规则体系,该模式被称为解决全球公共问题的无秩序状态的良方。人类利用海洋已逾数千年,大气空间 100 年,太空 60 年,网络空间不足 30 年。① 关于海洋、天空的国际治理机制,毋庸置疑,能够为治理网络空间提供借鉴意义。

四 网络空间治理:以全球混合场域的治理机制为视角

(一) 网络空间治理的现状

在技术上,互联网是个庞大而复杂的工程,其涉及信息技术、域名系统、基础设施和法律规范。总体而言,互联网的基本架构可分为三个层次。目前,这三个层次均有不同的管理情形。不同于海洋、天空等现实空间,互联网被称为虚拟空间,其主要原因在于其是人造之物,而非现实物、自然物。有鉴于此,互联网的国际治理机制也有其独特性。

首先,互联网中物理层主要为支撑互联网的基础设施,其可以分为两种类型:其一为国家及个人的私有物,如光纤、电缆等,该实在物的目的在于实现数据流通,国家或个人对上述基础设备有所有权,正好比航行在海洋中的船舶;其二为支撑整个互联网的基础设施,主要为根服务器、数据交换中心等,其本质上不属于任何国家及个人所有,而属于全球公域的范畴。全球互联网根服务器有 13 台,唯一的主根服务器在美国,其余 12 台辅根服务器中有 9 台在美国。目前,互联网名称和代码分配机构(以下简称 ICANN)负责对根服务器的管理。

其次,在互联网的规则层中,如表1—2 所示,存在众多的非政府公益组织进行规则制定。其中,最为重要的两个非政府组织为ICANN和互联网工程任务组(以下简称 IETF)。ICANN 是专门为创造和分配域名设置规则的

---

① 张茗:《"全球公地"安全治理与中国的选择》,《现代国际关系》2012 年第 5 期。

非政府机构，IETF 主要负责互联网相关技术规范的研究和制定。[1] 上述两个非政府机构共同架构起互联网的基础，其也通过创设行动计划、技术性规范等给服务商提供指导和借鉴。需要明确的是，由于 ICANN 等非政府机构曾由美国政府进行管理，机构的独立性也饱受争议。[2]

表 1—2　　　　　　当前互联网的规则层治理机制

组织	结构	责任领域	优势	批评问题
ICANN	非营利	控制互联网核心功能，包括 IP 地址和 DNS	居于互联网功能的中心，且能储存数据	与美国政府的历史关联
ISOC	非营利	对互联网管理团队的非政府组织	被认为有权力和影响力	成员间的集体行动困境
IETF	自愿者的集体的场所	以标准和议定书的方式发展、促进互联网的核心技术	基于核心技术的权力	拒绝国际和国内政策的影响
IRTF	自愿者的集体的场所	确定未来研究和发展的新领域	独立于工业部门	与其他受政策影响的机构具有竞争性
W3C	集体的委员会	关注互联网标准及技术发展	对具体标准非常专业	处理网络问题范围窄

最后，在互联网内容层的治理上，目前并未形成统一的国际规范体系。对互联网的内容治理多以各国的国内法为主，如《美国爱国者法案》（USA Patriot Act）中规定在法院令状许可下，美国联邦调查局可以

---

[1] See Paul Rosenzweig, "The International Governance Framework for Cybersecurity", Canada – United States Law Journal, Vol. 37, 2012, pp. 409 – 410.

[2] See Paul Rosenzweig, "The International Governance Framework for Cybersecurity", Canada – United States Law Journal, Vol. 37, 2012, p. 412.

强制要求美国互联网服务提供商提供所有储存在其服务器的记录。同时，我国《国家安全法》第 11 条也规定国家安全机关为维护国家安全的需要，可以查验组织和个人的电子通信工具、器材等设备、设施。当然，在区域层面也形成了互联网规则的统一化，如欧盟倡导的《网络犯罪公约》。

（二）现有机制无法满足网络空间治理的本质要求：反驳西方的两类观点

1. 美国主张 ICANN 为主的物理层和规则层治理

美国政府官员，甚至是其国内学者，纷纷主张全球以 ICANN 为主的物理层和规则层治理的现实性和正当性。[①] 然而，问题是以 ICANN 为主的物理层和规则层治理已经突破了技术规范，已然对人类共同利益产生重大的影响。具体如下：第一，虽然最初 ICANN 仅旨在完成网络技术工作，如互联网地址和域名的管理等，然而，该非政府组织董事会的决定已经脱离了技术层面。[②] 其受到了利益集团的影响，甚至可以威胁一国的网络稳定和安全。第二，ICANN 管理机制的权责不对等。ICANN 具有全面的管理和政治权利，却没有提供任何公众参与的、负责任的制衡机制，也没有其应向联合国等国际机制或任何国家负责的规定。ICANN 也缺乏规定行政管理法中的基础原则——利益攸关方对决定的质疑的权利。第三，最重要的，作为全人类共同利益所在的根服务器、网络规则标准的控制和管理者，ICANN 中鲜少有发展中国家的声音，在 ICANN 下，北美代表占据了主要的领导地位。[③] 本质上而言，推行以 ICANN 为主的治理机制，与美国所倡导的"互联网自由"理念一脉相承，其主要宗旨在于美国能利用自身的经济和技术优势，实现对互联网资源和市场的"先占"事实与利益。作为网络发展的后进国，发展中

---

① See Klein H. ICANN, "Internet Governance: Leveraging Technical Coordination to Realize Global Public Policy", *The Information Society*, Vol. 18, No. 3, 2002, pp. 193 – 207.

② Surya Mani Tripathi, Anshu Pratap Singh, Dipa Dube, "Internet Governance: A Developing Nation's Call for Administrative Legal Reform", *International Journal of Legal Information*, Vol. 37, 2009, p. 376.

③ Surya Mani Tripathi, Anshu Pratap Singh, Dipa Dube, "Internet Governance: A Developing Nation's Call for Administrative Legal Reform", *International Journal of Legal Information*, Vol. 37, 2009, p. 377.

国家的利益明显受到忽视。

正因为如此，在国际法层面上，美国所主导的以 ICANN 为主的控制根服务器和管理互联网基本技术问题的自治模式缺乏正当性和合法性，而美国所倡导的无非以牺牲全人类共同利益为代价，换取美国在互联网中的霸权地位，甚至于利用美国与 ICANN 等组织或公司的暧昧关联，实现便利对其他国家数据和信息的窃取与控制。①

2. 欧盟国家主张《网络犯罪公约》的规则层治理

在规则层治理层面，目前，国际合作仍处于秩序形成的元状态。在多边层面，联合国安理会和联合国大会通过了多份涉及恐怖主义或网络恐怖主义的决议；西方八国集团最高政治领导层的议题经常包括网络安全；俄罗斯建议在联合国框架下制定互联网空间的行为规范。然而，上述成果并未具有完全的法律拘束力。在国际合作中，欧盟国家绕开联合国而签署了单独的《网络犯罪公约》。欧盟开始在区域或全球层面积极倡导推广该公约。

然而，《网络犯罪公约》也不能胜任治理互联网的重任。首先，《网络犯罪公约》定义了与计算机相关的犯罪、内容相关犯罪等，② 相比于庞大的互联网治理内容而言，该公约的适用范围过窄。其次，在该公约规定中，其对于网络犯罪管辖权的规定削弱了国家主权。人们可能被指控犯了计算机犯罪，即使其所在国并不认为其行为构成犯罪。③ 毫无疑问，这混淆了互联网为全球混合场域的属性，试图在国内私域中以全球

---

① 2013 年，斯诺登向媒体披露美政府通过棱镜项目直接从微软、谷歌、雅虎等 9 个公司服务器收集信息，收集的信息覆盖电子邮件、通信信息、网络搜索等。而近期又曝光的美国国安局与加密技术公司 RSA 签署协议在全球移动终端广泛使用的加密技术放置后门，该加密技术后门意味着美国情报部门能够自主地获得加密的个人数据。在通信上，德国《明镜周刊》曝光美国国家安全局存取了对包括苹果手机在内的所有主流智能手机的用户数据，涉及用户联系人、通话记录等个人信息。参见彦飞、天恒、夏乙《RSA 被指收美政府千万美元在加密算法中安后门》，http：//tech. sina. com. cn/i/2013－12－21/13499028417. shtml，last visited on 5th Aug.，2020；Risen《德国媒体：美国可以存取智能手机用户数据》，http：//it. sohu. com/20130909/n386155719. shtml last visited on 5th Aug.，2020。

② See Convention on Cybercrime（《网络犯罪公约》），Chapter 2.

③ 参见郭玉军主编《网络社会的国际法律问题研究》，武汉大学出版社 2010 年版，第 65 页。

公域的方式进行管理。最后，该公约绕开了联合国等国际机制，如表1—1所示，海洋等全球混合场域的空间治理均应反映发展中国家广泛参与的事实，其是国际治理机制获得成功的必要条件。而《网络犯罪公约》由欧盟、美国等一手包办，内容体现了网络大国的利益，缺少民主性，偏离了国家主权合作的互利原则。基于此，欧盟国家主张《网络犯罪公约》的规则层治理无法体现正当性和合法性。

（三）网络治理的国际机制框架

正如奥尔森所述，除非一个集团中人数很少，或存在强制或其他某些特殊手段以使个人按照他们的共同利益行事，有理性的、寻求自我利益的个人不会采取行动以实现他们共同的或集体的利益。[①] 这同样是当前互联网治理中的"无秩序状态"的症结所在。现阶段的互联网治理仍是以少数网络大国为中心，以致网络空间在国家间形成巨大的"数字鸿沟"（digital divide），并时常爆发国家间的冲突。通过借鉴海洋、天空等全球混合场域的治理历程和经验，破解当前互联网治理的冲突，需要国际合作机制，具体宜从以下几点进行考量：

1. 明确国家主权在互联网治理中的首要作用

近代以来，国家的实践发展与主权密不可分。自1648年成形《威斯特法利亚合约》之后，通过马基雅维利、卢瑟（Luther）、布丹和霍布斯等学者著书立说，主权观念深入国内和国际政治体系之中。[②] 在所有国际合作机制中，甚至包括月球和外太空的相关条约都是建立在主权国家治理的基础之上，现存的国际秩序本身就是国家主权的产物。即使在全球公域，网络空间也无法免于主权国家的治理。相应地，国家主权也内在地要求各国平等地参与国际决策与合作。[③] 任何试图超越国家主权治理互联网的主张，或者以少数国家意志为主的治理机制，都与现行的国家主权观点相悖。

[①] ［美］曼瑟尔·奥尔森：《集体行动的逻辑》，陈郁等译，格致出版社2012年版，第2页。

[②] Dan Philpott, The Stanford Encyclopaedia of Philosophy（Edward N. Zalta ed. 2003），http://plato.stanford.edu/archives/sum2003/entries/sovereignty/, last visited on 5th Aug., 2020.

[③] 主权平等和合作的关联性被载入《国际电信联盟公约》，该公约序言就指出：为了以有效的电信业务促进各国人民之间的关系和合作，各缔约国政府的全权代表在充分承认每个国家均有主权管制其电信的同时，同意制定本公约。

2. 明晰互联网的国内私域和全球公域的界限

确定产权是避免个体冲突的前提条件。在国际社会中，界定国内私域是国家走出冲突的基础。在互联网中，国家已有能力进行域内的监管和控制。同时，通过互联网的进入点和出去点控制。① 在实践中，国家也可以通过客户端定位（client-side geolication）或服务器端定位（server-side geolication），辨别出个人所处的地理位置。② 本质上，在网络空间中已经存在电子边界。

具体而言，根据互联网的现有分层，其一，在物理层中，支撑起整个互联网的基础设施属于全球公域内的范畴，如根服务器、数据交换中心，其需要基于国家主权的全球治理，而非现有的非政府组织控制的状态。而针对各国连接互联网的设备等则属于国家或个人的私有物。其二，对规则层而言，由于关涉整个互联网的有序运作和未来发展，其本质上构成全球公域内的范畴，因而应在保证各国平等参与下进行治理。其三，针对内容层，最重要的是厘定国家管辖权所及范畴。参照海洋、天空等治理机制，治理的主要难点在于保障国家主权和全人类共同利益的平衡，国内私域则是国家在内容层中享有完全的主权之处。

从传统的国际法视野出发，国家被视为不可分割的整体，其对领土内的所有个体负责，或至少为他们的行为负责。③ 相应地，决定适用法的管辖权框架及其主体的权利和义务都是基于人所在地（in personam jurisdiction）或者是物所在地（in rem jurisdiction）。④ 国家主权与治权的密切关系，使一国不可能对其不能够掌握的人或物实施管辖权。因此，国内私域的范围应以属人和属物管辖为限。而互联网中，国内私域之外

---

① Captain Oren K. Upton, "Asserting National Sovereignty in Cyberspace: The Case for Internet Border Inspection", http://edocs.nps.edu/npspubs/scholarly/theses/2003/Jun/03Jun_Upton.pdf, last visited on 5th Aug., 2020, pp. 45 – 55.

② Dan Jerker B Svantesson, "Time for the Law to Take Internet Geolocation Technologies Seriously", *Journal of Private International Law*, 2012, Vol. 8, No. 3, pp. 478 – 479.

③ Adeno Addis, "The Thin State in Thick Globalism: Sovereignty in the Information Age", *Vanderbilt Journal of Transnational Law*, Vol. 37, 2004, p. 49.

④ Carol M. Celestine, " 'Cloudy' Skies, Bright Futures? In Defense of a Private Regulatory Scheme for Policing Cloud Computing", *University of Illinois Journal of Law*, Technology and Policy, 2013, p. 152.

的地方为全球公域，如网络恐怖犯罪、人权保护等领域。

3. 绝对的公域行动自由与相对的私域行动自由

作为人类生存和生活的空间，海洋、天空等全球混合场域均规定了绝对的公域自由和相对的私域自由，网络空间亦应如此。互联网是发布、传送和共享信息和数据的场域，信息权甚至被称为是人类的基本人权之一。① 绝对的公域行动自由应得到保障，任何国家均平等地参与全球公域的治理，在不违反相关条约和国际强行法下，非国家行为体应获得信息或数据在公域中的自由流动。在国内私域中，为实现数据或信息的跨国正常流动，各国应给予非国家体的行动自由。申言之，在不损害该国国内私域的和平、良好秩序和安全下，所有国家的信息或数据均享有无害通过并传播的权利。在私域中国家的主权干预应满足三个最低的标准：合法性、正当性和比例性。②

4. 互联网治理的实施路径：以联合国为平台

与联合国的相关组织提供给其所有成员国平等的、受保障的表达权迥异的是，当前的互联网治理中，一些重要的不可获取的管理职能是由非营利的、美国主导的私人企业——ICANN 所控制。同时，互联网治理的其他重要内容，诸如互联网犯罪、电子商务、征税和互联网污染等问题则并没有得到规制，而这致使发展中国家处于明显的技术和经济发展的劣势。③ 不管是非政府组织，还是区域层面的《网络犯罪公约》，当前互联网治理的机制均主要在现有的、已成熟的国际合作机制之外。从深层次而言，在现有国际治理之外，寻求解决互联网治理规则的统一性和协调性的根本动因在于发达国家企图排除广大的发展中国家参与的可能性。这无疑进一步加大了南北国家共享互联网治理权力的难度。同时，虽然信息社会世界峰会、网络空间会议等试图建构起互联网治理的

---

① 如《联合国宪章》第 19 条第 3 款规定，人人有权享有主张和发表意见的自由；此项权利包括持有主张而不受干涉的自由，和通过任何媒介和不论国界寻求、接受和传递消息和思想的自由。

② 莫莉教授从《联合国宪章》第 19 条推导出国家干预公民获取信息的标准。See Molly Land, "Toward an International Law of the Internet", *Harvard International Law Journal*, Vol. 54, No. 2, 2013. pp. 438.

③ Surya Mani Tripathi, Anshu Pratap Singh, Dipa Dube, "Internet Governance: A Developing Nation's Call for Administrative Legal Reform", *International Journal of Legal Information*, Vol. 37, 2009, p. 369.

国际机制，但是收效甚微。

网络空间治理涉及所有国家利益，以部分网络犯罪行为为例，其直接与恐怖主义相关，直接威胁到全人类的共同安全。同时，互联网治理需要重视发展中国家的利益，给予发展中国家更多的发言权。因此，为解决复杂的互联网治理难题，建立网络空间在全球公域中的集体安全机制实属必要，而少数发达国家缔结并强制推广的形式和程序与国家主权的理念相悖。更深层次而言，现有对海洋、天空的治理机制几乎都在联合国框架之下，以主权国家合作为基础而形成的互联网治理机制应在联合国及其安全理事会框架之下，以现有联合国决议为出发点，建立起完整的联合国网络空间行为规范，并由联合国及相应部门为发展中国家和最不发达国家提供技术支持和资金援助，共同提升维护国家安全的能力，这亦是全人类的福祉所在。同时，其他内容层的治理，如网络知识产权、互联网电子商务等，也应回归到如世界知识产权组织、世界贸易组织、经济与发展合作组织、国际电信联盟等多边渠道。

（五）简短的小结

路易斯·亨金在追述海洋法发展状况后，指出海洋法发展朝着两个方向：一是赞成沿海国享有的独占权对共有物的实质减损；二是国际社会的共同努力使共有物从国家间竞争的场所变为国际共同事业的基础。[①] 互联网治理也正朝着上述两个趋势：平衡主权国家的利益与全人类共同利益；同时，通过制度化将主权国家间的无秩序状态转为国际合作治理，这是互联网治理的终极目的。鉴于此，作为世界上最大的发展中国家和联合国安理会的常任理事国，我国应在网络空间的国际治理机制构建中把握发言权，坚定立场。具体而言，第一，建议建立国际机制维护我国人民利益，并实现全人类的共同利益；第二，我国坚持在联合国框架下，明确互联网治理的国际机制，构建起全面的网络治理的国际法规则，并为进一步发挥联合国作用提供理论支持；第三，作为网络发展的新兴国家，我国应在技术上寻求突破，并坚持发展中国家立场，反对网络大国的任何形式的霸权主义，为谋求

[①] ［美］路易斯·亨金：《国际法：政治与价值》，张乃根等译，中国政法大学出版社2005年版，第114页。

稳定、平等、公正的国际秩序做出应有贡献。

第二节　网络空间中的数据主权理论

21世纪以来，随着互联网、云计算、物联网等通信和网络技术的发展，网络空间成了人类生存的第五空间（fifth dimension），跨境数据流动和存储逐渐日常化和便捷化，同时对国家数据安全形成严峻的威胁。由此，数据主权成为各国对数据及相关设施进行管辖的理论基础。下文以通信和网络技术的发展为出发点，结合国际法的主权理论，厘清数据主权的内涵，探索虚拟空间无秩序状态的根源，并探讨国家间主权合作的可行性。

一　数据主权的概念缘起
（一）主权概念与数据主权

自16世纪"国家"和"主权"概念分别由马基雅维利和布丹提出以来，"国家"与"主权"便紧密相连。国家就被视为能够在其领土界线内实施管辖权的具有主权属性的空间实体（sovereign spatial entities）。[1] 主权概念的历史发展可以从两个维度进行追溯，一是主权国家的实践发展。具体体现在1648年《威斯特法利亚合约》之中，并通过马基雅维利、卢瑟（Luther）、布丹和霍布斯等学者的著述，使主权观念深入至国内和国际政治体系之中；二是欧洲一体化进程、人权保护法律和实践的发展，形成了经由主权的让渡进行国际合作的观念和实践，主要的理论思想反映在茹弗内尔（Bertrand de Jouvenel）和马里顿（Jacques Maritain）的著述中。[2]

随着客观实践的发展，主权概念不断更新其内涵与架构。20世纪

---

[1] Dunniela Kaufman, "Does Security Trump Trade?", *Law & Business Review of the America*, Vol. 13, 2007, p. 624.

[2] Dan Philpott, "The Stanford Encyclopaedia of Philosophy（Edward N. Zalta ed. 2003）", http://plato.stanford.edu/archives/sum2003/entries/sovereignty/. Last visited on Jun. 24th, 2020.

90 年代以来，技术创新改变了传统的信息沟通渠道。① 一国的信息开始自由地进行跨境传播，信息成为新的生产力，信息主权的提法开始时兴。21 世纪以来，信息储存和传送的形态发生巨大变化，任何信息都可转化成数据，并通过数据便捷地传送至世界各地。与此同时，互联网的普及和壮大，使得海量数据能够随时随地被分享。有学者因此提出，人类社会已经步入"大数据时代"。② 大数据时代下，已有的信息主权无法适应国家管控海量数据传送和集聚的现象和行为，取而代之的数据主权（data sovereignty）便应运而生。遗憾的是，迄今为止数据主权的内涵与外延不甚清晰，甚至数据主权概念仍存异议，亟待澄清。

（二）数据主权的界定

目前有关数据主权的界定主要存在三种观点。一种观点认为数据主权是在云计算背景下的主权，将其定义为数据受其创造和存储地的法律管辖的理念，③ 或直接主张数据主权是指网络空间中的国家主权。④ 该种观点不能涵盖数据主权行使区域。在大数据时代，网络空间无疑是当今数据主权行使的最重要场域。但信息的发送和接收不仅限于互联网，还可通过电报、遥感技术、卫星传播等路径实现。⑤ 因此，单纯以网络空间作为界定数据主权的管辖范围显得过窄。另一种观点认为数据主权是一国独立自主对本国数据进行管理和利用的权利。⑥ 该种观点沿袭传统主权的概念，也存在诸多不足。如数据的传播还涉及相关通信或网络技术、数据基础设施和相关运营商，而不仅是管理和利用数据本身。此

---

① 信息革命的萌芽起于 20 世纪 40 年代。1946 年，美国诞生了世界上第一台电子计算机。为军事目的服务，60 年代末期，美国发明了以 ARPANET 为名的网络，该技术直到 80 年代后才进入商用和科学研究领域，并改名为互联网。在 21 世纪，为满足人们数据存储等需要，云计算技术应运而生。See Carol M. Celestine, "'Cloudy' Skies, Bright Futures? In Defense of a Private Regulatory Scheme for Policing Cloud Computing, University of Illinois Journal of Law", *Technology and Policy*, 2013, pp. 144 – 145.

② See Omer Tene, Jules Polonetsky, "Privacy in the Age of Big Data: A Time for Big Decisions", *Stanford Law Review Online*, Vol. 64, 2012, p. 63.

③ Lrion, Kristina, "Government Cloud Computing and National Data Sovereignty", *Policy & Internet*, Vol. 4, 2012, pp. 42 – 43.

④ 曹磊：《网络空间的数据权研究》，《国际观察》2013 年第 1 期。

⑤ See Adeno Addis, "The Thin State in Thick Globalism: Sovereignty in the Information Age", *Vanderbilt Journal of Transnational Law*, Vol. 37, 2004, pp. 24 – 45.

⑥ 曹磊：《网络空间的数据权研究》，《国际观察》2013 年第 1 期。

外，强调主权的独立自主权而忽视合作性，可能引发国际社会的无秩序状态。还有一种观点主张数据主权是数据所有者占有、使用和处分其数据的权利。[1] 但该概念混淆了主权和所有权的关系，主权通过行使国家治权而体现，是及于一国领域内的人、物及其国内事务管辖权。明显不同于数据创造者、接收者或使用者的所有权。[2]

对数据主权的界定仍应回归主权的应有之义上。主权的主体是国家，体现的是独立自主的权力。从类型上划分，主权可分为两种形态：一是内部主权（internal sovereignty），指的是在域内统治者的最高权力；二是外部主权（external sovereignty），主要指对外处理国家利益的权力。[3] 相应的，对数据主权界定应亦分解为对内控制权和对外独立性两个层次。当然，对数据主权的界定不能不考虑其领域的特殊性。因此，应借鉴有关信息主权、网络主权等概念。前者指的是国家对信息必然享有的保护、管理和控制的权力。[4] 后者则主要体现在国家对网络信息技术的监管上，包括网络物理设施运行安全的保障，以及采用技术手段对网络信息安全进行维护。[5] 两者都体现出国家对信息及信息相关的技术、设备等的管理权及控制权。换言之，在大数据时代，一国对数据的管辖范围不限于数据本身，还包括与数据相关的技术、设备，乃至提供技术服务的主体等。

某种程度上，数据主权与信息主权具有重合性。但是，从本质上分析，数据主权是为应对通信与网络技术发展而产生的，有别于信息主权的相关概念。就是说，数据主权更体现出数据及其云计算、物联网等技术对传统信息通信工具的变革。大数据时代、数据时代等称谓已代替了信息时代的称谓。综述而言，数据主权是指国家对数据和与数据相关的

---

[1] De Filippi P., McCarthy S., "Cloud Computing: Centralization and Data Sovereignty", *European Journal of Law and Technology*, Vol. 3, No. 2, p. 15.

[2] Christopher Rees, "Tomorrow's Privacy: Personal Information as Property", *International Data Privacy Law*, 2013, Vol. 3, No. 4, pp. 220 – 221.

[3] See *Black's Law Dictionary* (7th ed.), 1999, p. 1402.

[4] 沈雪石：《论信息互联网时代的国家安全》，《国防科技》2004 年第 11 期。也有学者认为信息主权主要是指主权国家在网络领域的自主权和独立权，包括信息控制权、信息管理权和信息资源共享权。参见杨泽伟《主权论——国际法上的主权问题及其发展趋势研究》，北京大学出版社 2006 年版，第 11—12 页。

[5] 曹磊：《网络空间的数据权研究》，《国际观察》2013 年第 1 期。

技术、设备和服务商等的管辖权及控制权，体现域内的最高管辖权和对外的独立自主权和参与国际事务合作权。

（三）数据主权的价值

随着客观实践的发展，主权的概念也随之丰富多样。现代通信和网络技术的迅速发展，一国已不能独占地、专有地控制与领土、居民等相关的所有数据。由此带来的挑战是数据安全的问题，数据主权应运而生，数据主权概念的提出有其现实意义和理论价值。

第一，数据的跨境储存与流动是数据主权产生的前提。网络科技的变革显著地降低了企业和政府的运营成本，也使得更多私人能够获得相应信息，从而创造出无边界的国家和世界。① 互联网技术实现了通过外包降低投资资本，增强服务功能，极大地推动商业发展。对消费者而言，互联网技术使其能够便捷化使用多种设备。② 数据跨境流动对国家数据安全形成威胁，数据主权赋予国家监管数据的合法性。

第二，权力、利益与观念是数据主权产生的现实基础。国际秩序是国际社会中主要行为体的权力分配、利益分配和观念分配的结果。③ 在边界模糊的虚拟空间，数据主权的提出是对大国滥用权力的有效限制，也是国际安全利益的重要体现，更是对和平共处观念的反映。因此，虚拟空间中的国际秩序应以数据主权为基石。

第三，主权及其自保权是数据主权产生的法理基础。《联合国宪章》明确自保权是国家的"自然权利"。同时，国家体系仍处于国际体系的核心地位，国家在其领土内具有不可分割和不容拘束地制定和执行法律的权力，未通过国家认可的信息跨境流动是对特定国家事务和自决权的非法干预。④因此，国家主权及派生的自保权是数据主权产生的法理基础。

---

① Carol M. Celestine, "'Cloudy' Skies, Bright Futures? In Defense of a Private Regulatory Scheme for Policing Cloud Computing", *University of Illinois Journal of Law, Technology and Policy*, 2013, p. 149.

② Carol M. Celestine, "'Cloudy' Skies, Bright Futures? In Defense of a Private Regulatory Scheme for Policing Cloud Computing", *University of Illinois Journal of Law, Technology and Policy*, 2013, p. 146.

③ 门洪华：《大国崛起与国际秩序》，《国际政治研究》2004 年第 2 期。

④ Adeno Addis, "The Thin State in Thick Globalism: Sovereignty in the Information Age", *Vanderbilt Journal of Transnational Law*, Vol. 37, 2004, p. 49.

此外，数据主权概念的提出丰富了主权的内涵和外延，使国家主权理论更好地适应时代的发展，为各国提供应运时代发展的新秩序构建的理论基础。总而观之，数据主权主要基于国家数据安全的考虑，其概念具有鲜明的时代价值。实践中，围绕相关数据安全问题，以数据主权为基础，各国已经开展对数据及相关技术、设备的管理和控制。

二 网络空间的无序状态：数据主权的自发博弈

通信和网络技术的发展变化，导致了传统观念面临挑战。大数据时代下，基于地域性的限制，传统主权理论已不能解决所有与国内相关数据的管辖权，过度强调数据主权的独立性将加剧虚拟空间的"无秩序状态"。换言之，虚拟空间的无秩序状态主要源于对数据的多重管辖冲突以及国家数据安全的困境。

（一）数据多重管辖权的冲突

早在 2000 年，美国和欧盟之间就缔结了《安全港协议》（Safe Harbor Agreement），该协议规定美国公司从其欧盟附属公司传输数据时受到特定限制，其具体限制为七项隐私原则：通知、个人选择权（choice）、第三方保护水平一致（onward transfer）、个人可获得（access）、安全性、数据完整性和实施要求。[1] 随后，为保障国家安全的需要，美国颁布并执行了《爱国者法案》（USA PATRIOT Act）。依《爱国者法案》规定，美国机构能自动获得与反恐相关的所有数据，而无需履行程序规定。[2] 该法案随即在欧盟引起轩然大波。有大量欧盟客户的微软和谷歌等美籍网络运营商在接受调查时承认，即使是收集、存储和取得数据行为都排他性地发生在美国之外，在法定条件下其仍有义务向美国机构提供欧盟客户的相关信息。申言之，由于在《爱国者法案》的效力高于《安全港协议》，因此通过《爱国者法案》的授权，美方能够自主地获取美籍运营商储存在云上的信息。[3] 显而易见，这一规定与

---

[1] See Export. gov, U. S. – EU Safe Harbor Overview, http：//export.gov/safeharbor/eu/eg_main_018476.asp, last, visited on Dec. 24th, 2020.

[2] See Section 1862, Title 50 in United Sates Code.

[3] Carol M. Celestine, "'Cloudy' Skies, Bright Futures? In Defense of a Private Regulatory Scheme for Policing Cloud Computing", *University of Illinois Journal of Law, Technology and Policy*, 2013, p. 148.

《安全港协议》和《欧盟数据保护指令》（EU Data Protection Directive 95/46/EC）存在冲突。针对跨境信息流动，欧盟通过《欧盟数据保护指令》禁止个人信息向没有达到足够数据保护水平的第三国传送。[1] 同时，欧盟指令要求若公司向外提供私人信息时，其负有通知客户的义务，而《爱国者法案》则无规定此义务。[2] 欧盟随后启动了数据保护立法工作，该立法旨在对所有在欧盟境内的云服务提供者和社交网络产生直接影响。[3]

加拿大政府也颁布了应对《爱国者法案》的政策。为保护加拿大公民的个人数据安全，加拿大采取保护个人信息的风险导向（risk-based）政策，其要求所有涉及个人数据的外包业务均应在加拿大境内完成，同时，在涉及加拿大公民数据情形下，加拿大政府必须选择国内的云服务。[4]

大数据时代对国际法提出了多重的挑战，其中最深刻的影响是根据储存、占有或传输地的不同，网络信息将受多个不同国家法律所管辖。[5] 同时，为满足客户需要和降低成本考虑，网络商经常将其提供的服务部分地外包，因此，同一条数据极有可能受到不同国家的多重管辖，[6] 特别是各国尚未对数据主权的管辖范围进行界定。国家都是以完全理性地方式在国际社会上行使权利，在未形成国际统一制度或协调机制之前，为保证国家的绝对安全和实施监控的目的，各国均对所有能够监管的信息主张数据主权，而这也必然导致对部分域外数据进行监控，

---

[1] See Article. 25, Directive 95/46/EC of the European Parliament and of the Council.

[2] See Amar Toor, Microsoft's Patriot Act admission has the EU up in arms, http://www.engadget.com/2011/07/06/microsofts-patriot-act-admission-has-the-eu-up-in-arms/, last visited on Dec. 24th, 2020.

[3] See Lucian Constantin, EU data protection reform would put pressure on foreign companies, available at http://www.computerworld.com/s/article/9221707/EU_data_protection_reform_would_put_pressure_on_foreign_companies, last visited on Dec. 24th, 2020.

[4] Kristina Irion, Government Cloud Computing and the Policies of Data Sovereignty, 22nd European Regional ITS Conference, 2011, p. 16, http://hdl.handle.net/10419/52197, last visited on Dec. 24th, 2020.

[5] De Filippi P., McCarthy S., "Cloud Computing: Centralization and Data Sovereignty", European Journal of Law and Technology, Vol. 3, No. 2, p. 14.

[6] De Filippi P., McCarthy S., "Cloud Computing: Centralization and Data Sovereignty", European Journal of Law and Technology, Vol. 3, No. 2, p. 14.

进而引发多重管辖的情形。总而言之，目前以强调主权独立为基础的实践导致国际社会在数据管辖下呈现出"无政府状态"。

（二）国家数据安全的困境

通信和网络技术的发展对国家安全产生了严重的威胁。以云计算为例，云计算（cloud computing）突破对传统电脑主机和服务器的需要，直接将客户数据等信息存储在"云"中，该模式无须信息技术硬件支持。[①] 大量数据储存在国家边界之外支持云系统的信息基础设施上，这无疑影响了国家管辖权有效行使，即国家对国内数据（domestic data）的控制权。[②] 与发达国家相比较，发展中国家和最不发达国家对数据控制能力明显不足，体现在以下层面：第一，信息革命削弱了国家机构控制信息流动的能力，国家不允许出版发行的印刷品及相关信息轻易通过网络或卫星通信而获得；第二，信息革命实现了在国家境内建立起（虚拟的）平行社区（parallel communities），虚拟社区几乎不受该国的管辖，这与传统领土观念相冲突；第三，信息革命使国家权威和安全受到威胁，同时也导致非政府机构的大量涌现，[③] 恐怖集团、黑客组织能够借由网络科技手段在国外对一国实施网络攻击行为。即使拥有独立的数据主权，众多发展中国家和最不发达国家囿于科技水平有限，不能够有效保障本国的数据安全和国家利益。

信息技术变革使得网络大国利用其技术优势，滥用数据主权威胁到其他国家的数据安全。如美国，不仅通过国内立法实现其对域外的数据控制权，还通过国家安全部门的系列项目，收集并分析完全由他国所管辖的数据。"棱镜门"事件无疑是洞察美国安全部门窃听外国信息的典型事例。2013 年，斯诺登向媒体披露美政府通过棱镜项目直接从微软、谷歌、雅虎等 9 个公司服务器收集信息，收集的信息覆盖电子邮件、通

---

① Christopher Soghoian, "Caught in the Cloud: Privacy, Encryption, and Government Back Doors in the Web 2.0 Era", *Journal on Telecommunications and High Technology Law*, Vol. 8, 2010, p. 361.

② De Filippi P., McCarthy S., "Cloud Computing: Centralization and Data Sovereignty", *European Journal of Law and Technology*, Vol. 3, No. 2, p. 14. 当然，此处极有可能对"国内数据"的概念产生争议。一般而言，数据是中性的，甚至是无国界的。然而，"国内数据"不是指数据具有国籍，而仅仅是指数据受域内法律所管辖。

③ Adeno Addis, "The Thin State in Thick Globalism: Sovereignty in the Information Age", *Vanderbilt Journal of Transnational Law*, Vol. 37, 2004, p. 47.

信信息、网络搜索等。而近期又曝光的美国国安局与加密技术公司 RSA 签署协议在全球移动终端广泛使用的加密技术放置后门，该加密技术后门意味着美国情报部门能够自主地获得加密的个人数据。① 德国《明镜周刊》曝光美国国家安全局存取了对包括苹果手机在内的所有主流智能手机的用户数据，涉及用户联系人、通话记录等个人信息。② 同时，美国通过卫星监控各国政治首脑的通信行为的报道也屡见不鲜。类似事件频繁地曝光反映出作为网络大国的美国对其他国家数据安全所造成的严重威胁。

数据主权的自发博弈使得国家的数据安全难以得到有效的保护。一方面，网络数据的跨境流动和存储削弱了国家对数据及相关设备的有效管辖能力，形成了安全漏洞。同时，借由先进的科学技术，网络大国可通过隐蔽的手段对其他国家的数据进行收集和监测，侵犯他国的数据主权。因此，强调数据主权的独立性将形成国家间对抗的秩序，导致网络大国在虚拟空间中肆意地实施单边主义。

（三）数据主权的自发博弈

毋庸置疑，数据在虚拟空间储存与流动已突破了传统主权绝对独立性理论。独立权是一种绝对自由的权利，其极端表现可体现为国家之间的对抗和竞争。数据主权的独立性与多重管辖冲突、与国家数据安全困境存在着关联性，形成数据主权的自发博弈的对抗秩序。

首先，强调数据主权的绝对独立性将产生多重管辖权冲突。在大数据时代，数据流动至少涉及信息创造者、接收者和使用者，信息的发送地、运送地及目的地，信息基础设施（information infrastructure）的所在地，信息服务提供商的国籍及经营所在地等。③ 由于数据的完整性和不可分割性特征，任何层面跨境数据行为都会产生国家管辖权的重叠，并产生数据主权的冲突。同时，在多重管辖权情形下，服务提供商将会产生挑选法律（forum-shopping）的现象，会导致网络服务商通过信息转

---

① 彦飞、天恒、夏乙：《RSA 被指收美政府千万美元在加密算法中安后门》，available at http：//tech. sina. com. cn/i/2013 - 12 - 21/13499028417. shtml，last visited on Dec. 24th，2020。

② Risen：《德国媒体：美国可以存取智能手机用户数据》，available at http：//it. sohu. com/20130909/n386155719. shtml，last visited on Dec. 24th，2020。

③ 管辖权的行使并非必然限于国家领土之内。See Wolff Heintschel von Heinegg, "Territorial Sovereignty and Neutrality in Cyberspace", *International Law Studies*, Vol. 89, 2013, p. 132.

移,逃避对数据保护的国内规制,① 进而影响到一国的数据安全。

其次,基于数据安全考量,理性的国家将以数据主权独立性为由,对信息及相关技术实施绝对的单边控制。最为典型的是对数据中心的选址施加法律限制,要求数据中心设置在国家控制范围。这实际上禁止潜在的国外云服务商向客户提供既有服务,使云计算有了边界,间而也摧毁了网络科技赖以发展的基础——成本优势。② 在某种程度上,该措施也侵犯了公民的知情权、数据权和贸易自由权。

最后,网络大国以数据主权为由,通过侵犯他国数据主权,以此获得敏感信息。以美国为例,美国垄断着全球互联网的战略资源,全球互联网根服务器有 13 台,唯一的主根服务器在美国,其余 12 台辅根服务器中有 9 台在美国。③ 同时,美国还拥有大量全球最具影响力的网络运营商和通信服务商。正是基于网络大国地位,美国能够方便地窃取其他国家的隐秘信息,对全球的数据安全造成威胁。

由上,在通信和网络技术发展背景下,基于数据跨境流动和存储的日常化和便捷化,各国对数据的管辖权进行不同界定,特别是基于数据主权的独立性,各国不断对域外数据主张管辖权。与此同时,大数据时代削弱了一国对与本国相关数据的控制力,在数据主权对抗局面下,小国将无法保证本国的数据安全,不通过国际协调机制,无法有效行使数据主权。而大国却能通过先进技术有效行使数据主权,甚至危害他国数据主权安全。由是观之,数据主权的绝对独立性形成多重管辖冲突现象和国家数据安全困境,自发博弈对抗最终导致国际社会在虚拟空间的"无秩序状态"。因此,破解当前"无秩序状态"应考虑基于数据主权的合作性构建相应的国际协调机制。

三 破解网络空间安全困境:基于数据主权的合作

传统国际法针对的是各国"共存"(co-existence)于国际社会的这

---

① De Filippi P., McCarthy S., "Cloud Computing: Centralization and Data Sovereignty", *European Journal of Law and Technology*, Vol. 3, No. 2, p. 15.

② Carol M. Celestine, "'Cloudy' Skies, Bright Futures? In Defense of a Private Regulatory Scheme for Policing Cloud Computing", *University of Illinois Journal of Law, Technology and Policy*, 2013, p. 151.

③ 奕文莉:《中美在网络空间的分歧与合作路径》,《现代国际关系》2012 年第 7 期。

一事实，现代国际法更侧重于"合作"（co-operation），而跨境国家的相互依赖与合作在某种程度上限制了主权。① 从数据的特质出发，主权的博弈对抗形成了囚徒困境的结局。因此，对数据主权的重新审视应结合实践的需要，重视主权体现在国际事务中的合作特性和权利。

（一）对数据主权的再解读

如前所述，数据主权是国家对数据和与数据相关技术、设备及服务商等的管辖权及控制权，体现域内的最高管辖权和对外的独立自主权和国际事务的参与决策权。由此定义引申出数据主权可划分为内部和外部两种类型。所谓内部数据主权，主要是基于保护国家安全和公共秩序，特定国家机关依据法律规定要求第三方公开其掌握的域内隐私和保密信息。② 该主权的行使已成为各国通例，例如，美国《爱国者法案》规定在法院令状许可下，美国联邦调查局可以强制要求美国互联网服务提供商提供所有储存在其服务器的记录。③ 我国《国家安全法》第 11 条规定国家安全机关为维护国家安全的需要，可以查验组织和个人电子通信工具、器材等设备、设施。换言之，各国对位于本国境内的数据及相关设施均有完全的域内管辖权。然而，单纯依靠内部主权并不能解决数据安全的问题。在大数据时代下，信息技术削弱了政府管理在其领土内对其公民产生影响的信息的能力。即使国家能够管理信息流动，该管理措施经常会对其他国家产生负面影响。④ 因此，内部主权的行使能够影响基于外部主权的国家对抗或合作。

外部主权主要包括独立自主权和国际事务参与合作权。根据主权的历史发展，第二次世界大战前国际社会更多强调的是基于民族自决的独立自主权；"二战"后，随着联合国、世界贸易组织等国际机制的建立，我们生活在一个相互依赖的时代，⑤ 国家间博弈与合作要求国家重

---

① See Joost Pauwelyn, *Conflict of Norms in Public International Law: How WTO Law Relates to Other Rules of International Law*, London: Cambridge University Press, 2003, pp. 31 - 32.

② De Filippi P., McCarthy S., "Cloud Computing: Centralization and Data Sovereignty", *European Journal of Law and Technology*, Vol. 3, No. 2, p. 13.

③ See Section 1862, Title 50 in United Sates Code.

④ Adeno Addis, "The Thin State in Thick Globalism: Sovereignty in the Information Age", *Vanderbilt Journal of Transnational Law*, Vol. 37, 2004, p. 60.

⑤ ［美］罗伯特·基欧汉、约瑟夫·奈：《权力与相互依赖》，门洪华译，北京大学出版社 2012 年第四版，第 3 页。

视外部主权。当前国际结构的本质和核心不是相互对抗,而是以国家交流与合作为目标。申言之,基于国家主权的最重要的外部权利不应是独立于所有外部干预,而是积极参与国际性事务的权利。[①] 同理,在外部数据主权上,其核心体现为处理国际性、区域性和跨国性数据传输等事务的参与权和决策权。在独立享有主权的基础上,各国均有相互合作、参与国际规则的制定和决策的权利。

由于缺失对数据管辖应开展的国际合作,多重管辖权冲突频发,国家数据安全困境凸显,进而导致了虚拟网络空间中的"无秩序状态"。鉴于此,破解安全困境与管辖权冲突应当建立在国家数据主权的合作性基础上。

(二) 数据主权合作的理念

在无边界的数据空间,一国对数据信息进行的有效监管和控制应当通过与其他国家合作加以实现。国际法上的主权是国家的固有属性,基于主权的合作应体现国际法的价值与理念。

数据主权的合作前提是各国拥有对国际事务参与决策权。就国际社会而言,开展合作维护共同安全和利益既是国家的义务也是责任。同时,合作也是数据主权行使的重要途径。如前所述,数据主权的对外权利体现在独立性和参与决策权之上。各国均应充分承认他国具有主权管制域内的数据及相关设施、服务人员,但是片面强调主权的独立性也将可能导致国家对抗的困境。解决跨境问题还应回归到数据主权的概念中,即重视国际事务的参与决策权。不论贫富强弱,各国都有参与和决策国际事务的权利,这是数据主权合作的前提。[②] 同时,任何国家都无法单边地解决所有国际事务,因此,唯有主权的合作才能实现管理共有物的目标,主权合作是数据主权行使的必然途径。

数据主权合作应坚持公平互利的国际法基本原则。国家主权平等是《联合国宪章》的基本原则。主权平等是合作的基础,而公平才是

---

① Adeno Addis, "The Thin State in Thick Globalism: Sovereignty in the Information Age", *Vanderbilt Journal of Transnational Law*, Vol. 37, 2004, p. 57.
② 主权独立和合作的关联性被载入《国际电信联盟公约》,该公约序言就指出:为了以有效的电信业务促进各国人民之间的关系和合作,各缔约国政府的全权代表在充分承认每个国家均有主权管制其电信的同时,同意制定本公约。

构建国际新秩序重要内容。特别是当前网络大国利用技术优势对数据、信息等单边控制损害其他国家的利益，导致数据安全困境。因此，基于数据主权的合作最重要的是防止在虚拟空间形成权力导向的格局。合作的目的在于有效管控和自用共同的数据空间，其应体现国家间的互利性，不能以牺牲他国利益为代价提高本国的国家利益。基于公平目标，国际社会也应为发展中国家和最不发达国家提供技术支持，提升其管辖和控制国内数据的能力，防范外来的网络恐怖行为等数据安全威胁。因此，在数据主权的合作上应坚持公平互利等国际法基本的原则。

（三）数据主权合作的模式

1. 合理界定管辖权

数据空间的开放性和虚拟性导致了数据能够便捷地进行跨境传送，而不受到实体海关的监管。数据的特质本身是多重管辖权产生的根本内因。因此，数据主权博弈的无序首先要解决就是管辖权的冲突问题。

对管辖权行使的约束和平衡是数据主权合作的重要内容，其主要思路应是合理界定管辖权的范围。界定管辖权的范围仍应建立在主权治权基础上，并合理界定属人管辖和属地管辖原则。现代国家产生以来，国家就被视为能够在其领土界线内实施管辖权的具有主权属性的空间实体（sovereign spatial entities）。[1] 以传统的国际法视野出发，国家被视为是不可分割的整体，其对领土内的所有个体负责，或至少为他们的行为负责。[2] 相应的，决定适用法的管辖权框架及其主体的权利和义务都是基于人所在地（in personam, jurisdiction）或者是物所在地（in rem, jurisdiction）。[3] 数据主权与治权密切关系，一国不可能对其不能够掌握的人或物实施管辖权。但是，由于数据的特性，传统管辖权无法处理虚拟空

---

[1] Dunniela Kaufman, "Does Security Trump Trade?", *Law & Business Review of the America*, Vol. 13, 2007, p. 624.

[2] Adeno Addis, "The Thin State in Thick Globalism: Sovereignty in the Information Age", *Vanderbilt Journal of Transnational Law*, Vol. 37, 2004, p. 49.

[3] Carol M. Celestine, "'Cloudy' Skies, Bright Futures? In Defense of a Private Regulatory Scheme for Policing Cloud Computing", *University of Illinois Journal of Law, Technology and Policy*, 2013, p. 152.

间的无国界性问题,因此,应在传统管辖权基础上,辅以效果管辖原则(effects doctrine)。[①] 即,如果一国行使数据管辖权的效果延伸到另一国的人及地域,或者说,对另一国的数据安全和利益产生影响,则另一国有权行使数据管辖权要求他国约束过分膨胀的管辖权力。总而言之,虚拟空间中确立的国家管辖权是国家能够依国籍对信息创造者、接收者和使用者及其信息服务提供商进行属人管辖,也能依据信息发送地、运送地和目的地及信息基础设施所在地进行属地管辖。因此,辅以效果原则的属人管辖和属地管辖是各国行使数据主权的基本方式。

2. 共管虚拟空间共有物

由于支持通信和网络技术的信息基础设施、数据交换中心多落户于网络大国,大国对数据不正当使用将会造成对他国数据安全的威胁和利益的损害。解决国家数据安全困境应通过国家间的合作和协调途径达致,而国家的合作理论前提是由互联网的特性使然。

数据存储、运输的场域——互联网被认为是与公海、外太空等属性相似的"全球共有物"(global common),抑或是被称为"共有财产"(res communis omnium)。[②] 在大数据时代,没有任何国家能够占有互联网,支撑互联网运作的信息基础设施、数据交换中心等应视为是"全球共有物"。互联网的开放性质自然要求各国在统一的国际框架中维护国家利益。因此,若要完全实现各国的数据主权,就必须通过部分数据主权的让渡,由共有的机制或机构享有并行使让渡主权,实现对共有物的管理。[③] 当前冲突的实质是网络大国对人类共有的互联网的单边管辖以谋求本国利益和安全。虚拟空间作为人类共有物,从某种程度上,支持

[①] 效果原则为美国所推崇和使用。See Dan Jerker B. Svantesson, "The Extraterritoriality Of EU Data Privacy Law— Its Theoretical Justification And Its Practical Effect on U. S. Businesses", *Stanford Journal Of International Law*, Vol. 50, 2014, pp. 83 – 84.

[②] 也有学者将其翻译成"全球公域""全球公地"等。See Wolff Heintschel von Heinegg, "Territorial Sovereignty and Neutrality in Cyberspace", *International Law Studies*, Vol. 89, 2013, p. 125.

[③] 在全球化和区域一体化潮流下,主权让渡是国家行使主权的必然途径。成员国转让部分主权的行使权力并由一个共同的组织来行使。这种部分主权实行成员国共享的方式,说到底主权的所有仍然是国家。参见伍贻康、张海冰《论主权的让渡——对"论主权的'不可分割性'"一文的论辩》,《欧洲研究》2003 年第 6 期。

虚拟空间的构建和运行的重要基础设施不应为某个国家所有，而应当采取一种全球共管的模式。例如，根服务器、数据交换中心等基础设施应基于国家主权进行全球共管。

在组织架构方面，初期可由联合国或其下属机构对营运互联网的非政府机构、信息基础设施和数据交换中心进行监管或控制，由非政府组织负责技术工作，而联合国等安全部门保证非政府组织的公正性和独立性；[1] 随着互联网的扩大与全球普及，非政府机构不能满足实践发展前提下，可由联合国安全部门专门负责互联网的运营，在运营之上建立起由主权国家参与的互联网管理委员会，该委员会负责监督工作。

3. 应对虚拟空间恐怖主义的集体行动

由于数据空间的虚拟性、无边界性，发展中国家和最不发达国家的通信和网络技术水平有限，其不能有效管辖域内和域外数据，以应对虚拟空间犯罪（cybercrime）行为，特别是恐怖主义犯罪。破解此类数据安全困境的方式应从数据主权出发，在国际社会上探寻集体合作安全机制。

打击虚拟空间犯罪行为的国际合作制度相对较为成熟。联合国安理会和联合国大会通过了多份涉及恐怖主义或网络恐怖主义的决议；西方八国集团最高政治领导层的议题经常包括网络安全；俄罗斯建议在联合国框架下制定互联网空间的行为规范；多数发达国家和少数发展中国家在联合国之外签署了《网络犯罪公约》。[2] 然而，上述成果的法律拘束力较弱。由美国、欧盟主导的《网络犯罪公约》更多的是体现网络大国的利益，缺少民主性、公平性，偏离主权合作的互利原则。因此，应对虚拟空间犯罪的集体行动亟须完善和机制化。

虚拟空间犯罪涉及网络安全和各国利益，多数重大犯罪行为与恐怖主义相关，直接威胁到人类社会的安全。基于此，建立虚拟空间集体安

---

[1] 当前而言，在互联网运作上，非政府组织扮演着重要的角色，如互联网名称和代码分配机构（ICANN）和互联网工程任务组（IETF）。上述两个非政府机构共同架构起互联网的基础。See Paul Rosenzweig, "The International Governance Framework for Cybersecurity", *Canada - United States Law Journal*, Vol. 37, 2012, pp. 409 – 413.

[2] 参见王孔祥《网络安全的国际合作机制探析》，《国际论坛》2013 年第 5 期。

全机制实属必要。那种任由少数发达国家制定规则或强制推行的做法与主权合作的理念相悖。以主权让渡为基础而形成的合作应在联合国及其安全理事会框架之下，建立起完整的虚拟空间行为规范，在面临国际恐怖主义情形下，甚至可考虑以集体自卫权为基础进行跨国惩治。同时，应为发展中国家和最不发达国家提供技术支持和资金援助，提升维护国家数据安全的能力，这亦是全人类的福祉所在。

第三节　网络空间的主权与人权：冲突与协调

对于互联网规制而言，其绕不开的话题便是人权的分析路径。自 21 世纪以来，众多学者开始研究人权在国际贸易法中的适用。相关研究成果也给互联网规制措施的贸易限制性分析提供一定的借鉴意义。对于网络空间而言，目前尚未建立起统一的数据流动自由的国际协定，但是理论界试图通过较为完善的人权框架，对跨境的数据流动提供指导意见。[1]在互联网贸易语境下，人权看似具有更加时尚的外衣：其旨在进一步推进个人分享和收集信息的权利。[2] 正基于此，借鉴美国国际贸易委员会的观点，苏姗将电子保护主义（digitial protetionim）定义为对电子贸易构成阻碍或妨碍的行为，包括审查机制、过滤机制、当地化措施（localization measures）和保护隐私等规则。[3]上述问题都涉及互联网规制、贸易与人权问题。作为最为重要的多边贸易机制，本节将以世界贸易组织（以下简称 WTO）规则为出发点，对电子保护主义进行分析，并试图厘清互联网规制相关的贸易与人权的一系列基本问题。

---

[1] Susan Aaronson, "Why Trade Agreements are not Setting Information Free: The Lost History and Reinvigorated Debate over Cross - Border Data Flows, Human Rights, and National Security", *World Trade Review*, Vol. 14, Issue. 4, 2015, p. 675.

[2] Anupam Chander, "International Trade and Internet Freedom", Annual Proceedings of the Annual Meeting - American Society of International Law, Vol. 102, 2008, p. 38.

[3] Susan Aaronson, "Why Trade Agreements are not Setting Information Free: The Lost History and Reinvigorated Debate over Cross - Border Data Flows, Human Rights, and National Security", *World Trade Review*, Vol. 14, Issue. 4, 2015, p. 674.

一 人权与国际法：基于国际贸易法的视角

（一）人权及与贸易价值的共通性

人权并没有统一的定义模式。[①]传统上，对人权的认识主要体现在人身性权利上。然而，晚近以来，人权概念已经逐步发展，并具有一系列鲜明的新特征。具体如下。

其一，从传统上侧重地域属性的个人权利拓展在关注个体的基本权利。传统的人权协定的核心旨在保护不同人权的法律原则和制度。然而，晚近以来，人权的权利属性体现为保障人作为人的基本权利。当代国际人权法承认每个人作为个体的存在，而非某国国民。[②]在一定程度上，其消弭了权利的地域性差异，重点关注人的基本权利。换言之，虽然地理疆域划分了各国的主权范围，但是人权协定致力于实现保障全球各国共通的最低权利标准。

其二，人权的权利范围从生命权拓展至政治权、财产权等领域。传统上，最初的人权规制的对象为灭绝种族、反人类等严重侵犯个人生命权的行为。以国际法院为例，其在"巴塞罗那机车案"中描述的大屠杀、奴役和种族歧视被视为是所有国家所关注的人权核心价值。[③]而后，人权权利进一步拓展至政治领域和经济、社会和文化等领域。21世纪以来，随着互联网时代的到来，人权更进一步泛化，逐渐涉及个人的隐私权、数据权等领域。例如，《欧盟基本权利宪章》（European Union's Charter of Fundamental Rights）第8条规定对个人数据保护的权利。

上述两个新特征使得人权问题步入贸易语境与互联网规制语境。虽然，表面上人权和贸易体系看似并不存在共通性。人权义务的目的在于确保个体的人格尊严（human dignity），而贸易承诺则保障国家之间贸易自由化和便利化，其侧重的是保障市场准入的平等和非歧视（equality and non-discrimination）原则。它们看似是两个不同的体系。现有的关

[①] See Patrick Macklem, "Human Rights in Interntional Law: Three Generations or One?", *London Review of International Law*, Vol. 3, 2015, pp. 61-92.

[②] [美]托马斯·伯根索尔等：《国际人权法精要》（第4版），黎作恒译，法律出版社2008年版，第17页。

[③] Barcelona Traction, Light and Power Co (Belgium/Spain) (Second Phase), ICJ Rep, 1970, Feb. 5, para. 33.

于贸易与人权的研究，要么从贸易的角度看人权义务，要么从人权的角度看待贸易权。①但是需要明确的是，人权与贸易权都是为了相同的全球利益，即，维护和平和增加人类福利。②因此，本质上，在基本价值取向上，二者存在可通约性。

从某种程度上，WTO 愈发关注个人的自由和人权。③虽然 2008 年，国际法协会《关于国际贸易法与人权宣言草案》指出国际贸易法与人权法的融合具有必要性，但其也认为在可预见的未来，尚无法预见国际贸易法与人权事项的融合。④但是，1215 年《大宪章》（*Magna Carta*）中已对贸易自由进行了规定，并将其作为是对个人权利的宪法保障。⑤从某种层次上，贸易自古与人权密切相连。人权权利内容的丰富极大地促进了二者的相互融合与融通。

21 世纪以来，联合国人权高级委员会（UN High Commissioner for Human Rights）陆续发布了多份涉及 WTO 具体协定的人权报告。⑥上述报告建议将人权作为 WTO 的目的与宗旨，鼓励做出符合国际人权法的条约解释，执行对 WTO 规则的人权评价，并且发展政府间的人权保护沟通进程，进而确保贸易规则和政策能促进所有人的基本需要。⑦

---

① See John H Jackson, General Editor's Foreword, in John H. Jackson (ed.), *Human Rights and International Trade*, Oxford: Oxford University Press, 2005, pp. v – vii.

② Barnali Choudhury, Katja Gehne, Simone Heri, etc., "A Call for a WTO Ministerial Decision on Trade and Human Rights", in Thomas Cottier, Panagiotis Delimatsis (ed.), *Prospects of International Trade Regulation: From Fragmentation to Coherence*, Cambridge University Press, 2011, p. 324.

③ Thomas Cottier, "Legitimacy of the WTO Law", 2008, NCCR Working Paper 2008/19, p. 6; S. A. Aaronson, "Sleeping in Slowly: How Human Rights Concerns are Penetrating the WTO", *World Trade Review*, Vol. 6, 2007, p. 413.

④ International Law Association Report of the 73rd Conference, Rio de Janeiro, 2008, Committee on International Trade Law, para. 35 – 39.

⑤ Ernst – Ulrich Petersmann, "Human Rights and International Trade Law: Defining and Connecting the Two Fields", in John H. Jackson (ed.), *Human Rights and International Trade*, Oxford: Oxford University Press, 2005, pp. 42 – 43.

⑥ The Impact of the Agreement on Trade – Related Aspects of Intellectual Property Rights on Human Rights, E/CN. 4/Sub. 2/2001/13, 27 June 2001.

⑦ Ernst – Ulrich Petersmann, "The 'Human Rights Approach' Advocated by the UN High Comminssioner for Human Rights and by the International Labour Organization: Is It Relevant for WTO Law and Policy?", *Journal of International Economic Law*, Vol. 7, No. 3, 2004, p. 615.

从本质上看，WTO 与人权的关联有三种形式，第一种为尊重人权的义务，例如不干预人权的形式；第二种为保护人权的义务，例如，阻止第三方违反人权的事实发生；第三种为实现人权的义务，例如，通过采取合适的立法、行政、财政、司法和其他措施实现人权。[①]人权的实现依赖于对可贸易货物和服务的可获得性、可接触性、可接受性和高质量性，相关的 WTO 规则包括对"公共产品"的集体提供与对市场失灵的规制，例如，保障成员方供应低价格的货物和服务，进而保护和实现人权。[②]

然而，值得注意的是，1996 年新加坡部长级会议却不愿增加"社会条款（social clause）"，其主张国际劳工组织是设定和解决核心劳工标准的适格机构。[③]换言之，现有的人权义务进入 WTO 协定的途径仍有赖于条约解释的方式。

（二）人权义务进入国际贸易法的途径

晚近以来，人权得到了国际社会的广泛关注。[④]虽然《关税与贸易

[①] "尊重、保护和实现义务"三分法被广泛采用。综合而言，"尊重的义务"要求国家不得干扰个人的自由和基本权利；"保护的义务"是指国家有义务保护个人的权利不被其他个体所侵犯；"实现的义务"需国家采取必要的措施来满足个人通过努力仍无法实现的要求。See Matthew C. R. Craven, The International Conveant on Economic, Social and Cultural Rights: A Persepective on Its Development, Oxford: Oxford Unverstiy Press, 1995, pp. 106 – 150; Ernst – Ulrich Petersmann, "The 'Human Rights Approach' Advocated by the UN High Comminssioner for Human Rights and by the International Labour Organization: Is It Relevant for WTO Law and Policy?", *Journal of International Economic Law*, Vol. 7, No. 3, 2004, p. 615.

[②] Ernst – Ulrich Petersmann, "The 'Human Rights Approach' Advocated by the UN High Comminssioner for Human Rights and by the International Labour Organization: Is It Relevant for WTO Law and Policy?", *Journal of International Economic Law*, Vol. 7, No. 3, 2004, p. 615.

[③] WTO, Ministerial Declaration of 13 December of 1996, WT/MIN (96)/DEC, 36 I. L. M. 218, 1997, p. 221.

[④] See Jason Mazzone, "The Rise and Fall of Human Rights: A Sceptical Account of Multilevel Governance", *Cambridge Journal of International and Comparative Law*, Vol. 3, No. 1, 2014, pp. 929 – 960; Peter Hilpod, "WTO Law and Human Rights: Bringing Together Two Autopoietic Orders", *Chinese Journal of International Law*, Vol. 10, 2011, pp. 323 – 372.; Thomas Cottier, "Trade and Human Rights: A Relationship to Discover", *Journal of International Economic Law*, Vol. 5, No. 1, 2002, pp. 111 – 132.; Ernst – Ulrich Petersmann, "Human Rights and International Economic Law in the 21st Century: The Need to Clarify their Interrelationships", *Journal of International Economic Law*, 2014, pp. 3 – 39.; Pengcheng Gao, "Rethinking the Relationship between the WTO and International Human Rights", *Richmond Journal of Global Law and Business*, Vol. 8, 2009, pp. 397 – 426.

总协定》（以下简称 GATT1994）并没有在序言中明确提及人权，但是提到了"提高生活水平"和"考虑可持续发展的需要"，上述术语被视为是对人权保护的一种暗示。2000 年，时任联合国秘书长向联合国大会发表的报告指出：1947 年《关税与贸易总协定》第 20 条例外应该表明保护生命权、健康环境权、免受饥饿和健康权、对自然资源使用的自决权、发展权和免除奴役自由等内容。①不仅如此，在钱德勒看来，《服务贸易总协定》正成为一部人权文件。②更为重要的是，服务贸易将人权的考量从生产转向分销和消费过程。然而，其首要的问题在于确定人权事项进入 WTO 协定的路径。

进一步而言，在 WTO 争端解决实践中，引入政治和公民权利问题并非是个新议题。③通过连接概念（the concept of linkage），WTO 协定可以关注人权事项。④虽然布鲁诺指出《关税与贸易总协定》（GATT）是自我维持的体系（self-contained regime）。⑤然而，正如鲍威林所言，WTO 争端解决过程中，专家组和上诉机构能够考察人权事项，其主要原因如下：第一，WTO 案例法（case law）已经表明专家组和上诉机构不仅仅考察 WTO 协定，他们还曾考虑过一般法律原则、习惯国际法，以及非 WTO 条约。⑥第二，《争端谅解协议书》（以下简称 DSU）第 3.2 条明确指出对 WTO 协定的解释应与国际公法的习惯性解释规则相符。⑦《维也纳条约法

---

① Globalizaiton and Its Impact on the Full Enjoyment of All Human Rights—Preliminary Report of the Secretary – General, UN Doc A/55/342, August 2000.

② Anupam Chander, "International Trade and Internet Freedom", *Annual Proceedings of the Annual Meeting—American Society of International Law*, Vol. 102, 2008, p. 37.

③ David W. Leebron, "The Boundaries of the WTO", *American Journal of International Law*, Vol. 96, 2002, p. 27.

④ Uyen P. Le, "Online and Linked In: 'Public Morals' in the Human Rights and Trade Networks", *North Carolina Journal of International Law and Commercial Regulation*, Vol. 38, 2012, p. 114.

⑤ See Bruno Simma, "Self – Contained Regimes", *Netherlands Yearbook of International Law*, Vol. 16, 1985, pp. 111 – 136.

⑥ See Appellate Body Report, US – Shrimp, WT/DS58/AB/R, paras. 128 – 132.

⑦ See Benn McGrady, "Fragmentation of International Law or 'Systemic Integration' of Treaty Regimes: EC – Biotech Products and the Proper Interpretation of Article 31 (3) (c) of the Vienna Convention on the Law of Treaties", *Journal of World Trade*, Vol. 42, No. 4, 2008, pp. 589 – 618; Duncan French, "Treaty Interpretation and the Incorporation of Externeous Legal Rules", *International and Comparative Law Quarterly*, Vol. 55, No. 2, 2006, pp. 281 – 314.

公约》（VCLT）第 31.3 条指明条约解释不仅应该考虑 WTO 协定，还应考虑所有关于条约条款解释和适用的嗣后协定，以及任何可适用于缔约方关系的相关国际法规则，其必然包括非 WTO 协定。第三，WTO 协定作为国际公法的条约体系的一部分，即使不存在 DSU 第 3.2 条，其也不能孤立于其他国际法规则而进行适用。正如私人合同自动地包含国内法规则，条约也自动地包含在国际法体系中。[①]

当然，其关键性的问题在于如何解释《关于争端解决规则与程序的谅解》（DSU）第 3.2 条规定的"DSB 的建议和裁定不能够增加或削减成员方在附属协定下的权利与义务"。鲍威林教授认为该条款并非阻止专家组考察非 WTO 协定，而是阻止专家组考虑成员方间尚未形成合意的权利与义务。[②]如上，人权可能被 WTO 协定所调整，具体如图 1—1 所示，其要么作为"有关的国际法规则"被调整，要么以公共道德等方式得到认可。

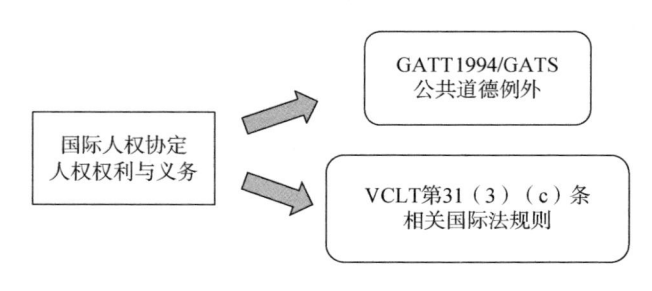

图 1—1 人权进入 WTO 体系

1. 人权与公共道德

在"美国博彩案"中，专家组将"公共道德"视为"集体或社会所支持的是非对错的行为标准，或者代表集体或社会的是非对错的行为标准"。然而，正如史蒂凡所述，在现代社会中，人权也可构成为公共道德概念的核心要素。[③]人权确定了国家和公民之间的基本标准和义务，

[①] Joost Pauwelyn, "Cooperation in Dispute Settlement", in John H. Jackson (eds.), *Human Rights and International Trade*, Oxford: Oxford University Press, 2005, pp. 213–214.

[②] Joost Pauwelyn, "Cooperation in Dispute Settlement", in John H. Jackson (eds.), *Human Rights and International Trade*, Oxford: Oxford University Press, 2005, pp. 215–216.

[③] Stefan Zleptnig, Non-Economic Objectives in WTO Law: Justification Provisions of GATT, GATS, SPS and TBT Agreement, Martinus Nijhoff Publishers, 2010, p. 193.

并且这些标准深刻地扎根于社会所共有的基本价值和道德考量之中。基本的人权价值考虑的是人性尊严及其平等性，以及对自由、和平和民主等价值的关切。然而，就目前的 WTO 争端解决实践而言，尚不足以明确表明出公共道德与人权之间的关系。

同时，人权关切对 WTO 协定的适用又产生了新的问题：何种人权能够基于公共道德例外进行保护？哪个国家的人权可以被视为是公共道德？人权到底多大程度上影响到了公共道德？人权关注的引入又对成员方的权利和义务产生何种影响？

理论上，当处理迫害人权事项的贸易限制性时，成员方可能行使公共道德例外。克利夫兰则指出例外条款可能包括对条约缔约方相互有拘束力的强行法（jus cogens norms）和人权规则。[①]

笔者认为，人权事项可以被公共道德例外所考虑。其原因在于：第一，普遍性的人权表现为国际社会集体是非对错的基本标准。这与上诉机构对公共道德的定义相同；第二，诸多国际性人权协定的缔约方众多，足以覆盖绝大多数 WTO 成员方，其可能构成解释的嗣后协定或嗣后实践；第三，正如争端解决报告所言，公共道德是一个发展的概念，其应反映出当代国际社会对人权事项的关注。

联合国难民委员会也主张在公共道德例外中引入人权事项，指出，恰恰是公共道德概念反映了在基本权利（fundamental rights）中的人类人性、尊严和权能。若是在公共道德中排除基本权利概念，其本身与其惯常的当代含义相违背。[②]

但是，"公共道德"例外也有其缺陷，其一，公共道德并非被一致地解读。例如，以色列可以公共道德而禁止非洁净肉类的进口，而美国就不能采用此理由；其二，公共道德也并非完全包含国际人权法的所有内容。[③]因此，

---

① 这些规则可能包括自由结社的权利等。Sarah H. Cleveland, "Human Rights Sanctions and International Trade: A Theory of Compatibility", *Journal of International Economic Law*, Vol. 5, 2002, p. 162.

② Office of the U. N. High Comm'r for Refugees, Human Rights and World Trade Agreements: Using General Exception Clauses to Protect Human Rights, a5 U. N. Doc. HR/PUB/05/5, Nov. 2005.

③ See Steve Charnovitz, "The Moral Exception in Trade Policy", *Virginia Journal of International Law*, Vol. 38, 1998, p. 742; Frank J. Garcia, "Trading Away the Human Rights Principle", *Brooklyn Journal of International Law*, Vol. 25, 1999, p. 80.

能否在公共道德中使用人权保护概念仍是有疑问的,笔者认为以隐私权和私人安全为导向的人权保护已经在《服务贸易总协定》第16条一般例外中得到反映,当然,人权可能在公共道德中得到体现,但是人权与公共道德的相关性不应超越条约文本,也不应超越条约的解释性规则。

2. 人权与"相关国际法规则"

在"美国石油案"中,上诉机构指出:不应在国际公法(public international law)之外孤立地考察 GATT1994。①关于 WTO 协定与其他国际公法的联系主要是基于 VCLT 第 31（3）（c）条规定,其规定在解释特定条约术语时,应考察"任何相关的适用于缔约方之间的国际法规则"。

在解释公共道德例外时,专家组和上诉机构可能会考虑人权规则。因为在国际体系中,存在着众多多边的、区域的或双边的关于人权保护的条约,同时,国际习惯法也涉及于此。②例如,全球国家几乎都成为《世界人权宣言》的缔约方,该协定实质性覆盖了所有 WTO 成员方。③

在实践中,专家组和上诉机构也时常援引其他国际法规则,进行条约解释与适用。例如,在"美国虾案"中,对"关于保护和维护环境的国家集体性的当代关注"的认定上,该案上诉机构援引1982年《联合国海洋法公约》和《保护濒危野生动物公约》等文件定义"可耗竭自然资源"。在"欧共体石棉案"中,上诉机构援引世界卫生组织和国际癌症研究机构的报告以确认含有石棉的纤维和胶合剂产品对人类健康有不利风险的认定。

因此,本质上,即使不通过修改 WTO 协定文本,基于条约解释的方法,国际人权条约的人权关切也能够被引入 WTO 法。根据 VCLT 第 31.3(c)条的规定,《公民权利及政治权利国际公约》可构成适用于成员方间的国际法规则。在"欧共体民用航空器案"中,上诉机构考察了相关国际法规则如何在 WTO 适用的问题。根据上诉机构所言,必须在

---

① US-Gasoline, Appellate Body Report, WT/DS2/AB/R, p. 17.
② Cleveland, "Human Rights Sanctions and International Trade: A Theory of Comparability", *Journal of International Economic Law*, 2002, p. 150.
③ Stefan Zleptnig, Non-Economic Objectives in WTO Law: Justification Provisions of GATT, GATS, SPS and TBT Agreement, Martinus Nijhoff Publishers, 2010, p. 194.

相对的 WTO 成员方的国际义务之间寻求平衡,并且在所有的 WTO 成员方之间使用一致的、协调的解释方法。①如果相关国际法规则与 WTO 协定条文解释相关联,VCLT 要求涉及非贸易关切的国际法规则作为术语解释的语境。根据该案上诉机构认为若是相关国际法规则关注争议中条款的事项,那么其就为相关的国际法。②换言之,人权事项也能通过"相关国际法规则"的方式,进入 WTO 成员方的权利与义务中。

二 人权语境下的互联网自由与限制

2010 年 1 月,时任美国国务卿克林顿·希拉里曾发表以互联网自由为主题的演讲。在演讲中,其引用了罗斯福"四大自由"来类比互联网自由。③互联网自由到底是什么?科技人员、政治家、经济学家和法学学者的答案也许众说纷纭。作为一种技术,互联网早已进入人类生活的各行各业,网络空间甚至成为人类生活的第五空间。在人类生活空间中,个人的自由受到法律保护,并受到法律的合法限制。归根到底,对互联网自由的认识应回归到法律层面。

卢埃林曾指出,有技术而无道德是一种威胁,有道德而无技术则是一团糟。④这对于互联网技术与法律亦然。缺乏法律规范的互联网技术恐对社会造成威胁,而若是一味地以牺牲技术进步为前提而提高法律规范标准,则将对社会发展形成阻碍。如何平衡技术与法律的关系,人权框架看似提供了一个绝佳的考察范本。

互联网的个人权利主要从表达自由演化而来,其关涉信息的获取、传输、表达和保护。《世界人权宣言》(Universal Declaration of Human

---

① European Communities—Measures Affecting Trade in Large Civil Aircraft(EC and Certain Member States—Large Civil Aircraft), Appellate Body Report, WT/DS316/AB/R, 1 June 2011, para. 845.

② European Communities—Measures Affecting Trade in Large Civil Aircraft(EC and Certain Member States—Large Civil Aircraft), Appellate Body Report, WT/DS316/AB/R, 1 June 2011, para. 848.

③ See Hillary Rodham Clinton, Remarks on Internet Freedom, http://www.state.gov/secretary/20092013clinton/rm/2010/01/135519.htm, last visited on 10 May 2020. 罗斯福"四大自由"为言论自由、宗教信仰自由、免于恐惧的自由、免于匮乏的自由。

④ [美]凯斯·R. 桑斯坦:《权利革命之后:重塑规制国》,钟瑞华译,中国人民大学出版社 2008 年版,第 8 页。

Rights）第 19 条规定人人有权享有主张和发表意见的自由；此项权利包括持有主张而不受干涉的自由，和通过任何媒介和不论国界寻求、接受和传递消息和思想的自由。《公民权利及政治权利国际公约》（International Covenant on Civil and Political Rights）第 19 条更为细化地规定了表达自由等权利，而《欧洲人权公约》（Convention for the Protection of Human Rights and Fundamental Freedoms）第 10 条也有相似规定。2016 年 7 月 1 日，联合国人权理事会通过《互联网上推动、保护及享有人权》的决议，其倡导在互联网领域普及人权，并解决与国家安全等相关的关切问题。① 有鉴于此，下文将统筹国际性和区域性人权协定，以条约解释方法、国际或区域性裁决机构实践为工具，② 阐述人权语境下的互联网自由及其限制，并提出对中国构建以权利为本位的互联网政策的建议。

（一）互联网自由：从"技术为中心"到"以人为中心"

Trachtman 教授曾在《国际法的未来：全球政府》一书中指出，网络空间将从"以技术为中心"的无主地体系（res nullius system）转变为"以权利为中心"的体系。③ 在人权语境下，互联网自由应从"技术为中心"转变为"以人为中心"，进而实现"以权利为本位"的规制路径。

当前，信息技术冲击着传统的法律观念，其主要体现在以下两个层面，其一，从国家与个人关联性上，传统的主权权利的基础为权力的地域性，然而新的技术使"权利"难以确定，数据的流动弱化了网民与立法者之间的地域纽带，同时也使得公民更容易采取措施规避地域性规则；④其二，在管辖的对象上，正如拉瑞所述，新一代的网络服务或服务中间商出现

---

① See United Nations Human Rights Council, The Promotion, Protection and Enjoyment of Human Rights on the Internet, A/HRC/32/L.20.

② 需要注明的是，不同的人权协定及其框架具有不同的效力等级。例如，欧洲人权法院是欧洲内部涉及《欧洲人权公约》解释和适用争端的司法机构，而联合国人权委员会被视为是准司法机构，对不同的国家，其决定具有不同的规范性价值。实践中，欧盟法院对欧盟成员国的人权事项也享有一定的管辖权。See David Kosař, Lucas Lixinski, Judicial Design by International Human Rights Courts, 109 American Journal of International Law 716（2015）.

③ Trachtman 指出以财产权为中心的体系。笔者将其拓展到更为基础的基本权利。See Joel P. Trachtman, The Future of International Law: Global Government, Cambridge University Press, 2013, p. 106.

④ See Zachary D. Clopton, "Territoriality, Technology, and National Security", 83 University of Chicago Law Review 46（2016）.

后，个人不再是消极的信息接收者，而是积极的信息发布者。[1]在每个人都成为信息发布者后，信息的数量和规模呈现几何速度地增长，进而弱化国家管理的能力。换言之，信息技术弱化了传统的地域性规则和政府信息规制能力。[2]

基于此，有学者提出应以技术为中心（a technology-centred approach）理解互联网自由。[3]第二种观点主张"以软件为中心"（software-centred）确定互联网自由，认为代码描绘了互联网自由的范围和程度。例如，Lawrence Lessig 认为编码充当着"法律"的作用。[4]第三种观点为"以人为中心"（a human-centred approach）的路径理解互联网自由，[5]其主张我们不应从技术的角度考察权利，而应该从权利的角度审查技术。

不管是技术为中心，还是代码主义，上述观点都来源于技术中性（technology neutrality）概念，其意图将互联网描述为"管道"，认为互联网的自由不应受技术之外的条件所约束。然后，技术中性创造的互联网自由存在致命的缺陷，即，我们无法预知未来技术的发展，进而该自由是不确定的、无法预见的，甚至是无法持久的。更进一步，虽然技术性的选择对个人权利具有广泛和持续影响，然而人类的选择才是决定技术性选择的根本条件。[6]虽然相比于实体空间，互联网与技术和软件密切相关，然而是人的主体性创造不断推动着互联网正常运行，更是人的选择使得网络空间维持和平与安宁。由此，技术并非是目的，而是实现

---

[1] Frank La Rue, Human Rights Council, "Special Rapporteur on the Promotion and Protection of the Right to Freedom of Opinion and Expression", U. N. Doc. A/HRC/17/27, May 16, 2011, para. 19.

[2] See Zachary D. Clopton, "Territoriality, Technology", and National Security, 83 University of Chicago Law Review 46 (2016).

[3] See Molly Land, "Toward an International Law of the Internet", 54 Harvard International Law Journal 400 (2013).

[4] See Lawrence Lessig, *Code: And Other Law of Cyberspace*, Basic Books, 2000, p. 6.

[5] 以技术为中心的理论认为技术创造了新的权利；以软件为中心的方式认为软件等应用程序塑造着互联网自由；以人为中心的理论认为技术、软件等并非是目的，而仅仅是实现以人为目的的工具。See Jaron Lanier, *You Are Not a Gadget: A Manifesto*, Vintage, 2010, pp. 69 – 107.

[6] Daniel Joyce, "Internet Freedom and Human Rights", 26 *European Journal of International Law* 512 (2015).

人本宗旨的工具。

　　技术本身并不产生额外的权利与义务。正如 Orin Kerr 所言，技术本身不应成为扩大或限制美国第四修正案项下权力与权利的理由。[①]互联网自由应以权利为本位，而非技术本位。在实践中，技术中性并不能成为互联网自由的理由。事实上，即使鼓吹网络中性的美国，其联邦通信委员会也认定通信媒介具有合理管理网络的权利。[②]

　　综合而言，正如"互联网之父"——文顿·瑟夫所指出的，技术是权利的赋予者，而不是权利本身。[③]互联网本身并未产生新的权利，而仅仅产生与实现和保障权利相关的新型工具。由此，对互联网自由的认识应以人为中心。

　　（二）"以人为中心"与"以权利为本位"

　　网络空间存在诸多的可适用的法律规范。在刑法领域，刑法能够适用于网络空间的犯罪行为；在民商法领域，现有的规范保障着互联网商业自由；在行政法领域，现有的法律框架也适用于互联网规制；除此之外，在竞争法、知识产权等领域也是如此。[④]

　　实践中，网络空间由公共与私人关系、权利与义务、自由与规制等工具所塑造。其中，以人权和人的基本权利为核心的权利话语体系成为网络空间法律规范的本位。诸多专家呼吁将人的基本权利确定为互联网的"大宪章"（Magna Carta）。[⑤]相似地，罗伯特·威特扎克认为互联网

[①] Orin Kerr, "The Fourth Amendment and the Global Internet", 67 Stanford Law Review 290 (2015).

[②] Federal Communications Commission, Notice of Proposed Rule-making (In the Matter of Protecting the Promoting the Open Internet), FCC 14-61, May 15 2014, para. 61.

[③] Vinton G. Cerf, Internet Access Is Not a Human Right, N. Y. TIMES (Jan. 4, 2012), http://www.nytimes.com/2012/01/05/opinion/internet-access-is-not-a-human-right.html?_r=2&ref=opinion&, last visited on 10 May., 2020.

[④] 参见于志刚《网络犯罪与中国刑法应对》，《中国社会科学》2010 年第 3 期；周汉华《论互联网法》，《中国法学》2015 年第 3 期；罗楚湘《网络空间的表达自由及其限制——兼论政府对互联网内容的管理》，《法学评论》2012 年第 4 期；Robert Uerpmann-Wittzack, "Principles of International Internet Law", 11 German Law Journal 1247 (2010).

[⑤] Jemima Kiss, An Online Magna Carta: Berners-Lee Calls for Bill of Rights for Web, The Guardian, http://www.theguardian.com/technology/2014/mar/12/online-magna-carta-berners-lee-web, last visited 24 April 2020; Lyria Bennett Moses, David Vaile, If the Web Wants Rules Who Will Make Them?, http://theconversation.com/if-the-web-wants-rules-who-will-make-them-24349, last visited 24 April 2020.

自由原则、隐私权原则等应构成国际网络法（International Internet Law）原则。① Molly Land 也主张以人权为基础，建构互联网的国际法。②由此，以人为中心的互联网自由集中体现为以个人的权利与义务为主要内容。

《世界人权宣言》第 28 条规定，人人有权要求一种社会的和国际的秩序，在这种秩序中，本宣言所载的权利和自由能获得充分实现。作为权利形态，国际人权协定所载的权利和自由将自动拓展至网络空间。以隐私权为例，2013 年 12 月，联合国大会通过了一项"数字时代的隐私权"议题，其主张数字时代的隐私权与实体空间的隐私权无异，并要求各国在数字时代下充分遵守依照国际人权法所承担的义务。③

除互联网自由外，网络空间还存在滥用权利的情形，其表现为个体利用互联网技术实施威胁国家利益、集体利益和他人权利的行为。最为显著的例子表现为 2007 年黑客对爱沙尼亚电脑网络的攻击行为，以及 2010 年对伊朗核武器设施的网络攻击。④上述网络行为已经对人类和平和安全造成严重的威胁。由此，对滥用自由的限制本身应是互联网自由的应有之义。

如上，以"以人为中心"互联网自由实质为"以权利为本位"的互联网自由。同时，互联网自由内在地包括自由及其对自由的合法限制。自由与限制共同建构起"以人为中心"的互联网规制框架。

三　互联网自由的人权属性

在互联网语境下，人权看似具有时尚的外衣：其旨在进一步推进个人收集和分享信息的权利。⑤网络空间存储了海量的数据和信息，并便

---

① See Robert Uerpmann-Wittzack, "Principles of International Internet Law", 11 *German Law Journal* 1245-1263 (2010).

② See Molly Land, "Toward an International Law of the Internet", 54 *Harvard International Law Journal* 393 (2013).

③ 第 68 届联合国大会会议议程项目：《2013 年 12 月 18 日大会决议"数字时代的隐私权"》，A/RES/68/167, 21 January 2014。

④ Ron Rosenbaum, "The Triumph of Hacker Culture", http://www.slate.com/articles/life/the_spectator/2011/01/the_triumph_of_hacker_culture.html, last visited on 10 May 2016.

⑤ Anupam Chander, "International Trade and Internet Freedom", 102 Annual Proceedings of the Annual Meeting-American Society of International Law 38 (2008).

利化信息的分发、传播和接收。《世界人权宣言》第 19 条规定国家应确保观点和表达自由，且该权利包括不受干扰的持有观点的自由，以及通过任何媒介（any media）寻求、接收和传递信息的自由，并且不受限于地理疆界。①具体而言，该条款规定了两项权利：表达自由的权利、寻求和获取信息的权利。同时，该条款还强调了该项自由可通过"任何媒介"而实现。由此，笔者将互联网自由细化为互联网表达自由、互联网接入自由，以及互联网的通信自由。

（一）互联网表达自由：传统权利在新空间的拓展

表达自由的权利主要体现在《世界人权宣言》第 19 条、《公民权利及政治权利国际公约》（ICCPR）第 19 条等条款中。表达自由是指公民适用各种媒介手段或方式公开发表、传递自己的意见、主张、观点、情感等内容的权利。②

正如高一飞教授所言，在互联网时代，表达自由的地位被提高，从其中可派生出"互联网的表达自由"等人权。③互联网表达人权为传统权利在新空间的拓展，本质上，其与传统的表达自由并无差异。互联网的表达自由为个体享有在网络空间发布自身观点的权利。在美国，《正当通信法》（Communication Decency Act）、《儿童色情预防法》（Child Pornography Prevention Act）等法规曾引发互联网语境下公民的表达自由问题，其联邦最高法院裁定互联网自由受美国第一修正案的保护。④在（Times Newspapers Ltd v. United Kingdom）案中，欧洲人权法院将表达自由条款直接适用于互联网语境。其裁定互联网档案（Internet

---

① Universal Declaration of Human Rights 1948, UN Doc. A/810, 1948, P. 71.
② 杜承铭：《论表达自由》，《中国法学》2001 年第 3 期。
③ 高一飞：《互联网时代的媒体与司法关系》，《中外法学》2016 年第 2 期。
④ 在 1997 年 Reno v. American Civil Liberties Union 案中，在认定互联网表达自由后，美国联邦最高法院以条款中的"不得体的"等概念过于模糊和宽泛，裁定《通信正当法》违反美国第一修正案；在 2002 年 Ashcroft v. Free Speech Coalition 案中，美国联邦最高法院认为该法律认定色情标准过于模糊和宽泛，并且认定标准为不必要的方式，裁定《儿童色情预防法》违反美国第一修正案。See Reno v. ACLU, 521 U. S. 844（1997）；Ashcroft v. Free Speech Coalition, 535 U. S. 234（2002）；Jeffrey Li, "Internet Control or Internet Censorship? Comparing the Control Models of China, Singapore, and the United States to Guide Taiwan's Choice", 14 *Pittsburgh Journal of Technology Law and Policy*, 31 – 32（2014）.

archives)受《欧洲人权公约》第 10 条所调整。[1]由此,对网络档案中诽谤内容的无限责任(ceaseless liability)侵害了企业的言论自由权利。[2]

(二) 互联网接入自由:获取信息的新方式

国际人权协定不仅保护表达自由的权利,还保障公民寻求、接收信息的能力。[3]在互联网时代,作为一种寻求、接受信息的平台,对互联网的获得(access to the Internet)可构成一项独立的权利。有学者提倡从《世界人权宣言》第 19 条等条款推演出互联网接入自由的权利。[4]

互联网接入自由具体包括对互联网基础设施的获得(access to infrastructure)、对内容的获得(access to content)两项内容。[5]其中,对内容的获得为消极权利,国家被禁止非法干涉公民接入互联网和获得信息的能力;保障基础设施获得则为积极权利,其要求政府确保所有的公民能够在特定程度上接入互联网。[6]一般而言,对内容的获得为信息控制法规所调整;对基础设施的获得为电信法所调整,然而,在互联网时代,信息控制法规与电信法规的区分愈发模糊化。[7]

1. 对信息的获得

一般而言,对信息的获得落入到电信法和其他传统上被视为媒体内

---

[1] Times Newspapers Ltd v. United Kingdom (Nos. 1 and 2), ECHR Judgment of 10 March 2009, Application 3002/03 and 23676/03, para. 27.

[2] Times Newspapers Ltd v. United Kingdom (Nos. 1 and 2), ECHR Judgment of 10 March 2009, Application 3002/03 and 23676/03, para. 37.

[3] Molly Land, Toward an International Law of the Internet, 54 Harvard International Law Journal, 426 (2013).

[4] Jeffrey Li, "Internet Control or Internet Censorship? Comparing the Control Models of China, Singapore, and the United States to Guide Taiwan's Choice", 14 *Pittsburgh Journal of Technology Law and Policy* 1 (2014).

[5] Mira Burri‐Nenova, Christoph Beat Grager, Thomas Steiner, "The Protection and Promotion of Cultural Diversity in a Digital Networked Environment: Mapping Possible Advances towards Coherence, in Thomas Cottier", Panagiotis Delimatsis (eds.), *Prospects of International Trade Regulation: From Fragmentation to Coherence*, Cambridge: Cambridge University Press, 2011, p. 374.

[6] See Stephen Tully, "A Human Right to Access the Internet? Problems and Prospects", 14 *Human Rights Law Review* 180–191 (2014).

[7] Mira Burri‐Nenova, Christoph Beat Grager, Thomas Steiner, "The Protection and Promotion of Cultural Diversity in a Digital Networked Environment: Mapping Possible Advances towards Coherence", in Thomas Cottier, Panagiotis Delimatsis (eds.), *Prospects of International Trade Regulation: From Fragmentation to Coherence*, Cambridge: Cambridge University Press, 2011, p. 375.

容管制（content regulation）的法规。对信息的获得本质上要求政府尽可能少地施加信息控制，使得公民能够自由地获得其所探寻的内容，其体现为获取内容的权利保障，以对抗恣意的、无理由的内容过滤或阻碍。①

对信息的获得还可构成对知识的获得。在当前，如果公民不能获得信息，那么其可能成为新时代的电子文盲（digital illiteracy），其无法共享社会发展的福利。②当然，也有学者指出只有对正确信息（the right information）的获得才可构成一项人权权利。③

2011 年 5 月 16 日，联合国大会指出对网络信息流动保护的特别关注和利益。特别报告员强调需要对互联网上的信息施加较可能少的限制。④在网络空间中，对信息获得保障主要包括对网站，以及博客、服务提供者、搜索引擎等其他平台的合法保护，使其免受过多限制。⑤

2. 对基础设施和设备的获得

针对互联网基础设施和设备的权利属性问题上，美国和欧盟国家具有不同的观点，美国主张互联网接入权受 WTO 协定等规制，其为贸易发展议题；而法国等国家倾向于将其识别为人权。⑥然而，当前，发展

---

① Frank La Rue, Human Rights Council, Special Rapporteur on the Promotion and Protection of the Right to Freedom of Opinion and Expression, U. N. Doc. A/HRC/17/27, May 16, 2011, p. 4.

② See Usman Ahmed, Grant Aldonas, "Addressing Barriers to Digital Trade", The E15 Initiative, December 2015, p. 12.

③ Molly Land, Toward an International Law of the Internet, 54 Harvard International Law Journal 429 (2013); Trudo Lemmens, Candice Telfer, "Access to Information and the Right to Health: The Human Rights Case for Clinical Trials Transparency", 38 American Journal of Law & Medicine 105 (2012).

④ Frank La Rue, Human Rights Council, "Special Rapporteur on the Promotion and Protection of the Right to Freedom of Opinion and Expression", U. N. Doc. A/HRC/17/27, May 16, 2011, para. 68.

⑤ Daniel Joyce, "Internet Freedom and Human Rights", 26 European Journal of International Law 497 (2015).

⑥ See Susan Aaronson, "Why Trade Agreements are not Setting Information Free: The Lost History and Reinvigorated Debate over Cross - Border Data Flows, Human Rights, and National Security", 14 World Trade Review 687 (2015). 关于欧盟和美国对跨境信息流动的不同策略和行为, See Susan Aaronson, "Why Trade Agreements are not Setting Information Free: The Lost History and Reinvigorated Debate over Cross - Border Data Flows, Human Rights, and National Security", 14 World Trade Review 687 - 691 (2015).

权也构成人权的重要表现形式。特别是在网络环境下，对信息的分发和获得都需要依赖于包括电缆、调制解调器、计算机及其相关软件等基础设施的接入。本质上，对基础设施的控制具有与内容控制相同的效果。更进一步，以 WTO 协定为例，在促进电信服务竞争秩序的同时，《电信附件》与《基础电信参考文件》也保障着电信服务成本与费用的合理性与公正性。[①]由此，对基础设施的获得直接决定人权的实现。

《联合国千年宣言》指出各国应确保所有人可获得由信息和通信技术产生的福利。对互联网技术和设备的可获得意味着国家应保障符合其发展水平的互联网连接权利，并适当照顾弱势群体的权利。[②]进一步地，网络连接费用过高、偏远地区无法连接、公共连接受限、老年人与贫困人员得不到应有帮助等都在一定程度上削弱互联网的接入权。[③] 有鉴于此，互联网的接入自由应保障接入费用公平合理且可负担，并且适当顾及边远地区和弱势群体的合法权益。

（三）互联网通信自由：新的信息传输媒介

国际人权协定还承担保障媒介通信自由的功能。正如欧洲人权法院的裁决所述，因为任何对媒介限制都必然影响传递和接收信息的权利，所以人权条款不仅适用于保护信息内容，还适用于传输或接收信息的方式。[④]虽然互联网产生于诸多国际人权协定缔结之后，然而，互联网仍构成条约文本中的"任何媒介"的范畴之中。

1. 关于"媒介"的争议及解释

在保护个人传递信息自由时,确定互联网通信自由的核心在于解释"媒介(media)"概念上。拉吕指出,通过明确提及任何个人具有通过任何媒介表达的权利,反映了《公民权利及政治权利国际公约》起草者已考虑到未来技术发展的可能性,基于此,国际人权法框架至今仍是有效的,

---

① 《电信附件》规定接入或使用公共电信传输网络和服务的合理和非歧视义务。对于"合理的"与"非歧视的"概念可参见墨西哥电信案。See Mexico – Measures Affecting Telecommunications Services, Panel Report, WT/DS24/R, 2 April 2004, paras. 7.329 – 7.334.

② See Molly Land, "Toward an International Law of the Internet", 54 *Harvard International Law Journal* 421 (2013).

③ See Stephen Tully, "A Human Right to Access the Internet? Problems and Prospects", 14 *Human Rights Law Review* 180 (2014).

④ Autronic AG v. Switzerland, App. No. 12726/87, 12 ECHR 485, 1990, p.499.

并且同样适用于新的通信技术——互联网。①

莫莉·兰德以《维也纳条约法公约》第 31(1) 条的解释方法对"媒介"进行分析。从文本出发,"媒介"术语包含表达渠道和表达方式两层含义。其一,"媒介"可表示沟通的真实渠道,即,广泛影响或传达信息的通信方式。例如,杂志、电报、电视、互联网等;其二,"媒介"(media)也是"介质(medium)"的复数形式,其不仅涉及通信渠道,还包括通信运作的形式(form)。②不管是渠道还是介质,"媒介"都应包括互联网。

不仅如此,《公民权利及政治权利国际公约》第 19(2) 条规定了"其他(other)"的术语。依据条约解释中的同类原则(ejusdem generis),③该条款中的特定词汇——口头的(orally)、书面的(in writting)、纸质的(in print)、以艺术的形式(in the form of art)等都表明表达的渠道和形式。与此相应的,"其他媒介"应该也包含了其他所有的表达渠道和形式。

除外,《维也纳条约法公约》第 32 条规定补充性解释的方法。《公民权利及政治权利国际公约》第 19 条文本与《世界人权宣言》相关。《世界人权宣言》存在两份草案——"秘书处草案"(Secretariat Draft)及其修订版"起草委员会草案"(Drafting Committee Draft)。该两份草案都提及表达自由的渠道与形式,并且要求对所有的通信渠道都一视同仁。④由此,个人发表、接收和传递信息的权利及于互联网。

---

① Special Rapporteur on the Promotion and Protection of the Right to Freedom of Opinion and Expression, Frank La Rue, Human Rights Council, U. N. Doc. A/HRC/17/27, May 16, 2011, para. 21. See also Human Rights Committee, General Comment No. 34 on Article 19: Freedoms of Opinion and Expression, U. N. Doc. CCPR/C/GC/34, Sep. 12 2011, para. 15.

② Media, Dictionary. Com, http://dictionary. reference. com/browse/media? s = t&ld = 1089, last visited on 17 May 2020; Molly Land, "Toward an International Law of the Internet", 54 *Harvard International Law Journal* 402(2013).

③ 条约解释的同类原则表现为:当一般性词汇(general words)跟在特定性词汇(special words)之后,那么一般性词汇的理解受特定性词汇所表示的一般类型(genus class)所限制。See Anthony Aust, *Modern Treaty Law and Practice*, 2nd edition, Cambridge: Cambridge University Press, 2007, p. 249.

④ See UN Commission on Human Rights, Drafting Commission, Draft Outline of International Bill of Rights, U. N. Doc. E/CN. 4/AC. 1/3, June 4, 1947; United Nations Commission on Human Rights, Drafting Commission on an International Bill of Human Rights, U. N. Doc. E/CN. 4/21, Annexes F & G, July 1, 1947; Molly Land, "Toward an International Law of the Internet", 54 *Harvard International Law Journal* 404 – 405 (2013).

2. "媒介"并非"方式"或"设备"

《世界人权宣言》起草委员会草案曾规定，人人有权享有通过任何方式（means）和不论国界寻求、接受和传递消息和思想的自由。① 然而，最终协定将上述条款的"方式（means）"改为"媒介（media）"。在讨论过程中，有代表指出，通过使用"通过任何方式"的术语可能会将促使激发种族或宗教团体的仇恨和暴力言论正当化。当时，中方代表提议使用"通过任何媒介"取代草案用语，该建议得到其他代表认同。② 《公民权利及政治权利国际公约》起草也涉及于此。通过广泛讨论，与会代表最终采用了使用更为一般性的"其他媒介"取代更具有限制性的"其他设备（devices）"。③

由此，此处的"媒介"并非等同于"方式"或"设备"，更不能将所有的传输信息内容正当化，本条款仅仅是确保传输路径的畅通。换言之，此处的"媒介"意指"通信自由"，而并不能保障具体的传输媒体，例如"必应"等特定服务提供商，也不指向具体的通信设备。

3. 与"互联网通信自由"相关的国家实践

若是将互联网自由识别为人权权利，那么确保互联网自由的必要条件——通信自由也构成相应的人权权利。④ 实践中，在不同的国际场合中，众多国家也认可互联网的通信自由权构成人权。2003 年，信息社会世界峰会（World Summit of Information Society）上，与会方再次确认《公民权利及政治权利国际公约》第 19 条表达自由的权利，其中涉及保障互联网的通信权利。⑤ 2005 年，联合国人权委员会认识到包括互联

---

① UN Secretary – General, Opinion of the United Nations Conference on Freedom of Information on Articles 17 and 18 of the Draft International Declaration on Human Rights and Article 17 of the Draft International Covenant on Human Rights, U. N. Doc. E/CN. 4/84, Apr. 30, 1948, p. 2.

② UN Commission on Human Rights, 3d Sess., U. N. Doc. E/CN. 4/SR. 62, June 11, 1948, p. 13.

③ UN Commission on Human Rights, 6th Sess., U. N. Doc. E/CN. 4/SR. 165, May 2, 1950, p. 10.

④ See Roy Peled, Yoram Rabin, "The Constitutional Right to Information", 42 *Columbia Human Rights Law Review* 354 (2010).

⑤ World Summit on the Information Society, Dec. 10 – 12, 2003, Geneva, Switz., Declaration Principles: Building the Information Society: A Global Challenge in the New Millennium, 4, U. N. Doc. WSIS – 03/GENEVA/DOC/4 – E, Dec. 12, 2003, http://www.itu.int/wsis/ocs/geneva/official/dop.htm0006! R1! PDF – E. pdf, last visited on 20 Dec., 2020.

网在内的所有媒介对观点和表达自由权利的重要性。①

进一步的，2011 年，联合国推进观点和表达自由权利的特别报告员也指出，不管是何种正当化的理由，若是通过切断用户与互联网的接触，其是不成比例的，并且违反了《公民权利及政治权利国际公约》第 19（3）条的规定。②随后，2012 年 6 月，联合国人权委员会通过了将互联网可获得性作为人权的决议。③该决议要求所有国家推动和便利化互联网获得，并提供在媒体和信息、通信等发展上的国际合作。④由此可见，作为独立的通信媒介，互联网享有其特殊的自由保障。换言之，互联网通信自由成为互联网自由的核心内容。

四　互联网自由的合法限制条件

虽然互联网自由能够推导出互联网表达自由、接入自由与通信自由，然而任何类型的自由都并非是绝对的。正如 Lemmens 等学者所阐述的，也许目前的挑战并非是获得信息，而是获得正确的信息。⑤由此，为避免滥用自由并保障传输正确信息，任何国际人权协定都规定了对自由的合法限制。如同联合国人权事务委员会《第 34 号一般性意见》所载，国家应采取所有必要的措施确保个人的互联网接入权，任何对网站或互联网为基础的电子信息传递体系的限制都必须与国际人权法的表达自由权相协调。

---

① World Summit on the Information Society, "Report from the Working Group on Internet Governance", T 81, U. N. Doc. WSIS – II/PC – 3/DOC/5 – E (Aug. 3, 3005), http://www.itu.int/wsis/docs2/pc3/off5.pdf, last visited on 20 Dec., 2020.

② Special Rapporteur on the Promotion and Protection of the Right to Freedom of Opinion and Expression, Frank La Rue, Human Rights Council, U. N. Doc. A/HRC/17/27, May 16, 2011, para. 4.

③ See Talia Ralph, UN deems Internet Access A Basic Human Right, Globalpost (July 6, 2012), http://www.globalpost.com/dispatch/news/politics/diplomacy/120706/un – deems – internet – access – basic – human – right – 0, last visited on 10 May 2020.

④ Jeffrey Li, "Internet Control or Internet Censorship? Comparing the Control Models of China, Singapore, and the United States to Guide Taiwan's Choice", 14 *Pittsburgh Journal of Technology Law and Policy* 1 (2014).

⑤ Molly Land, "Toward an International Law of the Internet", 54 *Harvard International Law Journal* 429 (2013); Trudo Lemmens, Candice Telfer, "Access to Information and the Right to Health: The Human Rights Case for Clinical Trials Transparency", 38 *American Journal of Law & Medicine* 105 (2012).

（一）限制表达自由的文本与实践

虽然与互联网规制相关的人权包括信息自由、网络接入权、作为媒介的互联网等，但是上述人权义务并非是绝对的。互联网自由也规定相应的例外情形。

《世界人权宣言》第19条规定该条款权利具有不受干涉的自由。同时，其第17条规定通信权利不受任意和非法干涉。《公民权利及政治权利国际公约》也有相似的条款。换言之，互联网自由的权利能受到合法的干涉。联合国人权事务委员会《第16号一般性意见》（General Comment No. 16）对"任意"和"非法"概念进行了界定。具体而言，"非法"是指"除法律所设想的个案以外，不得有干涉情形。国家授权的干涉必须根据法律，但法律本身必须符合《公民权利和政治权利国际公约》的规定和目标。"①"任意"则表明法律所规定的干涉必须是合理的，即，任何干涉都必须与所追求的目标成比例。②

更为具体的，《公民权利及政治权利国际公约》第19（3）条规定了限制表达自由的合法条件。其规定"表达自由受到某些限制，但这些限制只应由法律规定并为下列条件所必需：其一，尊重他人的权利或名誉；其二，保障国家安全或公共秩序，或公共健康或道德"。

实践中，在"木孔诉喀麦隆案"中，联合国人权委员会提出关于限制自由的三要素测试方法，该方法决定为保护合法的"公共道德"时，国家可背离言论自由义务。③具而言之，只有在措施满足对合法的社会目标是必要的，且其由法律规定情况下，才允许做出背离国际人权法的认定。综合而言，限制自由的认定如下：

其一，国家的限制措施是由法律所规定的。换言之，该措施必须是及时的（timely），且并非是恣意的或不合理的，这意味着该措施是精确

---

① UN Human Rights Committee, General Comment No. 16: Article 17 (the right to respect of privacy, family, home, and correspondence, and protection of honour and reputation), 32nd sess, UN Doc HRI/GEN/1/Rev. 9 (Vol. 1), April 1988, p. 8.

② 联合国人权理事会会议议程：《数字时代的隐私权》，联合国人权事务高级专员办事处的报告，A/HRC/27/37, 30 June 2014, 第7页。

③ Mukong v. Cameroon, Communication, Human Rights Comm., 51st Sess., No. 458/1991, U. N. Doc. CCPR/C/51/D/458/1991 (1994), para. 9. 7.

的，并且被狭隘地制定（narrowly tailored）。[1]更具体的，人权委员会要求规定例外情形的国内法表明何种情况该干涉（interferences）是可允许的，并且也提供避免滥用该权利的法律保障和救济方式。[2]

其二，限制措施必须为追求合法性目标。[3]《公民权利及政治权利国际公约》第19条第3段列明的目标，即，(i) 为保护他人的权利或名声；或 (ii) 为保护国家安全或公共秩序，或为保护公共健康或公共道德；

其三，限制措施必须被证明为是实现既定目标的必要的和最小限制性的措施。[4] 必要性要求措施是应精细地制定，以符合合法性目标，并且该措施对实现社会利益是符合比例性的。

当然，限制措施必须由独立于任何政治的、商业的，或其他可能被限制性措施所影响的机构做出，同时，该措施并非是以恣意的或歧视的方式做出，且提供避免措施被滥用的足额保障，包括针对滥用行为的复议机制和救济措施。[5]

综上，对互联网自由的限制存在两种基本的要求，其一是程序性要求，即，对信息自由的限制必须由法律规定；其二为实体性要求，即，限制信息自由对保护国家安全等目标是必要的。[6]该实体性要求可进一步包括限制的范围以及程度。[7]除法律规定的程序性要求外，对人权自由的限制应至少通过合法性目标、必要性测试两个认定步骤。

---

[1] Malone v. United Kingdom, 79 ECHR, 10 (1984), p. 68.
[2] See U. N. ESCOR, Compilation of General Comments and General Recommendations Adopted by Human Rights Treaty Bodies, U. N. Doc. HRI/GEN/l/Rev. 6 (2003), p. 142.
[3] See Sunday Times v. United Kingdom (No. 1), 30 ECHR. (ser. A) 1, (1979), pp. 35–38.
[4] Special Rapporteur on the Promotion and Protection of the Right to Freedom of Opinion and Expression, Frank La Rue, Human Rights Council, U. N. Doc. A/HRC/17/27, May 16, 2011, para. 24.
[5] Special Rapporteur on the Promotion and Protection of the Right to Freedom of Opinion and Expression, Frank La Rue, Human Rights Council, U. N. Doc. A/HRC/17/27, May 16, 2011, para. 24.
[6] See Hitoshi Nasu, "State Secrets Law and National Security", 64 International and Comparative Law Quarterly 390–391 (2015).
[7] Hitoshi Nasu, "State Secrets Law and National Security", 64 International and Comparative Law Quarterly 390 (2015).

(二) 限制互联网自由的合法性目标

《公民权利及政治权利国际公约》规定了国家安全、公共利益与他人权利等多种限制自由的合法性目标。《欧洲人权公约》《美洲人权宣言》等也有相似的规定。在实践中，欧洲人权法院也确认了国家控制对互联网的重要性，其认为保障个人权利、国家安全、公共秩序和道德等行为可成为互联网自由的例外。① 由此，限制互联网自由的合法性目标包括国家安全、公共利益与他人权利。

更为具体的，《欧洲人权公约》规定在符合国家安全利益下，信息自由受到法律规定，且为民主社会所必要的形式、条件、限制或惩罚措施的调整。② 所以，限制自由的措施是追求国家安全、领土统一或公共安全利益，阻止失序或犯罪，保护健康或道德，保护他人的名声或权利，阻止披露保密信息，或者维持权力当局与司法机制的公正性所必要的。《美洲人权宣言》规定对观点和表达自由权利（包括寻求、接收和传输信息）的要求必须由法律明确表示，并且在确保国家安全、公共秩序或公共健康所必要的幅度范围内。2012 年《东盟人权宣言》也表明信息自由为人权和任何人的基本自由之一，并且该权利和自由只可能进行有限的限制，其应该由法律所确认，并且满足国家安全、公共秩序、公共健康、公共安全、公共道德和民主社会的集体福利的要求。《非洲人民与民族权利宪章》第 9 条规定任何个人对接收信息权利和自由的行使必须适当考虑他人权利、集体安全、道德与共同利益。

上述限制权利的合法性目的同样适用于网络空间。以数据传输为例，现有《欧盟数据保护指令》都不适用于关于"国家安全"的活动。③ 新拟定的法规第 2 (2) (a) 条规定不适用于位于欧盟法（union

---

① Megadat. com SRL v. Moldova, ECHR Judgment of 8 April 2008, Application 21151/04, para. 68.

② Convention for the Protection of Human Rights and Fundamental Freedoms, adopted 4 November 1950, 213 UNTS 222, Art. 10 (2).

③ 《欧盟数据保护指令》第 3.2 条规定该指令不能够适用于任何与公共安全、国防和国家安全相关的个人数据的处理事项。See Directive 95/46/EC, The European Parliament and of the Council of 24 October 1995 on the Protection of Individuals with Regard to the Processing of Personal Data and on the Free Movement of Such Data, 1995 O. J. (L 281), p. 31, http://ec.europa.eu/justice/policies/privacy/docs/95-46-ce/dir1995-46_partlen.pdf, last visited at 20 Dec., 2020.

law）范围之外的对个人数据的处理活动，特别是国家安全相关的事项。[1]除外，个人权利也是对互联网自由的限制目标。在数据隐私权上，欧盟缔约国建立起监管和执行数据隐私法的独立机构。[2] 通过欧洲人权法院案件的裁决，在互联网上，国家与个人具有尊重其他人及其家庭生活的积极性义务，包括旨在确保尊重私人生活的措施，[3] 进而对抗一般性的互联网自由。

当然，在认定合法性目的上，国家享有一定的自由裁量权。虽然该观点受到一些学者的批评，[4]然而，国家安全、公共道德等概念必须与具体的情景相结合。以公共道德为例，对公共道德的认定必须基于特有的文化和社会实践。[5]同时，公共道德的认定也是随着时间推移而改变，并且随着文化体系间不同（inter-culturally）而有所不同。[6]当然，联合国人权委员会也提供了认定"公共道德"的负面清单。[7]例如，《自由见解和表达权2003/4决议》提出包括讨论政府政策和政治辩论；对人权、政府活动和政府腐败的报告；参与和平的表达或政治活动；表达观点和不同意见；表达宗教或信仰等不构成"公共道德"事项。[8] 2010年，该人权委员会进一步指出由于对政府或政治社会制度的批评而惩罚媒体、

---

[1] Commission Proposal for a Regulation of the European Parliament and of the Council on the Protection of Individuals with Regard to the Processing of Personal Data and on the Free Movement of Such Data, COM (2012), p. 11, http：//ec. europa. eu/justice/dataprotection/document/review2012/com_ 2012_ 11 en. pdf, last visited at 20 Dec. , 2020.

[2] Ioanna Tourkochoriti, "The Snowden Revelations, The Transatlantic Trade and Investment Partnership and The Divide Between U. S. – EU In Data Privacy Protection", 36 *UALR Law Review* 168 (2014).

[3] See X. & Y. v. The Netherlands, ECHR App. No. 8978/80, 1985.

[4] See Hitoshi Nasu, "State Secrets Law and National Security", 64 International and Comparative Law Quarterly 397 – 398 (2015).

[5] United Nations Commission on Human Rights, Draft General Comment No. 34, 100th Sess. , Oct. 11 – 29, 2011, U. N. Doc. CCPR/C/GC? 34/CRP. 5, p. 33.

[6] United Nations Economical and Social Council, Subcomm'n on Prevention of Discrimination and Protection of Minorities, Siracusa Principles on the Limitation and Derogation of Provisions in the Int'l Covenant on Civil and Political Rights, U. N. Doc. E/CN. 4/1984/4, Sept. 28, 1984, p. 27.

[7] Mukong v. Cameroon, Communication, Human Rights Commission, 51st Sess. , No. 458/1991, U. N. Doc. CCPR/C/51/D/458/1991 (1994), P. 9. 7; Malone v. United Kingdom, ECHR Judgment, 1984, p. 68.

[8] See UN Human Rights Committee Res. 2003/42, Report to the ESCOR, 59th Sess. , Apr. 23, 2003, U. N. Doc. No. E/CN. 4/2003/L. 11/Add. 4, (Apr. 24, 2003), p. 51.

发布者和记者的行为不构成《公民权利及政治权利国际公约》第 19 (3) 条的"公共道德"的范围。① 由此，对于人权条约中的国家安全和公共秩序而言，除上述负面清单外，各国应具有权力决定本国的合法性目标及其认定某项措施对合法性目标的侵害程度。

（三）限制互联网自由的必要性测试

对自由的限制应满足必要性的要求。然而，不同的国际或区域性裁决机构对必要性的认定存在相似性。在世界贸易组织争端解决中，其必要性测试应考察所保护的利益或价值的重要性、措施实现目标的贡献程度，措施的贸易限制性，以及潜在的可替代性措施。②

根据国际人权协定的规定，对互联网自由的限制应满足必要性测试。本质上，任何一种限制都能够被狭隘地理解为对自由言论和其他人权事项之间的衡平抉择。③ 必要性测试本身为利益衡量的过程，其应考察限制措施对目标的贡献程度，以及是否存在限制性更小的可替代性措施。欧洲人权法院将"必要的（necessary）"概念解释为表明"强烈的社会需求（pressing social need）"的存在。④ 同时，欧洲人权法院通过裁量余地（margin of appreciation）原则将合法性目标与限制措施的"需求"是否存在的认定权留给成员国。⑤ 诚然，对自由的合法干涉必须以逐案分析的方式进行考察，进而确保任何干涉对社会利益是必要的，并且与人权文件的条款和目标是相符合的。⑥

---

① See UN Human Rights Committee, Draft General Comment No. 34, 100th Sess., Oct. 11 – 29, 2011, U. N. Doc. CCPR/C/GC? 34/CRP. 5 (Nov. 25, 2010), pp. 45 – 46.

② Brazil – Measures Affecting Imports of Retreaded Tyres, Appellate Body Report adopted on 3 December 2007, WT/DS332/AB/R, para. 178.

③ UN Human Rights Committee, Article 19: Freedoms of Opinion and Expression, General Comment No. 34. CCPR/C/GC/34, September 2011, paras. 3 and 43.

④ See Grinberg v Russia, ECHR Judgment, 2006, para. 27.

⑤ 在"汉迪赛德诉英国"案中，欧洲人权法院认为，由于公共道德与国家机构具有直接和持续关联，与国际法官相比，国家当局能够更好地赋予该概念以准确的内容，并且做出符合限制或惩罚的必要性认定。将对合法目标、必要性等认定留给缔约国的原则被称为"裁量余地原则"。该原则为欧洲人权法院后续案件所遵循。See Handyside v United Kingdom, ECHR Judgment of 7 December 1976, para. 48; Alastair Mowbray, Subsidiarity and the European Convention on Human Rights, 15 Human Rights Law Review 313 – 316 (2015).

⑥ UN Human Rights Committee, General Comment No. 16, U. N. Doc. HRI/GEN/1/Rev. 1, 1994, paras. 4, 7, 8.

理论上，若是互联网自由并未对合法目标造成损害或损害威胁，若是通过法律压制或拒绝公众获得信息，该情形并不满足段落 3 要求。① 同时，对互联网基础设施及特定系统的限制访问的内容必须是具体的（content-specific），否则，对网站和系统的普遍性禁止（generic bans）并不符合第 3 段要求。②

在实践中，欧洲人权法院曾认为土耳其对谷歌公司的屏蔽是违法的，因为其并未满足屏蔽的必要性条件。具体而言，在"伊尔德里姆诉土耳其案"中，伊尔德里姆先生认为土耳其政府阻碍其访问谷歌网站违反法律规定。在其起诉阶段，由于谷歌网页包括对现代土耳其创始者穆斯塔法·凯末尔的侮辱言论，土耳其政府发布指令不允许用户在该国领土内访问谷歌网站。该案全部法官裁定土耳其无期限地阻碍谷歌网站所有内容的行为违反了《欧洲人权公约》第 10 条。该案法官保罗·阿尔伯克基进一步指出，任何国家对互联网内容的阻拦或过滤应遵循人权公约的最低标准，包括互联网措施应规定阻拦指令的持续时间；指明可以正当化阻拦指令的相关"利益"；符合比例性的标准；符合必要性原则；发布指令所应遵循的程序；阻拦指令的通知；关于阻拦指令的司法上诉程序等内容。③

如上，若是国家对互联网的限制措施满足合法性目标，并通过必要性原则，国家才能对互联网自由进行限制。除此之外，国家均不应施加对互联网的限制措施。

第四节　基于主权的合作：重新认识网络经济主权

21 世纪以来，随着互联网、云计算、物联网等通信和网络技术的

---

① UN Human Rights Committee, General Comment No. 34, U. N. Doc. CCPR/C/GC/34, 12 September 2011, para. 30.
② UN Human Rights Committee, Draft General Comment No. 34, 100th Sess., Oct. 11 – 29, 2011, U. N. Doc. CCPR/C/GC? 34/CRP. 5 (Nov. 25, 2010), p. 45.
③ See Yildirim v. Turkey, ECHR App. 3111/10, 2012, pp. 27 – 28.

发展，网络空间成了人类生存的第五空间。作为人类历史上最伟大的技术变革之一，互联网技术成为驱动全球化的显著力量，①并在实体空间之外创造出网络世界，进一步促进跨境贸易更加自由化与便利化。作为新兴行业，学术界和实务界未能预见到互联网技术的迅猛发展，②更难以及时地对网络经贸问题提出解决方案。例如，在网络空间中，传统的经济间谍活动是否归《与贸易有关的知识产权协定》调整，还是受调整间谍规则所约束，该问题至今未有明确规则。③在理论上，有西方学者支持贸易权优先于国家主权，甚至以天赋贸易权主张网络经贸活动的完全自由化。④然而，在实践中，虽然互联网技术改变人类生产和生活方式，但是其并未改变国际与国内政治体系、社会结构与文化传统。更为重要的是，放松互联网的国家规制时常导致市场经济的失序与无序。

　　正如《塔林手册2.0》第1条所言，网络空间适用国家主权原则。网络空间并非法外之地，国家主权原则贯穿于网络空间的始终。然而，国内外学者对网络主权的研究多集中于战争法、人道法等领域，⑤鲜少从经贸的角度考察网络主权的内涵和外延。同时，网络经济主权原则也内嵌于我国网络强国战略中。在国际舞台上，中国政府是网络主权原则的坚定捍卫者。加快推进网络信息技术自主创新、加快增强网络空间安全防御能力、加快提升我国对网络空间的话语权和规则制定权等构成实施网络强国战略的重要举措。有鉴于此，下文拟对网络经济主权进行系统辨析，并试图回答经济主权如何适用于网络空间、网络空间的经济主权具有何种形式、中国应有何种立场与方案等

---

① 参见［加拿大］莱斯·A. 帕尔《数字公地的治理：全球化、合法性、自治与互联网》，载［加拿大］斯蒂文·伯恩斯坦等主编《不确定的合法性：全球化时代的政治共同体、权利和权威》，社会科学文献出版社2011年版，第142页。

② 例如，在乌拉圭回合谈判过程中，谈判成员将互联网服务视为《服务贸易总协定》的计算机与相关服务等具体承诺事项。然而当前，以信息、资金传输等为代表的互联网服务渗透到几乎所有的货物贸易、服务贸易等活动中。同时，在互联网语境下，服务贸易的跨境提供与境外消费难以进行区分。

③ 参见王晓风《中美经济网络间谍争端的冲突根源与调试路径》，《美国研究》2016年第5期。

④ 传统上，贸易权也被视为个人天生的权利。参见［荷兰］雨果·格劳秀斯《海洋自由论》，宇川译，上海三联书店2005年版，第54页。

⑤ 参见黄志雄《国际法在网络空间的适用：秩序构建中的规则博弈》，《环球法律评论》2016年第3期。

核心问题。具体而言，本节第一部分介绍网络经济主权概念，并指出网络经济主权是传统经济主权概念在网络空间的体现和反映。在此基础上，第二部分将对网络经济主权的内容和形式进行系统分析。本质上，倡导网络经济主权的深层次目标在于实现网络空间命运共同体的共商、共建与共治。因此，第三部分将对网络经济主权治理的模式进行探讨。基于上述分析，第四部分将提出打造国际经济主权合作共治模式的中国方案与策略。

一　网络经济主权：一个从实体空间到网络空间的概念

（一）传统的经济主权在网络空间的拓展

近代以来，国家的实践发展与主权密不可分。自16世纪"国家"和"主权"概念分别由马基雅维利和布丹提出以来，"国家"与"主权"便紧密相连。国家被视为能够在其领土界线内实施管辖权的具有主权属性的空间实体（sovereign spatial entities）。[①]由此，主权原则成为国际法一项有效的、公认的、最为根本的原则。[②]例如，《联合国宪章》第2条明确规定："本组织系基于各会员国主权平等之原则。"

作为指导国际关系的行为准则，主权原则不仅适用于政治领域，还逐渐拓展到经济领域。1952年第6届联合国大会通过《关于经济发展与通商协定的决议》，该决议肯定和承认各国人民享有经济上的自决权。经济上的自决权并视为是国家的经济主权。其后，联合国大会先后通过《关于自然资源永久主权的宣言》《建立国际经济新秩序宣言》《各国经济权利和义务宪章》进一步明确国家经济主权的内容。由此，经济主权原则成为各国对外经济交往的基本准则。根据国际条约和协定的规定，经济主权至少包括国家对国家自然资源永久主权、对境内投资和跨国公司活动的监督管理权，以及独立自主参与国际经贸活动的权利。

20世纪90年代以来，以互联网为代表的技术创新深刻地改变传统的生产与生活方式。当前，几乎所有的经济和社会活动都能在网络空间

[①] Dunniela Kaufman, "Does Security Trump Trade?", *Law & Business Review of the America*, Vol. 13, 2007, p. 624.

[②] ［英］伊恩·布朗利：《国际公法原理》，曾令良、余敏友译，法律出版社2007年版，第257页。

中进行。①如欧盟委员会报告指出,在未来的十年内,大多数经济活动将会依赖电子生态系统(digital ecosystems)、一体化电子基础设施、硬件和软件、应用程序与数据。②网络贸易模式逐渐在全球达到广泛适用。本质上,人类通过互联网技术创造出一个与实体空间相平行的网络世界,并促进跨境贸易更加自由化和便利化。由此,网络经济主权的概念应运而生。正如《塔林规则2.0》所确认的,网络空间的各个方面以及一国的网络行动没有超越职权原则的范围。网络空间并未从根本上改变国家对网络经贸活动的管辖权和管理权。这与信息主权、网络主权等概念相似。有学者指出,信息主权是国家对信息必然享有的保护、管理和控制的权力。③网络主权则主要体现在国家对网络信息技术的监管上,包括网络物理设施运行安全的保障,以及采用技术手段对网络信息安全进行维护。④上述概念都与国家对信息及信息相关的技术、设备等管理权及控制权相关。换言之,网络经济主权为国家对网络经济活动相关的设备、信息、技术等的管理权与控制权,其体现了一国独立自主处理和管理本国网络经济活动的最高权力。

(二) 经济主权在网络空间的可适用性

虽然传统的威斯特伐利亚体系概念与一定的地理空间关联,然而随着国家、个人、网络经济活动的关联性逐步上升,网络空间"再主权化"趋势得到加强。⑤本质上,网络经济主权概念具备合法性与合理性。

具体而言,第一,正如约翰·奥斯丁所言,法律就是主权者的命令,网络空间需要国家确认网络经济活动的合法性,并提供对网络经济交易的制度保障。一方面,传统权利在网络空间的行使需要得到国家确认。以隐私权为例,以搜索引擎为代表的网络服务提供商是否具有应保

---

① Organization for Economic Co‑operation and Development, *Guide to Measuring the Information Society* 2011, Paris: OECD Publishing, 2011, p. 14.

② European Commission, "Communication from the Commission to the European Parliament, the Council, the European Economic and Social Committee and the Committee of the Regions, A Digital Single Market Strategy for Europe", Brussels, 6.5.2015, COM (2015) 192 final, p. 13.

③ 沈雪石:《论信息互联网时代的国家安全》,《国防科技》2004年第11期。

④ 曹磊:《网络空间的数据权研究》,《国际观察》2013年第1期。

⑤ 参见黄志雄主编《网络主权论:法理、政策与实践》,社会科学文献出版社2017年版,第1—10页。

护客户在网络空间上的隐私权,不同的学者有不同的观点,①而这分歧需要国家机关进行确认。另一方面,与网络相关的新型权利形式需要国家认可,需要国家或其他有权机构的确认,例如,由于互联网信息的无国界性与永久保留性,欧盟法院在近期的案件中,通过解释创设了适用于网络空间的被遗忘权(the right to be forgotten)。②

其二,网络空间存在众多的欺诈、色情、赌博、违反知识产权等非法经贸活动,需要国家进行治理,并提供公力救济。③在网络空间中,所有的商业信息都可被网络化与电子化,并进行跨境传输。但是,跨境传输的数据往往忽略了数据主体及利益攸关者的特定的人格与财产权益。同时,作为信息传递的媒介,即时交互的、匿名的、虚拟的网络空间存在诸多欺诈行为、网络赌博、色情交易等不法现象。④不同国家对网络空间隐私权、色情内容控制、未成年人保护和知识产权保护等施加不同的规制措施。⑤国家应对网络不法行为进行有效规制。

其三,网络空间存在国家边界。有西方学者指出,主权原则与网络空间并不相称,网络缺乏疆界属性。甚至有学者认为互联网摧毁国家边界并导致国家主权的终结。⑥然而,互联网通信都是从一个固定的场所节点到达另一个固定场所的节点。2011 年"阿拉伯之春"中,埃及、利比亚能够迅速关闭本国的互联网准入端口,由此证明当前的互联网规

---

① Jayni Foley, "Are Google Searches Private? An Originalist Interpretation of the Fourth Amendment in Online Communication Cases", *Berkeley Technology Law Journal*, Vol. 22, 2007, p. 44.

② See Paul Lanois, "Time To Forget: EU Privacy Rules and the Right to Request the Deletion of Data on the Internet", *Journal of Internet Law*, Vol. 18, 2014; Allyson Haynes Stuart, "Google Search Results: Buried If Not Forgotten", *North Carolina Journal of Law & Technology*, Vol. 15, 2014.

③ See Andrej Savin, *EU Internet Law*, Edward Elgar, 2014, pp. 82 – 104.

④ See Andrew D. Murray, *The Regulation of Cyberspace: Control in the Online Enviroment*, Routledge – Cavendish, 2007, pp. 154 – 168.

⑤ See Anne W. Branscomb, "Common Law for the Electronic Frontier", *Scientific American*, Vol. 265, No. 3, 1995, pp. 160 – 163.

⑥ See G Greenleaf, "An Endnote on Regulating Cyberspace: Architecture vs. Law?", *University of New South Wales Law Journal*, Vol. 21, No. 2, 1998, p. 593.; Dan Jerker B Svantesson, "Time for the Law to Take Internet Geolocation Technologies Seriously", *Journal of Private International Law*, Vol. 8, No. 3, 2012, pp. 474 – 475.

制技术已经在网络空间中创造出电子领土（E-borders）。[1]在网络空间中，国家已有能力进行域内的监管和控制。通过互联网的进入点和出去点控制，[2]在实践中，国家也可以通过客户端定位或服务器端定位，辨别出个人所处的地理位置。[3]由此，网络空间已存在电子边界，网络空间无法免于国家主权管辖。

二 网络经济主权的主要内容

根据劳伦斯·莱斯格关于互联网的经典论述，网络空间自下至上分别由物理层、规则层和内容层所组成。[4]物理层包括电缆、光纤、发射塔、卫星等基础设施；规则层主要包括互联网的各项标准和协议；[5]内容层则通过制定详细的法律或规范体系，管理网络上储存、发送和接收的信息和数据，包括对网络犯罪等治理机制。[6] 网络空间的良性运作与上述三个层次协调与发展息息相关。基础设施架构起网络空间运作的物质支持；规则层突破跨越时空通信的技术难题，并使互联网在全球实现一体化；内容层则保障了网络空间的国家秩序与公民权利。

经济主权与网络空间的三个层次均具有密切相关性。为使网络经济活动得以开展，至少涉及电缆等网络基础设施，计算机、调制解调器等信息技术产品。更进一步地，互联网不单纯为一项服务，其也构成交付方式

---

[1] Tim Gerlach, "Using Internet Content Filters to Create E – Borders to Aid International Choice of Law and Jurisdiction", *Whittier Law Review*, Vol. 26, 2005, p. 912.

[2] Captain Oren K. Upton, Asserting National Sovereignty in Cyberspace: The Case for Internet Border Inspection, http://edocs.nps.edu/npspubs/scholarly/theses/2003/Jun/03Jun_Upton.pdf), pp. 45 – 55.

[3] Dan Jerker B Svantesson, "Time for the Law to Take Internet Geolocation Technologies Seriously", *Journal of Private InternationalLaw*, Vol. 8, No. 3, 2012, pp. 478 – 479.

[4] Lessig, Lawrence, *The Future of Ideas: The Fate of the Commons in a Connected World*, Random House LLC, 2002, p. 23.

[5] See Paul Rosenzweig, "The International Governance Framework for Cybersecurity", *Canada – United States Law Journal*, Vol. 37, 2012, pp. 409 – 410.

[6] See Jose Ma. Emmanuel A. Caral, "Lessons From ICANN: Is Self – Regulation of the Internet Fundamentally Flawed?", *International Journal of Law and Information Technology*, Vol. 12, No. 1, 2004, pp. 9 – 10; Surya Mani Tripathi, Anshu Pratap Singh, Dipa Dube, "Internet Governance: A Developing Nation's Call for Administrative Legal Reform", *International Journal of Legal Information*, Vol. 37, 2009, pp. 378 – 379.

与信息传输媒介,国家有权对互联网服务进行管理。由此,网络经济主权应至少包括对网络基础设施的控制权、对网络技术标准的管理权,以及对网络经贸活动的规制权。更进一步,国家主权可分为两种形态:一是内部主权,指的是在域内统治者的最高权力;二是外部主权,主要指对外处理国家利益的权力。① 相应的,对网络经济主权界定应亦分解为对内控制权和对外独立性两个层次。②

(一)对网络基础设施的控制权

作为人造物,网络空间依赖基础设施的建设与运转。具体而言,网络基础设施包括服务器、电脑、电缆和其他有形的组成物。这些组成物并不居于虚拟的网络空间中,其实体部分落入一国领土内。虽然其并不完全等同于自然资源,然而位于一国范围内的物理资源原则上应由所在国进行管理和控制。《塔林手册(2.0)》第1条的评注特别强调,国家享有对其领土内的网络基础设施及与该网络基础设施相关活动的主权。③ 虽然网络空间为虚拟空间,但是架构网络空间的基础设施却必然落入某一特定地域范围内。因此,以领土主权为原则,国家应对其网络基础设施享有排他性的管辖权。同时,对于位于所有国家领土之外的网络基础设施,如公海海底电缆,则应该通过确定其所有者的国籍,进而由相应国家行使主权权力。④

网络基础设施是国家行使经济主权的核心,其构成一国的国家网络资源。当前,国家实践对网络基础设施的属地管辖给予认可。网络基础设施应遵守国家法律法规的规制外,国家也应保护其领土内的网络基础设施免受破坏。例如,我国《网络安全法》第5条明确规定:国家采取措施,监测、防御、处置来源于本国境内外的网络安全风险和威胁,并保护关键信息基础设施免受攻击、侵入、干扰和破坏。

---

① See Black's Law Dictionary(7th ed.),1999,p. 1402.
② 《塔林手册(2.0)》规则2和规则3分别针对内部主权和外部主权。在内部主权上,其规定,在国际法律义务约束下,国家可对其领土范围内的网络基础设施、个人和活动行使主权;在外部主权上,其规定,若不违背任何对其有效的国际法规则,国家享有在其国际关系中开展网络活动的自由。
③ See Michael N. Schmitt eds., *Tallinn Manual 2.0 on the International Law Applicable to Cyber Operations*, Cambridge, 2017, pp. 13 – 17.
④ 参见《塔林手册(2.0)》第8章。

(二)对网络技术标准的管理权

网络空间中经济主权的内涵是经过国家间的反复博弈而确定的。当前,网络技术标准已经成为各国争夺国际标准制定权的制高点。肯尼迪曾将中国和西方国家之间的网络标准争夺活动视为高新技术战争。[①]在实践中,中国与美国、欧盟曾发生了一起 3G 无线标准争端。中国电信科学技术研究院控股的企业自主研发了第三代移动通信 TD-SCDMA 标准。国际上还存在其他两个 3G 标准,分别为美国的 CDMA 标准和欧洲的 W-CDMA。中国在国内推行 TD-SCMDA 标准过程中,不断遭受西方国家和学者的批评,认为中国的措施违背了中国在《技术性贸易壁垒协定》中所承担的义务,并构成贸易保护主义措施。[②]然而,中国认为西方国家的上述主张限制了中国合法的发展权利。

解决上述争议应回归到网络空间经济治理的框架中。如前所述,信息与通信技术标准的管理权是网络经济主权的应有之义,其体现为一国有权采取保障国家安全、公共秩序与私人权益的技术标准管理措施。在实践中,斯诺登事件是导致各国更加重视网络技术标准的导火线。2013年,斯诺登披露美国政府通过棱镜项目直接从微软、谷歌、雅虎等 9 个公司服务器收集信息,收集的信息覆盖电子邮件、通信信息、网络搜索等。同时,美国国安局与加密技术公司签署协议在全球移动终端广泛使用的加密技术放置后门。此消息引起各国关切。随后,各国纷纷出台网络技术标准的管控措施,包括但不限于网络安全标准、信息安全产品认证措施、信息安全等级保护制度、密码管理制度、信息安全标准等。[③]

没有网络安全,就没有国家安全。对网络技术标准的国家管控是维护主权独立和完整的重要因素,各国对涉及影响国计民生的重要行业和领域的信息与通信技术标准具有应有的管理与监督权。相应的,国家也有权要求外国企业提供产品进行质量检验检疫、安全认证、风险评估,甚至要求提供源代码。当然,国家应该保障信息与通信企业的核心技术不

[①] See Scott Kennedy, "The Political Economy of Standards Coalitions: Explaining China's Involvement in High – Tech Standards Wars", *Asia Policy*, No. 2, 2006, pp. 45 – 47.

[②] See Dieter Ernst, *Indigenous Innovation and Globalization: The Challenge for China's Standardization Strategy*, East – West Center, June 2011, p. V.

[③] 参见左晓栋《近年中美网络安全贸易纠纷回顾及其对网络安全审查制度的启示》,《中国信息安全》2014 年第 8 期。

被窃取与泄露。

(三)对互联网贸易活动的规制权

1. 规制互联网服务与服务提供商的权力

与现实世界不同,网络空间依赖服务提供商提供用户连接互联网、获取信息、购买服务的渠道。例如,如果缺乏搜索引擎,那么特定的互联网服务将难以被用户所直接获取。网络经济主权的另一个重要的表现即是对互联网服务与服务提供商的规制。当前,世界各国无一例外颁布了对互联网内容的规制。美国、澳大利亚、英国、韩国等国家都采取严格措施对互联网服务及服务提供商进行内容规制。例如,美国政府对侵犯网络隐私和盗窃知识产权等情形实施内容审查机制;①澳大利亚政府禁止网络服务商从事包括色情、毒品滥用、犯罪、暴力、与理性成人所接受的道德、正义与礼貌相违背的活动。②我国《互联网信息服务管理办法》第15条对信息服务进行规定,要求任何组织或个人不得利用电信网络或互联网制作、复制、发布、传播含有违反宪法、危害国家安全、扰乱社会秩序、侵害他人合法权益的信息。

在WTO"中国视听产品案"中,上诉机构间接肯定国家对信息服务的规制权力。虽然上诉机构认为中国提出的内容审查的成本事项、外国企业对公共道德的认识偏差等主张,无法证明国有企业垄断出版物进口的必要性,③但是该案上诉机构在其他内容上基本采纳了中国的观点,认为中国要求进口出版物的企业具备国有资质的政策对中国的公共道德保护具有一定的贡献程度。④并且该案上诉机构强调其分析并没有决定中国政府是否应该独立进行内容审查,而仅是认同美国提出的措施具有可替

---

① Hillary Rodham Clinton, Remarks on Internet Freedom, http://www.state.gov/secretary/20092013clinton/rm/2010/01/135519.htm, p. 4.

② Jyh-An Lee, Ching-Yi Liu, "Forbidden City Enclosed by the Great Firewall: The Law and Power of Internet Filtering in China", *Minnesota Journal of Law, Science & Technology*, Vol. 13, 2012, p. 143.

③ See Appellate Body Report, China – Measures Affecting Trading Rights and Distribution Services for Certain Publications and Audiovisual Entertainment Products, WT/DS363/AB/R, 21 December 2009, paras. 263, 273, 299.

④ See Appellate Body Report, China – Measures Affecting Trading Rights and Distribution Services for Certain Publications and Audiovisual Entertainment Products, WT/DS363/AB/R, 21 December 2009, para. 262.

代性。①换言之,专家组与上诉机构均认可中国对内容进行审查的权利,但也要求对内容审查的措施只能在实现合法性目标所必要的范围内。该观点对网络信息的内容审查同样具有适用性。本质上,国际多边贸易协定并没有否认成员方依据文化偏好对国内互联网贸易自由进行规制的权利,只是要求其制度设计应在考虑措施的目标贡献程度前提下,实现相对较小的贸易限制性。

2. 规制数据跨境流动的权力

信息是互联网时代的核心要素。互联网的发展取决于信息在全球网络上的自由流动。若是数据被阻碍或扭曲,依赖互联网而发展的多种商业和消费者的贸易权利将受影响。②然而,敏感数据能对国家安全、公共秩序和他人合法权益造成损害或损害威胁。当前,数据跨境流动是新兴议题。著名的"1927年荷花号案"裁决指出:在国际规则外,国家享有广泛的自由权。③在未达成多边或双边协定之前,国家有完全的权力对数据跨境流动进行规制。

最为典型的数据跨境流动博弈事件为美欧安全港协议争议。早在2000年,美国和欧盟之间就缔结了《双边安全港协议》(Safe Harbour Agreement),该协议规定美国公司从其欧盟附属公司传输数据时应受到特定规则制约。④ 随后,为保障国家安全的需要,美国颁布并执行了《爱国者法案》(USA Patriot Act)。依《爱国者法案》规定,美国机构能自动获得与反恐相关的所有数据,而无须履行程序规定。由于在美国《爱国者法案》的效力高于《安全港协议》,因此通过该法案的授权,美方能够自主地获取美籍运营商储存在云上的信息。显而易见,这一规定与双边安全港协议和《欧盟数据保护指令》(EU Data Protection Directive)存在冲突。针对跨境信息流动,欧盟通过欧盟数据95/46/EC指令禁止个人信息向没

---

① See Appellate Body Report, China – Measures Affecting Trading Rights and Distribution Services for Certain Publications and Audiovisual Entertainment Products, WT/DS363/AB/R, 21 December 2009, para. 335.

② Google Corporation, Enabling Trade in the Era of Information Technologies: Breaking Down Barriers to the Free Flow of Information, www. transnational – dispute – management. com/article. asp? key = 1658.

③ See S. S. Lotus(France v. Turkey), Judgment, 1927 P. C. I. J. (ser. A) No. 10, pp. 18 – 19.

④ See Export. gov, U. S. – EU Safe Harbor Overview, http://export. gov/safeharbor/eu/eg_main_018476. asp.

有达到足够数据保护水平的第三国传送。①

近期欧盟法院将安全港原则裁定为无效,因为其违反了欧盟条约对基本权利的保护。具体而言,欧盟与美国签署的安全港原则规定,欧盟要求对私人数据传输的"足够保护标准"在于该措施对保护国家安全、公共利益或法律执行要求所必要的范围内。由此,美欧重新确定相应的数据跨境流动标准——隐私盾框架(EU-U. S. Privacy Shield Framework)。②由此,在未达成关于信息流动的协定前,各国都有规制跨境信息流动的完全权力。

(四)制定网络经贸规则的平等参与权

传统上,国家主权被理解为"国家所持有权利的集合",其不仅包括在国家领土内的最高控制权,还包括在国际舞台上的平等参与权。就国际社会而言,开展合作维护共同安全和利益既是国家权利也是国家义务。主权合作是国家主权行使的重要途径。网络经济主权的对外权利体现在独立性与参与决策权之上。各国均应充分尊重他国网络主权,同时,各国都有参与和决策国际事务的权利。③

在实践中,单纯依靠内部主权并不能解决数据安全和民主等问题。在大数据时代下,其一,信息技术削弱了政府管理在其领土内对其公民产生影响的信息流动的权力;其二,即使国家能够管理信息流动,该管理措施经常会对其他国家产生负面影响。④因此,内部主权在跨国层面的延伸即产生了外部主权。

外部主权主要包括独立权和参与合作权。独立权是一种自由的权利,其极端表现为国家之间互相对抗的形式。主权和以主权为基础的国际结构的本质和核心不是互相对立,而是以国家间的交流与合作为目的。因此,基于国家主权的最重要的外部权利不应是独立于所有外部干预,而

---

① See Article. 25, Directive 95/46/EC of the European Parliament and of the Council.

② 欧盟和美国的隐私盾原则包括通知、选择、对外传输的负责性、安全、数据完整性和目的限制、准入、追索、执行与责任等原则。See the EU – U. S. Privacy Shield Principles and Annex I(https://www. privacyshield. gov/servlet/servlet. FileDownload? file =015t00000004qAg).

③ 主权独立和合作的关联性被载入《国际电信联盟公约》,该公约序言中指出:为了以有效的电信业务促进各国人民之间的关系和合作,各缔约国政府的全权代表在充分承认每个国家均有主权管制其电信的同时,同意制定本公约。

④ Adeno Addis,"The Thin State in Thick Globalism:Sovereignty in the Information Age", *Vanderbilt Journal of Transnational Law*, Vol. 37, 2004, p. 60.

是积极参与国际性事务的权利。① 外部数据主权的核心体现为处理国际性、区域性和跨国性数据传输等事务的参与权和决策权。在独立享有主权的基础上,各国均有参与国际规则的制定和决策的权利。参与合作权是平等的参与和决策权,是合作共谋发展的必然要求。②

具体而言,网络空间的全球经济资源包括根服务器、互联网协议地址、通用域名等。例如,互联网名称和代码分配机构负责创设和分配的域名设置规则;互联网工程任务组负责制定的互联网相关技术规范等。这些资源具有公共性与经济属性。如若对上述资源的治理本身缺乏国家参与,那么该治理机制缺乏合法性与正当性,并缺乏长期性。有鉴于此,网络空间的全球公共资源的治理应以国家参与为基础。除此之外,在管理全球公共资源与构建网络经济规则中,根据主权原则,各国不论贫富强弱,均具有平等的参与权和决策权。

三 基于网络经济主权原则的国际治理模式

与互联网自由模式、技术规则治理模式不同,③网络经济主权治理模式强调以国家为主体、以法律为形式塑造全球互联网治理体系,共同构建和平、安全、开放与合作的网络空间。本质上,提倡网络经济主权原则并非意味着国家将排他性地管理网络空间,而是倡导各国在尊重国家主权平等的基础上,形成共商共建共享的网络空间经济治理模式。

(一)国家在网络经济主权治理模式中的主体责任

互联网治理的主体包括国家、国际组织、非政府组织,甚至还包括企业与个人。作为网络经济主权治理方式,国家是网络空间规则制定的核心行为者,其表现为国家负责参与制定网络空间国际规则与国内规则,并由国家负责保障本国的国家安全、公共利益和个人权益的义务。从根本上,网络空间经济治理应以主权为核心,即,各国承担不对任何他国的对

---

① Adeno Addis,"The Thin State in Thick Globalism:Sovereignty in the Information Age",*Vanderbilt Journal of Transnational Law*,Vol. 37,2004,p. 57.
② 孙南翔、张晓君:《论数据主权——基于虚拟空间博弈与合作的考察》,《太平洋学报》2015年第2期。
③ 参见孙南翔《论互联网自由的人权属性及其适用》,《法律科学》2017年第3期。

内或对外事务干涉的义务。换言之,国家权力是国家的国内管辖权的范畴。①如前所述,国家需要确定传统权利与义务在网络空间适用的可能性,更要确定与之相伴随的新型权利。同时,在市场失灵时,国家也充当保障国家利益、集体权益和个人权利的坚强后盾。毫无疑问,作为国内至上权力主体,主权国家应承担厘定网络空间治理机制的责任。

虽然有学者主张"以软件为中心"(software-centred)确定互联网治理机制,甚至提出,编码即法律。②但是,正如"互联网之父"文顿·瑟夫所指出的,技术是权利的赋予者,而不是权利本身。③技术本身无法解决复杂的现实问题,而只能由国家通过法律规范确定权利与义务,进而厘定分歧。有鉴于此,以地域性为主、属人性为辅的网络经济治理机制要求主权国家发挥主体功能。

(二)硬法与软法并重为网络经济主权合作的主要形式

网络空间规则体系包括硬法、软法与专家法等形态。在硬法层面,网络空间规则治理主要体现在《国际电信公约》《世界贸易组织协定》等文本中,例如,在国际服务贸易协定(Trade in Services Agreement,以下简称 TiSA)谈判中,除涉及传统的服务贸易规则外,TiSA 还涉及包括跨境数据流动、禁止本地化措施等敏感事项。④当前,跨境数据流动、金融服务供应商数据本地化等规则成为 TiSA 谈判的焦点。

在软法层面,互联网经贸规则主要由二十国集团、联合国贸易与发展委员会、联合国国际法委员会等所推行的示范性文件而展开,甚至还包括联合国人权委员会的决议。例如,2016 年,二十国集团杭州峰会通过了《经济发展与合作倡议》,对电子商务、数据包容性、监管合作等提出构想。其通过自愿性的主张,鼓励使用可信的数字化手段促进电子商务跨境便利化。

---

① [英]伊恩·布朗利:《国际公法原理》,曾令良、余敏友译,法律出版社 2007 年版,第 259 页。
② See Lawrence Lessig, Code: And Other Law of Cyberspace, Basic Books, 2000, p. 6.
③ Vinton G. Cerf, Internet Access Is Not a Human Right, N. Y. TIMES Jan. 4, 2012, http://www. nytimes. com/2012/01/05/opinion/internet – access – is – not – a – human – right. html? _r = 2&ref = opinion&.
④ See Juan A. Marchetti, Martin Roy, "The TiSA Initiative: An Overview of Market Access Issues", *Journal of World Trade*, Vol. 48, No. 4, 2014, pp. 683 – 728.

更为独特的是,网络空间还出现专家法形式。例如,《塔林手册》由北约卓越合作网络防御中心邀请全球专家进行编撰,其包括战时部分与平时部分。《塔林手册》为专家通过挖掘现有国际条约可适用网络空间的条款,并将其编撰成册。虽然其号称严格依据条约解释,但不可避免的是,其也体现专家造法的特征。更为遗憾的是《塔林手册》不少规则缺乏充分的国际实践,并且多数以西方国家利益和价值观为核心。[①]

上述三种国际规范的形成机理各有利弊。由于网络经济主权合作需以国家管理体系为基础,因此,在规范形式上,网络空间治理应以硬法为主,并将成熟的专家法、企业法等非国家法提升至国家法或国际法地位,进而保障多元治理的规范性和有效性。当然,由于当前条约缔结的难度,也不应忽视软法的作用,特别是诸多软法经由国家反复实践可能最终形成国际习惯法。因此,硬法与软法应为网络空间经济治理的两种路径。

(三) 以多边场合为重点推进网络空间全球治理进程

网络空间规则的谈判场合包括联合国、世界贸易组织、二十国集团峰会等多边场合,还包括上海合作组织、北约、欧洲联盟等区域性场合。[②]网络空间本身是全球性议题。以网络信息流动为例,其至少涉及信息创造者、接收者和使用者,信息的发送地、运送地及目的地,信息基础设施的所在地,信息服务提供商的国籍及经营所在地等多个国家或地区。更为重要的是,信息的流动不以国家疆界为限。[③]网络空间全球治理规则已成为具有非竞争性和非排他性的全球公共产品。[④]

对谈判场合的选择决定主权行使的广度、谈判议题的深度与司法救济的程度。由于互联网的目的是实现安全可靠的全球互联互通,区域性的合作机制难以解决全球公共问题。作为区域性合作机制,《全面且先进的跨太平洋合作协议》引入了关于跨境数据流动、网络隐私权、网络中性、

---

① 黄志雄:《国际法在网络空间的适用:秩序构建中的规则博弈》,《环球法律评论》2016年第3期。

② 例如,上海合作组织地区反恐怖理事会通过多项针对网络恐怖主义的决定;欧洲委员会则联合美国、加拿大等制定区域性的《网络犯罪公约》。

③ Jannifer Daskal, "The Un-territoriality of Data", *The Yale Law Journal*, Vol. 125, 2015, p. 326.

④ See Joel P. Trachtman, *The Economic Structure of International Law*, Harvard University Press, 2008, p. 13;[美]罗伯特·基欧汉、约瑟夫·奈《权力与相互依赖(第四版)》,门洪华译,北京大学出版社2012年版,第85—86页。

网络安全、非应邀信息、互联网中介商的安全港规则等。以电子商务信息为例,其规定一缔约方不得设置对其他缔约方不必要障碍。实践中,很难想象一国能够对来自不同国家的信息进行分类监管,即使技术可行,其也是成本巨大的。

由此,网络空间全球治理应以多边框架为重点,以《全面且先进的跨太平洋合作协议》等为代表的自由贸易协定本身无法解决全球性问题,因此,网络经济主权合作应坚持在联合国、世界贸易组织等多边框架下解决,以此坚定不移地维护全人类的共同利益。

（四）实现多目标、分层次网络空间全球治理体系

在治理内容上,网络空间规则主要涉及物理层、应用层和内容层。物理层包括电缆、光纤、发射塔、卫星等基础设施,由于网络基础设施的属地性及敏感性,对物理层的控制应体现国家安全的利益诉求；应用层针对互联网的标准和协议等资源,网络技术标准的统一性和互认互通性能够实现网络空间的互联性,因此,对应用层的管理以实现各国共管共治为宗旨；内容层包括网络空间活动的法律与规范,对内容层的规制反映国家治理的偏好,其应该实现自由贸易与国家利益的相统一。

由此,由于互联网技术的复杂性,网络空间法治化治理机制本质上应为多目标、多层次治理体系,其核心在于区分技术属性、社会需求与国家利益,针对不同层次的对象进行专向性的治理。

第五节　人工智能时代的网络空间合作机制

当前,以人工智能技术为代表的科技革命和产业革命正加速推进。人工智能技术的运用不仅推动国家治理体系的变革,也深刻影响着国际治理机制的发展进程。人工智能技术赋予了非国家行为体拥有可比拟于国家的权力,塑造了海洋生产与生活的新行为,并进一步推动海洋治理体系的变革。应对人工智能对国际法的挑战应坚持体系融合原则、技术穿透原则和法律技术化原则。从此层面,我国应积极探索法治原则对人工智能技术的约束作用,加强道德、伦理与技术的融合,并与世界各国携手共同应对人工智能技术所引发的挑战。

一 从网络时代到人工智能时代的法律挑战

马克思指出,从前各种生产方式的技术基础在本质上是保守的,近代工业的技术基础却是革命性的①。21世纪以来,随着信息技术、生物技术、新能源技术、新材料技术等颠覆性工业技术的萌芽与发展,全球正加速进入第四轮科技革命和产业变革②。当前,以5G、云计算、区块链、人工智能等为代表的技术竞争日益激烈。虽然网络空间对人类生产和生活带来了革命性的影响,然而,其仍没有改变以人为本位的决策机制。技术与代码规制方式并非网络空间治理的终极目的,而仅仅是实现人本宗旨的工具③。然而,人工智能时代则近乎迥异。当前,人工智能技术正潜移默化地重塑社会经济活动的方式,重构人类的社会组织形态,推动国际行为体的内部变迁,进而引发国际体系的深刻变革④。从此层面而言,人工智能技术催生了人与物间的新型生产关系。人将可能不再是目的,而智能物不仅是手段,甚至可成为目的本身。

根据人类的认知,人工智能时代至少可分为三个不同的阶段:第一阶段为弱人工智能阶段,其主要依赖人类的指示或支持,通过硬件设备的快速进步、大数据的持续积累、深度学习算法的不断突破,促进人工智能技术的发展;第二阶段为强人工智能阶段,其主要依赖多层神经网络使人工智能获得自我学习能力,甚至发展出机器学习系统自身的直觉和知觉⑤;第三阶段为超人工智能阶段,出现了在科学创造力、智力和社交能力等方面都比最强的人类大脑聪明很多的智能机器⑥。综合而言,弱人工智能技术仍是以人为中心,依靠人的命令从事深度学习;而强人工智能技术与超人工智能技术已无须以人为主体或本位,机器可实现自我学习和自我意识,特别是到了超人工智能阶段,法律的作用将被进一步削弱甚至

---

① 马克思:《资本论》(第一卷),人民出版社1953年版,第595页。
② 冯昭奎:《科技革命发生了几次——学习习近平主席关于"新一轮科技革命"的论述》,《世界经济与政治》2017年第2期。
③ 孙南翔:《论互联网自由的人权属性及其适用》,《法律科学》2017年第3期。
④ 封帅:《人工智能时代的国际关系:走向变革且不平等的世界》,《外交评论》2018年第1期。
⑤ 参见[英]卡鲁姆·蔡斯《人工智能革命:超级智能时代的人类命运》,张尧然译,机械工业出版社2017年版,第1—106页。
⑥ 周辉:《算法权力及其规制》,《法制与社会发展》2019年第6期。

消亡。

与网络时代相比,人工智能时代将颠覆传统的国际法律框架,国际法体系的主体、结构、运行规则等关键要素都将随之发生巨变。当然,由于技术所限,人工智能或机器人在短期内仍难以成为有自我意识的权利享有者和义务承担者,更遑论成为超人类的群体。因此,当前理论界和实务界都将目光集中在人工智能时代的萌芽和发展阶段。例如,欧洲理事会将人工智能定义为"旨在使机器产生人类认知能力的科学、理论和技术"。该含义隐含人工智能以服务人类为主要目的。

在人工智能的发展阶段,人工智能改变了全球治理进程,克服了人类思维的偏见和局限性,提高了决策效率,为解决诸如气候变化等高度复杂问题提供了全新的方法[1]。然而,人工智能技术也带来了诸多挑战,特别是对以人人关系为基础而设立的法律传统及其法律体系产生挑战。人工智能技术导致了个性化规则及其适用的可能性,进而弱化了法律平等观念并重构了公平与正义的理念[2]。在国际法层面,现有的人工智能技术对贸易法、战争法、人权法等领域带来了颠覆性的影响。基于此,下文对作为国际法起源的海洋法进行分析,以此探索人工智能技术对国际法体系特别是国际法基本原则的挑战,并提出初步的应对建议。

二 人工智能技术对国际海洋法的挑战

人工智能技术的发展对世界秩序构成了严峻的挑战。当前的实践主要关注于从弱人工智能阶段到强人工智能阶段的转变过程中,人工智能技术对国际海洋法主体、行为及其治理机制带来的挑战。

(一)对海洋法主体的挑战

传统上,国家是国际法的唯一主体。然而,人工智能技术的革命性发展导致科技企业或科学家拥有可比拟于国家的权力。英国马诺尔研究公司曾为皇家海军提供了场景感知的人工智能软件,通过不同的算法和智能特征相结合,帮助军舰探测和评估战斗情景,检测和处理迫在眉睫的威胁[3]。此外,还有非政府组织利用野生动物安全保护辅助系统,模拟、监

---

[1] 郑海琦、胡波:《科技革命对全球海洋治理的影响》,《太平洋学报》2018年第4期。
[2] 李晟:《略论人工智能语境下的法律转型》,《法学评论》2018年第1期。
[3] 郑海琦、胡波:《科技革命对全球海洋治理的影响》,《太平洋学报》2018年第4期。

测和预测海上非法捕捞等国际偷猎者的活动①。科技企业和非国家行为体掌握了大量的数据和信息，极大地影响着科学发展的未来方向，进而为介入全球海洋事务提供了基础。这可能会限制或削弱国家主权在海洋事务中的行使权力。

人工智能技术的发展对海洋法的稳定秩序造成了潜在的威胁。美国使用大量的无人机对伊拉克进行监视和打击，通过无人机定位和攻击能力，击毙伊朗少将苏莱曼尼。同时，人工智能技术也存在向海盗等海上犯罪团体扩散的趋势，为海洋安全治理带来了新的挑战。例如，海盗能够轻易获得装有摄像机的无人机，并开始将其用于监视和袭击船舶。小型无人机花费不高且可从甲板上发射，因此海盗或其他组织有较强的意愿使用无人机，此举可能对海洋安全构成潜在威胁②。由此可见，在人工智能时代，国家将不再也不应是国际海洋法权利与义务的垄断者。

（二）对海洋行为的挑战

当前，在世界范围内的海洋行为中，人工智能工具的使用是非常广泛的。基于运输、研究或监控目的的无人船舶或飞行器的使用给传统的国际海洋和航空秩序带来了挑战。

海洋行为与行为归责密切相关。以人工智能武器为例。在平时法中，当人工智能武器有违反国际法的行为时，不管是刑事行为还是民事行为，其都可能使拥有或使用这些人工智能武器的国家产生责任③。受害者应该证明这些作为或不作为可以归因于国家或相关机构。在战时法中，机器人、无人船舶或其他人工智能武器必须在战争中遵守区分、比例性、军事必要性和人道主义等规则。然而，海洋行为区分为军事行为和民事行为。军事行为与民事行为在国际人道法、合同义务、严格责任规则等方面存在显著差异性④。例如，现有的人道习惯法是以区分民用物体与

---

① Matthijs M. ,"International Law Does not Compute: Artificial Intelligence and the Development, Displacement or Destruction of the Global Legal Order", *Melbourne journal of international law*, 2019, 20(1):44.

② 郑海琦、胡波：《科技革命对全球海洋治理的影响》，《太平洋学报》2018年第4期。

③ Castel J. G. , Matthew E. C. , "The road to artificial super - intelligence: Has international law a role to play?" *Canadian Journal of Law and Technology*, 2016, 14(1):9.

④ Ugo P. Guns, ships, "and chauffeurs: the civilian use of UV technology and its impact on legal systems", *Journal of law, information and science*, 2011, 21(2):224.

军事目标为前提,其要求保护民用物体免受攻击,除非该民用物体被用于军事目的[①]。由此,如何认定人工智能武器法律属性的问题至关重要。特别是在海洋法上,很多无人船舶不仅从事巡逻和边境安全事务,还从事运输等事务。由此可见,人工智能武器的使用方式与其海洋法权利密切相关。

(三)对海洋治理机制的挑战

除了传统的国际立法方式外,很多国家还参加了解决人工智能武器问题的日内瓦谈判。在人工智能领域,以非政府组织和网络社会为主体的治理机制也逐步形成。该治理机制由个人、职业机构、社会和自然科学家、企业和公民社会等主体所组成[②]。实践中,非国家实体时常以"技术中立"为理由排除国家的参与。例如,劳伦斯曾提出"编码即法律""编码即正义"等观点。他指出,与其他规制形式相同,电脑硬件和软件能够限制和指导行为[③]。某种程度上,人工智能技术推崇编码或算法,而对人类社会中的道德、伦理和政治漠不关心,甚至有观点直言不讳地指出:人工智能的世界拒绝国王、总统和选举[④]。换言之,人工智能可能在未来会产生一个无须道德、法律和伦理的世界。

不仅如此,海洋与人工智能治理机制融合的另一个严峻挑战在于治理机制的巴尔干化。传统上,海洋权利体系的规范体现在《联合国海洋法公约》中。然而,由于人工智能技术不仅涉及海洋法,还涉及技术法、航空法、国际人道法等领域。因此,联合国及相应的非政府机构也正在加紧探索并研究人工智能的行为规范。从此层面而言,人工智能时代下的海洋治理体系正面临碎片化的挑战。

三 国际社会应对人工智能技术挑战的三个原则

马克思和恩格斯曾指出,思想、观念、意识的生产最初直接与人类的

---

① [比]让-马里·亨克茨,路易斯·多斯瓦尔德-贝克:《习惯国际人道法规则》,刘欣燕等译,法律出版社2007年版,第24页。
② Thomas B. International law and artificial Intelligence, *German yearbook of international law*, 2017,60(1):91.
③ Lawrence L., "Code and other laws of cyberspace", *New York: Basic Books*, 1999:88–89.
④ Alexis W. "Net states rule the world, we need to reorganize their power", https://www.wired.com/story/net-states-rule-the-world-we-need-to-recognize-their-power/.

物质生活、物质交往、现实生活的语言交织在一起[1]。世界的本原是物质的。在现有的人工智能阶段,人工智能技术发源并受制于人,人工智能所产生的思想、观念和认知来自人类世界。因此,国际社会应对人工智能技术的挑战应从客观世界中寻求解决方案。

（一）体系融合原则

技术进步伴随着人类社会发展的始终。20 世纪 90 年代的互联网技术曾对全球法律秩序的稳定性产生了巨大的冲击。甚至有观点认为,互联网是独特的,因此应旗帜鲜明地支持"互联网例外主义"。该理论认为适用于互联网的法律与其他媒介的法律应是不同的。然而实践证明,虽然谷歌公司、亚马逊公司等互联网企业逐步扩张,但互联网技术与电话、电报、电视或电缆等技术发明相似,在法律规范及适用层面并不存在实质性的差异[2]。道德的规训、法律的价值、伦理的观念仍在网络空间中发挥作用。与实体空间相同,虚拟空间并非法外空间。人类所享有的法律权利在网络世界中同样应得到一以贯之的尊崇。

虽然对人工智能技术进行全面的国际立法可能是更好的方式,然而由于国际条约制定的缓慢性与国际习惯法形成的滞后性,国际立法几乎难以系统地解决更新频繁的人工智能技术所产生的法律问题。在最优情形下,国际习惯法的产生至少需要 10—15 年；虽然条约制定速度能更快,但是其仍滞后于技术的更新换代[3]。因此,对人工智能技术规制的最优选择应是最大化地发挥并探索现有的国际规则对人工智能技术的可适用性。托马斯·布曾研究发现,目前国际法院（包括前南斯拉夫国际法庭或国际法院）的案例足以解决人工智能时代的国家控制、归责和代理等问题。沟通论表明,人类与人工智能之间的通信并不必然与人与人之间的社会沟通存在差异[4]。基于

---

[1] 参见中共中央编译局《马克思恩格斯选集》（第一卷）,人民出版社 2012 年版,第 151 页。

[2] Berinszoka, Adam M. , et al. , The Next Digital Decade:Essays on The Future of the Internet, Washington DC:TechFreedom,2010:179.

[3] Colin B. P. , "A View From 40,000 Feet:International Law and The Invisible Hand of Technology, *Cardozo Law Review* ,2001,23(1):185.

[4] Thomas B. , "International Law and Artificial Intelligence, *German Yearbook of International Law* ,2017,60(1):101 – 104.

此,坚持实体空间、网络空间、物联空间一体融合的法律机制是应对人工智能法律挑战的基本原则。

体系融合原则能够在保护现有海洋秩序的前提下,平衡人工智能时代的国家主权和海洋自由问题。按照实体空间的规则,任何在沿海国领海的无人船舶和无人机开展的行动若扰乱其秩序和安宁,那么沿海国均有权对该无人船舶和无人机行使执法管辖权。毫无疑问,属地管辖权是国家主权的基本内容,这在人工智能时代仍应得以适用。当然,人工智能技术也将产生新的权利体系。以登临权为例。传统的登临权是指在特定情况下,一国军舰对公海上外国船舶的检查和搜查权利。在人工智能时代,传统的登临权演化为使用人工智能技术对船舶进行电子监控、检查甚至搜查,此即虚拟登临权。虚拟登临权是否属于合法使用的权利引发了诸多争议。有观点认为,《联合国海洋法公约》第110(2)条规定的登临权仅限于"船舶上"。因此,若检测以电子或人工智能等方式进行,那么该检测违背了条约文本。然而,也有观点认为,应在和平利用海洋的原则下认可虚拟执法的正当性[1]。

毫无疑问,如果以体系融合原则考虑虚拟登临权问题,其结论将更为明确。一方面,国家能够对人工智能工具实施管辖。国家有关机构可根据获得的线索对领海内无人船舶的网络通信进行监控。如果上述机构从该船舶发出的任何通信确认其正在非法运输毒品,那么执法人员应能够使用人工智能技术使该船舶停止前行[2]。另一方面,人工智能技术也能够赋予国家更大的能力。除了数据监控外,虚拟登临还包括使用无人机或机器人等方式实现执法的目的。因此,体系融合原则最大化地发挥了现有海洋法规则的效用,相应地也实现了海洋自由与国家主权的有效平衡。

(二)技术穿透原则

虽然人工智能技术带来了颠覆性的观念变革,但是现有的人工智能技术尚未改变人与物之间的从属关系以及国家与公民之间的身份关系。

---

[1] 吕方园:《海洋执法"虚拟登临权"理论困境与现实因应选择》,《法学杂志》2019年第4期。

[2] [美]迈克尔·施密特:《网络行动国际法塔林手册》(2.0版),黄志雄等译,社会科学文献出版社2017年版,第262页。

特别是当前,我们仍未赋予人工智能以法律资格,也无法要求人工智能承担相应的法律责任。一方面,人工智能没有可供自由处分的财产;另一方面,人工智能也缺少刑事或民事惩戒的感知与情感能力①。因此,对人工智能技术的法律责任应采取技术穿透原则。

人工智能对归责原则的挑战主要体现为识别人类对人工智能技术的控制水平。《联合国国家责任草案》体现了国家归责的国际习惯法和一般法律原则。其第 5 条规定非国家机构的行为若是归责于国家,那么该机构应行使政府的职权。对人工智能而言,目前的难点在于如何证明国家通过个体对其进行全面的控制或有效的控制。人类对人工智能的控制分为三个层面:人工智能自身的识别能力;人工智能所承担的任务类别;人类操作员对人工智能的监督水平②。从现有的技术水平出发可知,人工智能的控制主体是开发者、程序员、运营者及其用户。虽然很多人将追求科学知识的自由视为一项基本权利,然而自纽伦堡审判以来,人们普遍认为科研自由并非完全不受限制,特别是其应受到道德以及风险不确定性的限制。科研绝对自由的前提仅限于从事那些"负责任的"研究以及那些符合"合法的科学目的"的研究③。

从此层面,通过技术穿透原则,对人工智能的规制穿透到人工智能本身,并应追溯到其研发、运营及使用过程中。在现有的技术阶段和法治水平下,若人工智能实体能够被人类所控制,那么其应被视为合法的运行。以人工智能武器系统为例,如果该系统无法得到人类的有效控制,那么其极可能被视为是不合法的④。因此,使用人工智能技术或工具的国家或个体应承担对该人工智能进行有效控制的责任。当前,对高度自动化或自主武器系统进行"有意义的人类控制"是《常规武器公约》特定武器谈

---

① Iria G., "Liability for AI decision-making: some legal and ethical considerations", *Fordham law review*, 2019, Vol. 88, No. 2.
② 张卫华:《人工智能武器对国际人道法的新挑战》,《政法论坛》2019 年第 4 期。
③ Rosemary R., Public international law and the regulation of emerging technologies, Roger B., Eloise S., Karen Y., *The Oxford handbook of law, regulation and technology*, New York: Oxford University Press, 2017, p. 500.
④ Thomas B., "International law and artificial intelligence", *German yearbook of international law*, 2017, 60(1):91.

判的重点事项①。

在海洋法上,著名的"荷花号案"裁决指出"在国际规则外,国家享有广泛的自由"②。由于当前各国未就人工智能技术达成共识并形成公约义务,因此原则上,各国的船舶和航空器均有权在公海及其上空开展行动,公海航行、飞越和铺设海底电缆等自由均可适用于人工智能工具。国际海洋法也可适用于海上网络基础设施或通过海上网络基础设施而实施的人工智能行动③。当然,其前提是国家应确保所开展的人工智能行动处于有效控制的范围内。若无人船舶主张通过沿海国领海的无害通过权,那么任何在该船舶上开展的人工智能行动都必须遵守行使该权利所要求的条件。具体而言,人工智能工具的无害通过至少应包括:第一,人工智能工具并未对沿海国进行武力威胁或使用武力;第二,人工智能行动应限于该船舶或系统内部,并不对沿海国的安全造成威胁;第三,人工智能行动不对沿海国防务或安全产生影响;第四,人工智能行动不应以干扰沿海国通信系统或其他设施或设备为目的。

(三)法律技术化原则

现阶段的人工智能技术高度依赖数据与算法。数据和信息成为人工智能时代的新型资产,而算法从最初"提炼自这个世界,来源于这个世界"转向"开始塑造这个世界"④。在人工智能时代,作为算法的竞争品,以国家、地域和社会概念为支撑的法律、道德甚至伦理将可能岌岌可危。例如,部分非政府组织创设了所谓的网络行为规范,其并非产生于传统的国际法创设的场所,然而它们将会通过网络等媒介进行跨国界的宣传,依据其说服力,向国际社会灌输强烈的遵守意识,尽管其不具有任何法律的拘束力。

未来,机器人将广泛地参与到社会生活中,如家务机器人、工业机器

---

① Kenneth A., Matthew C. W.,"Debating autonomous weapon systems, their ethics, and their regulation under international law", Roger B., Eloise S., Karen Y., *The Oxford Handbook of Law, Regulation and Technology*, New York: Oxford University Press, 2017, p. 1097.

② 孙南翔:《裁量余地原则在国际争端解决中的适用及其拓展》,《国际法研究》2018 年第 4 期。

③ [美]迈克尔·施密特:《网络行动国际法塔林手册 2.0 版》,黄志雄等译,社会科学文献出版社 2017 年版,第 249 页。

④ 马长山:《智能互联网时代的法律变革》,《法学研究》2018 年第 4 期。

人等,这些机器人将深刻地影响人们的生活。那么,就有必要为机器人制定共同的产品标准①。随着社会治理的发展,人们已日益形成技术治理与法律治理二元共治的话语共识②。换言之,人工智能时代法律也应实现技术化。在人工智能时代,我们面对诸多复杂的、具体的和技术性的问题,其中最为核心的问题是,法律标准如何转化为"可测试、可量化、可衡量和合理的可靠性工具"③。

在实体层面,我们应探索通过技术手段解决法律关切的问题。在算法上,人工智能技术的运用涉及大量的技术法规和国际标准的制定问题,解决此问题是未来规制人工智能技术的重要切入点。与法律相比,标准的制定更灵活、更方便,且能够根据客观实践的变化而动态调整。因此,标准应成为解决人工智能相关的道德和道义问题的场所。例如,有专家提出机器人准则,要求在编码中规定:"人工智能不会伤害人类。"④在国际标准领域,电气和电子工程师协会(IEEE)正推动标准化的道德原则。该协会在人工智能以及自动系统的道德因素全球倡议中,公布了"道德嵌入的设计"一章的内容,提倡在技术中嵌入透明度、算法非歧视和隐私保护等规范。因此,各国应加大标准协调化的工作力度,确保和平与有序的海洋规则体系的构建。

在程序层面,我们也应探索通过法律手段解决技术问题,特别是应在技术创新中增加法治的理念。欧盟学者指出,迎接人工智能挑战的重要方式是在人工智能系统的发展、推广和使用中普及法治⑤。美国两位参议员在2019年4月联合提出了《2019算法问责制法案》中,要求美国联邦贸易委员会对企业进行算法审查,并建立算法问责的明晰标准。归纳而言,全球法治的核心价值共有七项内容:第一,保护人类自由和尊严;第

---

① 杨延超:《机器人法:构建人类未来新秩序》,法律出版社2019年版,第20页。
② 郑智航:《网络社会法律治理与技术治理的二元共治》,《中国法学》2018年第2期。
③ Kenneth A. , Matthew C. W. , "Debating Autonomous Weapon Systems, Their Ethics, and Their Regulation under International Law", Roger B. , Eloise S. , Karen Y. , *The Oxford handbook of law, regulation and technology*, New York: Oxford University Press, 2017, p. 1097.
④ Castel J G. , Matthew E. C. , "The Road to Artificial Super – Intelligence: Has International Law a Role to Play?" *Canadian journal of law and technology*, 2016, Vol. 14, No. 1, p. 12.
⑤ Nils M. , "Human rights implications of the usage of drones and unmanned robots in warfare", http://autonomousweapons.org/human – rights – implications – of – the – usage – of – drones – and – unmanned – robots – in – warfare/.

二,克服经济领域的绝对超级贫困;第三,缩小经济鸿沟;第四,防止对环境的更多危害;第五,缩小信息和技术鸿沟;第六,保证基本人权;第七,能够允许新型技术的发展①。在人工智能时代,实现法治的核心在于实现多元合作,实施算法的问责制,而多元合作的前提在于提高算法的透明度和解释力。

在国际海洋法中,为用户和相关个体提供技术性的正当程序权利是推动海洋法领域人工智能技术治理的应然路径。算法使人工智能技术产生了异化,特别是其削弱了传统的知情权、参与权、异议权和救济权。因此,在人工智能时代应重置个人权利以对抗算法权力,与人工智能相关的新权利体系包括赋予公众享有算法的访问权、解释权②。某种程度上,技术科学与医疗科学相似,用户或患者不一定掌握专业知识看懂算法规则或药方,但公开与透明将会促进社会的监督和公众的参与。有鉴于此,若人工智能技术涉及海洋环境等,应根据《联合国海洋法公约》的规定进行信息的分享,信息的分享不限于国家层面,还应包括社会公众层面。

四 积极应对人工智能对人类社会形成的挑战

2019年习近平主席指出,"由人工智能引领的新一轮科技革命和产业变革方兴未艾。人工智能正在对经济发展、社会进步、全球治理等方面产生重大而深远的影响"。③ 当前,人工智能技术正重塑国际海洋秩序。然而,由于国际立法的滞后性以及弱人工智能技术的非自主性,我们应加速研究人工智能技术对法律机制的影响及其对人类社会生活的挑战。

第一,我国应积极探索国际海洋法对人工智能技术的可适用性。实践中,若没有清晰的、可预测的行动纲领,那么以人工智能技术为核心的新的军备竞赛将不可避免,大国势必追求人工智能技术并运用于军事领

---

① [韩]朴仁洙:《第四次工业革命下的国际合作与法治发展》——在"'一带一路'国际法治论坛"上的主旨发言,http://iolaw.cssn.cn/xszl/gjfl0/ydyl/202001/t20200103_5070977.shtml。
② 张欣:《算法解释权与算法治理路径研究》,《中外法学》2019年第6期。
③ 习近平:《推动人工智能更好造福世界人民》,《人民日报》(海外版),2019年5月17日(1)。

域,以维持其大国地位。中小国家则会千方百计寻求人工智能武器的扩散,以争取获得新的制衡手段①。这将对全球安全体系和伦理基础构成严峻的挑战。因此,我们应尽快探索海洋法对人工智能技术适用的可行性,实现海洋秩序的有序化、规则化和法治化。

第二,在人工智能发展过程中,我国应探索法律技术化和技术法律化的机制。国家是传统国际法的主体。在人工智能时代,普通个人或科学家均能秘密开发相关武器,并可能逃离国际监管机构的审查。为维护和平与发展的环境,我们有责任对人工智能技术产品及其设计者设定一定的道德标准,促使科技向善。在未来的人工智能时代,我国应加强道德、伦理与技术的融合,共同创造和发展有利于维护人类共同利益的人工智能技术。

第三,在人工智能时代,我国应与世界各国携手共同解决人工智能技术所引发的挑战。任一国家或国家行为体都无法完全解决人工智能面临的所有法律、道德和伦理问题。未来总是不确定的,但是法治会帮助我们促进社会的稳定,以及实现未来的预期性及确定性。一方面,我们应积极引导法治原则在人工智能技术的使用、发明中发挥作用;另一方面,我们也应推动在人工智能技术的法律限制和道德规训上形成政府间共识,进而使科技融入并推动人类命运共同体的构建。

未来,人工智能技术还可能产生自我学习与自我认知能力,某种程度上,它既不能被人类所规制,也无法为人类所预知②。毫无疑问,我们面临的更大挑战将是无知与未知。

---

① 封帅:《人工智能时代的国际关系:走向变革且不平等的世界》,《外交评论》2018 年第 1 期。
② Ryan C. ,"Robotics and the lessons of cyberlaw", *California law review*,2015,103(3):513.

第 二 章

网络空间与国际经贸规则的新发展

21世纪以来,随着互联网、云计算、物联网等网络和通信技术的发展,网络空间成为人类生存的第五空间。根据经济合作与发展组织发布的调研报告,几乎所有的经济和社会活动都能在网络空间中进行。①在科学技术层面上,互联网的影响早已超过电力、燃油机、蒸汽机等其他发明创造。②本质上,人类通过互联网技术创造出一个与实体空间相平行的网络世界,其同时促使跨境贸易更加自由化和便利化。

在信息时代,一个开放的互联网对现代经济发展是必备的。封闭的信息系统将摧毁现代贸易和技术创新的所有可能性。③然而,开放的互联网具有潜在的风险。作为通信媒介,中性的互联网可传送对个人权利、公共道德、国家安全造成威胁的产品与信息。④然而,网络空间无法免除国家的主权管辖,为保护网络空间的个人权利、集体权益与国家利益,单一国家采取的互联网规制措施多表现出明显的域外性。有鉴于此,从国际法的角度考察与贸易相关的互联网自由与规制问题具有必

---

① See Organization for Economic Co-operation and Development, *Guide to Measuring the Information Society* 2011, OECD Publishing, 2011, p. 14.
② See Organization for Economic Co-operation and Development, "Broadband and the Economy: Ministerial Background Report", OECD Doc. DSTI/ICCP/IE (2007) 3/FINAL, May 2007, p. 8.
③ Google Corporation, "Enabling Trade in the Era of Information Technologies: Breaking Down Barriers to the Free Flow of Information", 2011, p. 2, www.transnational-dispute-management.com/article.asp?key=1658, last visited on 4 Nov., 2015.
④ Andrew D. Murray, *The Regulation of Cyberspace: Control in the Online Environment*, Routledge-Cavendish, 2007, pp. 154–168.

要性。

在国际法层面上,传统的国际协定与条约发挥着保障互联网贸易自由的功能。例如,萨沙·文森特等研究发现 WTO 协定可适用于互联网经济,甚至推动着互联网自由的进程。[①]与此同时,诸多文献涉及国家互联网规制的合法性。[②]当然,实践中,几乎所有的条约或协定都赋予缔约方保障公共秩序与国家安全的权力。[③]有鉴于此,如何平衡互联网贸易自由与互联网规制的合法性将是本章的研究主题。

第一节 多边主义视角下的网络空间国际经贸规则

一 "互联网自由"与"互联网规制":从国际法角度的切入

(一)互联网贸易自由与自由的非理性

正如罗伯特·威特扎克所言,互联网自由原则内嵌于互联网技术中,包括互联网商业自由和互联网通信自由。[④] 互联网具备生产力,[⑤]互联网贸易甚至成为当前诸多贸易活动的主要形式。例如,跨国贸易通过先进的信息技术系统而运营;现代银行和金融体系几乎完全依赖于电子

---

① Sascha Wunsch - Vincent, *The WTO, the Internet and Trade in Digital Products: EC - US Perspectives*, Hart Publishing, 2006; Rolf H. Weber, Mira Burri, *Classification of Services in the Digital Economy*, Springer, 2013; Sascha Wunsch - Vincent, WTO, E-commerce and Information Technologies, From the Uruguay Round through the Doha Development Agenda, UN ICT Task Force, 2005;王海峰:《GATS 框架下的互联网服务管理权限问题研究——兼论我国的应对之策》,《法商研究》2013 年第 5 期。

② See Tim Wu, "The World Trade Law of Censorship and Internet Filtering", 7 Chicago Journal of International Law, 280 - 287 (2006); Cynthia Liu, "Internet Censorship as a Trade Barrier: A Look at the WTO Consistency of the Great Firewall in the Wake of the China - Google Dispute", 42 Georgetown Journal of International Law, 1199 - 1240 (2011);彭光明、邓楠杨、莉英:《我国网络视听法律规制:WTO "必要性"司法检验下的审视与思考》,《法律适用》2015 年第 9 期。

③ 例如,《关税与贸易总协定》第 20 条与第 21 条、《公民经济与政治权利公约》第 19 条、《中国与东盟全面经济合作框架协议货物贸易协议》第 12 条与第 13 条、《美国—阿根廷双边投资协定》第 11 条等。

④ Robert Uerpmann-Wittzack, "Principles of International Internet Law", 11 German Law Journal, 1247 (2010).

⑤ Jonathan L. Zittrain, "The Generative Internet", 119 Harvard Law Review, 1975 - 1977 (2006).

通信技术；公共信息也愈发频繁地以网络渠道进行传播。①

由此，阿努邦·钱德尔提出"电子丝绸之路"的观点，认为与传统丝绸之路的互通有无的功能相似，由光纤和卫星等支持的互联网为贸易提供了新的机会，互联网贸易成为传统贸易的升级版模式。②根据古典经济学的理论，自由开放的贸易能促进经济的发展与社会福利的增加。与实体贸易相同，互联网贸易内在地需要自由开放的贸易体系。

然而，自由的互联网贸易体系却并非总是安全的、有序的、理性的。实体空间面临的威胁也体现在网络空间中，甚至通过网络媒介的传输功能，其损害国家利益与公共利益的能力与范围大为拓展。由此，各国政府纷纷采取互联网规制措施保障本国合法利益。总体而言，在一定程度上，互联网贸易自由具有非理性的特征，其主要原因如下：

第一，在技术层面上，与互联网自由相关的信息技术本身是中性的，但却并非是绝对安全的。以蒂姆为代表的西方学者主张互联网中性（Internet Neutrality）概念。③然而，纵使承认互联网设计的纯粹技术属性，互联网技术的运用也并非总是有序的。互联网的自发博弈将导致国际社会的无秩序状态。例如，美国政府不仅通过《爱国者法案》等实现对与本国相关的域外数据的控制权，而且还通过国家安全部门的专门项目收集并分析完全受他国管辖的数据。2013 年，斯诺登向媒体披露，美国政府通过棱镜项目直接从微软、谷歌、雅虎等 9 家公司的服务器收集信息，内容覆盖电子邮件、通信信息、网络搜索数据等。而近期又曝光美国国安局与加密技术公司签署协议，将后门放置于全球移动终端广泛使用的加密产品中，其意味着美国情报部门能够自主地获得加密的个人数据。换言之，互联网技术的设计与推广本身体现出网络强国的意志，因此，互联网技术的广泛采用需要以保障国家安全与社会秩序稳定为前提。

---

① Fredrik Erixon, Hosuk Lee‐Makiyama, "Digital Authoritarianism: Human Rights, Geopolitics and Commerce", ECIPE Occasional Paper, No. 5, 2011, p. 11.

② See Aunpam Chander, "Trade 2.0", 34 *Yale Journal of International Law*, 281 (2008); Anupam Chander, *The Electronic Silk Road: How the Web Binds the World Together in Commerce*, Yale University Press, 2013, pp. 2 – 16.

③ Tim Wu, Christopher Yoo, "Keeping the Internet Neutral?: Tim Wu and Christopher Yoo Debate", 59 *Federal Communications Law Journal*, 575 – 592 (2007).

第二，在经济学视角下，互联网贸易自由产生的负外部性无法通过市场机制得以消弭。自由放任的互联网服务将导致特定经济活动的负外部性特征趋于明显，[1]其表现为市场的价值无法反映交易的真实成本和收益。[2]例如，在对个人数据保护上，所有的信息都能被网络化与电子化，并进行传输。但是，跨境传输的数据往往忽略了数据主体及利益攸关者的特定人格与财产权益。进一步的说，作为信息传递的媒介，即时交互的、匿名的、虚拟的网络空间存在诸多欺诈行为、网络赌博、色情交易等不法现象。中性的互联网却难以对上述不法行为实施有效治理，进而导致损害公共道德、他人权益的事件频繁发生。遗憾的是，上述缺陷都无法通过市场机制进行理性规制。

第三，从法理层面上，互联网规制是国家主权的反映。主权国家具有管理、监督和控制其领土内的违法活动与不良信息的权力。在传统的信息传输中，信息被体现在诸如书籍、报刊等有形的物理客体上，其受到严格的地域性管辖。相似地，在技术上互联网同样具有国界。[3]由此，在网络空间中，国家负有对域内的网络活动进行监管的责任。基于此，虽然互联网贸易活动及其相关信息可能不完全反映在物理客体的流动上，但是虚拟空间的活动与信息应受到国家主权的管辖。

（二）互联网规制措施的域外性效应

正如罗斯坦·纽沃斯所言，历史上，贸易与法律的发展时刻交织在一起，而且二者与科学技术的革新也紧密相连。[4]互联网贸易自由是信

---

[1] Panagiotis Delimatsis, *International Trade in Services and Domestic Regulations: Necessity, Transparency, and Regulatory Diversity*, Oxford University Press, 2007, p. 68.

[2] See Ronald A. Cass, John R. Haring, "Domestic Regulation and International Trade: Where's the Race? Lessons from Telecommunications and Export Controls", in Daniel L. M. Kennedy and James D. Southwick ed., *The Political Economy of International Trade Law: Essays in Honor of Robert E. Hudec*, Cambridge University Press, 2002, pp. 138 – 141.

[3] 本质上，互联网通信都是从一个固定的场所节点到达另一个固定场所下的节点。2011年"阿拉伯之春"中，埃及和利比亚能够关闭本国的互联网准入端口。实践中，当前的信息过滤技术与定位技术已经在网络空间中创造出了电子领土（E-borders）。See Tim Gerlach, "Using Internet Content Filters to Create E – Borders to Aid International Choice of Law and Jurisdiction", 26 *Whittier Law Review*, 912（2005）.

[4] Rostam J. Neuwirth, "Global Market Integration and the Creative Economy: The Paradox of Industry Convergence and Regulatory Divergence", 18 *Journal of International Economic Law*, 22 (2015).

息时代的鲜明特征,其不仅显著降低了交易成本,并且便利产品的供需信息交流,还体现通信功能与社会属性。[1]然而,为克服非理性自由导致的市场失灵,各国互联网规制措施具备正当性。从理论上讲,互联网贸易规制的措施都不可避免地具有域外性效应。大卫·波斯特和大卫·约翰逊认为若其效果拓展至原先设定的地理疆界之外,那么互联网规制措施就具有域外性效果。[2]例如,通过设置对个人数据隐私的严格标准,欧盟颁布的政策就对美国等其他国家产生规则外溢性的效应。[3]

互联网规制措施可发挥限制贸易的作用。其主要表现为,其一,与产品进口禁止相似的,在信息时代,互联网规制措施以限制跨境提供为手段达到阻碍贸易的目的;其二,互联网规制措施可通过不给予外国服务及外国服务提供者的必要贸易权,或者禁止其分销的权利,进而限制外国产品或服务进入本国市场;[4]其三,对与贸易相关的信息的屏蔽也可能阻碍自由贸易。例如,如果某个国家的公民被禁止在网络上发表特定贸易信息,那么不仅他们的权利可能被侵犯,同时其他国家的公民获取和寻求信息的权利也相应被损害。[5]

虽然互联网规制措施具有合法性,网络保护主义(online protectionism)或规制保护主义(regulatory protectionism)[6]却不合理地阻碍贸易的开展,并进一步削弱世界各国及各族人民的福利。由此,若缺乏对单一国家的互联网规制措施的再规制,那么规制措施可能以满足公共政策目的为名,行保护本国行业免受外国竞争之实。如上,由于互联网规制不可避免地具有域外性效应,基于其潜在的贸易保护主义倾向,以国际

---

[1] "Organization for Economic Co-operation and Development", Supra note 1, p. 14.

[2] David G. Post, David R. Johnson, "The New Civic Virtue of the Net: Lessons from Models of Complex Systems for the Governance of Cyberspace", 2 *Stanford Technology Law Review*, 21 (1997).

[3] Steven R. Salbu, "Regulation of Borderless High-Technology Economies: Managing Spillover Effects", 3 *Chicago Journal of International Law*, 142 (2002).

[4] Fredrik Erixon, Brian Hindley, Hosuk Lee-Makiyama, "Protectionism Online: Internet Censorship and International Trade Law", ECIPE Working Paper, No. 12, 2009, p. 7.

[5] Stuart Biegel, Beyond Our Control? *Confronting the Limits of Our Legal System in the Age of Cyberspace*, Massachusetts Institute of Technology Press, 2003, pp. 25-49.

[6] "规制保护主义"是国家通过实施歧视性管制措施,或者通过不必要的方式实现某些不合理的贸易目标,导致外国企业的利益损失。See Alan O. Sykes, "Regulatory Protectionism and the Law of International Trade", 66 *University of Chicago Law Review*, 1 (1999).

法为角度来考察互联网贸易自由及其规制措施更显迫切性。

(三) 国际法角度下的贸易自由及国家规制

放任自由的互联网贸易将放纵侵害国家安全、公共秩序和他人权利的行为；相反的，放任自由的互联网规制将可能滋生规制保护主义，并且其无法协调规制外溢性的难题。解决互联网自由及其规制措施的域外性的研究应回归到国际法层面。

2011年，谷歌公司以《信息技术时代下贸易的实现》为名发布了一项研究报告，其明确指出，在信息时代下，政府限制或扭曲互联网信息服务的做法可构成不公正的贸易障碍，并且政府可能采取违反国际贸易规则的互联网信息规制措施。在实践中，谷歌公司更频繁地以 WTO 协定为理由，指责众多国家的互联网规制措施违反国际义务。

《建立世界贸易组织的马拉喀什协定》序言提及 WTO 协定的根本宗旨是贸易自由化和便利化。同时，《关税与贸易总协定》(General Agreement on Tariffs and Trade, GATT1994) 第 20 条与第 21 条、《服务贸易总协定》(General Agreement on Trade in Services, GATS) 第 14 条等也规定了成员方背离自由贸易承诺的例外情形。正如"中国稀土案"上诉机构所表明的，WTO 协定并未否认国家的经济主权，但同时，成员方应该承担并履行基于协定而产生的义务。[①]由此，WTO 协定的目标在于平衡贸易自由与国家规制的冲突。

下一代自由贸易协定也存在涉及互联网贸易自由及其规制的条款。以《跨太平洋伙伴关系协定》为例，该协定明确在跨境服务贸易领域使用负面清单，并在电子商务章节要求缔约方保障全球信息和数据的自由流动。同时，在第 29 章专章规定一般例外、安全例外和其他合法的例外条款。[②]其他多边或双边投资协定等也有相似的规定。[③]

---

① See China – Measures Related to the Exportation of Rare Earths, Tungsten, and Molybdenum, Appellate Body Report adopted on 7 August 2014, WT/DS431/AB/R, para. 5.78.

② See New Zealand Foreign Affaires and Trade, Text of the Trans – Pacific Partnership, http://www.tpp.mfat.govt.nz/TEXT, last visited on 6 Nov., 2020.

③ 例如，在实现投资自由化的同时，美国和阿根廷签署的《双边投资协定》中规定，本条约不应排除任何缔约方采取维持公共秩序、实现维护或恢复国际和平或安全的义务，或者保障其自身重要安全利益所必要的措施。

更为重要的是，必要的国家规制权甚至可构成习惯国际法规则，并直接适用于条约或协定未规定的情形。《国家对国际不法行为的责任条款草案》第 25 条规定了"必要情况（necessity）"事项。其规定：一国不得援引必要情况作为理由解除不遵守某项国际义务的行为的不法性，除非该行为是为保护该国基本利益（essential interest），其构成对抗某项严重迫切危险的唯一办法；而且该行为并不严重损害其他国家或整个国际社会的基本利益。①因此，在国际法层面上，国家能够在符合特定必要性条件的情况下实施合法的规制措施。②有鉴于此，下文将以目前最重要的多边贸易安排——WTO 协定为样本，阐明国际法层面上的互联网贸易自由及规制的必要性及适用条件。

二　WTO 协定对互联网贸易自由的适用

正如上诉机构在"日本酒精饮料案"中所言：WTO 协定并非过于严谨，抑或过于灵活；在真实世界的真实案件中，其可以为无止境的、持续改变的情势变化留下理性的裁决空间。③虽然 WTO 协定签署之时，成员方多未能预见互联网贸易的兴起，然而，本质上，成员方通过将发展的共同意图制定于条约文本中，使 WTO 协定能够适应于未来情势的变化。④毫无疑问，WTO 协定本身能够适用于互联网贸易。甚至于，《欧盟与加拿大全面经济与贸易协定》中电子商务章节第 X—01 条还直接确认 WTO 协定对电子商务的可适用性。⑤

---

① 当然，该草案也规定：一国不得在以下情况下援引必要情况作为解除其行为不法性的理由：（a）有关国际义务排除援引必要情况的可能性；或（b）该国促成了该必要情况。

② International Law Commission, Draft articles on Responsibility of States for Internationally Wrongful Acts, with Commentaries, UN Doc. A/56/10, 2001, pp. 83 - 84. 相似地，《国家对国际不法行为的责任条款草案评注》指出必要情形援引的两个条件：其一，在保护本国基本利益免受严重迫切危险的情况下，必要性才得以援引；其二，援引该必要性，并不损害其他国家或国际社会基本利益。

③ Japan - Taxes on Alcoholic Beverages, Appellate Body Report adopted on 4 October 1996, WT/DS10/AB/R, p. 20.

④ 参见孙南翔《论发展的条约解释及其在世贸组织争端解决中的适用》，《环球法律评论》2015 年第 5 期。

⑤ See Consolidated CETA Text, http://trade.ec.europa.eu/doclib/docs/2014/september/tradoc_ 152806. pdf, last visited on 6 Nov., 2020.

根据劳伦斯·莱斯格关于互联网架构的经典论述，互联网自下至上分别由物理层、规则层和内容层所组成。[①] WTO 协定调整的是成员方间的贸易关系，其管辖对象为可贸易的产品、服务及服务提供者。为使互联网贸易得以进行，其至少涉及电缆、光纤、卫星等基础设施，计算机、调制解调器等信息技术产品，计算机服务与电信服务等。更进一步的，互联网不单纯为一项服务，其也构成交付方式与信息传输媒介。由此，结合互联网架构，在 WTO 协定下成员方对互联网贸易自由的承诺涉及货物贸易自由、服务贸易自由、作为分销媒介与信息媒介的互联网自由。

（一）与互联网自由相关的货物贸易

GATT1994 及相关诸边协定调整信息技术产品的跨境贸易活动。GATT1994 序言提及协定的主要目标在于通过互惠安排，实质性地削减关税与贸易壁垒，并且消除歧视性待遇。在关税壁垒上，通过"正面清单"（positive list）的方式，成员方制定各自的关税减让表，履行对特定货物的自由化承诺。

为应对信息技术产业的变革，1996 年，WTO 部长级会议通过了一项诸边协定——《关于信息技术产品贸易的部长宣言》（以下简称《信息技术协定》），该协定将当时多项重要的信息技术产品纳入贸易自由化承诺中。[②] 具体而言，《信息技术协定》以附件 A 和附件 B 的方式确定信息技术产品的承诺范围。其中，附件 A 以海关统一系统编码的方式定义产品，附件 B 以描述性方式定义产品，后者具有更大的不确定性和开放性。然而，关键的问题为在"正面清单"模式下，与互联网相关的信息技术产品的承诺范围是否受限，原先的自由化承诺是否可以拓展至新的信息技术产品？WTO 争端解决专家组和上诉机构给予了肯定性的回答。

在"欧共体计算机仪器案"和"欧共体信息技术产品案"中，专

[①] Lawrence Lessig, The Future of Ideas: The Fate of the Commons in A Connected World, Vintage, 2002, p. 23.

[②] 根据《信息技术协定》规定，任一缔约方的贸易体制都必须以增强信息技术产品市场准入机会的方式而发展。See World Trade Organization, Ministerial Declaration on Trade in Information Technology Products, WT/MIN (96) /16, Dec. 13, 1996.

家组指出《信息技术协定》所调整的信息技术产品范围不仅限于缔结时已存在的产品，还可适用于缔约后才出现的产品。①理论上，专家组和上诉机构采用成员方的"合法预期（legitimate exceptions）"的方式对条款义务进行解释。上诉机构在"欧共体计算机案"中指出，条约解释的目的在于确定成员方的共同意图，成员方的共同意图反映为出口方和进口方的合法预期。②如上所示，合法预期的解释方式成功地使得成员方的承诺范围自动拓展至新型的信息技术产品和多功能产品。③与此同时，当前《信息技术协定》扩围谈判也取得实质性成果。④

当然，GATT1994 与《信息技术协定》均致力于消除信息技术产品贸易中的非关税壁垒。⑤ GATT1994 规定了自由贸易的原则性要求，特别是其运用了最惠国待遇与国民待遇。从根本上，非歧视义务保障信息技术产品贸易自由化和便利化。如"日本酒精饮料案"上诉机构所言，非歧视义务能够阻止"贸易保护主义"，确保成员方规制措施不提供给国内产品更优惠的待遇，进而保障外国产品免受歧视。换言之，非歧视义务强制要求成员方对国内产品和进口产品设置相同的竞争条件。基于此，对互联网贸易不可或缺的信息技术产品受到 WTO 协定的管辖，并

---

① WTO 争端解决机构专家组明确了信息技术产品本身不仅限于《信息技术协定》缔结时已经存在的产品，相应贸易规则能够动态地拓展并适用于解释时或未来的信息技术产品。See European Communities – Tariff Treatment of Certain Information Technology Products（hereinafter EC – IT Products），Panel Report adopted on 16 August 2010，WT/DS375/R，paras. 7. 860 – 7. 986；Tsai – Yu Lin，"Systemic Reflection on the EC – IT Product Case Establishing an'Understanding'on Maintaining the Product Coverage of the Current Information Technology Agreement in the Face of Technological Change"，45 Journal of World Trade，415（2011）.

② European Communities — Customs Classification of Certain Computer Equipment Products，Appellate Body Report adopted on 5 June 1998，WT/DS62/AB/R，para. 84. 在"欧共体信息技术产品案"中，虽然专家组指出该案无须适用术语的演化解释（evolutionary interpretation），但是其并不否认演化解释对关税减让表的可适用性。更进一步地，专家组也将成员方承诺义务的范围拓展至具有新特征的产品上。

③ Shin – yi Peng，"Renegotiate the WTO'Schedules of Commitments'?：Technological Development and Treaty Interpretation"，45 Cornell International Law Journal，407 – 410（2013）.

④ See WTO News，WTO Members Move Close to Deal on ITA Expansion，https：//www. wto. org/english/news_ e/news15_ e/ita_ 20jul15_ e. htm，last visited on 5 Nov. ，2020.

⑤ Rolf H. Weber，"Digital Trade in WTO Law – Taking Stock and Looking Ahead"，5 Asian Journal of WTO and International Health Law and Policy，8（2010）.

落入自由贸易的承诺范围中。

（二）与互联网自由相关的特定服务部门

GATS 序言提及该协定的目标在于进一步实现服务贸易的高水平自由化。在服务贸易自由化层面上，WTO 各成员方在 1998 年部长级会议达成了一项关于电子传输的免税备忘录。[①]正是由于服务贸易的无形性与电子传输的免税承诺，对服务贸易的限制多采用边境后措施。具体而言，服务贸易自由化主要体现为消除歧视的竞争条件或限制市场准入的国内法规及其他相关障碍。然而，服务贸易的开放承诺以具体的服务部门为导向。虽然 GATS 第 1.1 条规定本协定适用于成员方采取的影响服务贸易的措施，但根据协定，只有在其承诺减让表中对特定部门进行承诺后，成员方才承担市场准入、国民待遇等具体承诺。[②]

WTO 成员方多采用《GATS 服务部门分类清单》（GATS Service Sectoral Classification List，简称 W/120）与《联合国临时中间产品归类细则》（United Nations Provisional Central Production Classification，简称临时 CPC）定义特定服务部门。在 W/120 下，互联网相关的服务活动主要体现在计算机部门中；相似地，临时 CPC 也存在专门对计算机服务的部门分类。[③]以 W/120 为例，其计算机服务项下包括五个分支部门，分别为计算机硬件安装相关的咨询服务、软件启动服务、数据处理服务、数据库服务、其他服务。

当然，在争端解决实践中，专家组和上诉机构以"发展的条约解释"方法确定服务部门的范围。例如，在"中国视听服务案"中，上诉机构认为中国承诺减让表中所使用的术语——"录音制品"（video

---

① See WTO News, "Work Continues on Issues Needing Clarification", https://www.wto.org/english/thewto_e/minist_e/min05_e/brief_e/brief19_e.htm, last visited on 5 Nov., 2020; Susan Aaronson, "Why Trade Agreements are not Setting Information Free: The Lost History and Reinvigorated Debate over Cross - Border Data Flows, Human Rights, and National Security", 14 World Trade Review, 682(2015).

② 当然,服务贸易的最惠国待遇和透明度等义务是一般性义务。See Jan Wouters, "Coppens Dominic, Domestic Regulation within the Framework of GATS", http://www.law.kuleuven.be/iir/nlwp/WPIWP93e.pdf, last visited on 5 Nov., 2020, p.4.

③ Council for Trade in Services, Background Note by the Secretariat, Computer Related Services, S/C/W/45 (14th July 1998), p.3.

recording）是足够一般性的（generic）术语，其能跟随时间的推移而发生变化。①换言之，成员方的计算机服务的承诺并不限于协定缔结时存在的服务产品，还适用于缔约后才出现的新服务类型。同时，服务贸易的分类对确定成员方义务具有重要性。以搜索引擎提供的服务为例，若是将其识别《联合国临时中间产品归类细则》中的"数据库服务"，中国对该服务的自由化并未进行承诺。②正基于此，对互联网相关的服务贸易的自由承诺应根据不同国家的承诺减让表进行分析。毫无疑问，在成员方承诺的特定服务部门项下，GATS 保障了互联网服务贸易的自由化与便利化。

（三）作为传输媒介的互联网的自由

除构成一项具体的产品或服务类别外，互联网还承担起交付媒介的贸易支持功能。2.0 版本的网络发挥着贸易平台（trade platform）的作用。③ WTO 协定也保障互联网作为分销渠道的自由，其主要表现为两个层面：其一，通过成员方的电信服务义务确保全球互联网的互联互通；其二，通过与其他传输媒介的对比，实现所有传输媒介间的无差别对待，进而确保互联网作为有效率的产品分销渠道。具体如下。

第一，WTO 成员方通过《电信附件》及《基础电信参考文件》的方式推动互联网的互联互通。W/120 并没有区分基础服务和附加电信服务。同时，由于谈判各方在乌拉圭回合将基础电信服务定义为敏感服务，对电信部门的承诺谈判在 WTO 协定达成后继续进行，最终形成《基础电信参考文件》，并成为《电信附件》的组成部分。

《电信附件》第 1 条指出其认识到电信服务不仅是某项经济活动，也构成了支持其他活动的重要传输工具。该附件第 3 条将电信定义为"以电磁为方式的信号的传输和接收活动"。由此，公共电信传输网络

---

① China – Measures Affecting Trading Rights and Distribution Services for Certain Publications and Audiovisual Entertainment Products，Appellate Body Report adopted on 21 December 2009，WT/DS363/AB/R，para. 396.

② 若是将其识别为临时 CPC 下的"数据处理服务"，那么中国则对谷歌所代表的搜索服务承担市场开放的承诺。参见王哲《GATS 下中国互联网过滤审查制度法律问题研究——以谷歌搜索引擎争端为视角》，《上海对外经贸大学学报》2014 年第 2 期。

③ See ITC News，"Opening Welcome：The State of the Internet Industry，IT Conversations（Oct. 5，2004）"，http：// itc. conversationsnetwork. org/shows/detail270. html，last visited on 6 Nov.，2020.

包括电报、电话、电传和数据传输等。①需要注意的是，其也明确指出影响电缆的措施、影响广播或电视播报分配的措施均不构成电信服务。由此可见，WTO 协定调整的电信服务试图限定在那些需获得和适用电信网络和服务才能有效运作的特定服务，而排除对信息传送与发布相关的承诺，特别是否认作为信息传播功能的广播、电视等渠道构成电信服务。换言之，《电信附件》并不创设针对特定服务的义务，其功能在于便利受承诺的服务行业的市场准入机会，并且阻止成员方通过电信服务施加贸易障碍。②

在实践中，"墨西哥电信案"基本解释了电信承诺的互联互通的条约义务。在该案中，墨西哥国有运营商屏蔽了以较低价格提供网络电话服务的特定互联网运营公司。该案专家组认为争议措施违反了电信义务，其指出：在缺乏特定资质说明情况下，"互联性"术语可以被理解为覆盖所有的连接方式，包括以任何方式从国外拨入电话的情形。③ 因此，墨西哥对互联网连接方式的限制无疑违反了 WTO 义务。

第二，互联网应被视为无差别的产品分销渠道。在 WTO 协定文本签署时，互联网并非广泛使用的交付渠道。随着互联网技术的发展，网络迅速成为众多贸易产品的便捷的分销媒介。根据 WTO 争端解决实践所示，成员方的自由贸易承诺应从传统的交付方式拓展至以互联网技术为代表的新兴的交付渠道，甚至包括所有未来可能出现的崭新的交付方式。

在"美国博彩案"中，美国将赌博活动划分为线上和线下的两种规制模式。虽然其强调全面禁止网络赌博，然而美国法律却允许部分的线下赌博。该案上诉机构从分销渠道的方式解释美国措施的违法性。该案上诉机构指出市场准入承诺表明其他成员方的服务提供者具有可通过任何分销形式提供服务的权利，包括通过信函、电话、互联网等，除非

---

① 《电信附件》第 3（b）条使用了 "inter alia"，表明其不仅限于所列的传输方式。
② Bobjoseph Mathew, The WTO Agreements on Telecommunications, Peter Lang, 2001, p. 77.
③ See Mexico – Measures Affecting Telecommunications Services, Panel Report adopted on 2 April 2004, WT/DS204/R, para. 7.117.

成员方的承诺表有明确的相反规定。①换言之，该上诉机构表明 GATS 项下的跨境交付的承诺包括从某一个成员方到另一个成员方的所有可能的服务提供方式。最终，该案上诉机构裁定美国限制网络赌博的方式违反义务。

在"中国视听服务案"中，上诉机构将演化解释方法适用于分析成员方的贸易承诺。该案涉及中国对视听制品的网络分销的限制措施。在中国承诺减让表中，中国对视听制品分销在"模式三"的市场准入下做出承诺，但实践中，中国法律对外国投资企业在中国的电子分销进行了限制。简言之，中国的争议措施限制了无形的视听制品的进口，我国主张由于在缔约时无法预见，无形录音制品的进口不应包含于中国的自由贸易承诺中。然而，该案上诉机构认为，"分销"（distribution）是一般性概念，其能发生变化。该案上诉机构认为客观情势变化对解释中国的承诺是不相关的。其进一步指出，与其他 WTO 协定相似，《服务贸易总协定》是一个无期限的、具有持续发展义务（continuing obligations）的多边条约。由此，在互联网贸易下，互联网可被视为一种分销的渠道，网络提供（supplying online）不构成具体的服务类别，②因此，限制分销本身不应成为成员方规制特定服务部门的手段。

（四）作为信息媒介的互联网自由

作为信息和通信交流的新媒体，互联网本身还具有信息媒介的功能。在《电子商务工作计划》中，WTO 将"电子商务"定义为"货物和服务通过电子的方式进行生产、分销、营销、销售或交付活动"。③互联网的贸易功能不仅体现在产品的生产、分销、营销、销售和交付等方面，还反映出营销功能。更为核心的是，其涉及互联网作为信息媒介的功能。信息自由是否受 WTO 协定的调整尚存

---

① United States – Measures Affecting the Cross – Border Supply of Gambling and Betting Services, Appellate Body Report adopted on 7 April 2005, WT/DS285/AB/R, para. 348.

② See China – Measures Affecting Trading Rights and Distribution Services for Certain Publications and Audiovisual Entertainment Products, Panel Report adopted on 12 August 2009, WT/DS/363/R, paras. 7.1209, 7.1220.

③ Council for Trade in Services, "Note by the Secretariat: The Work Programme on Electronic Commerce", WT/I274, Sept. 30 1998, p. 1

争议,①但至少与贸易相关的信息（trade-related information）可受 WTO 协定所管辖。

信息是互联网时代的核心要素。互联网的发展取决于信息在全球网络上的自由流动。若是数据被阻碍或扭曲,依赖互联网而发展的多种商业和消费者的贸易权利将受影响。如帕纳吉奥迪斯·黛丽马特西斯所言,对跨境数据流动和计算机网络的限制可能构成市场准入和服务贸易的障碍。若是对信息流动的阻碍侵害到服务及服务提供者的贸易利益,那么成员方可能将以违反 GATS 国内法规、市场准入和国民待遇等条款进行抗辩。

更为重要的是,除了上述隐性的互联网贸易自由承诺外,成员方还可能援引 GATT1994 第 23 条和 GATS 第 23.3 条等非违反之诉确保互联网的信息自由。②在《电子商务工作计划秘书长评注》中,其指出如果一个成员方禁止或限制所承诺服务的电子交付,那么这些措施可能违反第 23.3 条的非违反之诉,因为其削弱了其他成员方的可期待的利益。

"日本胶卷案"专家组确定了援引非违反之诉的适用条件:其一,WTO 成员方适用措施引发了利益丧失;第二,该利益来自相关协定;第三,利益的丧失是适用措施的结果。③ 针对决定"利益"是否存在的问题上,"日本胶卷案"专家组从两个方面进行考察,其一,连续的成员方关税减让谈判是否形成对该利益的合法预期;其二,在预计该利益可能丧失或受损时,成员方可能会做出的回应措施及考量因素。因此,若成员方在谈判过程中能够合理预期到信息流动对其贸易的重要作用,那么其可以基于非违反之诉主张网络的信息自由化。

---

① See Aaronson, supra note 43, pp. 671 – 695; Diane A. MacDonald, Christine M. Streatfeild, "Personal Data Privacy and the WTO", 36 *Houston Journal of International Law*, 625 – 653（2014）.

② 非违反之诉保障的是可预期的合法利益。例如,GATS 第 23.3 条规定,如任何成员认为其根据另一成员在本协定第三部分下的具体承诺可合理预期获得的任何利益,由于实施与本协定规定并无抵触的任何措施而丧失或减损,则可援用《争端解决谅解协议》。

③ Japan – Measures Affecting Consumer Photographic Film and Paper, Panel Report adopted on 31 March 1998, WT/DS44/R, para. 10.41.

三 WTO 协定对互联网规制措施的适用

WTO 协定确保了全球的互联网贸易自由,甚至在某种程度上,WTO 协定还推动信息的跨境自由流动。当然,互联网贸易自由并非绝对的,其可能对国家根本利益与个人权利造成损害或损害威胁。WTO 体系的核心在于寻求贸易自由化和监管自主性(regulatory autonomy)之间的适当平衡。在实践中,除贸易保护主义目的外,国内规制措施也可能服务于一系列重要价值,例如,国家安全、公共道德、环境保护等。[①]成员方的合法监管权不应被忽视。

在 WTO 协定中,例外条款规定缔约方在特殊情况下背离一般性义务的规则。基本上,所有的贸易协定都具有例外条款的规定。[②]WTO 协定的例外条款是有限的,也是附条件的。[③]其有限性表现为 GATT1994 第 20 条和 GATS 第 14 条规定的例外情形是可穷尽的;附条件性则表现为对非商业性例外条款的适用必须符合条款中规定的严格条件。[④]

实践中,现有国际性或国内裁决机构在认定合法规制措施的难题主要在于以下两点:其一,如何定义"公共利益"概念;其二,如何进行必要性或比例性评估。[⑤]基于此,下文将以合法性目标和适用条件为基础,对互联网规制措施的合法性进行分析。

(一)例外条款对互联网规制的可适用性

回溯缔约史,一般例外规则和安全例外规则被统称为"非商业性例

[①] See Gabrielle Marceau, Joel P. Trachtman, "A Map of the World Trade Organization Law of Domestic Regulation of Goods: The Technical Barriers to Trade Agreement, the Sanitary and Phytosanitary Measures Agreement, and the General Agreement on Tariffs and Trade", 48 *Journal of World Trade*, 351-352 (2014).

[②] 甚至如阿尔芒德提出疑问:贸易协定中的例外条款到底是一般性义务,还是特殊性义务。See Armand de Mestral, "When Does the Exception Become the Rule? Conserving Regulatory Space under CETA", 18 *Journal of International Economic Law*, 641 (2015).

[③] See United States – Import Prohibition of Certain Shrimp and Shrimp Products (hereinafter US-Shrimp), Appellate Body Report adopted on 12 October 1998, WT/DS58/AB/R, para. 157.

[④] Peter Van Den Bossche, *The Law and Policy of the World Trade Organization: Text, Cases and Materials*, Cambridge University Press, 2013, p. 599.

[⑤] See Hitoshi Nasu, "State Secrets Law and National Security", 64 International and Comparative Law Quarterly, 401 (2015).

外规则",其解决成员方的贸易利益与非贸易关切之间的冲突。虽然《国际贸易组织宪章草案》将一般例外条款和安全例外条款规定在同一条款项下,①然而,1947年《关税与贸易协定》与GATT1994均将非商业性例外条款一分为二,分别规定于第20条和第21条中。无疑,将例外条款分为一般例外和安全例外条款是GATT1994的创新之一。

WTO协定的创新还体现为对一般例外条款的适用施加了序言要求。在1946年谈判过程中,为避免例外条款被滥用,英国提出在原先草案增加一个新条款的观点,该条款最终成为GATT1994第20条的"序言"。对比于一般例外条款,安全例外条款被视为是"君子协定（Gentlemen's Agreement）",成员方致力于避免援引该条款。② 在条约文本中,安全例外条款为成员方留出更多的自主决定权。本质上,对一般例外条款与安全例外条款的援引具有显著的差异性。

WTO协定的例外条款可适用于违反协定义务的措施,以及构成非违反之诉的措施。以GATT1994第20条为例,文本规定"本协定中的任何条款都不能影响其使用"。③因此,一般例外与安全例外条款均可适用于GATT1994与GATS的所有义务。④

（二）公共道德例外对互联网规制的适用

假定特定的互联网规制措施限制了贸易商的合法利益,虽然其产生违反GATT1994或GATS义务的后果,但是该措施可被例外条款所正当

---

① See GATT, *Guide to GATT Law and Practice* (6th ed), World Trade Organization, 1994, p. 551.

② Nathaniel Ahrens, "National Security and China's Information Security Standards, A Report of the CSIS Hills Program on Governance", Center for Strategic and International Studies Report, 2012, p. 13.

③ Lorand Bartels, "The Chapeau of the General Exceptions in the WTO GATT and GATS Agreements: A Reconstruction", 109 *American Journal of International Law*, FN. 99 (2015).

④ 当然,该问题也具有一定的模糊性。例如,韦斯利认为安全例外的适用不能排除对GATT1994第23条的适用。See Wesley A. Cann, Creating Standards of Accountability for the Use of the WTO Security Exception: Reducing the Role of Power – based Relations and Establishing a New Balance between Sovereignty and Multilateralism, 26 Yale Journal of International Law, 474 (2001). 在"欧共体石棉案"中,上诉机构裁定由1994年《关税与贸易总协定》第20条正当化的措施也可被"非违反之诉"所管辖。European Communities – Measures Affecting Asbestos and Asbestos – Containing Products, Appellate Body Report adopted on 12 March 2001, WT/DS135/AB/R, para. 191.

化。在实践中，保护公共道德与维持公共秩序时常被视为是实施互联网规制措施的合法性目标。例如，在"美国博彩案"与"中国视听服务案"中，被诉方均援引公共道德例外进行抗辩。对于公共道德例外的分析可分为合法性目标、必要性分析和序言要求。

1. 合法性目标：公共道德与公共秩序

GATT1994 第 20 条规定了成员方可以采取保护公共道德所必要的措施，而 GATS 则进一步规定成员方还可采取保护公共秩序的措施。以公共道德为例，理论上，对其定义存在单边主义、多边主义和普遍主义的解释方式。单边主义认为公共道德可由国家单边地界定；多边主义认为公共道德应是多数国家所共同认可的行为规范；而普遍主义则主张公共道德是全球所有国家普遍共有的行为标准。[1]上述观点在"美国博彩案"就曾引发讨论。[2]

毋庸置疑，对"公共道德"与"公共秩序"的界定应回归到条约法解释中。"美国博彩案"专家组使用了《牛津英语词典》(简编版)(*Shorter Oxford English Dictionary*)对"公共(public)"进行定义，"'公共'概念是全体人民所有的或属于全体人民的；属于、影响到或关于集体或国家的。"基于此，专家组认为若是一项措施能符合 GATS 第 14(a)条规定，其"必须旨在保护作为集体或国家的人民的利益"。相应地，"道德"的定义为"关于正确或错误行为的生活习惯"。最终，专家组认为 GATS 第 14(a)条"公共道德"含义为"由集体或国家所支持的是非对错行为标准，或能够代表集体或国家的是非对错标准"。从该定义中，本质上，"公共"体现了集体性，其并未强制要求一个集体的道德与其他集体的道德保持完全一致。甚至更进一步，若只有全球或绝大多数国家认可的道德才可构成"公共道德"，那么公共道德例外的规定近乎等于无意义，因为似乎只有国际罪行才符合普遍主义的道德观念。换言之，该案专家组认为一个成员方可以单边地确定其道德标准。

---

[1] See Jeremy C. Marwell, "Trade and Morality: The WTO Public Morals Exception After Gambling", 81 *New York University Law Review*, 819 - 826 (2006); Mark Wu, "Free Trade and the Protection of Public Morals: An Analysis of the Newly Emerging Public Morals Clause Doctrine", 33 *Yale Journal of International Law*, 232 (2008).

[2] 在该案中，美国提出了其他 16 个限制或正在限制互联网赌博的成员方。United States – Measures Affecting the Cross – Border Supply of Gambling and Betting Services, Panel Report adopted on 10 November 2004, WT/DS285/R, para. 6.473.

在概念上,"公共秩序"不同于"公共道德"。"秩序"被视为"调整集体中的公共行为的法律被保持且可被确认;遵循法治或形成权威;不存在暴力或暴力犯罪"。由此,"公共秩序"表现出维护社会或国家的基本利益的目的。进一步,GATS 起草者在第 14(a)条脚注 5 中规定公共秩序例外的适用范围,指出"只能在对社会的基本价值形成实质性的(genuine)、足够严重的(sufficiently serious)威胁情况下,公共秩序例外才能被援用"。该脚注构成了解释"公共秩序"概念的不可或缺的组成部分。综合而言,"公共秩序"的认定应满足两个条件:其一,与该公共秩序攸关的利益对整个社会具有根本重要性;其二,对公共秩序的威胁具有严重性。[1]

同时,WTO 专家组承认"公共道德"和"公共秩序"不能进行僵化的解释,其能够"随着时间和空间的变化而变化,并且受到包括现有的社会、文化、道德和宗教价值等一系列因素的影响"。因此,根据特定的政治体系和价值观念,在其管辖的领土内,成员方具有定义和适用"公共道德"和"公共秩序"的权力。[2]基于"公共道德"的模糊性,专家组和上诉机构一般也无须将争议中的"公共道德"具体化,而是将"公共道德"的认定权限留给成员方。当然,该权利也并非绝对自由的,成员方具有将该条款进行善意适用的义务。

"美国石油案"专家组强调其并不考察公共政策的必要性,而只考察贸易措施是否对实现合法目标是有必要的。[3]"美国博彩案"专家组也认同成员方具有自主决定合法目标保护程度的权利。[4]"欧盟海豹产品案"

---

[1] Nicolas F. Diebold, "The Morals and Order Exceptions in WTO Law: Balancing the Toothless Tiger and the Undermining Mole", 11 *Journal of International Economic Law*, 62 (2007).

[2] 该观点在近期"欧盟海豹产品案"上诉机构报告中得到确认。See European Communities – Measures Prohibiting the Importation and Marketing of Seal Products, Appellate Body Report adopted on 22 May 2014, WT/DS400/AB/R, para. 5.199.

[3] See United States – Standards for Reformulated and Conventional Gasoline, Appellate Body Report adopted on 29 April 1996, WT/DS4/R, p. 17.

[4] 本质上,对合法目标的保护水平的认定权也由成员方自行决定。在"韩国牛肉案"中,上诉机构指出:基于牛肉来源国,韩国可以采取旨在全面消除欺诈行为的保护水平,也可采用旨在显著性降低欺诈案件的执行程度。虽然保护水平不同,然而其目标都是相同的。"欧共体石棉案"上诉机构也持有相同的观点,认为 WTO 成员方在特定情形下具有决定其认为合适的保护水平的权利,甚至是零风险的禁止性贸易政策。See Korea – Measures Affecting Imports of Fresh, Chilled and Frozen Beef, Appellate Body Report adopted on 11 December 2000, WT/DS161/AB/R, para. 178.

上诉机构也明确成员方可基于相同的道德利益设置不同的保护水平。

如上所述,WTO 专家组和上诉机构并没有严格区分线上或线下的交易方式,换言之,其一视同仁地将贸易规则适用于实体贸易与虚拟贸易上。"公共道德"与"公共秩序"概念具有演化特征,其能够被推广适用于网络领域。[①]

在实践中,只要与国家的是非对错标准相关,或者对其社会利益具有根本性影响的互联网规制措施就能被视为具备合法性目标。例如,在"美国博彩案"中,在网络赌博语境下,专家组认为保护"公共道德"的措施包括防止未成年人赌博,或者保护病理性的赌博人员;同时,"公共秩序"包含阻止有组织犯罪。当然,预防洗钱和欺诈行为的目标可能同时包含"公共道德"与"公共秩序"。

2. 规制措施的必要性分析

公共道德与公共秩序例外的分析还涉及争议措施的必要性认定。实践中,WTO 争端解决专家组和上诉机构运用"权衡"(weighing and balancing)方法确定争议措施的必要性。在"巴西轮胎案"中,上诉机构认为适用 GATT1994 第 20 条第 b 项,专家组应考虑相关因素,特别是所保护的利益或价值的重要性、措施实现目标的贡献程度,以及措施的贸易限制性。如果上述分析得出措施是必要的,那么其必须与其他潜在的可替代措施进行比较,才能得出争议措施具有必要性的最终结论。[②]该标准得到嗣后专家组和上诉机构的认同。例如,在"美国博彩案"中,上诉机构认为 GATT1994 和 GATS 在一般例外条款上规定了相似的用语,特别是必要性和序言要求上。基于此,该案上诉机构借鉴 GATT1994 第 20 条的必要性分析框架解释涉及 GATS 公共道德例外的争议。

近期,"欧盟海豹产品案"上诉机构指出 GATT1994 第 20 条第 a 项

[①] 近期,在"欧盟海豹产品案"中,"公共道德"内涵有了新的拓展。该案中,其不仅涉及保护动物的健康,而且还涉及种族信仰,以及不人道的消费方式。See Robert Howse, Joanna Langille, "Permitting Pluralism: The Seal Products Dispute and Why the WTO Should Accept Trade Restrictions Justified by Non – instrumental Moral Values", 37 Yale Journal of International Law 368 (2012).

[②] Brazil – Measures Affecting Imports of Retreaded Tyres, Appellate Body Report adopted on 3 December 2007, WT/DS332/AB/R, para. 178.

与第 b 项的必要性解释存在细微差别，主要体现在考量因素的权重上。该案上诉机构认为第 b 项条款目的在于保护"人类、动植物生命与健康"，其关注的是免除特定危险或降低风险的程度。"危险"或"风险"概念体现在规定第 b 项具体义务的《实施动植物卫生检疫措施的协议》中。然而，第 b 项"风险"概念却难以与第 a 项公共道德的解释相协调。更具体的讲，"风险"可通过科学或其他科研方法进行确认，而公共道德的证实却难以使用风险评估的方法。因此，该案上诉机构认为，在第 a 项解释与适用中，专家组无须确认争议中的公共道德的实际内容及相应的风险。在实践中，专家组与上诉机构认可成员方自主认定公共道德内容及其重要性的权限。

由此，对第 a 项必要性的分析主要集中在争议措施对目标的贡献程度以及可替代措施的分析上。其一，针对措施的贡献程度。当存在手段与目标之间的真实的（genuine）联系时，争议措施就存在贡献程度。根据上诉机构观点，该贡献并非必然需要在定量条件下进行评估；其也可能是依据定性分析决定该贡献的程度。同时，该措施对目标实现的贡献越大，该措施就越能被视为是"必要的"。其二，在措施的可替代性上，"美国博彩案"上诉机构指出：争议措施和可替代性措施之间应进行对比，并考察保护利益的重要性与贸易的限制性。若一项可替代措施在实践中无法执行，或者该替代措施对成员方施加了不合理的负担（undue burden），那该措施就不被视为是"合理的"或者"可获得的"。同时，一个合理可获得的可替代措施应能够实现被诉方所追求的既定保护水平。可替代措施的分析也涉及贸易限制性的比较，若是在既定保护水平下，可替代措施能实现更小的贸易限制性，那么其为合格的可替代措施。

针对互联网规制问题，必要性分析的难点体现在可替代措施的分析上。诸多形式的互联网规制措施都对公共道德或公共秩序具有贡献，然而，由于政治体制与文化背景的差异，成员方对互联网规制措施的选择的偏好并非完全相同。在实践中，如迪特·厄恩斯特所言，在解决公共政策问题上，美国总是认为"自愿体系"更合适，[1] 而欧盟等其他国家

---

[1] See Dieter Ernst, "Indigenous Innovation and Globalization: The Challenge for China's Standardization Strategy", East – West Centre Report, 2011, pp. 33 – 34.

强调更积极主动地保护公共利益。①正如迈克尔所言，不同社会的公民的文化和经验导致对特定类型规制措施的不同认识与偏好，强制 WTO 成员方更改偏好是不合理的。②综合而言，在互联网贸易自由的限制上，成员方具备以公共道德等合法性目标为理由，对网络信息进行审查的权利，但是互联网规制措施对贸易的负面影响不应超过必要的范围。

"中国视听产品案"也涉及必要性分析。该案上诉机构认为，要求进口出版物的企业具备国有资质的政策对中国的公共道德保护具有一定的贡献程度，然而，中国提出的内容审查的成本事项、外国企业对公共道德的认识偏差等主张，无法证明国有企业垄断出版物进口的必要性。对于可替代措施，美国认为中国政府可被视为唯一有权进行内容审查的部门，该可替代措施具有更小的贸易限制性。该案上诉机构认为美国主张的可替代措施可能增加一定的成本，但是其并非技术不可能，因此，其可以被视为是合理的、具有更小贸易限制性的可替代措施。尽管该案上诉机构强调其分析并没有决定中国政府是否应该独立进行内容审查，而仅是认同美国提出的措施具有可替代性。本质上，专家组与上诉机构均认可中国对内容进行审查的权利，但也要求对内容审查的措施只能在实现合法性目标所必要的范围内。该观点对网络信息的内容审查同样具有适用性。WTO 协定并没有否认成员方依据文化偏好对国内互联网贸易自由进行规制的权利，但是其制度设计应在考虑措施的目标贡献程度前提下，实现相对较小的贸易限制性。

3. 序言要求

援引 GATT1994 与 GATS 一般例外条款应满足该条款序言的要求。GATT1994 第 20 条序言在成员方援引例外条款的权利与其他成员方的自由贸易权利之间划定一条平衡线。

针对序言的要求，"美国石油案"上诉机构认为，本序言仅仅是考察"措施适用的方式"，而不涉及措施的具体内容；同时，序言的目的

---

① 欧盟与美国之间还存在数据隐私权保护权上的分歧。See Gregory Shaffer, "Globalization and Social Protection: The Impact of EU and International Rules in the Ratcheting Up of U. S. Privacy Standards", 25 *Yale Journal of International Law*, 1 – 88 (2000).

② Michael Ming Du, "Domestic Regulatory Autonomy under the TBT Agreement: From Non – discrimination to Harmonization", 6 *Chinese Journal of International Law*, 274 (2007).

和宗旨在于阻止对一般例外条款的滥用。具体而言，序言规定了三项不同的要求，其分别为：不构成在相同或相似情形下的恣意歧视；不构成在相同或相似情形下的不合理歧视；不构成对国际贸易的变相限制。虽然上述要求可能重叠，但是该序言必须以逐项（side-by-side）审查的方式进行适用。由此，这三项要求是累积适用的。①以下为具体分析。

第一，针对恣意的与不合理的歧视而言，该条款分析的重点在于明确争议措施是否以歧视的方式进行适用。实践中，该要求避免成员方措施在国内产品与外国产品，或者国内贸易商与外国贸易商之间造成差别待遇。例如，在"美国博彩案"中，专家组认定美国并未证明其禁止远程赌博是以一致的方式在外国和本国服务者之间适用。该案上诉机构进一步认定对远程赌博的一般禁止存在对国内服务提供者的豁免，因此其违反了序言的非歧视要求。在"美国虾案"中，因为美国行政部门对某些成员方颁发了进口证书，而不给予其他成员方证书，所以，该争议措施构成了歧视性适用。②综合而言，非歧视要求避免在相同条件下，对成员方的产品与贸易商进行区别对待。

其二，针对变相的国际贸易限制而言，基于 WTO 争端解决实践，至少有三种类型的措施可被视为非法的变相贸易限制措施：未经行政机构公布或发布的措施、构成变相的歧视的措施，以及那些设计、架构和内在结构表明实质构成保护主义的措施。③当然，"变相的国际贸易限制措施"的形式难以穷尽，其并不限于那些隐瞒的或未公布的限制措施。"欧共体石棉案"专家组指出"变相的"术语表明掩盖某种事情的意图。"变相限制"概念包括那些符合 GATT1994 第 20 条要求，但是事实上，其仅是为掩盖贸易限制目标的措施。④

---

① Panagiotis Delimatsis, "Protecting Public Morals in a Digital Age: Revisiting The WTO Rulings On US – Gambling and China – Publications and Audiovisual Products", 14 *Journal of International Economic Law*, 266 (2011).

② United States – Import Prohibition of Certain Shrimp and Shrimp Products, Panel Report adopted on 15 May 1998, WT/DS58/R, para. 7.33.

③ See WTO Secretariat, WTO Analytical Index: GATT 1994, available at https://www.wto.org/english/res_e/booksp_e/analytic_index_e/gatt1994_e.htm#article20, last visited on 6 Nov. 2020.

④ United States – Standards for Reformulated and Conventional Gasoline, Panel Report adopted on 29 January 1996, WT/DS4/R, para. 8.236.

在实践中，满足一般例外条款序言要求的措施应该体现措施的非歧视适用。在"美国博彩案"中，由于美国并没有控告特定的国内远程赌博的服务提供者，并且《美国州际赛马法》实际上也允许美国的远程赛马赌博服务，基于此，上诉机构认为专家组关于美国争议措施构成歧视性的认定没有错误。①在"欧盟海豹产品案"中，欧盟海豹产品体系禁止进口商业性捕获的海豹产品，然而其同时允许满足特定捕获条件的海豹产品的进口，该特定条件包括捕获者的属性、捕获的目的与捕获副产品的使用。由于给予特殊许可的标准过于宽泛和模糊，该案上诉机构认为欧盟并没有证明其措施不构成恣意的和不合理的歧视。

由此，在明确互联网规制的合法目标及其必要性后，成员方还应该确保措施的实施不构成歧视或变相贸易限制。例如，针对禁止危害公共道德的信息技术产品与网络赌博、色情等服务，成员方应确保一视同仁地对待本国与外国的产品、服务与服务提供者，并且应将相同的禁止或限制措施同等地适用于所有类型的分销渠道。当然，序言要求并非禁止所有形式的歧视，其允许非恣意的与合理的歧视，但是该合理的歧视适用方式应具有明确性与限定性。

(三) 个人数据保护例外对互联网规制的适用

1. 合法性目标：隐私权与安全

基于服务贸易的内在属性，GATS 规定个人数据保护可作为限制自由贸易的合法性目标，其包括两项目的：保护个人隐私权与保障安全。具体而言：

其一，出于保护与信息处理和传播相关的个人隐私、保护个人记录和账户的机密性的目的，成员方可实施不违反协定规则的必要的措施。该条款调整的对象为所有涉及个人隐私以及具备敏感性的私人数据。通信的技术安全是任何交易不可或缺的要素。②因此，在网络贸易中，信息技术服务和金融服务等需要满足特定保密程度的

---

① 美国主张实际上已经禁止国内赌博服务，但是由于仅具有有限的证据证明美国的主张，该案上诉机构认为美国不能证明其措施符合序言要求。

② Rolf H. Weber, "Regulatory Autonomy and Privacy Standards under the GATS", 7 *Asian Journal of WTO and International Health Law and Policy*, 40 (2012).

国家要求。

其二，基于保护安全的合法性目标，成员方也可实施必要的贸易限制措施。显然，此条款的"安全"并非等同于安全例外条款项下的"国家安全"概念。换言之，除国家安全之外，涉及其他类型的安全的规制措施可通过援引该条款得以正当化。需要注明的是，虽然该条款的目的是确保服务提供者遵守相应的规定，但根据"墨西哥软饮料案"上诉机构所言，"确保遵守"并不意味着措施将必然保证结果的实现，其只要求限制措施对目标的实现是合适的。①

2. 额外的义务：争议措施为与 GATS 义务不相抵触的法律或法规

与公共道德例外相似的，个人数据保护例外需要通过必要性测试，并满足序言要求。相关的分析与上文相似，在此不赘述。值得注意的是，个人数据保护的例外还规定两个额外的条件：其一，对个人数据保护的措施不与 GATS 规定相抵触；其二，对个人数据保护的措施应规定在法律与法规中。

第一，对个人数据保护的措施不违反 GATS 协定的积极义务。该规定限制了个人数据保护例外的适用范围。换言之，个人数据保护例外不能对抗最惠国待遇与具体服务部门的市场准入与国民待遇等义务，其只能用于对抗 GATS 未规定的义务。本质上，该条款的核心价值在于限制非违反之诉的适用。例如，如果一成员方基于非违反之诉主张另一成员方的互联网规制措施限制了其对信息自由的合理预期，那么被诉方可以通过援引该条款主张对个人数据的保护。

第二，对个人数据保护的措施应规定在法律和法规中。在"墨西哥软饮料案"中，上诉机构解释了"法律与法规（laws and regulations）"的概念，其是"构成 WTO 成员方的国内法律体系一部分的规则，包括那些来源于国际协定并被包含入国内法律体系的规则，或根据成员方法律体系，该国际协定具有直接效力的规则"。实质上，个人数据保护与信息自由密切相关。其不仅是对贸易的限制，更是对表达自由的限制。由此，该条款规定的要求也与《世界人权宣言》和《公民及政治权利

---

① Mexico - Taxes on Soft Drinks, Appellate Body Report on 6 March 2006, WT/DS308/AB/R, para. 74.

国际公约》的规定相符合。① 例如,《公民及政治权利国际公约》第 19 条规定,对表达自由的限制只能基于国内法的规定。正基于此,基于个人数据保护的互联网规制还应由成员方的国内法所明确规定。

（四）国家安全例外对互联网规制的适用

1. 合法性目标：其认为的"重要安全利益"

安全例外条款赋予成员方保护"重要安全利益"（essential security interests）而采取措施的权利。安全例外条款的适用特殊性体现在两个"其认为"的规定上：其一为"其认为重要的利益"；其二为"其认为必要的措施"。

在理论上，不同学者对安全例外适用的自裁决性有不同认识。斯蒂芬·希尔等认为，该条款确保成员方可自主决定何种利益可构成"重要安全利益"，以及何种行为是保护"重要安全利益"所必要的。②相反地，韦斯利则认为，WTO 专家组和上诉机构具有对"重要安全利益"进行客观审查的义务。③笔者认为，虽然对争端解决机构的适用权限的认识有差异，但从另一个角度考察该问题，根据"条约必须遵守"原则，纵然成员方能够否认专家组和上诉机构的审查权限，其也应该尊重和遵守协定文本的规定，善意地履行条约义务。

正基于此，对"重要安全利益"的认识应回归条约法解释。首先，根据惯常解释，"重要安全利益"明显不等同于"一般安全利益"（general security interest）。"重要安全利益"概念表明一般的安全事项不足以构成"重要的"安全利益，其必须满足比一般安全利益更高的

---

① 中国于 1998 年签署了《公民及政治权利国际公约》，并且明确表明其将采取必要的立法、司法和行政改革进而创造批准公约的条件。但是截至目前，中国未批准《公民及政治权利国际公约》。根据《维也纳条约法公约》，由于我国签署了《公民及政治权利国际公约》，我国具有善意对待该条约的义务，并且不应恶意地损害该条约的目的和宗旨。See Surya P. Subedi, "China's Approach to Human Rights and the UN Human Rights Agenda", 14 *Chinese Journal of International Law*, 440 – 441 (2015).

② Stephan Schill, Robyn Briese, "'If the State Considers': Self – Judging Clauses in International Dispute Settlement", 13 *Max Planck Yearbook of United Nationals Law*, 61 – 140 (2009).

③ See Wesley, supra note 76, p. 420; Antonio F. Perez, "To Judge Between the Nations: Post Cold War Transformations in National Security and Separation of Powers – Beating Nuclear Swords into Plowshares in an Imperfectly Competitive World", 20 *Hastings International and Comparative Law Review*, 409 – 410 (1997).

标准。①在"中国原材料案"中,专家组解释了"对其重要的（essential to）"术语含义。从惯常含义出发,"重要的"表明"其能够影响任何事物的本质；重大的,重要的组成部分,或形成事物本质的一部分",以及"绝对必需的,不可分割的要求"。②其次,根据该条款的语境,"重要的安全利益"明显不同于 GATS 一般例外中的"安全"事项。进一步地,对该概念的解释应该与该条款项下列明的事项相结合进行解释。换言之,成员方可援引"重要安全利益"的情况有且只包括与披露国家安全信息、裂变物质贸易、军事物品和服务、战争或国际紧急情况与履行联合国义务相关的事项。③最后,对"重要安全利益"的解释应符合条约的目的与宗旨,对其应以善意的方式进行解释,成员方不应滥用国家安全例外实施贸易保护政策。

与"公共道德"概念相似,"重要的安全利益"本身是一个发展的概念,其能够随时空的变化而变化。理论上,任何可能保护 GATT1994 第 21 条项下的特定利益的主张都能构成"重要安全利益"。传统上,"重要的安全利益"包括军事与国防利益。在当代,也可能拓展至民用通信基础设施、环境安全、网络安全等新领域。④

在信息时代,网络安全的保护尤为必要。除满足"重要的安全利益"外,以网络安全为目标的规制措施还需构成该条款项下的"国际关系中的紧急情况下采取的行动"。"国际关系的紧急情况"的理解应包括网络空间中的所有紧急情况。例如,2010 年 12 月,被称为蠕虫的计算机病毒感染了全球众多工业自动化仪器。据报道,该病毒入侵了位于布什尔和纳坦兹的伊朗核设施的处理系统,并且进行了控制并蓄意造

---

① Hannes L. Schloemann, Stefan Ohlhoff, "'Constitutionalization' and Dispute Settlement in the WTO: National Security as an Issue of Competence", 93 *American Journal of International Law*, 424 (1999).

② China - Measures Related to the Exportation of Various Raw Materials, Panel Report adopted on 5 July 2011, para. 7.275.

③ See Antonio F. Perez, "WTO and U. N. Law: Institutional Comity in National Security", 23 *Yale Journal of International Law*, 325 – 343 (1998).

④ 相关的安全利益威胁可能还包括 2007 年对爱沙尼亚共和国的网络攻击、全球变暖、跨境水污染、向恐怖主义提供资助等事件。See Eric Pickett, Michael Lux, "Embargo as a Trade Defense against an Embargo: The WTO Compatibility of the Russian Ban on Imports from the EU", 10 *Global Trade and Customs Journal*, 28 (2015).

成自我毁灭。①该情形应被视为是紧急情况。进一步地，网络战被视为是战争的新形态。例如，2007 年由于互联网攻击，爱沙尼亚政党、政府、银行和媒体网站遭遇了时间长达三周的瘫痪。俄罗斯黑客被认为是该互联网攻击的主体，爱沙尼亚政府为此花费巨大。如上，若根据 WTO 争端解决专家组和上诉机构观点出发，网络本身是中性的媒介，那么现实世界的战争与虚拟世界的战争也就无异。换言之，网络战是战争，或至少构成可援引安全例外条款的国家紧急状态的一种形式。②

2. "其认为的"必要性

安全例外条款并未规定与一般例外条款相同的序言要求，进而成员方采取歧视性的和贸易限制性的规制措施是被允许的。在安全例外条款适用中，其"必要性的"解释更加具有弹性。本质上，该条款赋予成员方认定"其认为必要的措施"。正如拉吉·贝拉胡所述，该条款的"其"表明在决定行为是否满足 GATT1994 第 21（b）条要求的事项上，成员方具有排他性的裁量权。③虽然对专家组和上诉机构能否进行审查有不同的认识，但这至少表明成员方具有较广范围的权限，以决定何种行为符合该条款必要性。然而，由于该条款还规定了"必要的"术语，其本身要求成员方善意地进行解释与适用。

在互联网规制上，成员方应该确保手段和目的之间具有必要的关联性。针对安全利益的考察，互联网规制的措施必须是为保护国家安全利益的目的。"必要的"术语表明成员方需要善意考虑是否存在其他可替代措施，即，在实现相同保护水平下，使用更小贸易限制性的措施。进一步地，该术语实际上也反映出一些客观的限制，例如利益受损的风险并不存在，或者所使用的措施与目的之间并没有关联，那么成员就不能援引该条款将其互联网规制措施正当化。

---

① Fredrik Erixon, Hosuk Lee - Makiyama, "Digital Authoritarianism: Human Rights, Geopolitics and Commerce", ECIPE Occasional Paper, No. 5, 2011, p. 10.
② See Claire Oakes Finkelstein, Kevin H. Govern, "Introduction: Cyber and the Changing Face of War", Pennsylvania Legal Scholarship Repository Paper, No. 1566, 2015, pp. x – xx.
③ See Raj Bhala, "National Security and International Trade Law: What the GATT Says, and What the United States Does", 19 *University of Pennsylvania Journal of International Economic Law*, 268 – 269 (1988).

（五）小结

虽然 WTO 协定签署时，互联网贸易并未如此时兴，但在实践中，通过条约解释与适用，WTO 协定的自由化承诺已拓展至网络贸易领域。在争端解决中，专家组和上诉机构也一视同仁地将中性的义务适用于实体空间与网络空间。在互联网贸易自由上，WTO 保障自由的和开放的货物与服务贸易。针对互联网贸易的特殊性，WTO 协定通过《电信附件》与《基础电信参考文件》确保全球电信服务的互联互通。专家组和上诉机构的裁决也表明若无明显排除特定的交付媒介，成员方承诺都可适用于所有类型的交付方式，进而最大化地发挥网络作为分销媒介的功能。当然，在一定程度上，WTO 协定还保障与贸易相关的信息自由。如图 2—1 所示，在 WTO 框架下，货物与服务的贸易自由、分销媒介的开放与信息媒介的自由共同助推全球范围内的互联网贸易自由。未来的贸易谈判应建立在现有的 WTO 协定的基础上，拓宽开放的领域，并进一步便利化互联网的贸易支持功能。

当然，在确保互联网贸易自由的前提下，WTO 协定通过例外条款赋予成员方的合法的管制权利。其中，合法性目标包括国家安全、公共道德、公共秩序和个人数据保护等。不同的互联网规制措施具有不同的内在要求与适用条件。在具体的规制措施上，公共道德与公共秩序例外应符合必要性与序言的非歧视要求，个人数据保护例外只能对抗 GATS 协定的消极义务，并且该措施需由法律与法规所明文规定。当然，在实施国家安全措施情形下，成员方享有最大限度的自裁决权，甚至无须满足措施的非歧视与不构成国际贸易限制的要求。

如上，WTO 协定能够平衡互联网贸易自由与互联网规制需求之间的冲突。当前，中国正大力推进"互联网+"战略，通过对 WTO 协定的分析，可以得出如下结论：WTO 协定本身推动着互联网贸易自由的发展，但其未禁止或限制国家主权对互联网贸易的合法规制。基于此，在与贸易相关的互联网自由与规制措施中，我国应该坚持以下几点。

第一，明确互联网贸易自由的基础性作用，厘清不同类型贸易的实质性义务。互联网贸易自由包括四种类型的自由。在实践中，我国应履行关税减让表和服务承诺减让表项下的信息技术产品与互联网服务的贸

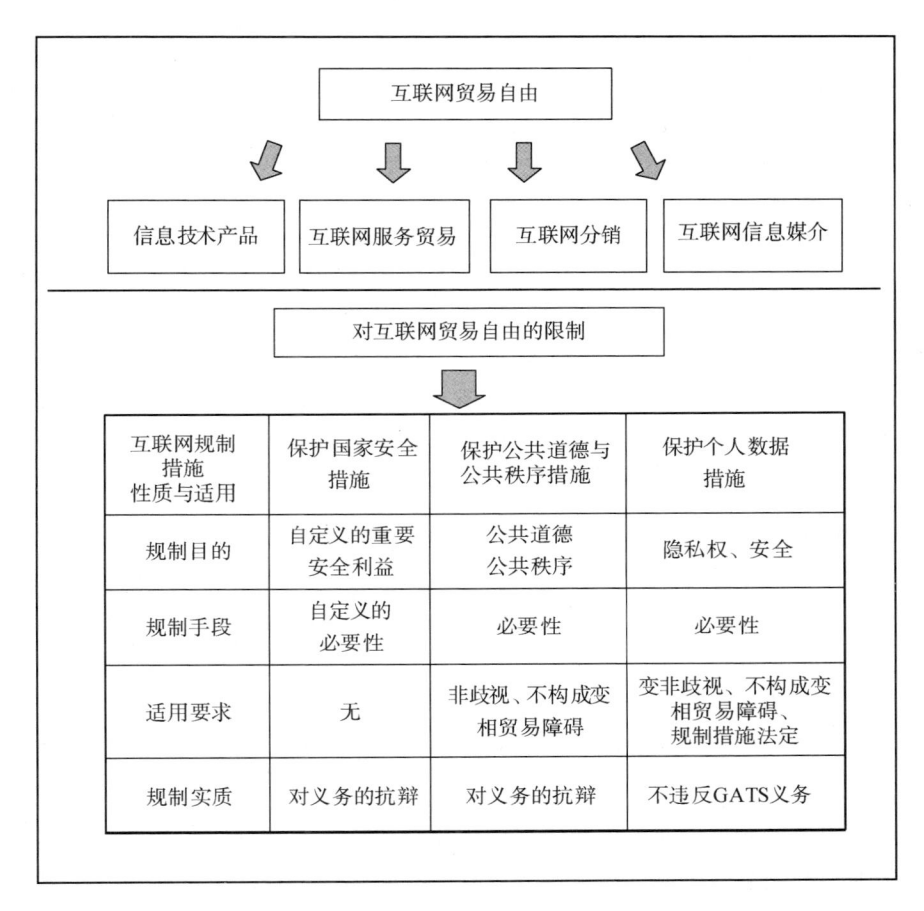

互联网规制措施性质与适用	保护国家安全措施	保护公共道德与公共秩序措施	保护个人数据措施
规制目的	自定义的重要安全利益	公共道德公共秩序	隐私权、安全
规制手段	自定义的必要性	必要性	必要性
适用要求	无	非歧视、不构成变相贸易障碍	变非歧视、不构成变相贸易障碍、规制措施法定
规制实质	对义务的抗辩	对义务的抗辩	不违反GATS义务

图2—1 WTO框架下的互联网自由及其限制

易承诺。更为重要的是，互联网不仅是特定服务调整的对象，其还发挥分销媒介的功能。在推进"互联网+"战略中，我国可在 WTO 协定义务的基础上，适当地拓宽信息技术产品的自由贸易范围与特定服务部门的开放程度，并且逐步便利互联网的分销、传输等贸易支持功能。同时，在实施《电子商务法》等法律法规时，我国也应该继续着力深化上述类型的互联网贸易自由，进一步消除潜在的贸易障碍。同时，与贸易相关的信息一般也不应进行限制。当然，分销媒介和信息媒介自由也不应相互混淆。例如，在中国贸易评审中，信息自由权（the right to information) 长期是其他成员方对中国提出的关切内容之一。[①]以谷歌公司为例,对与搜索引擎相关的服务的自由应根据服务承诺减让表进行确定,而信息自由则只能由 WTO 协定的非违反之诉进行决定。两种类型的自由不能等同,对谷歌公司服务的限制本身并非对互联网信息自由的限制。

第二,我国应坚定立场,合法合理地保护国家安全、公共道德、公共秩序与私人敏感信息。特别是,WTO 协定赋予了成员方定义国家安全、公共道德、公共秩序及其保护水平的权利。互联网规制本身反映国家的文化偏好,并且回应国内需要,尽管互联网规制可能会产生一定的负面影响,但是合法的国内措施应该得到尊重。我国有独特的政治体制和文化传统,因此,互联网规制措施本身应体现作为集体的国家的观念与偏好,WTO 协定并不能强制成员方更改其偏好。当然,我国应尽可能明确我国的国家安全、公共道德等概念及其适用条件。

第三,我国应建立起一套系统的、完整的、分层次的互联网规制的法律体系。WTO 协定按照国家利益、公共利益与私人利益对互联网规制措施进行限制。具体而言,成员方在适用国家安全例外上具有最高限度的自裁决权,而在保护私人权益上具有严苛的适用条件。正基于此,在实施《中华人民共和国国家安全法》的过程中,我国应该善意地履行条约义务。虽然安全例外条款并未规定严格的必要性要求,并赋予成员方自裁决权,但是作为负责任的大国,我国应谨慎使用与贸易相关的国家安全措施。针对《中华人民共和国网络安全法》的条款设置,我国应区分国家网络安全与其他网络安全事项的差异性,与贸易相关的国家网络安全应反映出本国的"重要安全利益",并在"紧急情况"下才可进行使用;而对于一般的网络安全事项,我国应明确措施的必要性及措施实施中的非歧视性。

当然,WTO 协定只调整与贸易相关的措施,其注定具有局限性。网络空间早已进入人类生活的各个领域,与互联网规制相关的国际法义务还渗透到国际投资法、人权法、战争法等领域。然而,从 WTO 协定规定本身至少可以明确,网络空间与实体空间无异,我们都可憧憬一个

---

① See Trade Policy Review on People's Republic of China, WT/TPR/M/161, 6 June 2006.

和平的、安全的、有序的、自由的网络世界。

第二节 区域经贸协定中的数据跨境流动规则

正如经济合作与发展组织（OECD）所言，几乎所有的经济和社会活动都能在网络空间中进行。[①]互联网贸易甚至成为当前贸易的主要形式。本质上，人类通过互联网技术创造出一个与实体空间相平行的网络世界，其同时促使跨境贸易更加自由化和便利化。正如罗斯坦·纽沃斯（Rostam Neuwirth）所言，历史上的贸易与法律的发展交织在一起，而且二者与科学技术的革新也紧密相连。[②]由于世界各国都共存于相互依赖的网络空间中，[③]互联网贸易具有内在的全球性与国际性，互联网贸易也需以国际性贸易规则的方式进行调整。

互联网贸易需要新规则吗？该问题成为新时期多边或双边贸易协定无可回避且尚存分歧的问题。与传统的实物贸易不同，互联网贸易的显著差异表现在两个层面：其一，互联网承担起传输功能，其创造出一个普遍的、具有目的性的网络，进而能够支持任何类型的服务；[④]其二，在互联网贸易中，如美国贸易代表迈克尔·弗罗曼（Micheal Froman）所言，信息流动与货物移动同样重要。[⑤]根据欧洲国际政治经济中心报

[①] OECD, Guide to Measuring the Information Society 2011, Paris: OECD Publishing, 2011, p. 14.

[②] See Rostam J. Neuwirth, Global Market Integration and the Creative Economy: The Paradox of Industry Convergence and Regulatory Divergence, 18 Journal of International Economic Law 22 (2015); Bernard Hoekman and Beata Smarzynska Javorcik ed., Global Integration and Technology Transfer, Washington DC: The World Bank, 2006; J. C. Somers, Impact of Technology on International Trade, 21 American Journal of Economics and Sociology, 69 (1962).

[③] 参见［美］罗伯特·基欧汉、约瑟夫·奈《权力与相互依赖（第四版）》，门洪华译，北京大学出版社2012年版，第237—295页。

[④] See Timothy Wu, Application - Centered Internet Analysis, 85 Virginia Law Review 1189 - 1193（1999）.

[⑤] See WTO Public Forum, USTR warns poor countries would be the biggest losers if Bali fails, https：//www.wto.org/english/news_e/news13_e/pfor_01oct13_e.htm, last visited on 25 Mar., 2020.

告,对信息的限制将降低大约8%的国内生产总值。[1]遗憾的是,贸易政策制定者在当前仍未就信息自由事项达成一致意见。

由于互联网贸易与实物贸易的差异性,互联网贸易需要新的贸易规则。以《跨太平洋伙伴关系协定》(TPP)、《美国—韩国自由贸易协定》《欧盟与加拿大全面经济和贸易协定》等为例,本章对国际性贸易协定规则进行类型化区分,将现有的互联网贸易规则分为确权性规则、限权性规则与赋权性规则。上述三种类型的规则共同促进互联网贸易的自由发展。由此,本书试图回答以下三个核心问题:互联网是否需要以贸易协定的方式进行规制、互联网贸易是否需要新的贸易规则以及互联网贸易需要什么样的贸易规则。在回应上述问题后,本章对现有的互联网贸易规则进行实证分析,以此预判规则升级的趋势,并对我国实践提供一定的启示。

一 跨境数据流动与国际经贸协定的关联性

诚如哈米德·马姆杜(Hamid Mamdouh)所言,大多数的贸易自由化都是自发的。[2] 技术的变革、市场的需求变动共同推动贸易自由化的纵深发展。在互联网贸易领域,由于市场与技术的深层次作用,其需要新的贸易规则进行调整。

(一)互联网时代下的跨境数据流动

虽然贸易是自古以来就有的社会行为,然而每次技术革命都将贸易活动的范围拓展至更远之处。以工业技术、航海技术为代表的近代技术革命推进了国际贸易的发展;20世纪末期的信息技术革命则为互联网贸易的开展提供了科技基础与现实条件。当前,信息技术深刻地改变着国际贸易体系,其核心的特点体现为数据流动的需求日益加深。归纳而言,互联网具有三种与先前技术相区别的特征:其一,互联网使实时的

---

[1] See Matthias Bauer, Hosuk Lee‐Makiyama, Erik van der Marel, Bert Verschelde, "The Costs of Data Localisation: A Friendly Fire on Economic Recovery", ECIPE Occasional Paper, No. 03/2014.

[2] Hamid Mamdouh, "Services Liberalization, Negotiations and Regulation: Some Lessons from the GATS Experience", in Aik Hoe Lim, Bart De Meester (eds.), *WTO Domestic Regulation and Services Trade: Putting Principles into Practice*, Cambridge: Cambridge University Press, 2014, p. 325.

全球信息传输成为可能（包括图像和视听的材料）；其二，互联网使个人和组织与其他人的交流成为可能，其提供点对点、点对多和多对多的通信渠道；其三，互联网的参与方能够匿名地进行通信；其四，通过数据库、搜索引擎和机器人，互联网成为前所未有的信息接收工具。[1]互联网技术的发展也使得数据流动成为开展贸易的必要条件。

　　数据流动必然反映为跨境的国际法问题。一方面，由于网络空间的虚拟性、无边界性和电子化，单一国家无法对所有数据流动及行为进行排他性管辖。[2]数据自由流动依赖国际层面的协同与合作。本质上，在网络空间进行的贸易活动具有全球性与国际性；另一方面，任何国内的数据限制措施均具有一定域外性，甚至产生全球范围内的溢出效应。[3]因此，数据流动需要通过国际性的机制进行协调。

　　传统上，贸易自由化与便利化都是以贸易协定的方式进行推动。然而，互联网贸易结合了互联网与贸易的双重属性。当前，随着互联网技术的发展，互联网涵盖几乎所有的贸易活动，其直接与数据流动相关。根据世界贸易组织（WTO）的定义，"电子商务"被理解为"通过电子的方式对货物和服务的生产、分销、营销、销售或交付的活动"。[4]从该概念出发，通过电子方式进行的贸易活动不可避免体现为数据或信息的流动。更进一步，美国政府认为电子商务区别于传统商贸的主要因素在于其承担着"销售货物或服务的电子职责（electronic obligations）"。这意味着以电子形式达成的任何商业合同都被视为是电子交易，即使其在网络之外履行相关的义务。由此，互联网时代下的贸易活动更频繁地体现数据流动的特征。

　　（二）跨境数据流动对国际经贸规则的影响

　　1. 跨境数据流动提供企业新的贸易机会

　　传统上，所有的产品购买与销售与现金流紧密相关。虽然一些互联

---

[1] Rolf H. Weber, *Regulatory Models for the Online Word*, Netherlands: Kluwer Law International, 2002, p. 41.

[2] See Yochai Benkler, "Internet Regulation: A Case Study in the Problem of Unilateralism", 11 European Journal of International Law 172 (2000).

[3] Steven R. Salbu, "Regulation of Borderless High-Technology Economies: Managing Spillover Effects", 3 Chicago Journal of International Law 142 (2002).

[4] World Trade Organization, Work Programme on Electronic Commerce, http://www.wto.org/english/tratop_e/ecom_e/wkprog_e.htm, last visited on 26 March 2020.

网贸易也产生金钱上的给付行为，然而，众多的互联网服务提供商充当信息流动和数据传输的平台，其难以满足传统的金钱对价理念。关于信息流动问题，有学者认为信息构成全球公共产品，因为其对经济发展、生产力提高和创新等具有重要的作用。[①]然而，免费的"公共产品"难以准确衡量贸易商的趋利动机，更难以将贸易商的行为纳入政府的规制范围中。

在互联网贸易中，服务对价并非总是金钱，其还包括数据和信息。数据在互联网的自由流动能够为用户跨境传输信息。具体而言，不仅电子服务和电子商务需要信息的流动，而且传统的制造业和物流业等部门也能够通过信息流动实现优化营运和提高生产力的目标，进而提供新的增长机会。换言之，互联网贸易概念随互联网技术的发展而发生变化，例如，当前的云计算、物联网等服务也均依赖于数据的跨境流动。

互联网技术促使产品贸易网络化。随着互联网技术的推广，更多的产品以服务方式体现，该现象被称为产品服务化趋势。[②]例如，在现实中，唱片、书籍等已逐渐转化为数据交换的方式进行销售。产品服务化的重要推动力在于产品贸易的信息化。当前，互联网已不仅为一项具体的服务，其更成为产品交易的重要平台。网络平台包括搜索引擎、社交媒体、电子商务平台、应用商店、价格比较网站等，它们在社会和经济生活中的作用愈发凸显，使得消费者能够发现互联网信息和商机，进而最大化地利用电子商务。[③]毫无疑问，在互联网时代，信息不仅是互联网贸易赖以存在的根基，更充当着通货的作用。

---

① See Adeno Addis, The Thin State in Thick Globalism: Sovereignty in the Information Age, 37 *Vanderbilt Journal of Transnational Law* 47 (2004).

② See Hosuk Lee‐Makiyama, Future‐Proofing World Trade in Technology: Turning the WTO IT Agreement (ITA) into the International Digital Economy Agreement (IDEA), ECIPE Working Paper No. 04/2011.

③ 上述的网络平台也有规制的不足性，例如它们的透明度不足，导致其能以获知如何使用信息，以及对于用户而言，它们具有强大的议价能力等。See European Commission, Communication from the Commission to the European Parliament, the Council, the European Economic and Social Committee and the Committee of the Regions, A digital single market strategy for Europe, Brussels, 6.5.2015, COM (2015) 192 final, p. 11.

2. 数据治理措施对国际贸易规则的影响

作为信息和通信交流的新媒体，互联网本身还具有信息媒介的功能。互联网的贸易功能不仅体现在产品的生产、销售、分销和交付等层面，还反映为营销功能。更为核心的是，其涉及互联网作为信息媒介的功能。当一个国家施加数据跨境流动的限制时，其将可能导致电子服务提供者的无效率，消费者选择范围的显著降低，最终导致互联网的碎片化，以及国内与国外市场相隔断。信息是互联网时代的核心要素。互联网的发展取决于信息在全球网络上的自由流动。若是数据被阻碍或扭曲，依赖互联网而发展的多种商业和消费者的贸易权利将受影响。[①]

由此，数据治理措施与国际贸易规则也有密切的联系。如帕纳吉奥蒂斯所言，对跨境数据流动和计算机网络的限制可能构成市场准入和服务贸易的障碍。[②]若是对信息流动的阻碍侵害到服务及服务提供者的贸易利益，那么成员方可能基于国际贸易协定中的国内法规、市场准入和国民待遇进行抗辩。

另外，升级版的网络充当着贸易平台（trade platform）的功能。[③]互联网并不是创造出一种新的服务，而是创造出一种新的平台（platform），其他服务可以该平台为基础进行。信息自由是否受国际贸易协定的调整尚有争议，[④]但至少与贸易相关的信息（information relating commerce）可受国际贸易协定所管辖。

具体而言，互联网承担着交付渠道的贸易功能。在电信服务自由化之外，GATS 还保障互联网作为分销渠道的自由性，主要表现为，通过

[①] Google Corporation, Enabling Trade in the Era of Information Technologies: Breaking down Barriers to the Free Flow of Information, 2011, p. 14, available at www.transnational-dispute-management.com/article.asp? key=1658, last visited on 4 May 2020.

[②] Panagiotis Delimatsis, International Trade in Services and Domestic Regulations, Oxford University Press, 2007, p. 78.

[③] See Opening Welcome: The State of the Internet Industry, IT Conversations (Oct. 5, 2004), available at http://itc.conversationsnetwork.org/shows/detail270.html, last visited on 4 May 2020.

[④] See Susan Aaronson, "Why Trade Agreements are not Setting Information Free: The Lost History and Reinvigorated Debate over Cross-Border Data Flows, Human Rights, and National Security", 14 World Trade Review, 2015, pp. 671-695; Diane A. MacDonald, Christine M. Streatfeild, Personal Data Privacy and the WTO, 36 Houston Journal of International Law 2014, pp. 625-653.

与其他传输媒介的对比,该协定确保对所有传输媒介间的无差别待遇,进而实现互联网的产品分销功能。对数据传输的禁止将导致互联网分销渠道的关闭,并进而影响贸易利益。例如,在"美国博彩案"中,美国将赌博活动划分为线上和线下的两种规制模式,虽然其强调全面禁止网络赌博,然而却允许部分的线下赌博。该案上诉机构从分销渠道的方式理解美国的措施。该上诉机构认为,若是一成员阻止特定服务的跨境提供,而并没有相应禁止内部流通,那么其可能违反 GATS 义务。在"中国视听产品案"中,上诉机构将演化解释引入互联网贸易自由的成员方义务中。该案涉及中国对数字产品的网络分销限制。该案上诉机构认为,互联网可被视为一种分销的渠道,网络提供(supplying online)不构成具体的服务类别,[1]因此,分销渠道本身不应成为对特定服务部门限制的理由。换言之,对互联网分销媒介的限制构成对服务贸易障碍,而对互联网分销媒介的限制时常以禁止信息或数据传输的方式实现。

(三)欧美国家间的数据治理规则博弈

1. 各国对数据治理规则的倾向

作为贸易大国,美国、欧盟和中国等都在国际场合推动数据规则的缔结。当前,在多边或双边贸易体系中,各国也在进行数据治理规则的博弈。对美国而言,虽然特朗普上台后,美国减少了对多边主义的支持力度,然而,与信息服务相关的《跨太平洋伙伴关系协定》(以下简称 TPP)规则极有可能在美国开展的双边场合中继续使用。从根本上讲,TPP 协定的数据流动的规则符合美国产业利益。在 2016 年发布《情况说明:电子贸易的核心障碍》报告,美国贸易代表指出,诸多政府通过以僵化的、侵扰性的方式规制电子贸易。其中,一些国家是为了实现合法的公共政策目标,而另一些国家则明显具有保护主义色彩。[2]

在《全面与进步跨太平洋伙伴关系协定》(CPTPP)中,澳大利

---

[1] See Panel Report, China – Publications and Audiovisual Product, WT/DS363/R, 12 August 2009, paras. 7.1209 and 7.1220.

[2] USTR, Fact Sheet: Key Barriers to Digital Trade, March 2016, https://ustr.gov/about-us/policy-offices/press-office/fact-sheets/2016/march/fact-sheet-key-barriers-digital-trade, last visited on 11 September 2020.

亚、新西兰和加拿大关注在跨境数据转移过程中的规制空间（regulatory space），上述国家认为政府应有保护针对本国国民数据的隐私等权利的权限。澳大利亚甚至还提出关于数据流动的替代性草案，其主张采取更为弹性的数据流动规则以符合国内隐私体系的不同要求。另外，越南明确反对美国的主张，认为美国的主张将以国家安全理由限制互联网使用，和数据转移的国内法相冲突。越南也在2016年颁布的新的网络信息安全法中，规定国家安全的利益远高于其他价值。马来西亚的法律也包括对数据跨境转移的限制。新加坡则推崇对数据自由流动的合法限制，特别是根据公共道德的理由限制数据流动的可能性。当然，目前，韩国、菲律宾等国家仍维持较高水平的数据保护法。由此可见，各国对数据治理规则仍具有不同的倾向。

2. 欧美国家间的数据治理规则博弈

在与贸易相关的互联网规制中，存在着众多的数据治理关切。最为典型的例子为欧盟与美国之间的长达十多年的隐私权保护争议。早在2000年，美国和欧盟之间就缔结了《安全港协议》（Safe Harbor Agreement），该协议规定美国公司从欧盟附属公司传输数据时应受到特定限制，其具体限制为七项隐私原则：通知、个人选择权（choice）、第三方保护水平一致（onward transfer）、个人可获得（access）、安全性、数据完整性和实施要求。[1]随后，为保障国家安全的需要，美国颁布并执行了《爱国者法案》（USA Partriot Act）。依《爱国者法案》规定，美国机构能自动获得与反恐相关的所有数据，而无须履行程序规定。[2]该法案随即在欧盟引起轩然大波。有大量欧盟客户的微软和谷歌等美籍网络运营商在接受调查时承认，即使是收集、存储和取得数据行为都排他性地发生在美国之外，在法定条件下其仍有义务向美国机构提供欧盟客户的相关信息。

然而，上述规定与《安全港协议》和《欧盟数据保护指令》（EU Data Protection Directive）存在冲突。针对跨境信息流动，欧盟通过欧盟数据95/46/EC指令禁止个人信息向没有达到足够数据保护水平的第三

---

[1] See Export. gov, U. S. – EU Safe Harbor Overview, available at http：//export. gov/safe-harbor/eu/eg_ main_ 018476. asp, last, visited on Dec. 24th, 2020.

[2] See Section 1862, Title 50 in United Sates Code.

国传送。① 同时，欧盟指令要求若公司向外提供私人信息时，其负有通知客户的义务，而美国《爱国者法案》则没有规定此义务。② 欧盟随后启动了数据保护立法工作，该立法旨在对所有在欧盟境内的云服务提供者和社交网络产生直接影响。③

欧盟法院最终裁定安全港原则无效，因为其违反了欧盟条约对基本权利的保护。具体而言，欧盟与美国签署的安全港原则规定，欧盟要求对私人数据传输的"足够保护标准"在于该措施对保护国家安全、公共利益或法律执行要求所必要的范围内。④当然，欧盟委员会也通过解释，试图限制跨境数据流动的国家安全例外的范围，指出对基本权利的限制的例外必须被狭义地理解，并产生于公开可获得的法律。此外，该措施在民主社会中是必要的，且符合比例性。⑤其也承诺对例外的使用应该被审慎考察。⑥

本质上，欧盟与美国关于《安全港协议》是为解决商业自由的议题，然而欧盟法院通过将基本权利适用于商业行为中，进而裁定安全港协议无效。需要注明的是，欧盟第 2006/24 号指令的序言附注 9 规定，《欧洲人权公约》第 8 条规定，任何人都有在私人生活和通信中被尊重的权利。公共机构只能在符合法律并且该干预对民主社会所必要的情况下，行使干预的权利。对民主社会所必要的情况包括，国家安全或公共安全利益，基于阻止秩序混乱或犯罪，或者基于保护他人的权利和自

---

① See Article. 25, Directive 95/46/EC of the European Parliament and of the Council.
② See Amar Toor, Microsoft's Patriot Act admission has the EU up in arms, available at http://www.engadget.com/2011/07/06/microsofts-patriot-act-admission-has-the-eu-up-in-arms/, last visited on Dec. 24th, 2020.
③ See Lucian Constantin, EU data protection reform would put pressure on foreign companies, available at http://www.computerworld.com/s/article/9221707/EU_data_protection_reform_would_put_pressure_on_foreign_companies, last visited on Dec. 24th, 2020.
④ See Dep't of Commerce, Safe Harbor Privacy Principles, EXPORT. GOV (July 21, 2000), http://export.gov/safeharbor/eu/eg-main018475.asp, last visited on Dec. 24th, 2020.
⑤ Communication from the Commission to the European Parliament and the Council, on the Functioning of the Safe Harbour from the Perspective of EU Citizens and Companies Established in the EU, at 5, COM (2013) 847 final (Nov. 27, 2013), available at http://ec.europa.eu/justice/data-protection/files/com 2013 847 en. pdf, last visited on Dec. 24th, 2020.
⑥ See Article 29 Data Protection Working Party, Opinion 4/2000 on the Level of Protection Provided by the "Safe Harbor Principles," EUR. COMM'N, WP 32 (May 16, 2000).

由。由此，数据治理规则之间的差异时常引发贸易争端，甚至引起国家之间的争议。

二 WTO 协定对跨境信息流动的可适用性及局限性

（一）WTO 协定对跨境信息流动的可适用性

关于缔结于 20 世纪 90 年代的 WTO 协定是否可调整互联网时代的跨境信息流动问题，理论和实践均存有一定争议。①在理论上，文森特主张 WTO 协定可适用于电子商务，以及以电子方式提供的服务（electronically supplied services）等新兴贸易领域。在争端解决实践中，美国和中国曾分别在"美国博彩案"和"中国视听产品案"中主张其在缔约时无法预见互联网技术的兴起，因而 WTO 协定不应适用于新的产品形式。②然而，上述案件的专家组和上诉机构均认为，对 WTO 协定的可适用性分析应依赖条约解释的惯常方式，其最终确定了 WTO 协定对信息流动的可适用性。具体而言，WTO 协定规定的与数据治理相关规则如下。

1. 计算机与网络服务的自由

WTO 各成员方在 1998 年部长级会议达成了一项关于电子传输的免税备忘录。③正是由于服务贸易的无形性与电子传输的免税承诺，对服务贸易的限制更多地采用边境后措施。具体而言，服务贸易自由化主要体现为消除歧视的竞争条件或限制市场准入的国内法规及其他相关障碍。然而，服务贸易的开放承诺针对特定部门。虽然《服务贸易总协定》第 1.1 条规定本协定适用于成员方采取的影响服务贸易的措施，但

---

① See Sacha Wunsch - Vincent, The Internet, Cross - Border Trade in Services, and the GATS: Lessons from U. S. - Gambling, 5 World Trade Review 323 - 324 (2006).

② See United States—Measures Affecting the Cross' Border Supply of Gambling and Betting Services, Panel Report, WT/DS285/R, 10 November 2004, para. 6. 285; China - Measures Affecting Trading Rights and Distribution Services for Certain Publications and Audiovisual Entertainment Products, Report of the Appellate Body, WT/DS363/AB/R, 21 December 2009, para. 408.

③ WTO, Work continues on issues needing clarification, available at https://www.wto.org/english/thewto_e/minist_e/min05_e/brief_e/brief19_e.htm, last visited on 5 Nov., 2020; Susan Aaronson, Why Trade Agreements are not Setting Information Free: The Lost History and Reinvigorated Debate over Cross - Border Data Flows, Human Rights, and National Security, 14 World Trade Review 2015, p. 682.

根据 GATS，只有成员方在其承诺减让表中对特定部门进行承诺后，其才承担市场准入、国民待遇等特定义务。①

在实践中，WTO 成员方多采用《GATS 服务部门分类清单》和《联合国临时中间产品归类细则》定义服务产品。②在 W/120 下，互联网相关的服务活动主要体现于计算机部门中；相似地，临时 CPC 也存在专门对计算机服务的部门分类。③以 W/120 为例，其计算机服务项下包括五个分支部门，分别为计算机硬件安装相关的咨询服务、软件启动服务、数据处理服务、数据库服务、其他服务。换言之，多数成员方承担上述服务部门的自由化义务。

2. 互联网传输媒介的自由

除了成为一项具体的产品或服务类别外，互联网还承担着交付渠道的贸易功能。Web 2.0 充当着贸易平台（trade platform）的功能。④理论上，WTO 协定也保障互联网作为分销渠道的自由性。其主要表现为两个层面：其一，通过《电信服务》义务确定成员方间的互联网的互联互通性；其二，通过与其他传输媒介的对比，实现所有传输媒介间的无差别对待，进而确保互联网作为有效的产品分销渠道。

第一，WTO 成员方通过《电信附件》及《基础电信参考文件》的方式推动互联网的互联互通。《电信附件》第 1 条指出本附件宗旨为考虑电信服务不仅是某项经济活动，也构成了其他活动的重要传输工具。因此，在第 3 条，其指出电信是指以电磁为方式的信号的传输和接收，进而，公共电信传输网络包括电报、电话、电传和数据传输等。⑤需要

---

① 当然，服务贸易的最惠国待遇和透明度等义务是一般性义务。See Jan Wouters, "Coppens Dominic, Domestic Regulation within the Framework of GATS", available at http://www.law.kuleuven.be/iir/nlwp/WPIWP93e.pdf, last visited on 5 Nov., 2020, p. 4.

② See Rolf H. Weber, Mira Burri, *Classification of Services in the Digital Economy*, Springer, 2013, pp. 19–21.

③ GATS Council, Background Note by the Secretariat, Computer Related Services, S/C/W/45 (14th July 1998), p. 3.

④ See Opening Welcome: The State of the Internet Industry, IT Conversations (Oct. 5, 2004), available at http://itc.conversationsnetwork.org/shows/detail270.html, last visited on 6 Nov., 2020.

⑤ 《电信附件》第 3 (b) 条使用了"inter alia"，表明其不仅限于所列的传输方式。

注意的是，其也明确排除了影响电缆的措施，以及影响广播或电视播报分配的措施。①由此可见，WTO 调整的电信服务试图将其义务限于那些需要通过获得和适用电信网络和服务才能有效运作的特定服务，而排除对信息传送与发布相关的承诺，特别是作为信息传播功能的广播、电视等渠道。换言之，《电信附件》并不创设服务提供的权利，其功能在于便利化受承诺的服务行业的市场准入机会，并且阻止成员方通过电信服务施加贸易障碍。②

第二，互联网应被视为是无差别的产品分销渠道。在 WTO 协定文本签署时，互联网并非广泛使用的交付渠道。随着互联网技术的发展，网络迅速成为众多可电子化贸易产品的便捷的分销途径。根据 WTO 争端解决实践所示，成员方的自由贸易承诺应从传统的交付方式拓展至以互联网技术为代表的交付渠道，包括所有未来可能出现的新的交付方式。在"美国博彩案"中，美国将赌博活动划分为线上和线下的两种规制模式，虽然其强调全面禁止网络赌博，然而却允许部分的线下赌博。该案上诉机构从分销渠道的方式理解美国的措施。该案上诉机构指出，市场准入承诺表明其他成员方服务提供者具有可通过任何分销形式提供服务的权利，包括通过信函、电话、互联网等，除非成员方的承诺表有明确的相反规定。③换言之，该上诉机构表明 GATS 项下的跨境交付的承诺包括从某一个成员方到另一个成员方的所有可能的服务提供方式。最终，该案上诉机构裁定美国限制网络赌博的方式违反 GATS 义务。换言之，在互联网贸易下，互联网可被视为一种分销的渠道，网络提供（supplying online）不构成具体的服务类别，④因此，分销渠道自由也为 WTO 的良性运作提供基础。

---

① Rolf H. Weber, Mira Burri, *Classification of Services in the Digital Economy*, Springer, 2013, p. 61.

② Bobjoseph Mathew, The WTO Agreements on Telecommunications, Peter Lang, 2001, p. 77.

③ Appellate Body Report, United States-Measures Affecting the Cross-Border Supply of Gambling and Betting Services, WT/DS285/AB/R, Apr. 7, 2005, para. 348; Panel Report, United States-Measures Affecting the Cross-Border Supply of Gambling and Betting Services, WT/DS285/R, Nov. 10, 2004, para. 6.285.

④ See Panel Report, China-Publications and Audiovisual Product, WT/DS/363/R, 12 August 2009, paras. 7.1209 and 7.1220.

3. 作为信息媒介的互联网自由

作为信息和通信交流的新媒体，互联网本身还具有信息媒介的功能。在 WTO 电子商务工作计划中，其将"电子商务"定义为"货物和服务通过电子的方式进行生产、分销、营销、销售或交付"。①互联网的贸易功能不仅体现在产品的生产、销售、分销和交付等层面，其还反映为营销功能。更为核心的是，其涉及互联网作为信息媒介的功能。信息自由是否受 WTO 协定的调整尚有争议，②但至少与贸易相关的信息（information relating commerce）可受 WTO 协定所管辖。成员方可援引 GATT1994 第 23 条和 GATS 第 23.3 条等非违反之诉确保互联网的信息自由。③在《电子商务工作计划秘书长评注》中，其指出如果一个成员方禁止或限制承诺的服务的电子交付，那么这些措施可通过第 23.3 条的非违反之诉而受到质疑，因为其削弱了其他成员方的可期待的利益。④

（二）WTO 协定对数据跨境流动的合法性限制

虽然 WTO 协定并未对跨境自由流动提供法律基础，然而，数据跨境流动却能够被 WTO 协定中的合法措施所阻却。WTO 体系的核心在于寻求对贸易自由化和监管自主性（regulatory autonomy）之间的适当平衡。在实践中，除了贸易保护主义的目的外，跨境数据规制措施也可能服务于一系列重要的价值，例如国家安全、公共道德、环境保护等。⑤

---

① Council for Trade in Services, Note by the Secretariat: The Work Programme on Electronic Commerce, WT/I274, Sept. 30 1998, p. 1, 3.

② e.g., See Susan Aaronson, "Why Trade Agreements are not Setting Information Free: The Lost History and Reinvigorated Debate over Cross-Border Data Flows, Human Rights, and National Security", 14 World Trade Review 2015, pp. 671-695; Diane A. MacDonald, Christine M. Streatfeild, "Personal Data Privacy and the WTO", 36 Houston Journal of International Law 2014, pp. 625 – 653.

③ 非违反之诉保障的是可预期的利益。例如，《服务贸易总协定》第 23.3 条规定，如任何成员认为其根据另一成员在本协定第三部分下的具体承诺可合理预期获得的任何利益，由于实施与本协定规定并无抵触的任何措施而丧失或减损，则可援用《争端解决谅解协议》。

④ Council for Trade in Services, Note by the Secretariat: The Work Programme on Electronic Commerce, WT/I274, Sept. 30, 1998, p. 32.

⑤ See Gabrielle Marceau, Joel P. Trachtman, "A Map of the World Trade Organization Law of Domestic Regulation of Goods: The Technical Barriers to Trade Agreement, the Sanitary and Phytosanitary Measures Agreement, and the General Agreement on Tariffs and Trade", 18 Journal of World Trade 2014, pp. 351 – 352.

1. WTO 协定中的个人数据保护

基于服务贸易的内在属性，GATS 规定对个人数据保护的目标可作为限制自由贸易的合法抗辩。具体而言，其包括两项合法性目标：保护个人隐私权与保障安全。具体而言内容如下。

其一，出于保护与个人信息处理和传播有关的个人隐私及保护个人记录和账户的机密性的目的，成员方可实施确保遵守不违反协定的法律规则所必要的措施。该条款可以调整所有涉及个人隐私以及具备敏感性的私人数据。通信的技术安全是任何交易不可或缺的要素。① 因此，在网络贸易中，信息技术服务和金融服务等需要符合特定保密程度的国家要求。

其二，基于保护安全的合法目标，成员方也可实施合法的贸易限制措施。显然，此条款的"安全"概念并非是安全例外条款项下的"国家安全"概念。换言之，除国家安全之外，基于其他类型的安全的服务规制措施可以通过援引该条款而得以正当化。需要注明的是，虽然该条款的目的是确保服务提供者遵守相应的规定，但根据"墨西哥软饮料案"上诉机构所言，"确保遵守"并不意味着措施将必然保证结果的实现，其只需要该限制措施对目标的实现是合适的。②

2. 数据跨境流动的公共道德保护

GATT1994 第 20 条规定了成员方可以采取保护公共道德所必需的措施，而 GATS 则进一步规定成员方可采取保护公共道德或公共秩序的措施。该条款同样适用于跨境数据流动中。

"美国博彩案"专家组使用了《牛津英语词典》（简编版）(*Shorter Oxford English Dictionary*) 对"公共 (public)"的定义："其是全体人民所有的或属于全体人民的；属于、影响到或关于集体或国家的。"基于此，专家组认为若是一项措施能符合 GATS 第 14 (a) 条规定，其"必须旨在保护作为集体或国家的人民的利益"。③ 相应地，关于"道

---

① Weber Rolf H., "Regulatory Autonomy and Privacy Standards under the GATS", 7 Asian Journal of WTO and International Health Law and Policy 2012, p. 40.

② Report of Appellate Body, Mexico – Taxes on Soft Drinks, WT/DS308/AB/R, March 6 2006, para. 74.

③ Panel Report, United States — Measures Affecting the Cross – Border Supply of Gambling and Betting Services, WT/DS285/R, 10 November 2004, para. 6.463.

德"的定义为"关于正确或错误行为的生活习惯"。①最终,专家组认为GATS 第14(a)条"公共道德"含义为:"由集体或国家所支持的是非对错行为标准,或能够代表集体或国家的是非对错标准。"②

WTO 专家组承认"公共道德"无法存在单一的解释,其能够"随着时间和空间的变化而变化,并且受到包括现有的社会、文化、道德和宗教价值的一系列因素的影响。"③因此,根据自身的体系和价值观念,成员方具有在其管辖的领域内,定义和适用其自身"公共道德"的权力。④基于"公共道德"的模糊性,专家组和上诉机构一般也无须将争议中的"公共道德"具体化,而是将"公共道德"的认定权限留给成员方。⑤ 当然,该权利也并非是绝对自由的,成员方具有将该条款进行善意适用的义务。⑥ WTO 专家组和上诉机构并没有严格区分线上与线下的交易方式,换言之,其采用一视同仁的方式将贸易规则适用于实体贸易与互联网贸易。同时,公共道德具有演化的特征,更能够被适用于网络领域。

对滥用公共道德例外的限制体现在措施的必要性和序言的程序正义要求上。针对跨境数据规制措施问题,必要性分析的难点将体现在对可替代性措施的分析上。多种形式的互联网规制都对公共道德具有贡献,然而,由于政治体制与文化背景的差异,成员方对互联网规制措施的选择的偏好并非完全相同。在实践中,如 Dieter Ernst 所言,在

---

① Panel Report, United States — Measures Affecting the Cross - Border Supply of Gambling and Betting Services, WT/DS285/R, 10 November 2004, para. 6.464.

② Panel Report, United States — Measures Affecting the Cross - Border Supply of Gambling and Betting Services, WT/DS285/R, 10 November 2004, para. 6.465.

③ Report of the Panel, United States - Measures Affecting the Cross - Border Supply of Gambling and Betting Service, WT/DS285/R, Nov 10, 2004, para. 6.461.

④ Report of the Panel, United States - Measures Affecting the Cross - Border Supply of Gambling and Betting Service, WT/DS285/R, Nov 10, 2004, para. 6.461. 该观点也在近期"欧盟海豹案"上诉机构报告中得到确认。See Reports of the Appellate Body, European Communities - Measures Prohibiting the Importation and Marketing of Seal Products, WT/DS400/AB/R, 22 May 2014, para. 5.199.

⑤ Reports of the Appellate Body, European Communities - Measures Prohibiting the Importation and Marketing of Seal Products, WT/DS400/AB/R, 22 May 2014, para. 5.199.

⑥ Report of the Panel, United States - Measures Affecting the Cross - Border Supply of Gambling and Betting Service, WT/DS285/R, Nov 10, 2004, para. 6.461.

解决公共政策问题上，美国总是认为"自愿体系"更合适。[1]而欧盟等其他国家更积极主动地保护公共利益。[2]正如 Michael Ming Du 所言，不同社会的公民的文化和经验自然地导致对特定类型规制的不同见解和偏好，强制 WTO 成员方更改偏好是不合理的。[3]综合而言，在互联网信息自由的限制上，成员方具有对基于公共道德等合法理由对网络信息进行审查的权利，但是互联网规制对贸易的负面影响不应超过必要的范围。

在明确跨境数据规制措施的合法目标及其必要性后，成员方还应该确保措施的实施不构成歧视或变相贸易限制。例如，针对禁止危害公共道德的信息技术产品与网络赌博、色情等服务，成员方应确保一视同仁地对待本国与外国的产品、服务与服务提供者，并且应该将相同的禁止或限制措施同等地适用于所有类型的分销渠道。当然，序言要求并非禁止所有形式的歧视，其允许非恣意的与合理的歧视，但是该合理的歧视适用方式应具有明确性与限定性。

3. 数据跨境流动的网络安全关切

在信息时代，网络安全的保护非常必要。网络安全的维护依赖于对 GATT1994 第 21 条的解释与适用。其中，"重要的安全利益""国际关系中的紧急情况下采取的行动"等术语可否从实体空间转化入网络空间具有至关重要的影响。一方面，"重要安全利益"本身就是个发展的概念，其能够跟随时空的变化而变化。理论上，任何可能保护 GATT1994 第 21 条项下的特定利益的主张都能够构成"重要安全利益"。"重要的安全利益"包括军事与国防问题。在当代，其也可能拓展至民用通信基础设施、环境安全、网络安全等。[4]

---

[1] See Dieter Ernst, "Indigenous Innovation and Globalization: The Challenge for China's Standardization Strategy", June 2011, *East - West Centre*, pp. 33 - 34.

[2] 例如，欧盟与美国之间的隐私权争议。See Gregory Shaffer, "Globalization and Social Protection: The Impact of EU and International Rules in the Ratcheting up of U. S. Privacy Standards", 25 The Yale Journal of International Law 2000, pp. 1 - 88.

[3] Michael Ming Du, "Domestic Regulatory Autonomy under the TBT Agreement: From Non - discrimination to Harmonization", 6 *Chinese Journal of International Law*, 2007, p. 274.

[4] 例如，2007 年对 Estonia 的网络攻击、全球变暖、跨境水污染、恐怖主义注资等。See Eric Pickett, Michael Lux, "Embargo as a Trade Defense against an Embargo: The WTO Compatibility of the Russian Ban on Imports from the EU", 10 *Global Trade and Customs Journal*, 2015, p. 28.

另一方面,"国际关系的紧急情况"的理解应包括网络中的紧急情况。例如,2010 年 12 月,被称为蠕虫病毒(Stuxnet)的计算机病毒感染了全球进行工业自动化目的的众多控制仪器。据报道,其入侵了位于布什尔和纳坦兹的伊朗设施的处理系统,并且进行了控制并蓄意造成自我毁灭。①该情形应被视为是紧急情况。进一步地,网络战被视为是战争的新形式。例如,2007 年,由于互联网攻击,爱沙尼亚政党、政府、银行和媒体的网站遭遇了长达三周的瘫痪时间。该互联网攻击被指责是俄罗斯黑客所为,爱沙尼亚政府为此花费巨大。②如上,若从 WTO 争端解决专家组和上诉机构观点出发,网络本身是中性的媒介,那么现实中的战争与虚拟世界中的战争也就无异。换言之,网络战是战争,或至少为可援引安全例外条款的国家紧急状态的一种形式。③如果发生网络战,那么一成员可以通过跨境数据规制措施实现自身的国家安全。

当然,避免滥用国家安全例外体现在对该条款的"其认为的必要性"的解释上。GATT1994 第 21 条赋予成员方认定"其认为必要的措施"。正如 Raj Bhala 教授所述,该条款的"其(it)"表明在决定其行为是否满足 GATT1994 第 21(b)条的要求问题上,成员方具有排他性的裁量权。④虽然对专家组和上诉机构能否进行审查有不同的认识,但这至少表明成员方是具有很强的决定何种行为符合该条款必要性的裁量权。然而,由于该条款还规定了"必要的"术语,其本身反映出成员方应该善意地进行解释与适用。

在跨境数据规制措施上,成员方应该确保手段和目的之间具有必要的关联性。对于安全利益的考察,跨境数据规制措施必须是为保护国家安全利益的目的。"必要的"术语也表明成员方需要善意地考虑是否有可替代性的措施,即,在实现相同保护水平下,具有更小的贸易限制性

---

① Fredrik Erixon, Hosuk Lee‐Makiyama, "Digital Authoritarianism: Human Rights, Geopolitics and Commerce", ECIPE Occasional Paper, No. 5, 2011, p. 10.
② Fredrik Erixon, Hosuk Lee‐Makiyama, "Digital Authoritarianism: Human Rights, Geopolitics and Commerce", ECIPE Occasional Paper, No. 5, 2011, p. 10.
③ Claire Oakes Finkelstein, Kevin H. Govern, "Inroduction: Cyber and the Changing Face of War, Pennsylvania Law: Legal Scholarship Repository", Paper No. 1566, 2015, pp. x – xx.
④ See Raj Bhala, "National Security and International Trade Law: What the GATT Says, and What the United States Does", 19 *University of Pennsylvania Journal of International Economic Law*, 1988, pp. 268 – 269.

的措施。① 当然，该术语实际上也反映出一些客观的限制，例如利益受损的风险并不存在，或者所使用的措施与目的之间并没有关联，那么成员就不能援引该条款正当化其措施。②

（三）传统多边贸易协定的局限性

传统的多边贸易协定能够通过条约解释的方法，处理数据跨境流动的新问题。回溯历史，1998 年，WTO 成员方同意延长对电子传输不施加关税的国家实践，其被称为《电子传输的免税备忘录》。同时，成员方启动全方位审查与电子商务相关的贸易议题的工作计划。2001 年，WTO 成员方启动多哈发展回合谈判，其包括为适应电子商务和信息技术需求的规则谈判。尽管成员方达成一致意见，尚不对电子传输施加关税，然而现有的多边贸易协定仍存在以下不可调和的难题。

第一，传统的贸易规则无法自动拓展至数据跨境流动领域。虽然乌拉圭回合谈判取得举世瞩目成果，然而当年谈判未能预见到货物和服务在信息时代更新换代的周期加快，而且新型的、综合性的或多功能的产品与日俱增。现有的 WTO 协定文本仍具有模糊和不确定之处。以数字产品归类为例，成员方尚无法确定电子产品到底归属货物还是服务，抑或是受到多重规则的重叠适用。该类规则的模糊或空白不仅削弱了成员方的合理预期，更引发了由规则不确定性而产生的贸易争端，增加了贸易商的经济成本，更减损了多边贸易规则的正当性。若一成员采取对数据跨境流动的规制，其将直接影响数字产品的贸易。

第二，前互联网时代的多边贸易规则无法保障互联网的信息平台功能。在 GATS 签署时，电信服务仍处于"前互联网"时代。承诺减让表仅识别出 14 种不同类型的电信服务。前 7 种被认为是基础性的；而后 7 种被视为是具有附加价值的。在实践中，升级版的网络充当着贸易平台

---

① Wesley A., "Cann, Creating Standards of Accountability for the Use of the WTO Security Exception: Reducing the Role of Power–based Relations and Establishing a New Balance between Sovereignty and Multilateral", 26 *Yale Journal of International Law*, 2001, pp. 452–453.

② Hannes L. Schloemann, Stefan Ohlhoff, "'Constitutionalization' and Dispute Settlement In the WTO: National Security As an Issue Of Competence", 93 *The American Journal of International Law*, 1999, p. 443.

的功能。互联网并非创造出一种新的服务,而是创造出一种新的信息平台,其他服务可以进行数据交换。这意味着《电信附件》对基本服务自由化的承诺与当前的互联网服务的规制措施不具有强相关性。例如,《电信附件》并未对互联网的传输功能、信息交换功能进行确认。更进一步地,前互联网时代,谈判缔约方将互联网服务分为以传输为目的的电信服务与以内容为目的的视听服务。然而,新产生的服务类型具备传输性与内容目的性等双重属性,例如,即时媒体视频服务、网络电话等。[1]

第三,通过文本模糊性,成员方具有实施贸易限制政策的灰度空间。由于多边贸易协定并未意识到互联网的信息传输功能,其未能明确保护互联网的媒介功能。成员方可通过特定的互联网规制措施,实施"非黑非白"的贸易限制政策。例如,在航空运输中,增加服务信息可获得性和附加服务的成本将降低该航空公司在特定市场的竞争能力。在旅游服务中,若不能通过当地旅游机构采用的电脑预定系统,服务提供者可能无法完成相应的服务,也不能及时处理服务,从而导致服务时间延迟,[2]这可能对服务造成贸易障碍。然而,上述障碍是否违反 WTO 协定的问题仍存争议。

更为重要的是,跛行的 WTO 体制难以满足互联网贸易的规则需求。贸易谈判曾为 WTO 的三大核心机制之一,然而多边贸易规则正经历行动困境。自 2001 年多哈发展回合启动以来,至今新一轮的谈判成果寥寥无几。[3]由此,现有的多边贸易协定仍无法满足互联网贸易的需求。

三 应对文本沉默的挑战:跨境信息流动的规则创新路径

自 20 世纪 80 年代起,随着计算机、软件和卫星等技术的出现,以美国和日本为首的国家主张将信息自由纳入贸易协定的管辖范围中,然而,由于其他国家认为此举将对国家主权构成威胁,并削弱国家对跨境

---

[1] See Shin-yi Peng, "GATS and the Over-the-Top Services: A Legal Outlook", 50 Journal of World Trade 2016, pp. 22-23.

[2] Bernard Hoekman, Carlos A. Primo Braga, Protection and Trade in Services: A Survey, 8 *Open Economies Review*, 292 (1997).

[3] 多哈发展回合的显著成果仅包括《贸易便利化协议》《公共健康宣言》。与谈判相关的人力、物力、资金和时间相比,上述成果显然使得规则升级成本远高于其收益。

信息流动的控制能力，①国际社会最终并未缔结有拘束力的贸易规则。随着互联网贸易、手机电话和云技术的发展，跨境信息流动再次成为贸易协定谈判中的热点议题。正如西方学者所言，互联网加速了新的法律规则的发展。②

（一）国际经贸规则的类型化划分

多边贸易协定的根本宗旨在于促进贸易的自由化与便利化。③一般而言，多边贸易协定存在两种实现自由贸易的方式——积极一体化与消极一体化。管理去中心化（policed decentralization）禁止多边贸易协定成员方采纳歧视性的政策，其一般被称为消极一体化；相互承认和协调则要求成员方积极创造条件便利国际贸易，其被称为积极一体化。④虽然二者目标具有同一性，然而，消极一体化与积极一体化的实际效果并不完全相同。消极一体化要求缔约方不造成国内产品与外国产品间的歧视待遇；积极一体化则要求缔约方采取统一的、协调的贸易政策。总体而言，积极一体化路径的开放程度远大于消极一体化。

正如乔尔·特拉赫特曼（Joel Trachtman）所言，在贸易自由化上，第一层次为确定对待贸易产品与服务的国民待遇和最惠国待遇；第二层次是促使各国贸易措施符合比例性要求，并且以科学为基础确定贸易政策；第三层次则是反映出各国贸易政策的积极协调过程。⑤未来的贸易条款的更新体现为从第二层次向第三层次迈进的过程。现有的互联网贸易规则也体现出上述特征。在互联网贸易中，最为典型的新规则包括阻止电子贸易壁垒的规则与赋予贸易商电子权利的规则。

以美欧的互联网贸易规则为例。在美国经济中，由于信息技术具有

---

① Susan Aaronson, "Why Trade Agreements are not Setting Information Free: The Lost History and Reinvigorated Debate over Cross – Border Data Flows, Human Rights, and National Security", 14 World Trade Review 672 (2015).

② JR. Henry H. Perriht, "The Internet is Changing the Public International Legal System", 88 Kentucky Law Journal 895 (2000).

③ 例如，《建立世界贸易组织的马拉喀什协定》序言，提及 WTO 协定的根本宗旨是贸易自由化和便利化。

④ Federico Ortino, *Basic Legal Instruments for the Liberalization of Trade: A Comparative Analysis of EC and WTO Law*, Oxford: Hart Publishing, 2004, p. 12.

⑤ See Joel P. Trachtman, *The Future of International law: Global Government*, Cambridge University Press, 2013, p. 201.

至关重要性，其将电子贸易作为谈判协定中的优先事项。特别是美国希望建立起限制信息流动的明确规则，其主要的关注点反映在审查与过滤机制、数据中心及其服务器本地化要求、隐私权保护等事项。①然而，其他国家却担心美国对信息控制能力的加强将损害本国利益。例如，出于对消费者保护的关切，欧盟对互联网贸易自由的推动进程相对较缓慢。欧盟自由贸易协定多采用在服务贸易章节处理信息技术产品合作与电子商务融合的事项。②除规定阻止电子贸易壁垒外，欧盟对外签署的自由贸易协定（FTAs）一般不对信息流动做出承诺。美欧分歧也体现在对《安全港协议》的不同态度上。③

归纳而言，美国与欧盟之间的分歧无外乎体现为两个层面，其一，如何有效地甄别并避免电子贸易保护措施，该规则的目标在于确保互联网贸易的正常和有序开展；其二，如何定义"电子权利"（digital rights），其目标在于确保互联网贸易的进一步发展，并实现国家间的协同政策。由此，笔者将互联网贸易相关的新规则区分为两类：一为限制政府权力的规则，主要体现为消极一体化的方式实现贸易自由；二为赋予贸易商权利的规则，其反映以积极一体化的路径实现贸易自由。当然，韩国、加拿大等其他国家与地区的分歧也集中反映在如何规避互联网贸易的不当规制以及如何保障个人的合法权利上。

具体而言，自由贸易协定也有相似的反映。例如，韩国与美国签署的 FTA 规定电子商务的信息自由流动规则；④而韩国与欧盟签署的 FTA 并不存在信息自由的规定。⑤ 国际社会其他国家也不存在统一观点，欧

---

① See Susan Ariel Aaronson, "What does TPP mean for the Open Internet?", www.gwu.edu/~iiep/assets/docs/papers/TPP%20Policy%20Brief%20EDIT.pdf, last visited on 20 Feb., 2020.

② See Sacha Wunsch‐Vincent, Arno Hold, "Towards Coherent Rules for Digital Trade: Building on Efforts in Multilateral Versus Preferential Trade Negotiations", in Thomas Cottier (eds.), Trade Governance in the Digital Age, Cambridge: Cambridge University Press, 2012, pp. 192 – 193.

③ 欧盟法院将促进自由贸易的安全港原则裁定为无效，因为其违反了欧盟条约对基本权利的保护。See Maximillian Schrems v. Data Protection Commissioner, Judgment of the Court (Grand Chamber), Case C‐362/144, 6 October 2015.

④ 该 FTA 已于 2012 年生效适用。See U.S.‐Korea Free Trade Agreement, Chapter 15 Electronic Commerce, Article 15.8 (Cross Border Information Flows), signed June 1, 2007, https://ustr.gov/trade‐agreements/free‐trade‐agreements/korus‐fta, last visited on 9 Nov., 2020.

⑤ See EU Korea FTA.

盟和加拿大的 FTA 并不包含信息自由的条款,①然而,加拿大与哥伦比亚 FTA 则包括明确的信息自由和隐私权的规则。②

（二）传统的限权性路径：对政府权力的有力约束

信息与权力相关,权力要么赋予信息自由流动,要么阻碍信息的流动。③政府权力的不当使用将产生贸易壁垒。电子保护主义概念愈发得到国际社会的重视。美国和欧盟等都单边地批评其他国家的规制措施构成互联网贸易障碍。④由此,电子保护主义构成互联网自由贸易的显著挑战之一。

电子贸易壁垒被视为是电子保护主义的表现形式。在形式上,互联网贸易与实物贸易的显著差别在于贸易对象的无形性、服务过程的虚拟性与服务效果的即时性。若信息跨境流动并不需要相应的有形物的跨境转移,那么相应的贸易无须履行海关程序。本质上,互联网贸易必须采取某种形式的联系,要么通过直接的实体联系,或者通过通信网络。成员方政府对贸易的障碍也体现在阻止贸易商与消费者进行联系上。美国国际贸易委员报告将"电子保护主义"视为对电子贸易的障碍或阻碍,其包括当地成分要求、分化的数据隐私和保护规则、不充分的知识产权保护与不明确的法律框架、持续增长的网络审查制,以及传统的不必要的关税程序等。⑤

对抗电子保护主义的有力措施在于限制国内规制权力。新服务的发

---

① See Consultations towards a Canada – European Union comprehensive economic agreement.

② Canada – Colombia Free Trade Agreement, Chapter 15, ElectronicCommerce, http：//www. international. gc. ca/trade – agreements – accords – commerciaux/agr – acc/colombiacolombie/chapitre15 – chapitre15. aspx？view = d, last visited on 9 Mar., 2020.

③ D. E. Denning, "Power over Information Flow", in Ramesh Subramanian and Eddan Katz (eds.), The Global Flow of Information：Legal, Social and Cultural Perspectives, New York：New York University Press, 2011, p. 271.

④ See Report from the Commission to the European Council, Trade and Investment Barriers Report 2014, COM（2014）153, 3/12/2014；United States Trade Representative, 2014 National Trade Estimate Report on Foreign Trade Barriers, 2014.

⑤ See United States International Trade Commission, Digital Trade in the US and Global Economies, Part I, Investigation No. 332 – 532 Publication 4415, July 2013, paras. 5. 1 – 5. 36. 有学者认为国家对互联网的干预体现为：将知识产权转移作为外国企业获得市场准入的条件,要求外国企业以与本国企业合资的方式进入本国市场,将抵消或本地成分作为赋予外国公司的合同的条件。See Iva Mihaylova, "Could the Recently Enacted Data Localization Requirements in Russia Backfire？", 50 Journal of World Trade 314（2016）.

展受到碎片化的规制和监管的挑战，并且尚不存在受认可的国际标准。①由此，限制政府权力的互联网贸易规则体现在确保国家的规制要求与合法目标相关，并且不超过其所必要限度的负担。此方法为传统的消极一体化的贸易自由路径。

(三) 新型的赋权性路径：给予贸易商的电子权利

李·牧山浩石（Hosuk Lee-Makiyama）曾发布研究报告主张通过创设新的《国际数字经济协定》（International Digital Economy Agreement）来实现互联网贸易自由化。具体而言，牧山浩石认为在新事情上，WTO 还有很多与互联网相关的工作需要完成，包括在电信服务上。同时，WTO 应建立起对数字经济贸易的承诺，将原先承诺拓宽至互联网服务。②由此，互联网贸易自由仍需要拓展原先 WTO 协定的承诺范围。

传统上，有效的促进服务贸易的方法主要关注两类重要的生产要素——商业存在（资本）和劳动力移动（人员）。③然而，对互联网贸易而言，放松资本和劳动力移动限制能在一定程度上实现贸易自由的功能，然而，对其更重要的是，对跨境数据流动和计算机网络的限制将直接破坏贸易的持续进展。换言之，贸易商的电子权利主要体现在信息权及其相关的隐私权保障上，甚至还包括互联网的接入权。

在信息权上，贸易谈判者需要更新多边贸易协定的电子商务条款，进而避免挑选条约，并且确保全球互联网维持一个自由贸易区。赋予贸易商的信息权旨在创造互联网的全球可贸易环境。2008 年 6 月，在韩国首尔举办的 OECD 部长级会议以"互联网经济的未来"为主题，最终形成《首尔宣言》。该宣言指出，各国将致力于在加强网络可信性与

---

① See Aik Hoe Lim, Bart De Meester, "Addressing the Domestic Regulation and Services Trade Interface: Reflections on the Way Ahead", in Aik Hoe Lim, Bart De Meester (eds.), *WTO Domestic Regulation and Services Trade: Putting Principles into Practice*, Cambridge: Cambridge University Press, 2014, p. 333.

② See Fredrik Erixon, Hosuk Lee-Makiyama, "Digital Authoritarianism: Human Rights, Geopolitics and Commerce", ECIPE Occasional Paper, No. 5, 2011, p. 23.

③ Panagiotis Delimatsis, *International Trade in Services and Domestic Regulations: Necessity, Transparency, and Regulatory Diversity*, Oxford: Oxford University Press, 2007, p. 63.

安全性的前提下，建立起公正平等的规制环境，并维持开放的信息自由流动的环境，保障互联网经济成为全球共享之物。[1]

在确保贸易商应有的信息权外，在互联网上，几乎所有的贸易产品都能以数据或信息的方式储存、运输、分销和营销，互联网贸易规则涉及消费者的信息保护等权利。在多边层面，OECD起草了《关于平衡隐私权、安全和数据自由流动的自愿性原则》。[2]该原则承认政府保障隐私权和安全的正当性需求，但通过数据质量、目的明确、限制利用、安全保护、公开和个人参与等原则，强调以明文方式保障经济性信息在全球的自由流动。[3]然而，该原则未具备强制性的拘束力。

除信息权外，互联网接入权也是电子权利的内在要素之一。然而，美国和欧盟对其具有不同认识。主要表现在，第一，在法律背景上，欧盟国家具有人权保护的完整体系；而美国则倾向于信息自由。第二，在权利属性上，在以法国为代表的部分欧盟国家中，互联网接入权是基本的人权；而美国将接入视为发展议题，而非人权议题。第三，在规制手段上，欧盟和美国对国家与企业在保护隐私中的作用与功能配置有不同主张。[4] 毋庸置疑，至少在贸易层面，互联网接入权构成国家发展的权利，甚至其为增加中小企业贸易机会的重要方式。例如，CPTPP第24章"中小企业"规定应通过提供网络信息和链接的方式，增加中小企业的贸易机会。

需要注明的是，WTO协定本身具有相对特定的适用范围，不可能解决互联网规制的所有问题，其可拓展的互联网规制的领域建立在与贸

---

[1] OECD, "The Seoul Declaration for the Future of the Internet Economy", available at oecd.org/sti/40839436. pdf last visited on 20 Feb. 2022, 18 June 2008.

[2] 其全称为《OECD隐私权和个人数据跨境流动保护指南》。除隐私权外，在互联网经济框架下，OECD还关注电子识别和认证、儿童权益保护、密码体系、互联网治理等领域。See OECD, Internet Economy, http://www.oecd.org/sti/ieconomy/, last visited on 23 March 2020.

[3] OECD, OECD Guidelines on the Protection of Trans-border Flows of Personal Data, http://www.oecd.org/internet/ieconomy/oecdguidelinesontheprotection-ofprivacyandtransborderflowsofpersonaldata.htm, last visited on 23 March 2020.

[4] 关于欧盟和美国对跨境信息流动的不同策略和行为，See Susan Aaronson, "Why Trade Agreements Are Not Setting Information Free: The Lost History and Reinvigorated Debate over Cross-Border Data Flows, Human Rights and National Security", 14 World Trade Review 672 (2015), pp. 687-691。

易的相关性之上。①然而现有的双边贸易协定甚至将承诺义务拓展至贸易领域之外，包括人权事项等。

四 新型经贸协定对数据跨境流动的规制范式

2011年，谷歌公司在其发布的研究报告中，提出两项21世纪互联网贸易议程，分别为：其一，政府应该减小现有 WTO 框架内的缝隙（gaps），进而确保 GATS 能适用于所有的互联网贸易；其二，政府应谈判能够符合当前信息经济的新规则，并将它们包括在双边和多边贸易协定中。②因循上述思路，新型的互联网贸易规则也可分为确权型规则、限权型规则和赋权型规则。由于互联网贸易在21世纪初逐渐兴起，其产生与发展的过程较短，下文对互联网贸易规则分析，文本主要以晚近签署或公开的 TPP、美国—韩国 FTA、欧盟—加拿大《全面经济和贸易协定》等为主。

（一）确权性规则：对 WTO 协定可适用性的确认

关于缔结于20世纪90年代的 WTO 协定是否可调整互联网贸易的问题，理论和实践均存有一定争议。③在理论上，萨沙·文森特主张 WTO 协定可适用于电子商务，以及以电子方式提供的服务（electronically supplied services）等新兴贸易领域。在争端解决实践中，美国和中国曾分别在"美国博彩案"和"中国视听产品案"中主张其在缔约时无法预见互联网技术的兴起，因而 WTO 协定不应适用于新的产品形式。④然而，上述案件的专家组和上诉机构均认为，对 WTO 协定的可适用性分析应依赖条约解释的惯常方式，其最终确定了 WTO 协定对争议

---

① Fredrik Erixon, Hosuk Lee‐Makiyama, "Digital Authoritarianism: Human Rights, Geopolitics and Commerce", ECIPE Occasional Paper No. 5/2011, p. 17.

② Google Corporation, "Enabling Trade in the Era of Information Technologies: Breaking Down Barriers to the Free Flow of Information", 2011, p. 12, www.transnational‐dispute‐management.com/article.asp?key=1658, last visited on 4 November 2020.

③ See Sacha Wunsch‐Vincent, "The Internet, Cross‐Border Trade in Services, and the GATS: Lessons from U.S.‐Gambling", 5 World Trade Review 323‐324 (2006).

④ See United States—Measures Affecting the Cross‐Border Supply of Gambling and Betting Services, Panel Report, WT/DS285/R, 10 November 2004, para. 6.285; China‐Measures Affecting Trading Rights and Distribution Services for Certain Publications and Audiovisual Entertainment Products, Report of the Appellate Body, WT/DS363/AB/R, 21 December 2009, para. 408.

产品的可适用性。然而，专家组和上诉机构反复强调对 WTO 协定的适用应在考虑特定案件的实施情形和法律语境下，以逐案分析的方式进行确定。①换言之，现有的争端解决机制并未能提供 WTO 协定对互联网贸易的可适用性的明确保障。在协定文本缺乏可预见性的前提下，个案分析的裁决思路难以解决所有与贸易相关的互联网规制问题。

为实现互联网贸易规则的稳定性和可预见性，在双边贸易协定中，各缔约方直接明文规定 WTO 协定能够适用于互联网贸易规则。例如，在加拿大—哥伦比亚 FTA 中，其第 1502 条"一般条款"规定，"缔约方认识到由电子商务能提供经济增长与机会，以及 WTO 规则可适用于电子商务领域"。

该类型的规则为确权性规则，其在双边贸易安排中，缔约方重新确认 WTO 协定对互联网贸易的可适用性，进而以嗣后协定的方式确定缔约方的权利和义务。由于确权性规则连接 WTO 协定与双边贸易协定，一方面，在 WTO 协定适用中，由于双边贸易协定可能构成解释时的"相关国际法文件"，甚至为嗣后协定，②因此，该确权性规则避免专家组和上诉机构的保守性裁决；另一方面，由于在 WTO 协定的条约解释上，目前对 WTO 协定与互联网贸易之间的相关性仍未明确。换言之，在大前提尚未明确的前提下，双边贸易协定的确权性规则的适用效果尚存疑惑。由此该确权性规则似乎构成双边贸易协定的"无效率的自白"。

（二）限权性规则：对抗不必要的电子贸易壁垒

由于电子保护主义的存在，在 WTO 协定外，缔约方建立符合互联网贸易需求的新规则具有迫切性和必要性。除确认性规则外，消极一体化的传统贸易规则制定路径也反映在互联网贸易规则中，其集中体现于缔约方明文限制不必要的电子贸易壁垒。

美国—韩国 FTA 首次规定了电子商务中的信息自由流动规定，第 15.8 条规定："认识到信息自由流动对贸易便利化，以及保护个人信息

---

① United States - Import Prohibition of Certain Shrimp and Shrimp Products, Report of the Appellate Body, 12 October 1998, WT/DS58/AB/R, para.159.

② 参见孙南翔《论发展的条约解释及其在世贸组织争端解决中的适用》，《环球法律评论》2015 年第 5 期。

的重要性,成员方应该致力于避免对跨境电子信息流动施加或维持不必要的障碍(unnecessary barriers)。"①相似地,在加拿大—哥伦比亚 FTA 中,第 1502.4 条"一般条款"也规定,缔约方认识到避免以电子方式实施不必要的贸易障碍的重要性。②

关键问题在于如何理解"不必要的电子贸易障碍"概念。根据加拿大—哥伦比亚 FTA,缔约方的义务包括两个层面:其一,缔约方不应以不适当的电子方式阻碍贸易;其二,与其他方式采取的贸易相比,缔约方不应对电子方式提供的贸易施加更具限制性的措施。③

本质上,对抗电子保护主义的核心在于实现互联网贸易的非歧视性。第一,其要求确保缔约方不能因为产品或服务以电子方式为表现,就否认该产品或服务的法律效力、有效性或可执行性。换言之,这就将非歧视待遇拓展至互联网交易中。④第二,限权性条款确认了"技术中性"(technological neutrality)的原则,禁止由于技术使用方式对货物或服务制定不合理的差别待遇。

当然,互联网贸易的限权性规则还应区分"必要的贸易限制措施"与"不必要的贸易限制措施"。根据《维也纳条约法公约》第 31 条和第 32 条确定的条约解释的文本方法,一方面,"必要的"被理解为"不可或缺的";另一方面,也可被理解为"对目标做出贡献"。WTO 协定发展出一系列关于"必要性"的案例,甚至影响其他国际性裁决机构的推理方式与裁决思路。在 WTO 争端解决实践中,其认为 WTO 协定的"必要的"含义更倾向于"不可或缺的",而非仅仅

---

① 该自贸区协定已于 2012 年生效适用。See U. S. – Korea Free Trade Agreement, Chapter 15 Electronic Commerce. Article 15.8 (Cross Border Information Flows), signed June 1, 2007, https: //ustr. gov/trade – agreements/free – trade – agreements/korus – fta, last visited on 9 Nov., 2020.

② 美国与日本签署的《信息与通信技术服务贸易原则》第 2 条、美国与欧盟签署的《信息、通信技术服务贸易原则》第 2 条等都有相似的规则。See Shin – yi Peng, GATS and the Over – the – Top Services: A Legal Outlook, 50 Journal of World Trade 36 (2016).

③ Canada – Colombia Free Trade Agreement, Chapter 15, Electronic Commerce, http: // www. international. gc. ca/trade – agreements – accords – commerciaux/agr – acc/colombiacolombie/chapter15 – chapitre15. aspx? view = d, last visited on 9 Nov., 2020.

④ Rolf H. Weber, "Digital Trade and E – commerce: Challenges and Opportunities of the Asia-pacific Regionalism", 10 Asian Journal of WTO and International Health Law and Policy 333 (2015).

第二章　网络空间与国际经贸规则的新发展　149

是"有贡献"。①条约积极性义务的"必要的"解释与例外条款的"必要性"解释相似，一般应考察争议中的利益或价值的重要性、措施实现目标的贡献程度、措施的贸易限制性，以及其他潜在的可替代性措施。②换言之，必要的贸易限制措施应对合法目标具有贡献，并且具有相对最低的贸易限制性。

　　实践中，针对限权性规则而言，美国与欧盟国家间并不存在显著分歧。例如，欧盟与韩国、欧盟与加勒比地区国家的自由贸易协定也要求缔约方尽量避免对电子商务施加不必要的规制障碍。③ 2015 年，欧洲议会委员会、欧洲经济与社会委员会等共同发布的《欧洲单一电子市场策略》文件也致力于消除欧洲市场的电子贸易壁垒。④然而，也有学者指明现有互联网贸易的限权性规则的缺陷。具体而言，虽然现有的规则适用于所有的影响信息流动的措施，并且适用于所有的电子产品，不管其构成货物或服务，然而，该条款以"致力于"术语定义缔约方的义务，实际上并不具有拘束力。进一步地，谷歌公司认为应明确"致力于消除障碍"的含义，并且将该条款的义务适用于所有的电子信息流动，而不仅仅是"跨境的"信息。⑤由此，TPP 协定第 14.11 条指出，实现合法公共政策目标的措施应满足两个条件：（a）不得以构成任意或不合理歧视的方式适用，或对贸易构成变相限制；（b）不对信息传输施加超出实现目标所需要的限制。毫无疑问，该条款使得限权性规则更具有可明确性，并增加对贸易规制措施的适用方式的约束。

---

　　① Korea – Measures Affecting Imports of Fresh, Chilled and Frozen Beef, Report of Appellate Body, WT/DS161/AB/R, 11 December 2000, para. 161.
　　② Brazil – Measures Affecting Imports of Retreaded Tyres, Report of the Appellate Body, WT/DS332/AB/R, 3 December 2007, para. 178.
　　③ European Commission, International Affairs: Free Trade Agreements, http://ec. europa. eu/enterprise/policies/international/facilitating – trade/free – trade/index_ en. htm#h2 – 2, last visited on 9 Mar. , 2020.
　　④ European Commission, Communication from the Commission to the European Parliament, the Council, the European Economic and Social Committee and the Committee of the Regions, A digital single market strategy for Europe, Brussels, 6. 5. 2015, COM (2015) 192 final, p. 3.
　　⑤ See Google Corporation, "Enabling Trade in the Era of Information Technologies: Breaking down Barriers to the Free Flow of Information", 2011, available at www. transnational – dispute – management. com/article. asp? key = 1658, last visited on 4 November 2020, p. 14.

(三) 赋权性规则：信息自由及其例外

尽管避免电子贸易主义的规则能够减少阻碍互联网贸易发展的壁垒，然而，消极一体化本身难以从根本上实现全球的自由贸易。在互联网领域尤为如此。与传统实物贸易相比，互联网贸易的兴起与发展更需要赋予贸易商电子权利作为保障，以此实现全球互联网规制的统一化。

信息是互联网贸易发展的基础。与互联网贸易相关的赋权性规则的构建以信息自由为前提。其主要包括赋予贸易商以信息自由权、互联网接入权，以及禁止当地成分要求等。

在信息自由权上，以 CPTPP 为例，在"电子商务"章节中，其要求成员方确保全球信息和数据的自由流动。同时，承诺不施加对当地数据处理中心的限制，并且要求软件源代码不应该被要求转让或进行评估。同时，其直接规定缔约方不应对电子传输征收税收，不通过歧视性措施或彻底屏蔽支持国内生产者或服务者。除避免新的电子贸易障碍外，美国与智利、新加坡、秘鲁、哥伦比亚、中美自由贸易区与多米尼加共和国等贸易协定规定任何缔约方都不能进行当地成本要求。①本质上，禁止对数据中心的当地成分要求推动信息的自由流动。相似地，加拿大和哥伦比亚 FTA 也包括确保信息自由流动、透明度和隐私权保护的规则。②

除正面规定信息自由的权利外，现有的互联网贸易规则也通过鼓励设置协调的标准实现信息的自由化。正如苏姗·艾伦森（Susan Aaronson）所言，在隐私权上，美国和欧盟存在难以调和的分歧。根据美国法，网络隐私权为消费者权利，然而在欧盟、澳大利亚和加拿大等，隐私权被视为是须经政府保护的人权权利。③《OECD 隐私权和个人数据跨境流动保护指南》序言指出，尽管各国隐私权保护立法的存在使得贸易

---

① Susan Aaronson, "Why Trade Agreements are not Setting Information Free: The Lost History and Reinvigorated Debate over Cross - Border Data Flows, Human Rights, and National Security", 14 World Trade Review 672 (2015), p. 684.

② Canada - Colombia Free Trade Agreement, Chapter 15, Electronic Commerce, http://www.international.gc.ca/trade - agreements - accords - commerciaux/agr - acc/colombiacolombie/chapter15 - chapitre15.aspx? view = d, last visited on 9 Nov., 2020.

③ Susan Aaronson, "Why Trade Agreements are not Setting Information Free: The Lost History and Reinvigorated Debate over Cross - Border Data Flows, Human Rights, and National Security", 14 World Trade Review 672 (2015), p. 682.

规则具有可预见性，然而，不同国家立法的差异构成个人数据跨境自由流动的障碍。由此，协调网络隐私权分歧的方式只能通过协同性的标准。例如，欧盟与加勒比地区国家要求在数据保护领域进行合作，并且要求缔约方实现与欧盟标准相协同的数据保护标准。①

需要注明的是，信息自由并非是绝对的，其也受到例外条款的限制。现有自由贸易协定并未否认国家的互联网规制权。例如，TPP 第 14.11 条规定对电子方式跨境传输的自由化要求不得阻止缔约方为实现合法公共政策目标而采取或维持的限制性措施。②正如美国国际贸易委员会报告所反复强调的，对数据流动的必要限制应当符合现有的贸易规则。③现有的贸易规则通常以一般例外与安全例外的方式实现在贸易自由与政府合法性规制间的平衡。

在互联网贸易语境下，例外规则也有细微的变化。以欧盟与加拿大起草的《全面经济和贸易协定》为例。④ 其中的安全例外规则"维持和维护国际和平与安全的国际义务"并未与《联合国宪章》相联系，⑤而是笼统地规定"本协定不阻止为实现国际和平和安全目的国际义务，缔约方采取其认为对保护必要安全利益必要的行为"。换言之，与 GATT1994 相比，该双边贸易协定拓展了对"国际和平和安全"的理解，进而使其更可适用于网络和平与安全的语境。

（四）跨境流动规则对中国的影响及启示

本质上，WTO 协定建立在消极一体化的基础上，其核心目标在于

---

① European Commission, "International Affairs: Free Trade Agreements", http://ec. europa. eu/enterprise/policies/international/facilitating - trade/free - trade/index_en. htm#h2 - 2, last visited on 23 Mar. , 2020.

② CPTPP 第 14.11 条规定的实现合法公共政策目标的措施应满足两个条件：(a) 不得以构成任意或不合理歧视的方式适用，或对贸易构成变相限制；(b) 不对信息传输施加超出实现目标所需要的限制。

③ 该报告指出，现有的贸易规则要求限制措施应是非歧视的、比例性的和公开透明的，并且应是最小贸易限制性的措施。See United States International Trade Commission，Digital Trade in the US and Global Economies, Part I, Investigation No. 332 - 532 Publication 4415, July 2013, para. 5. 25.

④ Consolidated CETA Text, http：//trade. ec. europa. eu/doclib/docs/2014/september/tradoc_152806. pdf, last visited on 20 September 2020.

⑤ GATT1994 第 21（c）规定：本协定的任何规定不得解释为：阻止任何缔约方为履行其在《联合国宪章》项下的维护国际和平与安全的义务而采取的任何行动。

确保成员方单边施加的政策与措施不构成不必要的或歧视性的贸易障碍。[①]以消极一体化为导向的 WTO 协定未能满足美国为主的网络大国的利益需求。从《国际服务贸易协定》（TiSA）的谈判即可管窥见豹。[②]除涉及传统的服务贸易规则外，TiSA 还涉及包括跨境数据流动、禁止本地化措施等敏感事项。[③] 由此，众多专家学者建议 TiSA 谈判认真对待新的贸易形式，并将乌拉圭回合后的电子贸易革命，旨在将贸易便利化、网络中性等规定落实到文本中，进而实现网络空间的跨境交易自由。[④]值得说明的是，除上述分析的规则外，互联网贸易的规则还涉及知识产权保护、中小企业能力建设等。[⑤]

如赫特曼·乔尔所言，事实上，国际法的成长与国内法相似，先是确定基本的财产权与安全规则，随后转向创造公共产品和规制目的的政策。[⑥]互联网贸易规则的发展亦因循此路径。双边贸易规则以确权性规则为主，目前美欧之间在限权性规则上已达成一致，然而在赋权性规则上，美欧仍存在尚未调和的分歧。毫无疑问，赋权性规则将是下一代的

---

① Petros C. Mavroidis, Driftin' Too Far from Shore – Why the Test for Compliance with the TBT Agreement Developed by the WTO Appellate Body is Wrong, and What Should the AB Have Done Instead, 12 World Trade Review 509 (2013).

② 2012 年 2 月，以美国、澳大利亚、欧盟为主的 WTO《国际服务贸易协定》成员方组成"服务真正好友"成员集团启动对服务贸易的全面协定的谈判，该协定被称为 TiSA。See Australian Government, "Department of Foreign Affairs and Trade, Trade in Services Agreement", http：//www.dfat.gov.au/trade/agreements/trade – in – services – agreement/Pages/trade – in – services – agreement.aspx, last visited on 3 March 2020.

③ TiSA 泄露的关于电子商务附件草案包括"开放的互联网、互联网接入与使用"条款，其规定：在遵守所适用的法律下，任何缔约方应该确保其领土内的消费者能够：（a）基于他们的选择，可接入和使用在互联网上的服务和应用程序；（b）若相关设备不对网络造成损害，可使用他们选择的设备连接互联网；（c）在互联网接入服务提供者的网络管理操作（network management practices）下，可获得信息。See Our World is not For Sale, Briefing on Leaked US TISA Proposal on E – Commerce, Technology Transfer, Cross – Border Data Flows and Net Neutrality, http：//www.ourworldisnotforsale.org/en/report/briefing – us – tisa – proposal – e – commerce – technoloy – transfer – cross – border – data – flows – and – net – neutr, last visited on 20 Feb. , 2020.

④ Pierre Sauve, "A Plurilateral Agenda for Services? Accessing the Case for a Trade in Services Agreement (TISA)", NCCR Working Paper No. 2013/29, May 2013, pp. 14 – 15.

⑤ See Brian Bieron, "Usman Ahmed, Regulating E – commerce through International Policy：Understanding the International Trade Law Issues of E – commerce", 46 Journal of World Trade 545 – 570 (2012).

⑥ See Joel P. Trachtman, *The Future of International law：Global Government*, Cambridge University Press, 2013, p. 1.

互联网贸易规则的核心。值得说明的是,虽然TTIP尚未最终达成文本,2015年6月欧盟委员会发布的欧盟文本建议中,第5—2(2a)条规定了比例性测试,而非必要性测试。①换言之,除美国推动自由贸易外,欧盟也在尽力削弱政府权力的滥用的可能性。

对中国而言,网民数量已占据全球第一,我国已成为互联网贸易大国。近期,我国大力推行"互联网+"战略,其本身需要公平、透明、自由和开放的互联网贸易环境。总体而言,结合国际性贸易规则的未来趋势,在未来签署的自由贸易协定中,我国可以把握以下三个方面:

第一,我国应接受避免实施电子保护主义的贸易政策。我国不断探索服务贸易创新发展机制,强调将依托大数据、物联网、移动互联网、云计算等新技术推动服务贸易模式创新,打造服务贸易新型网络平台。新型服务贸易网络平台的建设与发展需要自由的贸易环境,核心在于消除一切形式的不必要的电子贸易障碍。

第二,作为网络大国和信息大国,我国应合理区分贸易性的信息权和非贸易性的信息权。在贸易领域,除非符合现有的一般例外或安全例外规则,否则应避免限制与贸易相关的信息流动。在政治等其他领域,应主张信息的非贸易性,特别是基于我国国情现状,以合理的方式对网络信息进行治理。例如,在网络出版服务上,由于网络出版物并非简单地提供贸易信息,而是以内容为其核心价值,因而互联网并非是简单的信息媒介功能,其体现非贸易性的信息内容。基于此,我国可合理地对其出版内容服务及其服务提供者进行限制。②

第三,我国应发挥例外条款实施合法的互联网规制措施。国际性贸易协定并不否认缔约方按照国家利益、公共利益与私人利益对互联网贸易进行限制。虽然有学者可能对例外情形是否成为一般规定持批评态度,但是例外规则对缔约方是必要的,因为缔约方本身对更紧密的合作有需求,其要对保留规制空间具有合法的和政治性

---

① See EU Commission, "Transatlantic Trade and Investment Partnership, Trade in Services, Investment and E - Commerce, European Union's Proposal for services, investment and e - commerce text", tabled in the negotiating round of 12 - 17 July 2015, http://trade.ec.europa.eu/doclib/docs/2015/july/ tradoc_ 153669. pdf, last visited on 20 February, 2020.

② 参见2016年3月10日施行的《网络出版服务管理规定》第8条第3款。

的理由。①我国应有效通过例外条款，构建符合国际性贸易协定的互联网规制措施。

当然，与其说对赋予贸易商的电子权利产生分歧，不如说各国对互联网贸易相关的信息的定义存在极大困难。正如艾伦森所反复追问的，现有的贸易协定到底是规制所有的信息流动，还是那些与商业交易相关的信息？② 该问题将考验谈判各方的智慧。然而，正如文森特和亚诺所期待的，多边和优惠贸易谈判的努力最终将形成对电子贸易规制的一致性措施。③ 2016 年，OECD 在墨西哥坎昆召开以电子经济为主题的部长级会议，其关注互联网开放性、电子互信、全球互联性等领域。④ 虽然未取得实质性的进展，但随着贸易大国间的频繁互动，数据跨境流动的良法善治必将实现。

第三节　安全例外规则对网络空间经贸活动的适用

贸易与安全问题向来是国际法的阿喀琉斯之踵。WTO 协定试图在自由贸易与国家安全之间划定一条平衡线。在安全例外条款中，虽然缔约方被赋予一定程度的自裁决权，然而根据善意原则，缔约方应以国际公法的惯常解释规则进行条约解释与适用。在理论上，"重要安全利益"自动地包含超越"一般安全利益至上"的网络安全；同时，"战

---

① Armand de Mestral, "When Does the Exception Become the Rule? Conserving Regulatory Space under CETA", 18 Journal of International Economic Law 653 (2015).

② See Susan Aaronson, "Why Trade Agreements are not Setting Information Free: The Lost History and Reinvigorated Debate over Cross – Border Data Flows, Human Rights, and National Security", 14 World Trade Review 2015, p. 678.

③ See Sascha Wunsch – Vincent, Arno Hold, "Towards Coherent Rules for Digital Trade: Building on Efforts in Multilateral Versus Preferential Trade Negotiations", in Mira Burri and Thomas Cottier (eds.), Trade Governance in the Digital Age, Cambridge: Cambridge University Press, 2012.

④ 除外，OECD 分别于 1998 年、2008 年召开关于电子商务、互联网经济未来的部长级会议。See OECD, "Meeting the Policy Challenges of Tomorrow's Digital Economy", http://www.oecd.org/internet/ministerial/, last visited on 23 March 2020.

时"与"国际关系紧急情况"将自动拓展至网络空间。由此,以网络安全为由的贸易限制措施应满足国家安全例外条款。作为贸易大国,我国应合理利用安全例外条款保障我国的网络安全,并以贸易规则合法地对抗西方国家对我国产品的国家安全审查。

一 国家安全例外在国际经贸体系中的作用

相比于一般例外条款,安全例外条款被视为世界贸易组织协定(以下简称 WTO 协定)中的"君子协定(Gentlemen's Agreement)",WTO 成员方致力于避免在争端解决实践中援用该条款。[1]其背后逻辑为,成员方认为保持安全例外条款适用的模糊性是有意义的,因为成员方尚不能确定未来情势变化后,其对国家安全事项的解释将采取何种立场。近期,越来越多的成员方提及以国家安全例外作为背离自由贸易理由的合法性。近期俄罗斯与乌克兰危机涉及贸易与国家安全的事项。

在互联网时代下,国家安全至关重要。网络安全已成为互联网贸易政策的关切之一。几乎所有的国家都实施某种程度的网络安全措施。正如习近平总书记在中共中央网络安全和信息化领导小组成立之际所言,没有网络安全就没有国家安全。[2]然而,现有研究多集中于对安全例外条款的阐释,而并未将其运用于互联网贸易中。[3]有鉴于此,本书试图探索如下问题:国家安全例外与互联网贸易之间存在何种关系?在条约解释与适用上,网络安全是否构成国家安全的范畴?WTO 成员方在何时能够使用国家安全例外,以及如何适用该例外条款?基于此,在回顾国家安全例外条款的历史溯源后,下文将使用条约解释方法,对国际安全例外解释与适用中的自裁决性问题进行分析,并对"重要安全利益""国际关系中的紧急情况"等概念进行界定,以此提出中国启示。

---

[1] Nathaniel Ahrens, National Security and China's Information Security Standards, A Report of the CSIS Hills Program on Governance, Center for Strategic and International Studies Report, 2012, p. 13.

[2] 习近平:《在中央网络安全和信息化领导小组第一次会议上的讲话》,《人民日报》2014 年 2 月 28 日。

[3] 参见安佰生《WTO 安全例外条款分析》,《国际贸易问题》2013 年第 3 期;黄志雄《WTO 安全例外条款面临的挑战与我国的对策——以网络安全问题为主要背景》,《国际经济法学刊》2014 年第 4 期等。

(一) 国家安全例外条款历史溯源

国际贸易与国家安全自古就存在联系。长期以来，国家安全事项为联合国大会、联合国安全理事会、国际法院所管辖。正如安德森所言，非贸易关切在WTO之外的其他国际组织得到更多关注。例如，联合国是阻止战争、实现人权和性别平等，并提供个人更自由与更好生活条件的国际组织。[1]

历史上，《哈瓦那宪章》（草案）曾提出将国际贸易组织的安全事项交由联合国解决的规则。具体而言，《关税与贸易总协定》（以下简称 GATT1947）最初被设定为成为国际贸易组织（International Trade Organization）的一部分。同时，该国际贸易组织为联合国下属的机构。[2] 该草案第86（3）条规定，"成员方认识到本组织不试图采取任何可能涉及对重要政治事项裁决相关的行动。相应地，为避免在联合国和本组织间产生责任冲突，若一成员方直接行使与联合国相关的措施，并且符合《联合国宪章》第4条或第11条，那么其将被视为落入联合国管辖的范围，其不是本宪章管辖的范围。"[3]

上述《哈瓦那宪章》规则避免国际贸易组织与联合国之间的管辖权和裁决的冲突。联合国排他性地对政治事项（political matters）进行管辖，而国际贸易组织并不具有此类事项的管辖权。[4] 遗憾的是，由于国际贸易组织最终未能成立，临时适用的GATT1947并未对其与联合国、联合国安全理事会之间的机制性协调进行规定。WTO协定也未有对安全事项管辖权进行协调的规定。

由此，在贸易领域，联合国与国际法院并非处理国家安全事项的排

---

[1] Henrik Andersen, "Protection of Non‐Trade Values in WTO Appellate Body Jurisprudence: Exceptions, Economic Arguments, and Eluding Questions", *Journal of International Economic Law*, Vol. 18, 2015, pp. 388–389.

[2] 《哈瓦那宪章》第86（1）条规定：本组织将使其成为依据《联合国宪章》第57条规定的联合国的专门机构。关于《关税与贸易总协定》的起源，See John Jackson, The Jurisprudence of GATT and the WTO, Cambridge: Cambridge University Press, 2000, Part II, p. 15。

[3] Analytical Index of the GATT, Article. XXI, p. 609, available at https://www.wto.org/ENGLISH/res_e/booksp_e/gatt_ai_e/art21_e.pdf, last visited on 14 May 2020.

[4] Eric Pickett, Michael Lux, "Embargo as a Trade Defense against an Embargo: The WTO Compatibility of the Russian Ban on Imports from the EU", *Global Trade and Customs Journal*, Vol. 10, 2015, p. 14.

他性的国际组织。根据文本规定,安全例外条款表明 WTO 成员方并不需要从联合国或国际法院中获得关于成员方行使《联合国宪章》义务的决定或建议。①例如,美国和尼加拉瓜于 1956 年签署的《友好、商业和航海条约》中,其包含了如下条款:现有条约不得排除缔约方基于维持或恢复国际和平和安全的义务所必要的措施,或对于保护其重要安全利益所必要的措施的适用。在条约适用上,国际法院裁决如下:"本条约第 21 条规定对其他条款的例外情形,但是其并未否认国际法院对该条款的解释和适用权限。进而,国际法院具有权利决定一缔约方的措施是否落入该例外情形。"同时,该案法官认为,"GATT1947 第 21 条规定协定不能被理解为排除缔约方采用其认为对保护重要安全利益所必要的措施",而 1956 年条约仅提到"必要的"措施,而非一缔约方认为的必要的措施。②换言之,通过对比,国际法院变相地指出其并没有审查和裁定 GATT1947 第 21 条的权力。③

在争端解决实践中,国家安全事项曾多次被提及。例如,由于美国对古巴的贸易限制措施引发了次级制裁效应,欧共体认为美国《赫尔姆斯—伯顿法》违反 GATT1994 最惠国待遇等条款,然而美国认为其措施能够被国家安全例外所正当化。④不仅如此,诸多成员方在加入 WTO 时,明确表明了自身享有援用安全例外施加贸易限制的权利。实践中,诸多减让表包括详细地排除第 21 条适用的禁止性产品的附件。⑤由此可见,国家安全例外在国际贸易中具有独特的价值与作用。

---

① David W. Leebron, "Linkages", *American Journal of International Law*, Vol. 96, 2002, p. 20.

② Military and Paramilitary Activities in and against Nicaragua (Nicaragua v. United States of America), ICJ Reports 1986, p. 14.

③ ICJ, Oil Platforms (Islamic Republic of Iran v. United States of America), Judgment 2003 ICJ report, Nov. 6 2003.

④ 该案最终美国与欧共体达成和解。See Lorand Bartels, Article XX of GATT and the Problem of Extraterritorial Jurisdiction: The Case of Trade Measures for the Protection of Human Rights, Journal of World Trade, vol, 36, No. 2, 2002, p. 361.

⑤ See Report of the Working Party on the Accession of Albania to the World Trade Organization, WT/ACC/ALB/51 (July 13, 2000), p. 31; Report of the Working Party on the Accession of Albania to the World Trade Organization, WT/ACC/ALB/51 (July 13, 2000), p. 62.

(二) 国际经贸体系中的安全例外

正如施勒曼所言，国家安全问题是国际法的阿喀琉斯之踵。不管在哪个场合制定国际法，国家安全事项都具有某种形式的漏洞，其通常以明确的国家安全例外为形式。[①]从文本上讲，WTO 协定的安全例外规定反映出对国家主权及成员方自我保护权利的尊重。[②]概念上，安全例外被称为"逃避条款"（escape clause）。[③]

在 WTO 协定下，具有安全例外的条款分别为：GATT1994 第 21 条、《服务贸易总协定》第 14 条、《与贸易有关的投资措施协定》第 3 条、TBT 协定第 2.5 条、《与贸易有关的知识产权协定》第 73 条等。以 GATT1994 第 21 条为例，其安全例外条款规定包括对保护国家安全信息、基本国家安全利益等所必要的措施。具体而言，安全例外包括五种保护对象：（1）国家安全信息；（2）裂变物质；（3）军事物品和服务；（4）战争或国际紧急情况；以及（5）《联合国宪章》义务。[④]

虽然国家安全例外条款存在"大国不使用"的迹象，然而本质上，国家都是理性的，当其援引安全例外有利可图时，国家自然将诉诸安全例外条款佐证政策的合规性。21 世纪以来，随着国际经贸交往的深化与多边谈判的式微，自由贸易协定成为国际贸易领域的最为活跃的缔约场合。大多数的自由贸易协定复制了 WTO 协定的国际安全例外条款或明确 WTO 协定的国家安全例外条款的对本协定的适用性，例如《中国与东盟国家全面经济合作框架协议货物贸易协议》第 13 条与《中国与韩国自由贸易协定》第 21.2 条。当然，还有部分自由贸易协定对传统的国家安全例外条款进行或宽或严的修订。具体如表 2—1。

[①] Hannes L. Schloemann, Stefan Ohlhoff, "Constitutionalization" and Dispute Settlement in the WTO: National Security as an Issue of Competence, *American Journal of International Law*, Vol. 93, 1999, p. 424.

[②] Andrew Emmerson, "Conceptualizing Security Exceptions: Legal Doctrine or Political Excuse?", *Journal of International Economic Law*, Vol. 11, mo. 1, 2008, p. 135.

[③] Michael J. Hahn, Vital Interests and the Law of GATT: An Analysis of GATT's Security Exception, *Michigan Journal of International Law*, Vol. 12, 1991, p. 602.

[④] See Antonio F. Perez, WTO and U. N., "Law: Institutional Comity in National Security", *Yale Journal of International Law*, Vol. 23, 1998, pp. 325 – 343.

表 2—1　　　　自由贸易协定中的国家安全例外条款特征

内容	限缩国家安全例外		拓展国家安全例外	
特征	删除自裁决用语	增加 GATT1994 第 20 条序言的义务	删除或变更《联合国宪章》义务	直接适用
条款	删除"其认为的"	"不应构成恣意的或不合理的歧视",或"在成员方间形成变相的贸易限制"	删除"履行《联合国宪章》义务",或将《联合国宪章》义务变更为"国际协定义务"	增加脚注 注明安全例外援引的不可审查性
例证	加拿大—以色列 FTA	欧盟和南非 FTA	欧盟—韩国 FTA、加拿大—韩国 FTA	韩国—美国、美国与秘鲁、巴拿马和哥伦比亚 FTAs

如上,虽然有部分的自由贸易协定修改了 WTO 协定的国家安全例外条款,然而几乎所有的自由贸易协定都借鉴使用了 GATT1994 或 GATS 等安全例外的用语及结构,其具体分为两种模式:其一,新的自由贸易协定通过删除自裁量权用语或增加 GATT1994 第 20 条序言的方式,对该类型的条款的适用进行限制;其二,通过拓展管辖安全义务的协定或明确国家安全例外的不可审查性,拓展缔约方援用国际安全例外的权利。根本上,上述两种模式并未背离 WTO 协定设定的国家安全例外的框架与内容。换言之,国际贸易以 WTO 协定为基础而建立国家安全体系。

(三) 网络安全与 GATT1994 第 21 (b) (iii) 条的关联性

在 WTO 协定中,GATT1994 第 21 条为货物贸易中的安全例外条款,其分为 (a) 到 (c) 项。截至目前,在实践中,第 21 (a) 条并没有引发复杂的解释争议。在提及"信息"问题上,只要认为披露相关信息会导致重要安全利益受威胁,那么相关成员方就可援用该条款。本质上,这是 WTO 协定透明度要求的例外情形。同时,(c)项争端将国家安全事由交《联合国宪章》所认定,其不属于专家组或上诉机构的可审理范围。进一步的,在第 21(b)(i)与(ii)条中,"裂变物质"和"武器、弹药和作战物资"都是客观性的术语。在实践中,由于并没有举出例证,相关案件认为上述术语体现具体化的特征。[1]由此,其条款权利与义务是具体而明确的。理论上,国家安全例外条款的模糊性与适用的弹性体现在 GATT1994 第 21(b)(iii)条上,其赋予成员方在战时或国际关系中的其他紧急情况下,成员方可采取其认为保护基本国家安全利益所必要的任何行动。

根据 GATT1994 第 21(b)(iii)条文本,最为重要的概念为"其认为必要的""重要安全利益""国际关系的紧急情况"等概念。具体而言,首先,"其认为必要的"是解决审查标准的问题,其旨在明确成员方与专家组和上诉机构之间的权限;其次,"重要安全利益"解决的是事项性问题,何种事项符合国家安全例外条款;最后,"国际关系中的紧急情况"为时间性认定,其确定何时成员方能够使用国家安全例外条款。根据国际法原则,各成员方至少应以善意的方式对国家安全事项进行审查。[2]在网络安全遭受威胁的情形下,GATT1994 第 21(b)(iii)条是最相关的例外条款。[3] 解决 GATT1994 安全例外条款适用的核心问题是:在网络战或网络威胁导致"国际关系中的紧急情况"背景下,成员方能够基于保护"重要安全利益"的目的采取"其认为合理的行为"。

二 国家安全例外的自裁决性及审查标准

《维也纳条约法公约》第 31 条和第 32 条为解释 WTO 协定的国际习

---

[1] Hannes L. Schloemann, Stefan Ohlhoff, " 'Constitutionalization' and Dispute Settlement in the WTO: National Security as an Issue of Competence", *American Journal of International Law*, Vol. 93, 1999, p. 445.

[2] Hannes L. Schloemann, Stefan Ohlhoff, " 'Constitutionalization' and Dispute Settlement in the WTO: National Security as an Issue of Competence", *American Journal of International Law*, Vol. 93, 1999, p. 445.

[3] Shin-yi Peng, "Cybersecurity Threats and the WTO National Security Exceptions", *Journal of International Economic Law*, Vol. 18, 2015, p. 458.

惯规则，由此，各成员方对安全例外条款的援引也应该建立在条约解释的基础上。由此，笔者将依次对安全例外条款的惯常含义、语境和目的与宗旨进行考察，并且借用补充性资料解释工具对相关条款含义进行裁决。

（一）关于自裁决条款的争议

针对国家安全例外条款的解释与适用，其关键问题是 GATT1994 第 21 条是否具有自裁决（self-judging）属性，以及在何种程度上具有自裁决属性。[①]在概念上，自裁决条款是在对使用和援引条款的主观评估后，国家可单边脱离或克减自身义务的条款。[②]

在理论上，不同学者对安全例外的自裁决属性有不同的理解方式：其一，主观性标准（subjective standard）审查的观点。主观性标准认为第 21 条国家安全例外必要性测试应由成员方自主确定。[③]其二，客观性标准的审查（objective scrutiny）观点，即，在援引安全例外时，WTO 专家组和上诉机构具有客观性审查的权限。[④]其三，主观性标准与客观性标准相结合的观点。该观点认为，在重要安全利益认定上，成员方具有决定性的主观认定权限，但是同时应避免滥用权利。[⑤]

毋庸置疑，虽然在理论层面上，不同学者对 GATT1994 第 21 条的自裁决适用的方法提出不同主张，然而，《维也纳条约法公约》第 31 条与 32 条作为解释 WTO 协定工具并未被否认，诸多学者对条约适用的方法的争议并不构成对条约解释的分歧。由此，即使成员方具有完全的决定国家安全例外适用的方式，其也应以惯常的条约解释对自裁决条款

[①] Antonio F. Perez, "WTO and U. N. Law: Institutional Comity in National Security", *Yale Journal of International Law*, Vol. 23, 1998, p. 302.

[②] Stephan Schill, Robyn Briese, "'If the State Considers': Self – Judging Clauses in International Dispute Settlement, in A. von Bogdandy, R. Wolfrum (eds.), *Max Planck Yearbook of United Nationals Law*, Vol. 13, 2009, p. 68.

[③] Stephan Schill, Robyn Briese, "'If the State Considers': Self – Judging Clauses in International Dispute Settlement", in A. von Bogdandy, R. Wolfrum (eds.), *Max Planck Yearbook of United Nationals Law*, Vol. 13, 2009, pp. 61 – 140.

[④] See Wesley A. Cann, Jr., "Creating Standards and Accountability for the Use of the WTO Security Exception: Reducing the Role of Power – Based Relations and Establishing a New Balance Between Sovereignty and Multilateralism", *Yale Journal of International Law*, Vol. 26, 2001, p. 413.

[⑤] Shin – yi Peng, "Cybersecurity Threats and the WTO National Security Exceptions", *Journal of International Economic Law*, Vol. 18, 2015, p. 468.

进行适用。更进一步,履行条约的解释应符合主观与客观的善意原则。客观善意要求条约解释结果对缔约方应具有合理预期;而主观善意要求根据成员方的意图进行解释。①由此,善意原则要求自裁决条款的适用符合条约解释规则的合理预期。

(二) 对"其认为的"术语的条约解释

"其认为必要的"术语的解释至少包括以下几个层面:首先,关于"其"(it)的解释。该条款的"其"表明在决定成员方行为是否满足第21(b)条的要求问题上,WTO 成员方具有排他性的裁量权。由此,该条款表明成员方具有决定争议措施是否满足该条款要求的决定权,而专家组或其他裁决机构则没有该项权利。②无疑,至少成员方具有很强的决定何种行为符合第21(b)条要求的裁量权。

其次,关于"认为"(consider)的解释。"认为"术语表明成员方具有决定其措施的实质性裁量权,但是该条款并非意味着成员方在国家安全事项下保留主权。③因此,"认为"概念反映出在保护过程中,成员方应履行"谨慎的义务"。④有学者认为,该概念与国际环境法中的预警原则(precautionary principles)颇为相似。⑤该术语实际上也反映出一些客观限制,例如,当利益受损风险并不存在,或者所使

---

① Shin-yi Peng, "Cybersecurity Threats and the WTO National Security Exceptions", *Journal of International Economic Law*, Vol. 18, 2015, p. 468.

② 同时,Raj Bhala 教授援用了在1961年葡萄牙加入 GATT 时,由于加纳对葡萄牙货物进行禁运,加纳代表指出:"任一缔约方都有排他性的决定何种措施对重要安全利益是必需的。因此,这(葡萄牙加入 GATT)并不能够作为反对加纳基于安全利益对其产品禁运的理由。" Raj Bhala, National Security and International Trade Law: What the GATT Says, and What the United States Does, University of Pennsylvania Journal of International Economic Law, Vol. 19, 1988, pp. 268-269.

③ 当然,在国际关系中,作为个体的国家仍是定义主权概念内容的主体。See Hannes L. Schloemann, Stefan Ohlhoff, "'Constitutionalization' and Dispute Settlement in the WTO: National Security as an Issue of Competence", *American Journal of International Law*, Vol. 93, 1999, p. 444.

④ Hannes L. Schloemann, Stefan Ohlhoff, "'Constitutionalization' and Dispute Settlement in the WTO: National Security as an Issue of Competence", *American Journal of International Law*, Vol. 93, 1999, p. 443.

⑤ 参见褚晓琳《论"Precautionary Principle"一词的中文翻译》,《中国海洋法学评论》2007年第2期;Owen McIntyre, Thomas Mosedale, "The Precautionary Principles as a Norm of Customary International Law", *Journal of Environmental Law*, Vol. 9, 1997, p. 221。

用的措施与目的之间并没有关联时,成员就不能援引该条款正当化其措施。①正基于此,"认为"术语包括对风险的评估。相反的情形体现在国际法院裁决中,其认为由于缺乏"认为"的术语,条款的争议问题受国际法院管辖。②

最后,"其认为的"术语并不否认专家组和上诉机构的客观审查权。"厄瓜多尔和欧共体香蕉(执行)案"上诉机构对《争端谅解协议》第22.3 (c)条的适用可窥豹一斑。根据《争端谅解协议》第22.3 (c)条规定,在败诉方不能履行义务时,胜诉方可以寻求补偿和中止减让的情形,其规定若是起诉方认为对同一协定项下的其他部门中止减让或其他义务不可行或无效,且情形足够严重,则可寻求中止另一适用协定项下的减让或其他义务。该条款规定"成员方认为其不可行(party considers that it is not practicable)"的表述与安全例外条款的描述相似。该案上诉机构认为"成员方认为"术语表明其他部门或协定中止减让的可行性和有效性问题,但是起诉方对减让幅度的评估应受到争端解决机构的审查。③换言之,即使条款中规定了"成员方认为"的术语,专家组和上诉机构也具有针对特定事项的客观审查权。

由此可见,对国家安全例外条款的解释与适用而言,在赋予成员方自裁决权时,专家组和上诉机构也具有对自裁决事项的客观审查权。

(三)对自裁决条款滥用的限制:基于善意原则的约束

GATT1947 起草者指出:"我们认识到规定如此宽泛的安全例外是有风险的,并且我们不可能要求任何事项都在阳光之下。因此,在起草

---

① Hannes L. Schloemann, Stefan Ohlhoff, "'Constitutionalization' and Dispute Settlement in the WTO: National Security as an Issue of Competence", *American Journal of International Law*, Vol. 93, 1999, p. 443.

② ICJ Reports of Judgments, Military and Paramilitary Activities in and against Nicaragua (Nicaragua v. United States of America), REP. 14, 27 JUNE 1986, para. 224.

③ European Communities – Regime for the Importation, Sale and Distribution of Bananas – Recourse to Arbitration by the European Communities Under Article 22.6 of the DSU, WT/DS27/ARB/ECU, Mar. 24 2000, para. 27. 当然,该条款与1994 年《关税与贸易总协定》第21 条也存在一定的差异。例如,该条款的序言具有强制性的规定"起诉方应适用下列原则和顺序"。See Peter Lindsay, "The Ambiguity of GATT Article XXI: Subtle Success or Rampant Failure?", *Duke Law Journal*, Vol. 52, 2003, pp. 1290 – 1291.

条款时，应谨慎地对待真实的安全利益，同时，尽我们所能限制例外的适用，进而阻止在任何情况下为保护其行业而实施保护主义。如何平衡自由贸易和国家安全是一个问题：一方面，我们不可能将其规定得过于狭窄，因为我们无法阻止基于纯粹安全原因（purely for security reasons）的措施；另一方面，如果将其规定得过于宽泛，那么缔约国可能借安全之名实施商业性目的。"[1]基于此，国家安全例外条款的解释要义在于避免滥用安全利益措施。[2]

如前所述，达致贸易与国家安全平衡的核心在于发挥善意原则，并将善意原则的解释方法与履约义务纳入国家安全必要性的解释中。理论上，善意原则不仅是一项解释规则，其还是缔约方履行条约的切实义务。《维也纳条约法公约》第26条中规定，"有效的条约对其当事国有拘束力，其必须由各国善意履行"。虽然对"善意履行"（good faith performance）并没有明确的定义，但是若以充分利用条约起草过程中的漏洞或模糊处进行解释的行为就不应该被视为是善意的。[3]

国家安全例外必须是以保护（for the protection of）成员方安全利益为目的。同时，必要性建立在措施与目标间的实质性联系上。该必要性的认定需要借用GATT1994第20（b）或（d）条的解释。进一步地，"必要的"表明了成员方需要证明，是否还存在其他更小贸易限制的措施，该措施也能够实现相同的保护水平。[4]在实践中，1975年11月，瑞典推行了对特定雨衣的全球进口配额，其主张国内生产的显著下滑将对瑞典构成实质性威胁，进而构成安全政策不可分割的一部分。[5]然而，

---

[1] Analytical Index of the GATT, Article. XXI, p. 600, available at https://www.wto.org/ENGLISH/res_e/booksp_e/gatt_ai_e/art21_e.pdf, last visited on 14 May 2020.

[2] Analytical Index of the GATT, Article. XXI, p. 600, available at https://www.wto.org/ENGLISH/res_e/booksp_e/gatt_ai_e/art21_e.pdf, last visited on 14 May 2020.

[3] Jeff Waincymer, WTO Litigation: Procedural Aspects of Formal Dispute Settlement, Cameron May, 2002, p. 499.

[4] Wesley A. Cann, "Creating Standards of Accountability for the Use of the WTO Security Exception: Reducing the Role of Power-Based Relations and Establishing A New Balance Between Sovereignty and Multilateral", *Yale Journal of International Law*, Vol. 26, No. 2, 2001, pp. 452-453.

[5] Council of Representatives, Report on Work Since the Thirtieth Session, L/4254, November 25, 1975, pp. 17-18; Sweden-Import Restrictions on Certain Footwear, L/4250, November 17, 1975, p. 2.

由于瑞典的解释并不符合善意原则，GATT 委员会的决定认为瑞典所谓的雨衣进口禁止的理由构成对 GATT 安全例外的滥用和误用。①

（四）简短的小结

善意原则贯穿于 GATT1994 第 21 条国家安全例外条款的解释与适用的始终。虽然成员方具有认定必要性和重要安全利益等概念的自我裁量权，然而其对条款的适用应符合惯常的条约解释规则，即，在进行客观性评估后，成员方援用的措施应是为保护合法利益所必要的。

通过上述分析，笔者认为安全例外条款的目的在于赋予成员方保护"重要安全利益"（essential security interests）而采取措施的权利。安全例外条款的适用特殊性体现在两个"其认为"的规定上，其一，为"其认为重要的利益"；其二，为"其认为必要的措施"。②虽然成员方能够对相关术语进行认定，但是其应该至少满足条约解释的善意原则，不应对"重要安全利益""国际关系紧急情况"做出过于宽泛，或者是过于狭窄的解释。上述国家实践与条约解释均涉于此。作为自裁决的条款，成员方的适用也应具备善意理念。正如上诉机构所强调的，解释者并不能自由地采纳可能会导致条约条款或段落多余（redundancy）或无效（inutility）的解释。③

三 国家安全例外的事项认定：演化的重要安全利益

（一）关于重要安全利益的条约解释

作为自裁决条款的体现，WTO 成员方具有定义其"重要安全利益"的权利。④ WTO 成员方具有采取安全利益相关行为的权利不能被否认，然而关键问题在于如何正确界定"重要安全利益"。有学者认为，对国家安全的定义应从国家、主权和国际法律人格出发；还有学者认为，国家安全概念关注保护国家主权，使其免受任何外部或内部、传统和非传

---

① GATT, Minutes of Meeting held in the Palais des Nations, Geneva, on 31 October 1975, C/M/109, p. 8.

② Peter Van Den Bossche, *The Law and Policy of the World Trade Organization: Text, Cases and Materials*, Cambridge: Cambridge University Press, 2013, p. 664.

③ Appellate Body Report, US – Gasoline, WT/DS2/AB/R, p. 23.

④ Andrew Emmerson, "Conceptualizing Security Exceptions: Legal Doctrine or Political Excuse?", *Journal of International Economic Law*, Vol. 11, No. 1, 2008, p. 139.

统的威胁。古德曼甚至认为,人权事项也能够成国家安全关注的事项,违反人权义务可引发成员方援用第 21 条对该国进行单边的紧急制裁。[1] 进一步的,有学者认为成员方能够通过援引安全例外,将因恐怖主义等原因而实施的贸易制裁措施正当化。[2]同时,也有学者试图主张气候变化的威胁也能成为适用安全例外的合法理由。[3]如此可见,在理论上,重要安全利益的概念被逐步泛化。

从根本上讲,对"重要安全利益"的认识应回归到条约解释层面。在条约解释上,其一,重要安全利益并不等同于一般安全利益（general security interest）。在"中国原材料案"中,专家组对"对其重要的（essential to）"术语进行解释。从惯常含义上讲,"对其重要的"表明"影响任何事物的本质;重大的,重要的组成,或形成事物本质的一部分",以及"绝对必需的,不可分割的要求"。[4]综合而言,"重要安全利益"表明一般安全并不足以构成"重要的"安全利益,其必须满足一个与一般安全利益相区分的更高标准。[5]

其二,单纯的经济安全利益难以构成重要安全利益。经济安全（economic security）是一些 WTO 成员方惯常主张的观点。然而,WTO 协定表明纯粹经济性的事务有其专门的调整方式。[6]例如,在 GATT1994 中,对经济安全的关注体现在第 19 条"对某些产品进口的紧急措施"上。因此,第 21 条并不服务于保护经济安全利益的目标。

---

[1] See Ryan Goodman, "Norms and National Security: The WTO as a Catalyst for Inquiry", *Chicago Journal of International Law*, Vol. 2, No. 1, 2001, p. 101.

[2] See Eric J. Lobsinger, "Diminishing Borders in Trade and Terrorism: An Examination of Regional Applicability of GATT Article XXI National Security Trade Sanctions", *ILSA Journal of International and Comparative Law*, Vol. 13, 2006, p. 99.

[3] See Felicity Deane, "The WTO, the National Security Exception and Climate Change, *Carbon & Climate Law Review*", Vol. 2, 2012, p. 149.

[4] Panel Report Reports, "China – Measures Related To the Exportation of Various Raw Materials", WT/DS398/R, 5 July 2011, para. 7.275.

[5] Hannes L. Schloemann, Stefan Ohlhoff, "'Constitutionalization' and Dispute Settlement in the WTO: National Security as an Issue of Competence", *American Journal of International Law*, Vol. 93, 1999, p. 4245.

[6] Hannes L. Schloemann, Stefan Ohlhoff, "'Constitutionalization' and Dispute Settlement in the WTO: National Security as an Issue of Competence", *American Journal of International Law*, Vol. 93, 1999, p. 444.

其三，以演化解释的方法解释"重要安全利益"。WTO 争端解决实践将演化解释作为应对客观情势变化的一种有效的解释方法，其得到广泛的认同。①在"美国虾案"中，上诉机构认为：GATT1994 第 20 条的"自然资源"在定义上是演化的，其内容或对象并非是静止的。②相似的，在"中国视听服务案"中，上诉机构认为，中国服务贸易减让表中所使用的术语——"录音制品"和"分销"是足够一般性的（sufficiently generic）术语，其含义能跟随时间推移而发生变化。在这个层面上与 WTO 协定相似，GATS 承诺减让表构成了在一个无固定期限中的持续性义务（continuing obligations），不管是原始成员方，还是在 1995 年之后加入的成员方。③上述演化解释也能适用于对"重要安全利益"的解释。

需要注意的是，WTO 专家组承认了并不存在对"公共道德"和"公共秩序"的单一性解释，上述概念能够随时空变化而变化，并且受到包括现有的社会、文化、道德和宗教价值的一系列因素的影响。④虽然目前争端解决实践中并未涉及对重要安全利益的认定，但基于各国社会、文化、道德等的相异性，WTO 成员方对重要安全利益的认可也是具有差异的。毫无疑问，根据其自身的体系和价值观念，成员方应具有在其管辖的领域内，定义和适用其"重要安全利益"概念的权利。当然，该权利也并非是绝对的，成员方具有将该条款进行善意解释的义务。⑤

（二）国家安全利益在网络领域的延伸

在互联网领域，国家安全不存在统一认识。

---

① 参见孙南翔《论"发展的条约解释"及其在世贸组织争端解决中的适用》，《环球法律评论》2015 年第 5 期。

② 美国虾案上诉机构的该裁决援引了国际法院的意见。在 1971 年"南非不顾安理会决议继续驻留纳米比亚对各国的法律后果咨询意见案"中，国际法院指出，《国际联盟盟约》第 22 条所含"今世特别困难状况"和"人民的福利和发展"等概念不是静止的，从定义上就具有演化性。"神圣信托"这一概念也是如此。See Legal Consequences for States of the Continued Presence of South Africa in Namibia case, para. 53; Appellate Body Report, US‐Shrimp, WT/DS58/AB/R, para. 130.

③ Appellate Body Report, "China‐Audiovisual Products", WT/DS363/AB/R, p. 396.

④ Panel Report, "US‐Gambling", WT/DS285/R, para. 6.461.

⑤ Panel Report, "US‐Gambling", WT/DS285/R, para. 6.461.

一般而言，国家安全利益包括军事与国防利益。在当代，其拓展至对民用通信基础设施、环境安全和财政金融利益的保护领域。[1]但无论如何，在特定时点上，国家安全利益应该是具体的。正如国家安全例外条款起草者所言，安全利益是阳光底下的事情，除非其有限制性规定。[2]

国际电信联盟在《国家网络安全指南》中指出，从技术的层面讲，"信息安全"并不必然落入"国家安全"的范围，并且上述两种术语混淆可能导致对安全概念的错误认识，或者导致对网络风险的不合理认识。[3]由此，必须区分网络安全（cybersecurity）与信息安全。一方面，信息安全只关注信息的保密性，其强调个人隐私权。传统上，由于多数计算机系统是独立的，并且较少进行跨国传输，信息安全主要在于避免未经同意与未经授权进入、修改或摧毁计算机、网络、程序和数据的行为。[4]另一方面，网络安全的合理性在于保障国家安全，其强调保障重要基础设施发挥功能。[5]因此，网络安全是国家安全的形式之一。

网络安全不仅是信息安全问题，其更与国家政策息息相关，因为违法使用互联网的行为可阻止经济、公共健康和国家安全活动的正常开展。[6]据研究发现，当前，大部分的国家都占有或储存一批在电脑上的敏感信息，并且通过网络向其他计算机传送数据，同时，存在一些未经

---

[1] 例如，2007年对爱沙尼亚的网络攻击、全球变暖、跨境水污染、恐怖主义注资等。See Eric Pickett, Michael Lux, "Embargo as a Trade Defense against an Embargo: The WTO Compatibility of the Russian Ban on Imports from the EU", *Global Trade and Customs Journal*, Vol. 10, 2015, p. 28.

[2] Eric Pickett, Michael Lux, "Embargo as a Trade Defense against an Embargo: The WTO Compatibility of the Russian Ban on Imports from the EU", *Global Trade and Customs Journal*, Vol. 10, 2015, p. 28.

[3] ITU, National Cybersecurity Guide, available at http://www.itu.int/ITU-D/cyb/cybersecurity/docs/ITUNationalCybersecurityStrategyGuide.pdf, last visited on 16 May 2020.

[4] ITU, National Cybersecurity Guide, available at http://www.itu.int/ITU-D/cyb/cybersecurity/docs/ITUNationalCybersecurityStrategyGuide.pdf, last visited on 16 May 2020.

[5] Shin-yi Peng, "Cybersecurity Threats and the WTO National Security Exceptions", *Journal of International Economic Law*, Vol. 18, 2015, p. 469.

[6] ITU, National Cybersecurity Guide, available at http://www.itu.int/ITU-D/cyb/cybersecurity/docs/ITUNationalCybersecurityStrategyGuide.pdf, last visited on 16 May 2020.

授权的定期入侵、窃取和扭曲敏感政府信息的活动。①正基于此,当上述的威胁足够严重时,其可以妨害国家经济与主权的稳定,并因此构成国家安全的直接威胁。②

互联网具有重要的国家安全利益。就连美国研究机构也宣称,美国保护网络安全的失败是美国国家安全最为迫切需要解决的难题。③同时,美国也指出网络攻击对其国内的手机网络、电力企业和电子贸易等产生显著的威胁。④

从本质上讲,互联网无法存在于"零风险"(zero risk)的空间中。例如,软件的不安全性是固有的。正如技术专家所言,软件的不安全性与脆弱性存在于软件发展的各个阶段。⑤那么,关键问题是在多大程度的风险才能被视为构成对"重要安全利益"的威胁。在宏观上,超越一定风险程度之上的网络安全可构成 GATT1994 第 21 条的"重要安全利益"。由此,在实践中,一个发展的"重要安全利益"概念似乎是不可避免的。理论上,任何可合法保护第 21 条项下的特定利益的主张都能够构成该条款的重要安全利益。网络安全也可构成重要安全利益。

四 国家安全例外的时间事项:无差异的网络时空

根据 GATT1994 第 21(b)条规定,除满足事项性认定外,成员方援用安全例外还应满足特定时间性,其反映在对"战时""国际关系中的紧急情况"等概念的界定上。

---

① ITU, Global Cybersecurity Index and Cyberwellness Profiles, available at http://www. itu. int/dms_ pub/itu - d/opb/str/D - STR - SECU - 2015 - PDF - E. pdf, last visited on 16 May 2020.
② Shin - yi Peng, "Cybersecurity Threats and the WTO National Security Exceptions", *Journal of International Economic Law*, Vol. 18, 2015, p. 470.
③ CSIS Commission on Cybersecurity, "Securing Cyberspace for the 44th Presidency", Washington, D. C., 2008.
④ CSIS Commission on Cybersecurity, "Securing Cyberspace for the 44th Presidency", Washington, D. C., 2008.
⑤ Richard Clarke et al., *Cyber War: The Next Threat to National Security and What to Do About It*, New York: Harper Collins Publishers, 2012, pp. 69 - 102.

（一）关于战时、国际关系紧急情况的条约解释

"国际关系中的紧急情况"是援引安全例外条款的前提条件之一，[①]其决定了国家安全例外适用的时间点。然而，对该术语目前尚不存在一致认定。瑞典曾认为雨衣贸易将对瑞典的经济情况构成实质性威胁，其成为安全政策不可分割的一部分。[②]该主张引发对"紧急情况"界定的广泛争议。

GATT1994 第 21（b）（iii）条的解释涉及"战争或其他国际关系中的紧急情况"。就目前而言，"战争"（war）术语仍不明确。[③]21世纪所面临的战争与 1947 年条约缔结时的战争形式、规模与本质已然发生显著变化。第一，当前，愈来愈多的武装战争体现为非对称的战争或游击战，其中，非国家行为者（non-state actors）是主要的参与者；第二，虽然传统观点只将国家间的武装战争视为"战争"，但是目前的战争规则已经完全不同于 20 世纪 40 年代，而且还涉及非军事目的（non-military means）的打击行为。例如，戈尔巴乔夫原则（Gerasimov Doctrine）是使用政治的、经济的、信息的、人道的或者其他非军事等冲突实现既定目标；同时，只有在特定情况下，国家才能诉诸武力。[④]GATT1994 第 21（b）条序言规定，其不应阻止任何缔约方采取其认为对保护基本安全利益所必要的任何行动。该序言反映了安全例外条款的国际关系紧急情况并不需要实际的入侵行为作为援引条款的前提。由此，对"战争"

[①] 由于"国际关系中的紧急情况"概念居于 GATT1994 第 21 条第（b）（iii）条下，关于该概念是否适用自裁决的问题曾引发争议。例如，汉斯与史蒂凡认为专家组和上诉机构能够对"战争或其他紧急情况"的认定进行善意审查。如前文所述，不管是自裁决属性还是非自裁决属性，由于条约解释适用共同的解释规则，因此，根据善意原则，对其理解与适用应是无差别的。See Hannes L. Schloemann, Stefan Ohlhoff, "'Constitutionalization' and Dispute Settlement In the WTO: National Security As an Issue Of Competence", *American Journal of International Law*, Vol. 93, No. 2, 1999, pp. 446–447.

[②] See Council of Representatives, "Report on Work Since the Thirtieth Session", L/4254 (Nov. 25,1975), pp. 17–18; "Sweden – Import Restrictions on Certain Footwear", L/4250 (Nov. 17, 1975), p. 2.

[③] See Eric Pickett, Michael Lux, "Embargo as a Trade Defense against an Embargo: The WTO Compatibility of the Russian Ban on Imports from the EU", *Global Trade and Customs Journal*, Vol. 10, 2015, p. 31.

[④] Mark Galeatti, The "'Gerasimov Doctrine' and Russian Non – Linear War, In Moscow' Shadows", available at https://inmoscowsshadows.wordpress.com/2014/07/06/the – gerasimov – doctrine – and – russian – non – linear – war/, last visited on 20 May 2020.

第二章　网络空间与国际经贸规则的新发展　171

的解释仍以诉诸武力为核心。

对"紧急情况（emergency）"的解释并不需要以武力使用（the use of force）为前提。①由此，以网络战、网络安全威胁为代表的现代新军事行为可能落入"国际关系的其他紧急情况"概念中。"国际关系的其他紧急情况"术语具有更灵活的解释弹性。由于"其他（other）"术语联系了战争和紧急情况，因此，依据条约解释中的同类原则（ejusdem generis），②对其解释也应该是体现出紧急情况的重要程度，该紧急情况已超过国家间的一般政治紧张情形。

更为重要的是，对"战时"与"国际关系中的紧急情况"概念的解释并不需要区分实体空间与网络空间。在 WTO 争端解决实践中，专家组和上诉机构将贸易规则一视同仁地适用于现实与网络世界。在"中国视听服务案"中，专家组和上诉机构表明若无明显排除，所有的成员方承诺都可适用于所有类型的交付方式，其包括将互联网作为交付媒介。③"美国博彩案"裁决也对"体育"（sporting）术语做出相似概念，该案专家组指出，该术语的市场准入承诺表明其他成员方服务提供者具有可通过任何分销形式提供服务的权利，包括通过信函、电话、互联网等，除非成员方的承诺表有明确的相反规定。④换言之，成员方关于 WTO 协定的权利与义务自动拓展至互联网领域。

如上，根据争端解决专家组和上诉机构的观点，网络本身是中性的媒介，那么现实世界的战争与虚拟世界的战争也就无异。换言之，网络战是战争，或至少构成可援引安全例外条款的国家紧急状态的一种形式。⑤

---

① Michael J. Hahn, "Vital Interests and the Law of GATT: An Analysis of GATT's Security Exception", *Michigan Journal of International Law*, Vol. 12, 1991, p. 589. 当然，使用武力或武力威胁涉及《联合国宪章》等公约义务，其包括合法与不合法的使用武力的情形。

② 条约解释的同类原则表现为：当一般性词汇（general words）跟在特定性词汇（special words）之后，那么一般性词汇的理解受特定性词汇所表示的一般类型（genus class）所限制。See Anthony Aust, *Modern Treaty Law and Practice*, 2nd edition, Cambridge: Cambridge University Press, 2007, p. 249.

③ See Robert Howse, Joanna Langille, "Permitting Pluralism, 'The Seal Products Dispute and Why the WTO Should Accept Trade Restrictions Justified by Noninstrumental Moral Values'", *Yale Journal of International Law*, Vol. 37, 2012, p. 368.

④ Panel Report, US‑Gambling, WT/DS285/R, para. 6.285.

⑤ See Claire Oakes Finkelstein, Kevin H. Govern, "Introduction: Cyber and the Changing Face of War", Pennsylvania Legal Scholarship Repository Paper, No. 1566, 2015, pp. x‑xx.

(二) 网络空间中的战时与国际关系紧急情况

WTO 各成员方在乌拉圭回合谈判阶段并未修改 GATT1994 第 21 条，这变相地表明，缔约方认为国家安全例外条款可适用于新的情况。究其缘由，在解释上，"战时"与"国际关系的紧急情况"等概念能够拓展适用于新的客观情势。

在实践中，战时与国际关系中的紧急情况在诸多场合被广泛使用。美国政府倾向于在国内外场合中使用战争术语，从第二次世界大战之后，美国先后经历了冷战、朝鲜战争、伊朗危机、尼加拉瓜危机等。同时还制定一系列国内政策，例如针对贫困的战争、对毒品的战争、对犯罪的战争等。[1]在多边层面上，联合国与联合国安全理事会也越发关注非军事的安全威胁，例如联合国安全理事会曾将人体免疫缺陷病毒、埃博拉病毒的扩散视为国际关系中的紧急情况。[2]

"战时"与"国际关系中的紧急情况"也拓展至网络空间。如今，我们生活在一个计算机化的世界，在所有商业活动、公共社会和私人生活中，计算机及其相关设备都发挥基础性的作用。同时，我们不仅生活在计算机化的世界中，我们还生活在互联网时代，其特征表现为几乎所有的事项都能通过互联网或其他网络类型进行远程控制。[3]

2010 年 12 月，被称为蠕虫的计算机病毒感染了全球众多工业自动化仪器。虽然该病毒对系统并不会造成过多影响，但是其能通过网络对系统的运作发布指令。据报道，蠕虫病毒入侵了位于布什尔和纳坦兹的伊朗核设施的处理系统，并且进行控制并蓄意造成自我毁灭。[4]毫无疑问，该网络攻击实例表明了网络行为体通过互联网造成国家安全威胁的

---

[1] See Eric Pickett, Michael Lux, "Embargo as a Trade Defense against an Embargo: The WTO Compatibility of the Russian Ban on Imports from the EU", *Global Trade and Customs Journal*, Vol. 10, 2015, p. 31.

[2] See UN Security Council, Resolution 1983 (2011), S/RES/1983; UN Security Council, Resolution 2177 (2014), S/RES/2177.

[3] Georg Kerschischnig, *Cyberthreats and International Law*, Netherlands: Eleven International Publishing, 2012, p. 5.

[4] See Ron Rosenbaum, The Triumph of Hacker Culture, available at http://www.slate.com/articles/life/the_spectator/2011/01/the_triumph_of_hacker_culture.htm, last visited on 20 May 2020; Fredrik Erixon, Hosuk Lee-Makiyama, "Digital Authoritarianism: Human Rights, Geopolitics and Commerce", *ECIPE Occasional Paper*, No. 5/2011, p. 10.

可能性。

随着互联网战略地位的加强,通过网络的方式,非国家行为体能影响信息安全、网络安全与国家安全。布莱恩甚至主张网络攻击愈演愈烈,其已成为一种新型的技术武器。[1]实践中,网络战被视为战争的新形态。例如,2007年,由于互联网攻击,爱沙尼亚政党、政府、银行和媒体网站遭遇了时间长达三周的瘫痪。俄罗斯黑客被认为是该互联网攻击的主体,爱沙尼亚政府为此花费巨大。[2]由此,网络安全也是国家安全的应有之义。

综合而言,"重要安全利益"和"国际关系中的紧急情况"概念是相互关联的,网络安全构成国家的重要安全利益,那么国际关系中的紧急情况也适用于网络攻击与网络威胁的行为。

虽然国家安全例外条款被视为君子条款,然而其愈发得到WTO成员方的关注。在"中国原材料案"和"中国稀土案"中,虽然最终并没有援引国家安全例外条款,中国仍提及其贸易措施的目的之一是保障国家安全。在具体争议中,由于稀土矿物质被用在导弹和航空系统,中国军事供应链对国外提供者的依赖将会引发国家安全危险,中国政府重复强调中国对稀土的限制涉及重要的国家安全关注。[3]

更进一步,网络空间正处于无秩序状态。远程控制、网络间谍、产品后门等对网络安全形成巨大的挑战,也引发了贸易与安全之间的争议。如前所述,网络安全可构成重要安全利益,而中性的网络空间也可形成战时或国际关系的紧急情况的状态。由此,网络安全可作为背离自由贸易的合法理由,然而,该条款的解释和适用仍受制于措施必要性与善意原则的约束。

作为网络大国,我国应从以下三个层面认识贸易与网络安全之间的

---

[1] Brian M. Mazanec, "Why International Order in Cyberspace Is Not Inevitable", Strategic Studies Quarterly, 2015, pp. 78-80.

[2] See Brian M. Mazanec, "Why International Order in Cyberspace Is Not Inevitable", Strategic Studies Quarterly, 2015, pp. 78-80.

[3] Panel Report, China - Measures Related to the Exportation of Rare Earths, Tungsten, And Molybdenum, WT/DS431/R, 26 March 2014, paras. 7.398, 7.404, 7.712. 虽然在专家组报告中并没有阐述,但是有学者披露如上信息。See Shin-yi Peng, "Cybersecurity Threats and the WTO National Security Exceptions", *Journal of International Economic Law*, Vol. 18, 2015, p. 461.

关系。第一，我国应依据安全例外条款合法地、合理地保障我国的网络安全。联合国安全理事会曾反复强调：任何国家都不能以使用或鼓励使用经济性的、政治性的或其他类型的措施对其他国家进行胁迫的方式行使其主权权利。[①]基于国家主权，安全例外成为保障国家主权的必然要求。没有网络安全就没有国家安全。由此，我国应坚定地主张网络主权，并以国家安全例外为基础，建构中国的互联网贸易安全。

第二，我国应善意地利用安全例外的自裁决性。虽然国家安全例外赋予成员方对措施的必要性和重要安全利益的解释权，然而根据善意原则，我国在界定必要性和基本概念时，应满足惯常的条约解释方式。特别是在措施的必要性上，我国应借鉴 GATT1994 第 20 条建立的必要性标准，降低互联网安全措施对贸易的限制性，并仅在"紧急情况"下才使用国家安全例外。

第三，在自由贸易协定中，我国可适时主张限制滥用国家安全例外的规则。在信息技术产品、互联网基础设施等贸易与投资上，我国已经初具贸易的比较优势。我国的产品与企业时常被美国为首的西方国家视为重要的安全威胁，进而限制正常的贸易往来。有鉴于此，在自由贸易协定中，我国可增加国家安全例外审查的客观性以及措施实施的非歧视性要求，从而对抗以国家安全为幌子的贸易保护主义。

---

① Declaration on the Inadmissibility of Intervention in the Domestic Affairs of States and the Protection of Their Independence and Sovereignty, G. A. Res. 2131 (XX), para. 2.

第三章

网络空间国内立法的发展动向

在国内层面，以《网络安全法》《电子商务法》等为起点，中国网络空间治理法治化进程正迈入攻坚阶段。在国际规则层面，国际网络空间法治化治理机制正朝向消除电子贸易障碍和增强贸易商电子权利方向发展。在域外实践方面，美欧网络空间法治化治理愈发重视市场化机制。总体上，下一阶段，我国应该积极探索实现法治化和市场化共同发展的网络空间治理机制，打造具有中国特色的网络贸易综合治理体系，并进一步参与、引导、创制国际网络空间法治化治理规则。

第一节 网络空间美欧立法的发展动向

近年来，作为网络空间法治化治理的引领者，美国和欧盟开始对网络空间治理模式进行反思。在实践中，美国强调应充分发挥法治化和市场化治理作用。与此同时，欧盟也更加注重政府和市场在网络空间治理中的功能配置。从某种程度上讲，网络空间治理机制正朝着"法治+市场"的方向发展。

一 美国恢复互联网自由指令的实践

在网络治理上，理论界和实务界长期存在网络自由与网络中立的争论。近期，美国废除了网络中立规则，强调通过市场化机制治理互联网服务，并提倡对互联网服务实施宽松监管政策。

2017年12月，美国联邦通信委员会废除了网络中立规则，实施恢复互联网自由的举措。该指令一经发出，随即引发广泛关注。其备受关注的根本原因在于该指令触动网络治理的核心问题，其主要体现为互联网服务治理的市场化转向。具体而言：

第一，该指令认定互联网接入服务者提供信息服务，而非电信服务。一般而言，各国对诸如电话等电信服务施加严格的规制，但对仅提供传输功能的信息服务施加较少的限制。若互联网接入服务被视为公共的电信服务，那么互联网企业必须满足三项基本的要求。其一，禁止阻拦网络信息；其二，禁止对用户进行压制；其三，禁止付费的服务享受优先性。本质上，作为公共产品，互联网接入服务应体现非歧视的要求。然而，近期美国联邦通信委员会重新将互联网接入服务归类为信息服务。其意味着互联网企业将能够突破非歧视要求，实现差异化服务、差别化定价，并对信息内容进行阻拦和屏蔽。换言之，互联网企业将享受更大的管理权限和自由的定价策略。

第二，该指令将放松对互联网企业的监管，而不进行严格规制。奥巴马政府要求对互联网接入服务实行严格监管，特朗普政府则指出互联网企业适合宽松的监管环境。该宽松监管能够促进互联网服务提供者的投资和创新，实现更多超越想象的技术发展。同时，宽松监管将能够降低规制的不确定性，并减少企业的成本，通过鼓励市场化竞争，使消费者获得更多的内容、服务和设备。

第三，该指令倡导通过市场机制治理互联网，而非政府的法律治理。该指令认为，个人消费者（而非政府）应决定互联网接入服务是否满足其需要。其指出，如果互联网服务提供者从事不规范的行为时，消费者和企业应该积极发声，以此维护自身的合法利益。同时，监管互联网服务提供者的不正当竞争和欺诈性行为的管辖权应由美国联邦贸易委员会所有。其认为，此举不仅能够保护互联网自由，并且更具有效率性，并大幅度地降低社会成本。

在美国联邦贸易委员会指令中，网络中立和网络自由理论更似截然对立。网络中立代表消费者利益，而网络自由代表企业利益。本质上，美国网络中立争论是党派与理念之争，也是电信巨头同互联网内容企业的利益博弈。例如，指令发布后，电信巨头康卡斯特、美国电话电报公司欢欣鼓舞；而谷歌、亚马逊、脸书、苹果公司等表示强烈反对。

近年来，我国"朱烨诉百度案""新浪微博诉脉脉案""微信封杀""百度竞价排行""菜鸟和顺丰数据争议"等互联网纠纷事件时有发生，确有必要探索市场化机制对网络空间治理的可适用性。在一定程度上，美国网络空间的市场化治理方法能够减少政府治理互联网的成本，并提高治理的效率。然而，我国的互联网治理应跳出网络自由和网络中立的理论和利益之争，牢牢以最广大人民的根本利益为出发点，创新性地平衡互联网行业利益和消费者利益，有效利用法治化和市场化的治理工具，打造清朗、有序、活跃、繁荣的网络空间。

二 欧盟《数字服务法》《数字市场法》的立法探索

近日，欧盟委员会发布《数字服务法（草案）》《数字市场法（草案）》，规范超大型在线平台与"守门人企业"行为。上述法律依托行政法、广告法、竞争法等工具，要求大型互联网企业承担透明运作、公平运营、有效监督、数据开放等义务。欧盟《数字服务法》《数字市场法》难以改变中美领先的全球数字经济版图。作为应对，一方面，我国要借鉴欧盟立法中创设管辖"连接点"的先进经验，探索中国数字立法的域外适用体系；另一方面，应鼓励互联网企业等主动参与欧盟立法意见征询活动，推动中欧数字治理体系协调发展。

（一）欧盟《数字服务法》《数字市场法》出台的背景

1. 解决互联网企业对政治社会活动的不当干预

《数字服务法》《数字市场法》旨在为关键少数的"超大型在线平台""守门人企业"制定行为规范。上述两部法律重点针对搜索引擎、在线社交平台、网络中介服务商。这些互联网企业具有持久的、庞大的用户、商户，事实上拥有在数字经济领域创设规则的权力。

然而，这些关键少数互联网企业具有不当干预国家政治社会活动的能力。例如，推特、脸书、谷歌等美国互联网巨头近期对美国前总统特朗普的账号进行永久"封锁"，使得"推特治国"模式受到挑战。更重要的是，互联网巨头在审查信息及做出"封锁"决定时，并未履行透明度、公众参与、充分救济等法治原则。

2. 解决传统互联网规制中的监管漏洞

除《欧盟一般数据保护条例》（GDPR）规定的个人数据权外，欧盟缺乏对域外互联网企业规制的创新型工具。为此，欧盟《数字服务法》引入行政法、广告法等工具，避免互联网企业提供非法的商品、内容或服务；《数字市场法》引入竞争法工具，避免大企业对中小企业设置市场壁垒。

欧盟通过两部法律创设法律管辖"连接点"，使得欧盟数字立法授权行政机构对域外互联网企业进行规范，以此约束大型互联网企业的不当行为。除外，欧盟近期还探索通过数字税、知识产权法等工具，使欧盟社会能共享数字经济创造的利益。

3. 打造欧盟统一的数字立法及执法机构

由于欧盟数字经济立法权长期为各成员国所享有，各国法律监管的不一致性增加欧盟互联网企业的合规成本。因此，欧盟《数字服务法》《数字市场法》以构建"单一数据市场"为目标，旨在减少不必要的法律负担。为此，欧盟将创设新的监管机构——欧洲数字服务委员会。该委员会由各国数字服务协调员组成，以进行联合调查，并监督超大型在线平台。

（二）欧盟《数字服务法》《数字市场法》的主要内容及特点

1. 欧盟《数字服务法》的核心内容

欧盟《数字服务法》对中介服务、托管服务、超大型在线平台等服务类型制定不同的义务。其中，超大型在线平台的义务最为严苛。

第一，强制信息通报义务。欧盟《数字服务法》要求所有在线平台承担信息收集、通报义务。一方面，在线平台应确保交易者信息可追溯。平台应保存交易者名称、地址、身份证明文件、银行账户以及交易者承诺遵守欧盟法的声明文件。另一方面，当在线平台发现存在刑事犯罪信息时，有义务立即通知成员国执法机构。

第二，履行透明度要求。欧盟《数字服务法》要求所有互联网服务商采取有效的透明度措施，公开广告来源、数据访问及运营算法等内容。以线上广告为例，在线平台应准确标注广告，并以清楚的、明确的方式向用户告知广告赞助方名称与定向广告所采用的技术参数。

第三，设立争议解决机制。欧盟《数字服务法》要求，所有在线平台应建立举报人制度、申诉处理机制，以及庭外争议解决机制。为确保在线平台及时、勤勉、客观地处理争议事项,利益攸关方可向在线平台提起申诉,也可向法院提起诉讼。此措施旨在制约平台权力,为利益受损方提供内部救济和司法干预的渠道。

第四,对超大型在线平台的特殊要求。超大型在线平台指其平均每月活跃用户高于 4500 万人(占欧盟总人口的 10%)的在线平台。欧盟《数字服务法》要求,超大型在线平台应建立适格合规官,以及风险评估、风险规避、危机应对等内控机制,并定期开展外部审计。此义务重点在于,防止超大型在线平台变相帮助非法内容、虚假新闻的传播,避免在线平台参与竞选操纵、犯罪活动、恐怖主义等行为。

超大型在线平台应建立与监管机构、研究人员的数据共享机制。超大型在线平台应向数字服务协调机构或欧盟委员会提供信息访问权限,并依法向经过审查的研究人员提供数据访问权限。

2. 欧盟《数字市场法》的核心内容

欧盟《数字市场法》的规制对象为,对欧盟数字经济行业具有重大影响的"守门人企业"。该法的核心在于,避免守门人企业扭曲市场的有效竞争、公平竞争与理性竞争。为限制守门人企业的不当行为,欧盟委员会可对违规企业处以全球营业额 10% 的罚款,甚至可强制守门人企业重组或出售经营业务。

第一,禁止平台"二选一"行为。一些互联网企业要求用户不得使用竞争对手的服务。欧盟《数字市场法》禁止此类行为。一方面,守门人企业应允许用户访问、使用第三方软件应用程序、操作系统,并允许用户在其他在线平台开展推销活动。另一方面,守门人企业不应阻止用户卸载软件或应用程序,也不得限制用户切换、订阅其他软件应用程序及服务。

第二,尊重个人数据权并扩大数据开放程度。守门人企业应在遵守《欧盟一般数据条例》条件下,扩大数据公开程度,以培育、推动欧盟数字经济行业的发展。一方面,守门人企业应允许用户访问、使用其平台中生成的数据,并以公平、合理和非歧视的条件,向搜索引擎企业提供相关的搜索信息。另一方面,守门人企业不得在未经用户同意前,通过获取第三方数据对用户进行识别,也不得在对外竞争中使得用户的非公开数据。

第三，规范在线广告不当行为。在线广告是守门人企业的主要收入来源，但广告商、广告主时常处于不利的商业地位。为此，欧盟《数字市场法》规定，一方面，守门人企业应免费为在其平台投放广告的广告商、广告主提供广告效果信息；另一方面，守门人企业应明确告知广告服务价格、报酬信息等交易条件。

第四，营造公平公正的数字营商环境。欧盟《数字市场法》旨在打造公平、公正的数字营商环境。守门人企业的主要义务为：其一，应公平、非歧视地对待所有用户。其二，不应进行不合理搭售行为。即，不得将访问、登录或注册其他账户作为与守门人企业交易的前提条件。其三，不应滥用市场优势地位。即，不得使守门人企业同类服务获得更优的排名效果。其四，不应限制竞争。即，应允许用户以不同于守门人企业同类服务的价格提供服务。其五，不应限制举报行为。即，不得阻止或限制用户向监管机关报告守门人企业的违规行为。

（三）欧盟《数字服务法》《数字市场法》带来的影响

下一阶段，欧洲议会将对《数字服务法》《数字市场法》进行表决。根据欧盟运作程序，两部法律将在欧洲议会通过六个月后正式生效。据分析，欧盟《数字服务法》《数字市场法》大概率将在 2022 年年底前生效并实施。

首先，欧盟数字立法无法改变全球数字经济版图。受欧盟《数字服务法》《数字市场法》影响的互联网企业不仅包括亚马逊、苹果、谷歌、脸书等美国互联网巨头，还可能涉及字节跳动、腾讯、阿里巴巴、华为等中资企业。虽然有观点认为，上述两部法律有利于打破互联网巨头的垄断地位，激励欧盟境内的数字创新和中小企业发展，然而由于互联网行业"用户集聚""信息规模"等效应，大型互联网企业已成为欧盟公民生产、生活不可或缺的组成部分。因此，尽管两部法律在短期内将增加企业的合规成本，但这无法从根本上撼动中美互联网企业在欧洲的地位及市场份额，特别是大型互联网企业可通过成本转嫁的方式，将增加的成本转嫁给广告商及用户。

其次，欧盟数字立法有利于"规训"域外互联网企业。在社会、政治领域，欧盟通过制定《数字服务法》《数字市场法》，将获得更多规制大型互联网企业的法律工具。一方面，欧盟数字立法明确大型互联网企业承担内容监督、自我审查及争端解决的义务，并要求其承担维护公平、透明竞争秩序的责任。因此，为避免巨额罚款，大型互联网企业有动力遵循欧盟数字立法。另一方面，欧盟委员会成为欧洲数字经济立法、执法的权力中枢机构。欧盟《数字服务法》要求所有互联网企业在欧盟境内设立联络人或法律代表，由此实现欧盟立法对域外行为的有效管制。

最后，欧盟数字立法将产生示范性立法的效应。为应对新冠肺炎疫情扩散，多数国家出台"隔离令"，这使得在线商务、娱乐、教育等数字行业蓬勃发展。近期，一些国家督促大型互联网企业承担更大程度的社会责任。可以预计，欧盟《数字服务法》《数字市场法》将对日本、韩国、东南亚等国家和地区产生示范性立法的效应。然而，欧盟数字立法也触及美国企业的商业利益。欧盟对大型互联网企业的严格监管模式，与美国倡导的"技术中性""避风港原则"等理念背道而驰。因此，美欧之间可能产生关于欧盟数字立法的新一轮贸易摩擦，这将减缓电子商务多边规则的谈判进程。

第二节　网络空间信息市场化治理的机制变革

大数据等新技术的兴起使网络个人信息成为重要的生产资料。当前，信息治理不仅侧重对网络个人信息的保护，更应实现个人信息的合理利用。网络信息本身具有价值属性，通过明确低敏感的个人信息可利用，网络个人信息利用的市场化机制得以建立。作为转让信息的对价，用户获得互联网服务提供者的等偿服务。作为私主体，信息利用双方承担充分披露、等价交易、诚信交易的义务；作为公权力，政府应保护产权和公平交换，并建立起行政救济机制。当前，我国对网络信息的治理应转向"信息保护＋合理利用"的双轨制，并同时重视用户事前同意与关注事中事后诚信利用并重。唯有如此，我国方能在保障用户信息安全和自决的同时，加快数字经济行业对我国经济发展的推动作用，实现网络强国的宏伟目标。

一　网络个人信息商业化利用的现实需求

网络社会为信息互联互通的社会。以阿里巴巴、腾讯、谷歌等为代表的互联网企业储存着大量的网络个人信息。由于信息的规模集聚效应，如何有效地对网络信息进行治理成为当前时兴的话题。网络信息的治理离不开法治手段的运用。[①] 然而，当前的信息治理法律机制至少存在两个问题：其一，传统的侵权法手段难以提供对用户信息利益的全面保护。在我国，通过人格权保护的途径，网络用户难以主张针对信息保护的适格救济。[②] 更重要的是，使用侵权以及公法手段解决网络信息纠纷是无效率的。在互联网时代，急剧增长的个人信息收集、传输和使用使得上述救济措施无法及时地发挥作用。[③] 其二，当前的信息治理机制忽视了信息的资源属性及利用需求。大数据时代的信息治理已超越了传统上的"隐私"概念。[④] 在实践中，公法方法和人格权保护模式可以解决高敏感性的个人信息保护，却无法因应网络时代的信息交流和交换的需求。

随着社交网络等新兴信息发布方式的出现，数据从简单的信息开始转变为一种经济资源，管理并运用好数据资源，关系着权利人个人信息

[①] 参见周汉华《习近平互联网法治思想研究》，《中国法学》2017年第3期。

[②] 例如，"百度与朱烨隐私权纠纷案"的终审判决中，我国法院认为，由于网络服务商或数据从业者对于用户浏览信息的自动抓取收集行为以及个性化推荐行为欠缺公开性，并且网络服务商通过《使用百度前必读》已经明确告知网络用户可使用包括禁用浏览文本、清除浏览文本或者提供禁用按钮等方式阻止个性化推荐内容，因此，上述行为不构成隐私侵权。参见朱烨诉北京百度网讯科技公司隐私权纠纷案，南京市中级人民法院（2014）宁民终字第5028号民事判决书。毫无疑问，当前的人格权体系对个人信息的保护是捉襟见肘的。美国等其他国家也有类似案件。例如，在美国"Shibley v. Time, Inc. 案"中，被诉杂志企业将其订阅者的信息销售给广告商，然而法官认为订阅者信息的披露尚未达到产生"对正常个人心理的严重负担、羞愧或耻辱"。因此，该法院拒绝认为该信息销售行为构成隐私侵权干扰的损害要求。See Shibley v. Time, Inc., 341 N. E. 2d 337, Ct. App. Ohio (1975).

[③] See Daniel J. Solove, *The Digital Person: Technology And Privacy In The Information Age*, New York: New York University Press, 2004, pp. 57 – 62.

[④] 参见陈甦主编《民法总则评注》，法律出版社2017年版，第781—782页；Kevin Werbach, The Network Utility, 60 Duke L. J. 1761, 1833 (2011). 当然，也有学者提出复活"隐私权"概念，使其适应于数据时代的信息关切。See Daniel J. Solove, A Taxonomy of Privacy, 154 U. Pa. L. Rev. 477, 483 – 484 (2006). 然而，隐私权的概念复活的条件并不存在，因为隐私权所赖以存在的私密空间在开放的网络中近乎不存在。

的保护及企业自身竞争优势的提高，保障网络安全秩序，更关系到社会公共利益的维护及经济社会信息化的健康可持续发展。①作为一种具有经济价值的资源，若过分强调个人信息的人格属性，显然不能满足市场经济的需要，为此有必要探讨如何合理使用与利用信息。② 实践中，个人信息仍被不当收集和利用。例如，全国人大常委会检查组的报告指出，当前免费应用程序普遍存在过度收集用户信息、侵犯个人隐私问题。③

因此，提供信息主体的适格救济与满足企业对网络信息的合理诉求共同构成信息治理机制应着力解决的核心议题。本质上，上述两个问题相辅相成。用户无法受到全面救济的原因是目前一般信息治理存在于法无据问题；个人信息利用机制可以解决一般信息治理的难题，并可缓解政府对互联网信息监管的压力。

近十年来，一些学者开始认识到信息是有价值的，逐渐重视市场机制在网络信息治理中的作用。实际上，有学者和实务部门长期关注作为消费者的网络用户权利，试图探索互联网服务提供者与用户之间开展网络信息利用的可能性，并构建起网络信息治理的市场化机制。例如，约翰·纽曼主张互联网企业提供的服务并不以索取服务费用为目的，而是以用户关注与获取信息为对价。④换言之，以搜索引擎为代表的网络服务提供者是以获取信息关注等方式，销售其互联网服务，其中，用户实际上以个人信息为代价，支付服务费用。⑤由此互联网服务提供者与用户之间建立起等价交易的契约关系，而有别于传统认为的互联网服务者

---

① 北京淘友天下技术有限公司等与北京微梦创科网络技术有限公司不正当竞争纠纷二审民事判决书，北京知识产权法院（2016）京73民终588号民事判决书。

② 参见项焱、陈曦《大数据时代美国信息隐私权客体之革新——以宪法判例为考察对象》，《河北法学》2019年第11期。

③ 中国人大网：全国人民代表大会常务委员会执法检查组关于检查《中华人民共和国网络安全法》《全国人民代表大会常务委员会关于加强网络信息保护的决定》实施情况的报告，http://npc.people.com.cn/n1/2017/1225/c14576 - 29726949.html，最后访问日期：2020年7月27日。

④ See John M. Newman, "Antitrust in Zero-Price Markets: Foundations", 164 U. Pa. L. Rev. 149, 173 (2015).

⑤ Yershov v. Gannett Satellite Information Network, Inc., 820 F. 3d 482, (1st Cir. 2016), at 489.

提供免费应用程序。契约关系的建立以网络信息的可利用性和价值属性为前提。通过使个人知晓其向互联网服务提供者提交的信息并不是免费的,用户将能更好地控制其行为,同时,互联网企业在收集、使用个人信息时将更多考虑成本问题,进而实现个人信息市场更加公平的、合理的运作。①

信息的市场治理模式通过确保透明度和契约精神而达致互联网法治的目标。在理想状态下,市场力量将自发生成协议,提供用户关于信息利用条款的事先议价、事后监督的权利,并在违反协议时寻求通过合同违约而获得救济的能力。②该方法具有现实的重要意义。实践中,大量的互联网协议难以满足公正性和合理性要求。例如,一些学者调研发现,谷歌、脸书、推特等互联网企业的协议涉嫌违反公平交易的要求。③与国外服务协议相比,我国互联网服务协议的合法性仍未得到充分重视和全面梳理。例如,国内某重要应用程序服务协议中,还存在"用户个人隐私信息向合作单位公开""本企业将可能会自行收集使用或向第三方提供用户的非个人隐私信息"等条款。④鉴于此,本书试图以当前的信息作价实践为出发点,论述网络个人信息的价值性,考察网络信息的可利用性,并以合同法的角度探索网络个人信息的治理和利用机制。具体而言,本书将回答:网络个人信息是否可利用,甚至是可交易?网络个人信息利用的条件是什么?网络个人信息利用的市场化机制是否可以成立?国家在网络个人信息利用机制中应扮演何种角色?通过研究,本书主张通过构架网络个人信息的市场利用机制并辅之以政府监管,能够在保护个人利益同时,最大限度地发挥信息的经济价值和社会

---

① See Wendy Beylik, "Enjoying Your 'Free' App? The First Circuit's Approach to an Outdated Law" in Yershov v. Gannett Satellite Information Network, Inc., 58 B. C. L. Rev. 60, 75 (2017).

② Chris Jay Hoofnagle, Jan Whittington, Free: Accounting for the Costs of the Internet's Most Popular Price, 61 UCLA Law Review 606, 664 (2014).

③ See Marco Loos, Joasia Luzak, Wanted: a Bigger Stick. On Unfair Terms in Consumer Contracts with Online Service Providers, 39 J. Consum. Pol. 63, 64 (2016). 有学者将调查拓展至20个网络平台和服务,发现在其服务协议中,存在众多的非法条款。See Hans – W. Micklitz, Przemyslaw Palka, Yannis Panagis, The Empire Strikes Back: Digital Control of Unfair Terms of Online Services, 40 J. Consum. Pol. 367, 373 (2017).

④ 参见《腾讯微信使用条款和隐私政策》。

价值。

二 网络个人信息商业化利用的条件

物联网、区块链、人工智能等新技术的发展将进一步增加对个人信息收集、传输、利用的需求。对网络个人信息的关注不应仅限于保护层面，也应从信息利用机制着手，探索网络信息的综合治理体系。网络信息利用的市场机制建立在个人信息的交换属性上。因此，首要回答的问题是：什么类型的网络个人信息具有可利用性。

（一）网络信息商业化利用的形式条件：信息的可识别性

根据信息的可识别性，可将信息分为个人信息与其他信息。通过可识别性确定个人信息的方法最初于 1988 年美国的《音频隐私保护法》所确定①，随后得到多个国家和地区的认可。例如，2016 年《欧盟数据保护通用条例》第 4.1 条规定，个人数据是指与一个已被识别或可识别的自然人（数据主体）相关联的任何信息。具体而言，信息的可识别性体现对信息主体的直接或间接识别，尤其是通过参照诸如姓名、身份证号码、定位数据、在线标识或者一个或多个自然人相关联的物理、生理、基因、精神、文化或者社会身份而确定。我国近期完成的多项法律规范和国家标准也参照上述方法界定个人信息。例如，《网络安全法》第 76 条对个人信息的定义包括，"以电子或者其他方式记录的能够单独或者与其他信息结合识别自然人个人身份的各种信息，包括但不限于自然人的姓名、出生日期、身份证件号码、个人生物识别信息、住址、电话号码等"。②

---

① 18 U.S.C. § 2710 (a)(3). 该条款的制定与隐私权有密切关系。该条款产生的背景是，美国一录像店披露被提名的罗伯特·博克大法官借阅的录像带信息，而产生广泛争议。

② 《最高人民法院、最高人民检察院关于办理侵犯公民个人信息刑事案件适用法律若干问题的解释》（法释〔2017〕10）指出，刑法第 253 条之一规定的"公民个人信息"是指以电子或者其他方式记录的能够单独或者与其他信息结合识别特定自然人身份或者反映特定自然人活动情况的各种信息，包括姓名、身份证件号码、通信通信联系方式、住址、账号密码、财产状况、行踪轨迹等。除外，中华人民共和国国家标准《信息安全技术个人信息安全规范》（征求意见稿）等将个人信息的范围界定为：以电子或其他方式记录的能够单独或与其他信息结合识别自然人身份的各种信息，包括与确定自然人相关的生物特征、位置、行为等信息，如姓名、出生日期、身份证号、个人账号、住址、电话号码、指纹、虹膜等。

信息的商业可利用性依赖其可识别性。理论上，只有信息主体才能依据个人信息自决权理论决定信息的交易或交换条件。个人信息自决权理论认为，广泛采用的信息自动化处理方法对个人的正常生活造成威胁，为实现个人的行动自由，应赋予个人对其信息的自决权。[1]与人格权体系相比，个人信息自决权强调对所有的个人信息进行保护。根据该模式，所有的个人信息都与个人自由密切相关。任何违反当事人意志的信息收集、处理或利用的行为都侵犯了当事人的自决权，进而侵犯了该信息上承载的个人利益。[2]其逻辑为：信息越是暴露，个人越容易受到他人的影响，个人做决定的自由也会愈加受到限制，[3]因此，应对个人信息的暴露进行补偿。由此，具有行动自由的信息主体能够通过自我意识确定网络信息的利用条件。

当然，除个人信息外，大数据时代还存在不可识别个人身份的信息。其主要体现在：第一，计算机、人工智能等自动生成的信息；第二，与个人身份无关联性的信息。由于信息缺乏可识别性，因而无法确定产权，也就无法适用市场机制的分析框架。本书不赘述。需要指明的是，由于加密等技术的发展，关于可识别信息和不可识别信息之间的界限愈发模糊。如果一个数据库包含大量的信息，那么信息汇总将能够追踪到特定个人的客观存在。例如，个人的搜索记录可被视为某种匿名的信息，但是其也可构成个人可识别信息，特别是当考虑搜索者的惯常搜索行为时，包括对本地商业的搜索，对特定医疗诊断信息的查询，并且个人也经常会输入其自身的名字以获取信息资讯。[4]上述种种行为都可能使匿名信息与个人产生关联性。因此，网络匿名信息并不都具有可识别性。当前，一些国家采取了网络和手机实名制，由于设备的唯一编号与个人相关联，更多的网络信息具有可识别性。换言之，不能仅仅因为信息在披露和使用过程中是匿名的，就认定从个人处获得的信息就不是个人信息。信息的可识别性与具体场景

---

[1] 参见杨芳《个人信息自决权理论及其检讨》，《比较法研究》2015年第6期。
[2] 杨芳：《个人信息自决权理论及其检讨》，《比较法研究》2015年第6期。
[3] Vgl. Walter Schimidt, Die bedrohte Entscheidungsfreiheit, JZ 1974, 241, S. 245.
[4] See Paul Ohm, Broken Promises of Privacy: Responding to the Surprising Failure of Anonymization, 57 UCLA L. Rev. 1701, 1717–1718 (2010).

密不可分,同时,对个人信息收集和使用也需要尊重"场景"。①个人的不可识别并不等同于互联网企业的无法识别,对于信息的可识别性分析还应进行个案分析。

总体而言,虽然当前并未存在对信息的可识别性的精准定义,但是可识别性反映为信息和个体之间具有关联性。该关联性体现为三种情形:其一,信息的产生者为个人。例如,用户的搜索记录。其二,信息与个人有关。例如,关于用户的性别、身高、血型等信息。第三,信息是机构识别个人的手段。例如,账户用户名等。②第三种情形的关联性建立在互联网企业的认知上。只要相关信息能被特定的企业所识别,哪怕不为公众所知悉,该信息也构成可识别的网络个人信息,因而具备网络信息可利用性的形式条件。

(二) 网络信息商业化利用的实质条件:信息的低敏属性

根据网络信息的保护目标,可以将网络信息分为高敏感信息和一般性个人信息。③一般而言,"高敏感信息"涉及国家安全、公共利益,或者系个人隐私核心领域、具有高度私密性、对其公开或利用将会对个人造成重大影响的信息,如性生活、基因信息、遗传信息、医疗记录、财务的信息等;一般性个人信息是"低敏感信息",包括其他琐细的个人信息,如消费习惯、手机号码、邮箱地址等。对于敏感性的认定而言,个人敏感信息是指一旦泄露、公开披露或滥用可能危害人身和财产安全、损害个人名誉和身心健康、导致歧视性待遇等信息。④

在实践中,对敏感信息的界定标准较为严格。1977 年美国"惠伦诉罗伊案"率先将信息与人格权利相互关联。该案审理法官指出,电子

---

① 参见范为《大数据时代个人信息保护的路径重构》,《环球法律评论》2016 年第 5 期。

② See Jerry Kang, Information Privacy in Cyberspace Transactions, 50 Stan. L. Rev. 1193, 1207 – 1211 (1998).

③ 我国国家质量监督检验检疫总局、国家标准化委员会 2012 年发布的《信息安全技术公共及商用服务信息系统个人信息保护指南》第 3.2 条规定,个人信息可以分为个人敏感信息和个人一般信息。除外,学术界也有持此种观点。例如,张能宝教授将个人信息分为"个人敏感隐私信息"与"个人一般信息",并强调对敏感信息以保护为主,对一般信息以利用为主。张能宝:《从隐私到个人信息:利益再衡量的理论与制度安排》,《中国法学》2015 年第 3 期。

④ 参见《信息安全技术个人信息安全规范》(征求意见稿)。

化数据库或其他政府档案广泛搜集的个人信息有可能会对个人隐私造成侵害。税收、社会救济、公共卫生等监督机构都必须保存大量信息，其中很多属于个人信息，一旦公开，将有损个人尊严。①然而，该观点随后引发质疑。美国法院其后确认未汇编成册的电话号码、快递企业的订单表、个人保险的历史记录等都不构成隐私信息。②实际上，阻止信息的利用将使个人的决策难度加大，增加交易成本，甚至激励产生欺诈行为。③以隐私名义对信息流动进行广泛限制无法产生最大化的社会利益。因此，对敏感信息进行严格界定为企业合理收集和使用信息提供可能，并最终增加全社会的福利水平。

另一类特殊的个人信息为脱敏信息。信息的敏感属性是指那些信息具有需要特别保护的属性，其可以用于危害国家安全、公共利益和个人权益。由于信息利用的需求，理论上，可以对高敏感信息进行脱敏处理，使其符合商业利用的标准。原则上，通过对个人信息的技术处理，使其在不借助额外信息的情况下，无法识别个人信息主体，或者无法与用户的高敏感信息相关联。由此，脱敏信息转化为低敏信息，进而可进行商业收集、处理和利用。

由此，笔者认为，对高敏感信息的界定应限于国家安全、集体利益和狭义的人格权利领域。其他非高敏感的信息为低敏信息。高敏信息可经脱敏处理成为低敏信息。实践中，大量的网络个人信息为低敏信息。其一，在网络上，隐私性信息难以得到认同。一般而言，网络上的大多数交往不当然具有私密性，或不存在隐私预期。信息主体大多知晓其网络活动将处在网络服务提供者的管理之下，当网络用户应知自己所处的网络环境如同在大街上，其就不得要求保护通信秘密权利。④其二，由于互联网的去中心化，诸多网络信息的一次泄露将实质性减损信息的私密性特征。例如，在网络上，公开个人星座信息后，即使采取补救措施，由于多元化的存储且该信息不存在随时空变化的可能性，因此，该

---

① See Whalen v. Roe, 429 U. S. 589, 605 (1977).
② 参见龙卫球《数据新型财产权构建及其体系研究》，《政法论坛》2017年第4期。
③ Richard S. Murphy, Property Rights in Personal Information: An Economic Defense of Privacy, 84 Geo. L. J. 2381, 2282 (1996).
④ 刘文杰：《网络服务提供者的安全保障义务》，《中外法学》2012年第2期。

信息公开后，难以在网络上销声匿迹。其三，在大数据时代，互联网企业具有利用低敏感信息的动机。例如，谷歌公司在回答为何提供"免费的"搜索服务时指出，谷歌通过用户的搜索服务培育了公司的人工智能技术，并以此奠定该公司在人工智能领域的核心地位。无疑，个人信息的集聚产生了巨大的经济效应。

网络信息的敏感程度决定信息的商业利用性。一般而言，高敏感性的信息由法律规定不可转让、泄露和交易，其不具有可商业利用属性。在法律上，涉及国家安全、公共道德、个人隐私等的信息无法进行商业利用；① 同时，特定行业的信息也不应进行利用，其主要体现在医疗、律师、银行等特殊行业。② 除此之外，针对其他信息而言，根据个人信息自决权理论，民事主体能够许可他人对自己的利益（甚至包括特定的人格利益）进行商业化利用。③

（三）对网络个人信息商业化利用的认识

价格机制的运行前提是界定清晰的产权。④ 在经济学上，产权清晰为资源的归属明确。在法律上，产权明晰离不开明确的制度预定合法性边界。⑤ 由此，信息的可识别性解决产权的归属性问题；而其非高敏感属性则界定了信息交易的合法性问题。因此，具备可识别性且低敏属性的网络信息可进行市场交易。

实践中，网络信息可进行类型化区分。传统的法律框架对高敏感的信息已提供较为全面的信息保障机制，政府和个人能够通过国家安全法、网络安全法、侵权法等方式进行保障。实质上，高敏感信息通过禁

---

① 例如，我国《网络安全法》第 12 条规定，任何个人和组织使用网络都应当遵守宪法法律，遵守公共秩序，尊重社会公德，不得危害网络安全，不得利用网络从事危害国家安全、荣誉和利益，煽动颠覆国家政权、推翻社会主义制度，煽动分裂国家、破坏国家统一，宣扬恐怖主义、极端主义，宣扬民族仇恨、民族歧视，传播暴力、淫秽色情信息，编造、传播虚假信息扰乱经济秩序和社会秩序，以及侵害他人名誉、隐私、知识产权和其他合法权益等活动。该条款为网络信息的利用、传播和交易划定红线，涉及上述事项的网络信息为非法传输、提供和出售的信息。

② See Richard S. Murphy, Property Rights in Personal Information: An Economic Defense of Privacy, 84 Geo. L. J. 2381, 2408 – 2411 (1996).

③ 参见邹海林《再论人格权的民法表达》，《比较法研究》2016 年第 4 期。

④ 刘文杰：《网络服务提供者的安全保障义务》，《中外法学》2012 年第 2 期。

⑤ 冉昊：《法经济学中的"财产权"怎么了？——一个民法学人的困惑》，《华东政法大学学报》2015 年第 2 期。

易规则，阻止信息在私法上的可利用性。然而，在其他低敏感或脱敏感的信息层面，可识别的信息能够进行交换，信息产权也应归属于信息产生者，其保护方式为财产规则路径。①简言之，若判断网络信息是否具有可利用性，首先，认定该信息是否具有可识别性。若具备可识别性，则进一步分析该信息是否具有高敏感属性；若不具有高敏感属性，则该信息具有可交易性。当然，具有可交易性的信息并不会必然进入交易市场。例如，个人信息自决理论要求，互联网服务提供者通过网络明确地告知用户服务条件和隐私政策。用户只有同意上述协议，其才被允许使用该企业的服务。因此，假定网络信息具有可利用性后，那么其进行交易市场的前提为取得用户授权同意等公平交易要求。

三　网络个人信息商业利用的市场化机制

（一）网络个人信息的价值属性

在现实世界中，产品销售和支付价款密切相关。然而，在虚拟空间，虽然服务提供也能产生金钱上的给付行为，但是大多数的互联网服务仅伴随着信息流动，而非传统的现金流动。本质上，在互联网贸易中，服务对价并非总是金钱，其还包括信息、订阅量等。在大数据时代，信息不仅是互联网服务业赖以存在的根基，更充当着网络通货的作用。

实践中，新型的贸易协定规则可调整此类看似"免费"，但实际为贸易的活动。例如，《跨太平洋伙伴关系协定》服务章节并不要求服务提供者与消费者之间产生金钱上的来往。②换言之，不存在金钱性对价并不能表明互联网服务不产生贸易价值。与传统交易不同，当前的销售者与消费者之间的网络交易更多体现为通过货物或服务换取金钱或信息的交易模式。企业并非真正免费地提供服务，而是获得信息的对价。其一，信息本身具备价值，其能够使企业更有效率地开展商业活动。其

---

① 在利益权属已明确的前提下，禁易规则不允许利益的转让，即便交易双方完全自愿；财产规则是指交易的利益必须征得拥有者的同意并由其确定交易价格。参见肖冬梅、文禹衡《法经济学视野下数据保护的规则适用与选择》，《法律科学》2016年第6期。

② 换言之，服务提供者包括"免费"提供电子商务的服务提供商。跨境服务被定义为服务活动从一缔约成员方境内转移到其他成员方境内；从一成员方境内生产，并被传送至其他成员方的国民；或者从一成员方的国民转移到另一成员方境内。

二，信息对交易第三方也具有经济效益。特定化的信息甚至可构成"商品",进而在成熟市场中销售。不管是用户爱好、信用卡账单情况、家庭成员数量等信息都对商业主体具有市场价值。① 其三,互联网服务存在大量的双边市场或多边市场,互联网企业往往会对需求价格弹性较小一边的价格加成比较高,而对弹性较大的一边价格加成较低,甚至免费乃至补贴,吸引更多的访问者和访问信息,② 以提高互联网企业的整体效益。

上述观点也曾得到实务部门的认同。例如,2016 年 4 月,美国第一巡回上诉法院认定,美国《音频隐私保护法》适用于那些"免费"提供服务,但向第三方披露用户设备信息、全球定位系统信息和网页浏览历史等内容的互联网企业。本案的焦点问题在于:《音频隐私保护法》所规定的消费概念是否必须包括金钱支付要素?在本案中,地区性法院法官指出,消费概念涉及多种元素,除金钱支付外,还可包括登记、承诺、交付、获得限制性内容等情形。③ 该案上诉法院进一步指明,当用户使用应用软件浏览视频时,用户向服务提供者提供个人信息,例如,用户的安卓设备账号,以及用户设备上的定位信息等。虽然用户并没有支付金钱的行为,但是互联网企业对用户信息的获得不应该是免费的,而应构成服务的对价。④ 由此,网络信息本身具有价格,其具备充当对价的能力。

认可网络信息的价值性具有重要的意义。网络信息的可计价性将影响网络信息合同成立及消费者对公平交易的期待性。一方面,网络服务提供者可能以其网络服务的免费性,否认网络信息契约关系的成立,或者认为由于用户和网络服务提供者的权利和义务不存在显著失衡,因此互联网企业可限制部分消费者权利;另一方面,用户对"免费服务"

---

① See Richard S. Murphy, Property Rights in Personal Information: An Economic Defense of Privacy, 84 Geo. L. J. 2381, 2402 (1996).

② 蒋岩波:《互联网产业中相关市场界定的司法困境与出路——基于双边市场条件》,《法学家》2012 年第 6 期。

③ Yershov v. Gannett Satellite Information Network, Inc., 104 F. Supp. 3d 135, (D. Mass. 2015), at 147.

④ Yershov v. Gannett Satellite Information Network, Inc., 820 F. 3d 482, (1st Cir. 2016), at 489.

的权利期待也更少。由此，通过明确网络信息的价值性和对价化，服务提供者的单向信息处理行为转为用户与服务提供者之间的契约关系，进而可从市场机制出发，确保服务提供者行为的合理性和合法性。

网络信息商业利用不仅具有必要性，也具有可行性。建立在市场基础上的信息利用机制的核心在于定价。有学者指出，信息的商业价值呈现出变动不居的不确定性，因此，对信息是否具备统一的交换属性尚无法断言。①虽然信息价值难以确定，但是却并非不可能。在互联网行业中，每用户平均收入（Average Revenue Per User）是反映一个时间段内运营商从每个用户所得到的利润。例如，脸书的商业模式就是吸引第三方对其获取的个人信息支付使用费用。实践中，非法买卖个人信息也具有价格。例如，我国新闻媒体调查发现，有些信息可以售卖至百元。②在实务部门中，美国联邦贸易委员会曾通过计算得出互联网企业支付侵犯消费者权益的罚金。③在司法案件中，美国总检察长曾请求对涉案的每条违反信息规则的行为征收50美分的罚金。④

信息是有价值的，也具有计算的方法。归纳起来，确定信息使用的价格主要有两种模式，其一为获益价格；其二为损失价格。获益价格是从企业的角度出发。众多互联网企业主要是靠销售广告获取利润。网络个人信息的价格主要由销售广告金额所确定。例如，有互联网数据分析企业，通过使用年度的广告费用除以活跃的用户数，计算脸书每用户平均收入。⑤

---

① 梅夏英：《数据的法律属性及其民法定位》，《中国社会科学》2016年第9期。

② 《直击贩卖个人信息乱象》，央视网：http://tv.cctv.com/2017/02/16/VIDEaW1uoqq9weBePttJRCAE170216.shtml，最后访问日期：2020年7月30日。

③ See FTC, ChoicePoint Settles Data Security Breach Charges; to Pay $10 Million in Civil Penalties, $5 Million for Consumer Redress, https://www.ftc.gov/news-events/press-releases/2006/01/choicepoint-settles-data-security-breach-charges-pay-10-million, last visited on 6 Dec. 2020.

④ People V. Network Assoc., Inc., 195 Misc. 2d 384 (2003), at 390.

⑤ 脸书的获利模式主要是通过广告。第三方可以在脸书上直接发布广告，推广包含广告的应用程序，或者结合使用多种模式。脸书均将收取费用。当脸书用户阅读、点击广告，或在广告商企业网站上注册，并购买产品时，脸书将收取更高的费用。在信息利用的过程中，谷歌主要使用浏览文本（cookies）识别用户，并披露用户的个人信息。See Chris Jay Hoofnagle, Jan Whittington, Free: Accounting for the Costs of the Internet's Most Popular Price, 61 UCLA L. Rev. 606, 630-631 (2014).

损失价格为用户因信息不当收集、处理和使用所产生的损失额。当前，主要存在两种计算用户的信息损失费用的方法。①一种为用户因个人信息披露而愿意接受补偿的价格，此种方法多由定量分析方法确定；②另一种为用户为阻止个人信息披露而愿意支付费用的价格。相对而言，第二种方法可以通过用户为合法的隐名上网而支付的应用软件或工具的价格所确定。理论上，信息的获益价格与损失价格应该近似相等。信息的获益价格决定企业的服务供给，而信息的损失价格决定着用户的服务需求。二者的均衡价格决定服务的提供数量和质量。因此，实务部门不应片面地以获益价格或损失价格确定信息价格，而是应综合考虑两者价格后，认定均衡价格。

值得注意的是，网络个人信息的利用建立在低敏感属性上，其意味着原则上，进行交易的信息已经与个人人格弱相关。在实践中，应该以"普通人"的水平计算每则信息的价格。同时，网络个人信息的定价是市场化的行为。在理想的市场化环境下，信息的价格将会发生变动。一方面，网络个人信息的价格随着时空变化而发生变化；另一方面，由于互联网企业收集和使用的信息不完全相同，对于网络个人信息的价格在发生争议时，应由行政机关或司法机关以个案的方式认定。总而言之，当前，若片面忽视一般网络信息的价值性，其将无法回应市场的需求，更难以切实达到保护用户的利益。③

（二）网络个人信息商业利用的对象

在信息交易中，交易的内容实质上为产权。一切人类社会的社会制度，都可以被放置在产权框架中加以分析。④从经济学角度，虽然数据

---

① See Alessandro Acquisti, Leslie K. John, George Loewenstein, What is Privacy Worth?, 42 J. Legal Stud. 249, 253-255 (2013).

② See J. Y. Tsai, S. Egelman, L. Cranor, A. Acquisti, The Effect of Online Privacy Information on Purchasing Behaviour: An Experimental Study, 22 ISR 254, 254-268 (2011).

③ 构建个人数据利用机制也是个人数据保护的手段，因为在满足个人需求的基础上，"财产路径"还具有预防功能。参见龙卫球《数据新型财产权构建及其体系研究》，《政法论坛》2017年第4期。

④ ［以］约拉姆·巴泽尔：《产权的经济分析》，费方域、段毅才译，格致出版社2017年版，第2页，汪丁丁中译本序。

可能并不能构成民法意义上的财产,①但是其能用法经济学的产权理论加以确定。产权的所有者拥有其他人同意他以特定的方式行事的权利。②产权是指由物的存在及关于它们的使用所引起的人们之间相互认可的行为关系。产权强调占有,而非所有。在网络语境下,信息商业利用的内容实际上体现为互联网企业对信息的占有转化为使用权、转让权、收益权的过程。③

实践中,诸多互联网企业通过收集用户及其行为的信息,进而向客户提供数据分析和网络营销服务。以奥多比软件(以下简称Adobe)为例。一个诸如安卓设备账户的识别器能够允许Adobe在不同的电子设备、应用程序和服务中识别和追踪特定的用户,进而建立起关于用户信息的数据库。其中,用户能够"免费"使用Adobe的服务,此处的"免费"服务的对价为用户向Adobe转让了部分的权利。

具体而言,在网络信息商业利用中,用户转让的权利包括:其一,信息的使用权。通过用户使用Abode,该企业能够知道用户阅读的书目,并且也知道读书的速度等信息,进而能够更好地提升产品和服务。其二,信息的转让权。例如,Abode建立起关于用户的姓名、地址、年龄、收入、浏览网页和商业交易的信息,其可向合格的第三方转让相关信息。其三,信息的收益权。即Abode借由上述信息能够获得用户的浏览记录以及偏好,进而允许目标客户群精确地投放广告。④

在个人享有信息自决权的前提下,他人都不得无偿使用该权利资源,其必须支付价格(即,机会成本)后,才能使用该权利资源,由此,关于网络信息的市场交易制度得以建立。⑤一个有拘束力的合同原

---

① 参见梅夏英《数据的法律属性及其民法定位》,《中国社会科学》2016年第9期,前引49。

② [美]哈罗德·德姆塞茨:《关于产权的理论》,载[美]罗纳德·H.科斯等《财产权利与制度变迁》,刘守英等译,格致出版社2014年版,第71页。

③ 产权的类型主要包括使用权、收益权和处分权。参见[冰]思托恩·埃格特森《新制度经济学》,吴经邦、李耀、朱寒松、王志宏译,商务印书馆1996年版,第35—36页。

④ See Yershov v. Gannett Satellite Information Network, Inc., 820 F.3d 482, (1st Cir. 2016), at 484.

⑤ 张天上:《隐私权的经济分析》,《法制与社会发展》2006年第1期。

则上应当是有对价的，即，数据使用者必须给予用户一定的补偿。①在合同法上，信息披露者向收集者披露特定个人信息的同时，作为对价，信息收集者应向披露者支付一定的报酬。②在网络时代中，此报酬为提供"免费"的服务。此处的服务包括但不限于提供网络交易或交流场所、发布网络信息、托管支付服务、提供网络信用评价等。③由此，在网络信息商业利用中，用户和企业均获取利益。一方面，企业通过提供"免费"或比实际成本更低廉的内容服务（包括新闻、音乐、影视、游戏等）换取用户的关注时间、注意力及其黏度等信息，甚至可以通过收取广告收入实现盈利；另一方面，信息的提供能使用户获得个人化的定制服务，精确地定位用户的偏好和个人信息，从而精准预测和推荐。④

一般而言，互联网企业都会对网络个人档案进行汇总，并形成信息的规模效应。换言之，对用户的信息掌握得越多，企业就可以向用户投放更有针对性的广告，并提供更完善的服务。⑤在大数据时代，云计算等技术将导致更多的个人信息被互联网企业所收集并使用，其中，特定信息的收集对用户可能是有害的，但是若用户自愿承受信息收集所增加的权益损失风险，并且该风险与云计算企业交付的服务收益之间是成比例性的，那么政府没有理由阻止信息的交易。⑥毫无疑问，用户对其信息的使用权、转让权和收益权的处分是兑换服务的成本，理论上，市场机制的作用将使得用户披露信息的风险及其收益尽可能等价，也使得企业提供的服务及其获得的信息利益相互等价。

（三）网络个人信息商业利用的形式

本质上，互联网形形色色的许可协议、授权合同均构成契约。除正式的合同之外，诸多互联网企业还制定本企业的隐私政策或信息使用协

---

① 龙卫球：《数据新型财产权构建及其体系研究》，《政法论坛》2017 年第 4 期。
② 刘德良：《个人信息的财产权保护》，《法学研究》2007 年第 3 期。
③ 参见杨立新《网络交易法律关系构造》，《中国社会科学》2016 年第 2 期。
④ 参见胡凌《网络安全、隐私与互联网的未来》，《中外法学》2012 年第 2 期。
⑤ 胡凌：《网络安全、隐私与互联网的未来》，《中外法学》2012 年第 2 期，前引 61。
⑥ 权利的交易可以通过交易成本理论得到解释。例如，在工人造成烟尘污染的经典例子中，如果 B 放弃经营中的一些或全部冒烟较多的业务的权利，而从中获得适当的货币补偿，那么 A 和 B 就都能从交易中获益。在另一交易情形中，A 可以一个"价格"从 B 那里购买获益。信息交易也是如此。

议。有学者认为，隐私政策不能被视为合同，其仅构成企业政策告知书。①该观点认为，在实践中，与当事方协议不同，企业提供的信息保护政策是纯粹激励性质的，且该类政策普遍不规定用户权利及其救济，因此，信息政策并非法律上可执行的合同。②

判断信息政策的属性不应从其名称出发，而应该探寻此类文件的实质性功能。例如，在美国"纽约州公民诉网络联盟公司案"中，被告在其防火墙软件产品规定了产品的规范与规则。申诉方认为被告的政策条款将误导消费者，使得其合同属性被混淆。该案法院认为，即使企业使用规范、规则等术语，本质上，该规范与规则都应具有私法上的合同属性。③信息保护政策等构成信息交易的合同。其理由如下：第一，互联网服务协议体现当事双方的权利和义务，具有要约属性。本质上，合同条款体现当事方的权利和义务，或者其表明通过契约关系规制另一当事方的行为。④例如，腾讯服务协议中写明，使用腾讯的服务即视为您已阅读本协议并接受本协议的约束。更具体而言，网络服务协议一般涉及用户信息的储存、控制和所有权及其监督和数据备份等内容，甚至有条款允许提供者基于广告或其他商业目的而获得用户信息。实际上，诸多信息政策均规定当事方的权利和义务。

第二，用户通过阅读与点击互联网协议实现对要约的承诺。在"注册网公司诉威瑞欧公司案"中，美国法院指出，"虽然互联网上的新商业使得法院面临新的情况，但是其并没有根本性地改变合同的原则——当受要约人知晓并接受要约人的条件时，那么网站的合同条款就是有效的，且可执行"。⑤由此，该案法院认定，域名数据库的服务条款可通过浏览协定表示同意。更进一步地，用户可能仅因为提交数据库的查询而

---

① Jay P. Kesan, Carol M. Hayes, Masooda N. Bashir, Information Privacy and Data Control in Cloud Computing: Consumers, Privacy Preferences, and Market Efficiency, 70 Wash. and Lee L. Rev. 341, 426 (2013).

② Freedman v. Am. Online, Inc., 325 F. Supp. 2d 638, (E. D. Va. 2004), at 640.

③ See People V. Network Assoc., Inc., 195 Misc. 2d 384 (2003), at 389–390.

④ Marco Loos, Joasia Luzak, Wanted: a Bigger Stick. On Unfair Terms in Consumer Contracts with Online Service Providers, 39 J. Consum. Pol. 63, 65 (2016).

⑤ ReGister. Com, Inc. v. Verio, Inc., 356 F. 3d 393 (2d Cir. 2004), at 403.

表明同意服务协议的条款和条件。①实践中，诸多法院认定企业的信息使用协议构成合同。例如，德国柏林州法院等认为，从消费者的角度看，信息政策已经构成契约的本质，因为其是提供服务所不可或缺的规则。②

第三，互联网协议的格式合同属性并未必然导致合同条款无效。一般而言，个人用户的服务协议是不可磋商的，且时常有利于服务提供者，而忽视终端用户的需求。例如，谷歌的营利模式是通过给予"免费"的服务，换取用户同意不可协商的服务条款。③根据合同法原理，合同的形成需要双方的磋商与同意。当合同并非诉诸充分协商，并且强势方采取"要么全有、要么全无"的方式，那么合同就被视为是格式合同。④隐私政策和服务协议即为格式合同和格式条款的体现。若格式条款能保障当事方的意思自治，并实现给付均衡，公权力介入合同将不存在正当化理由。⑤

由此，以云计算为代表的网络信息交易的契约至少包括服务协议、隐私政策、可接受使用政策、服务等级协议等。⑥本质上，上述用户协议、服务协议、数据政策等均体现为网络信息交易的契约。

---

① "注册网公司诉威瑞欧公司案"与"施佩希特诉网景通信公司案"可进行对比。在"施佩希特诉网景通信公司案"中，争议为网景软件的用户从网景网站中下载软件，其是否受到网景案件的仲裁条款的约束。网景将软件要约的条款放置在下载软件的网站上。该案法官裁定支持软件的用户，因为用户将可能无法看见网景的条款，因为其可能不会滚动网页，并且也没有理由如此做。因此，该证据并没有表明任何下载网景软件的人必然将会看到该合同的条款。然而，"注册网公司诉威瑞欧公司案"不同于"施佩希特诉网景通信公司案"。在前者案件中，用户每天访问并获得相关数据，并且每天都能看到注册网要约的条款。See Specht V. Netscape Communications Corp, 306 F. 3d 17（2d Cir. 2002），at 356；ReGister. Com, Inc. v. Verio, Inc．，F. 3d 393（2d Cir. 2004），at 402.

② Vgl. LG Berlin, MultiMedia und Recht 563，565 - Google, 19/11/2013，（2014）.

③ See Andrew William Bagley，"Don't Be Evil: The Fourth Amendment in the Age of Google, National Security, and Digital Papers and Effects"，21 Alb. L. J. Sci. and Tech. 153，163（2011）.

④ See Michael L. Rustad，*Global Internet Law*，New York：West Academic Publishing，2016，pp. 215 - 216.

⑤ 参见解亘《格式条款内容规制的规范体系》，《法学研究》2013年第2期。

⑥ See Simon Bradshaw, Christopher Millard, Ian Walden，"Contracts for Clouds: Comparison and Analysis of the Terms and Conditions of Cloud Computing Services"，19 Int'l J. L. & Info. Tech. 187，192（2011）.

(四) 网络个人信息商业利用的实质要件

网络个人信息商业利用的过程应体现等价交易、诚实信用交易等合同法的基本原则。理论上，若是一方设定不合理的条件，那么该合同可能面临无效。结合网络信息交易的具体情境，与其相关的互联网企业的义务主要体现在以下三个层面：其一，充分披露的义务。本质上，通过明确告知消费者其信息将被收集和分享，服务提供者可合法地管理其责任，消费者也知晓其偿付的成本，由此，信息交易中的良性市场机制得以建立。例如，美国法律规定，在电话营销所进行的免费试用中，若需获得消费者信用卡信息，那么营销者应该明确告知消费者其可能发生的要价，并且表明其可利用消费者信用卡信息，记录完整的交易。[1]由此，通过披露信息，实现互联网企业和用户的理性交易活动。

欧盟《关于消费者合同中不公正条款的指令》（以下简称欧盟第93/13/EEC号指令）第5条规定，应通过明确的和可理解的方式使消费者获知其权利和义务。同时，我国合同法也规定提供格式条款的一方应采取合理的方式提请对方注意免除或限制其责任的条款。[2]在现实中，很多互联网企业利用消费者无知的心理，不合理地收集和使用用户的网络信息。[3]实际上，即使用户知道个人信息被收集，其基本上也无法知晓其信息是否以及如何被处理或传输。[4]因此，互联网企业商尽可能披露足够多的信息，使消费者合理注意信息的流动。

充分披露义务要求互联网服务提供者披露何种信息被收集，以及信息将如何被使用。德国柏林州法院曾做出与此相关的裁决，认为由于谷歌服务协议的13个条款并没有明确告知消费者其信息将被如何使用，因此该法院认为上述条款是不公正的，因而是无效的。[5]相同地，法院

---

[1] See 16 C. F. R. 310. 4.
[2] 例如，我国《合同法》第39条、"消费者权益保护法"第26条。
[3] See Jeff Sovern, "Opting In, Opting Out, or No Options at All: The Fight for Control of Personal Information", 74 Wash. L. Rev. 1033, 1074 (1999).
[4] Neil Weinstock Netanel, "Cyberspace Self - Governance: A Skeptical View from Liberal Democratic Theory", 88 Cal. L. Rev. 395, 476 (2000).
[5] Vgl. LG Berlin, MultiMedia und Recht 563 - Google, 19/11/2013, (2014).

也认定苹果公司使用的 8 个服务条款是无效的,其中大部分理由在于缺乏使用信息的透明度。①

其二,等价交易的义务。给付均衡是支配合同法的根本性原理。在现有的模式下,若忽视市场机制的作用,企业将不再区分信息主体的偏好,进而消费者只能在"要么全无、要么全有"的二进制上选择,允许或拒绝对其个人信息的收集和使用。②由此,互联网企业可在不给予用户等价回报的情况下,使用个人信息。本质上,由于隐私市场失灵,信息收集和处理企业在利用个人信息时,已变相地获得"补贴",因此,这些机构并没有承担寻求个人信息的真实"成本"的义务。③上述行为损害了消费者福利。

为纠正此种商业利用上的不正当性,应在个人信息的提供与服务的获取之间建立起"自愿交易"与"等价交易"的市场机制,任何一方都不得"强卖"或"强买"。例如,欧盟委员会在 2017 年 3 月要求社交媒体平台的服务条款应符合保护消费者的法律规定。其重申了若当事方之间的权利和义务存在显著失衡,进而对消费者造成不利待遇,那么该条款将被视为无效。④在实践中,等价有偿的标准应使得互联网企业提供的服务成本与用户的信息价格之间尽可能地相匹配。换言之,互联网企业商收集个人信息的权利应与其提供服务的义务是大体相当的,如果互联网服务提供者肆意地收集个人信息,那么其极有可能违反等价交易的义务。例如,2017 年 6 月,蚂蚁金服旗下的信用消费信贷产品发布新一版《花呗用户服务合同》,要求用户授权其可向任何第三方收集个人信息,甚至要求收集个人的通信信息,该过度收集和利用个人信息的行为已然违背等价交易原则。

---

① Vgl. LG Berlin, Neue Juristische Wochenschrift 2605, 2606 – Apple, 30/4/2013, (2013).

② Paul M. Schwartz, "Property, Privacy, and Personal Data", 117 Harv. L. Rev. 2056, 2077 (2004).

③ Paul M. Schwartz, "Property, Privacy, and Personal Data", 117 Harv. L. Rev. 2056, 2079 (2004).

④ European Commission, "The European Commission and Member States Consumer Authorities Ask Social Media Companies to Comply with EU Consumer Rules, Brussels", 17 March 2017, http://europa.eu/rapid/press – release_ IP – 17 – 631_ en. htm, last visited on 6 Dec. 2020.

其三，诚实信用交易。诚实信用原则要求网络服务提供者不应利用地位优势压制用户的合法利益和诉求。网络空间存在着大量的信息不对称现象。事实上，互联网企业具有制定模糊性策略和逃避性策略的动机，因为大数据行业本身的不确定性非常突出。例如，在隐私政策中，服务提供者否认承担数据遗失的风险和责任，并主张其具有单方面决定终止服务的权利。又如，服务协定规定，服务提供者能够获得出于营销目的随时获取和利用用户的所有信息。[1]上述的规定导致了在当事方间的权利和义务的显著失衡，违背了诚信原则，对消费者利益造成损害，因此，此类合同条款不具有公正性。

诚实信用原则要求网络服务提供者非歧视地提供服务。在现代社会中，根据种族、性别、年龄、性偏好、基因等差异，对个体或集体的歧视是违背商业道德的，[2]同时也违反现代法律特征。互联网企业时常基于用户的地理位置、浏览踪迹等对用户进行分类，并实施歧视行为。[3]互联网方便企业利用数据挖掘技术分析个人行为习惯和消费模式，并且将其分析的结果用于对个人的营销中。[4]但是，营销并不应与歧视相关，特别是通过对个人的地理位置、浏览页面、消费习惯、财务情况进行差别定价，该行为违反了消费者权益保护，更损害了社会的整体福利。

诚实信用交易还要求网络服务提供商一以贯之地履行契约。若企业做出关于收集、使用或保护个人信息政策的承诺，但是在实践中，却采取与其承诺截然不同的方式处理个人信息，那么这显然构成不公正交易。由于网络服务是持续性地交付服务的活动，虽然服务提供者和用户通过使用协议的方式确定权利与义务，但是一般而言，服务提供者指明

---

[1] See Jay P. Kesan, Carol M. Hayes, Masooda N. Bashir, "Information Privacy and Data Control in Cloud Computing: Consumers, Privacy Preferences, and Market Efficiency", 70 Wash. and Lee L. Rev. 341, 421 – 440 (2013).

[2] See Max N. Helveston, "Consumer Protection in the Age of Big Data", 93 Wash U. L. Rev. 859, 863(2016).

[3] See Cynthia Dwork, "Deirdre K. Mulligan, It's Not Privacy, And It's Not Fair", 66 Stan. L. Rev. Online 35, 36 – 38(2013).

[4] Benjamin Zhu, "A Traditional Tort for a Modern Threat: Applying the Intrusion Upon Seclusion to Dataveillance Observation", 89 N. Y. U. L. Rev. 2381, 2387 (2014).

其保留更改信息使用政策的权利,这意味着用户必须持续地检查其信息利用的最新规则。实践中,云服务的隐私政策和服务协定时常定期改变,进而反映服务提供者的新偏好。① 当企业能够以实质性的方式单边改变其协定术语,这将突破合同关系,削弱用户对数据的控制。毫无疑问,根据诚实信用的原则,如果服务提供者将增加消费者的义务和责任,其应迅速告知用户,并赋予用户重新做出选择的机会。

(五) 向第三方传输信息的约束

实践中,网络服务提供者一般都基于商业目的向其他商业伙伴披露用户信息。当用户向网络服务提供者传输信息,并达成合意时,网络服务提供者获得对网络信息的部分收益权。其收益权也来自向第三方传输交易信息获益的情形。此外,网络信息的处理也时常依赖第三方的资源和技术。因此,在现有的模式中,消费者将其信息交给服务提供者,并相信服务提供者向第三方传输信息的活动能满足信息安全的要求。然而,现实中,如果第三方未能保护数据,那么往往由消费者承担利益受损的风险和损失。因此,互联网服务提供者鲜有动力保护用户在第三方的信息权益。②

上述矛盾在市场机制中却相对容易解决。根据合同相对性原则,服务协议仅约束用户和服务提供者。将个人信息向第三方服务披露并由第三方利用的行为实际上构成用户与第三方服务提供者之间合同缔结的关系,③其应满足如上的充分披露、等价交易、诚信交易等原则。实践中,"登记建立账户""支付价款""成为注册用户""接受网络账号""建立网络文件夹"或者是"做出承诺或建立任何允许其获得排他性的或限制性内容的关系"等都可能构成用户和服务提供者缔约的行为。④ 换言之,如果用户与第三方之间建立起最基本的同意和授权关系,那么实

---

① Jay P. Kesan, Carol M. Hayes, Masooda N. Bashir, "Information Privacy and Data Control in Cloud Computing: Consumers, Privacy Preferences, and Market Efficiency", 70 Wash. and Lee L. Rev. 341, 456 (2013).

② See Christopher Soghoian, "Caught in the Cloud: Privacy, Encryption, and Government Back Doors in the Web 2.0 Era", 8 J. on Telecomm. and High Tech. L. 359, 378 – 379 (2010).

③ See Chris Jay Hoofnagle, "Jan Whittington, Free: Accounting for the Costs of the Internet's Most Popular Price", 61 UCLA L. Rev. 606, 632 (2014).

④ Ellis v. Cartoon Network, Inc., 803 F. 3d 1251 (11th Cir. 2015), at 1257.

际上用户与第三方之间的契约关系已经建立。

值得注意的是，第三方利用的前提条件为用户与原先服务提供者之间存在契约关系。为妥善解决向交易第三方传输信息的难题，应回归用户在交易中的产权。传统上，信息传递的议价在服务提供者和第三方之间，而赋予用户的产权，则将议价的核心转变为消费者和第三方，进而保护消费者的合法利益。[①]其特殊规则体现在：其一，互联网服务提供者应明确告知用户向特定第三方披露的具体信息。例如，苹果公司服务协议写明："苹果公司可将特定的个人信息提供给战略性伙伴使用。"然而，德国柏林州法院认为该条款由于未能足够具体地披露使用信息的战略性伙伴，由此违反了充分披露的义务。美国联邦贸易委员会也曾做出相似的认定。[②]换言之，企业使用"合作伙伴"等概念仍未履行披露义务，而应具体指明并展示合作伙伴名称。

其二，用户的撤销传输权。该撤销传输权实质为用户对个人信息的控制权，具体包括两个方面：一方面，用户有决定信息流动的权利，其可以移除和终止与特定服务提供者关联的权利；另一方面，撤销信息披露的权利，其允许消费者从任何实体记录中合法地撤销其授权。[③]例如，有学者分析了退出（opt-out）机制对个人信息市场中参与者的重要性，其认为消费者的撤销权有助于实现信息主体的信息自决权，并且也能够形成民主的市场秩序。[④]由此，实际上，用户通过市场机制能够发挥对自身信息的自决权利，更重要的是，其也限制了服务提供者向第三方肆意传输信息的可能性，进而保护用户的合法利益。

---

① Chris Jay Hoofnagle, Jan Whittington, Free: Accounting for the Costs of the Internet's Most Popular Price, 61 UCLA L. Rev. 606, 665 (2014). 笔者认为，此方法适用于菜鸟和顺丰数据争议，当然，也包括 2016 年"新浪微博诉脉脉不正当竞争案"。

② Federal Trade Commission, Privacy & Data Security Update (2016), https://www.ftc.gov/system/files/documents/reports/privacy-data-security-update-2016/privacy_ data_ security_ update_ 2016_ web. pdf, p. 4.

③ See Jay P. Kesan, Carol M. Hayes, Masooda N. Bashir, "Information Privacy and Data Control in Cloud Computing: Consumers, Privacy Preferences, and Market Efficiency", 70 Wash. and Lee L. Rev. 341, 346 (2013).

④ See Paul M. Schwartz, "Property, Privacy, and Personal Data", 117 Harv. L. Rev. 2056, 2056 (2004).

第三节 网络空间信息治理的
政府角色与地位

虽然网络服务提供者和用户建立起合同关系,然而用户仍面临无法消减的风险——互联网企业利用技术优势或信息优势实施隐蔽的不公正交易行为。为纠正市场失灵,政府应在网络个人信息商业利用中发挥"有形之手"的作用。

一 政府进入网络个人信息市场机制的必要性

在网络个人信息商业利用中,政府应发挥纠偏作用。其主要理由如下:第一,消费者和服务提供者的地位不平等。大体而言,隐私政策和服务协议更保护企业一方,而可能忽视用户的利益。在一个"技艺高超"的律师帮助下,互联网企业能够非常简单地在格式合同中实现其非法利用信息的目的,其只要增加文件页数并通过去显著化,将一些条款"变相隐藏",用户甚至可能在其购买、安装或开始运行程序后仍未能发现此类条款。[1]第二,信息市场存在显著失灵的可能性。一方面,大部分的网络信息是加密的,用户哪怕获取其自身的信息,其也没有足够的成本或技术加以解密;另一方面,未来大数据时代的基本福祉建立在个人信息和数据的利用上。过高的消费者要价将损害大数据行业的整体发展。第三,单个用户只具备有限理性。实际上,众多消费者会接受所有数据处理者提供的关于个人信息的条款。消费者罕见花费时间和精力详细阅读信息利用规则。同时,由于个人信息价值的低微性,单个消费者鲜有动力提起诉讼并承担诉讼成本。由此,即使立法者规定个人拥有控制其信息的"权利",但是其仍极可能缺乏对信息的实际监督和控制权。[2]由此,作为市场的监督者,政府应在网络信息市场机制中发挥

---

[1] Mark A. Lemley, "Beyond Preemption: The Law and Policy of Intellectual Property Licensing", 87 Cal. L. Rev. 111, 122 (1999).

[2] See Daniel J. Solove, "Identity Theft, Privacy, and the Architecture of Vulnerability", 54 Hastings L. J. 1227, 1234 (2003).

作用。

二 政府介入网络个人信息利用机制的功能定位及其手段

个人信息原则上属于自然人之"所有",然而事实上,个人信息是"无形"的,其只能存在于载体——服务器、终端设备等中。虽然有学者建议由政府专门机构对个人信息进行治理,[1]然而,在实践中,政府难以承担所有关于网络信息市场资源配置的任务。其一,政府监管可能会产生租值消散现象;[2]其二,政府缺乏足够的人力和财力对所有的网络信息进行全方位的监管。[3]由此,当前,政府应当在网络信息利用中扮演规范制定者、权利救济者的角色。综合而言,政府具有的双重手段如下。

1. 政府的积极性手段:对产权和公平交易的保护

政府行使积极性手段的核心目的在于保障产权,减少交易成本,并鼓励公平交易。与履行协议成本相对的,交易成本是达成一个协议所需耗费的成本。在虚拟空间,由于网络服务提供者与用户间信息极度不对称,其可能导致交易成本巨大。同时,在契约制定过程中,由于信息行业的瞬息万变,网络个人信息商业利用多体现不完全性契约的特征。[4]因此,政府应在网络信息利用中,承担对产权和公平交易的保护责任。

当前的消费者行为偏好表明,相比于其他产品而言,人们在使用技术产品时偏向于可接受更少的隐私权利。例如,安妮塔·艾伦发现,由于隐私的去优先化,人们可能更愿意将隐私与其他诸如娱乐、个人盈利、医疗和进入特定社团等事项进行交易。[5]实践中,尽管个人有意愿保护隐私,但是多数个人采取较低的谨慎程度,并且愿意放弃信息以换

---

[1] 参见吴伟光《大数据技术下个人数据信息私权保护论批判》,《政治与法律》2016年第7期。

[2] 参见张五常《新制度经济学的现状及其发展趋势》,《当代财经》2008年第7期。

[3] Peter Rott, "Data Protection Law as Consumer Law-How Consumer Organizations can Contribute to the Enforcement of Data Protection Law", 6 J. Eur. Consum. and Mkt. L. 113, 113 (2017).

[4] 参见[美]本杰明·克莱因《"不公平"契约安排的交易费用决定》,载陈郁编《企业制度与市场组织:交易费用经济学文选》,格致出版社2009年版,第147页。

[5] See Anita L. Allen, "Privacy – As – Data Control: Conceptual, Practical, and Moral Limits of the Paradigm", 32 Conn. L. Rev. 861, 871 (2000).

取金钱。①只要用户忽视隐私政策和服务协定，接受服务提供者对其信息的控制，并且维持对现有的隐私威胁的无知，那么企业鲜有动力改写隐私政策和服务协定，进而危及市场交易的透明度和公正性。因此，政府的积极性手段体现在回应保护公共利益的需求上，即，对产权和公平交易进行保护，以维持现有的国家安全、公共道德和个人人格权的最低程度保护水平。具体的方法是政府应制定禁止交易的具体的网络信息类型，并通过推广商业最佳实践（best practice）的方法引导合理的、公正的信息市场流动。

2. 政府与法院的救济性手段：以消费者权益保护为中心

政府使用消极性手段的核心在于保护消费者合法利益。由于隐私政策或信息使用协议具有广泛的适用性，其涉及众多消费者的合法利益。针对不合理的商业实践，政府应建立起补充性的行政救济机制。

为制裁不公正的或欺骗性的商业实践，美国联邦贸易委员会可纠正企业的信息政策。②具体而言，美国联邦贸易委员会要求企业"合理保护"用户的个人信息，并且该"合理性"由诸如保密信息的类型以及企业避免该风险的成本等因素所决定。③ 2004 年，美国联邦贸易委员会首次指出某批发会员店的数据政策不能满足信息安全等消费者利益。具体而言，其认为该企业未能将重要文件加密，或者合理地保障无线网络安全，最终导致众多用户的身份信息被盗窃。④ 2006 年，一家名为选择点（ChoicePoint）的消费者数据经销企业将其超过 16 万份消费者的金融记录传递给客户。美国联邦贸易委员会在收到消费者的投诉后，认定该企业的行为构成不合理的信息转让，并且其隐私政策是错误的或具有

---

① See Daniel J. Solove, *The Digital Person: Technology And Privacy In The Information Age*, New York: New York University Press, 2004, pp. 80–81.

② Federal Trade Commission, Privacy & Data Security Update（2016），https://www.ftc.gov/system/files/documents/reports/privacy-data-security-update-2016/privacy_and_data_security_update_2016_web.pdf, last visited on 1 August 2020.

③ Kimberly L. Rhodes, Brian Kunis, "Walking the Wire in the Wireless World: Legal and Policy Implications of Mobile Computing", 16 J. Tech. L. & Pol'y 25, 36（2011）.

④ FTC, BJ's Wholesale Club Settles FTC Charges, https://www.ftc.gov/news-events/press-releases/2005/06/bjs-wholesale-club-settles-ftc-charges, last visited on 1 August 2020.

误导性的。①除此之外，美国政府还可以在企业未能确保数据安全时，采取行动保护消费者利益，甚至当企业尚未开展实际的数据违反行为时，通过事先禁止非公正的或欺诈性的商业实践而避免企业滥用信息。②

在对消费者提供保护的过程中，法院也可发挥重要的作用。例如，欧盟第93/13/EEC号指令第7.2条规定，任何组织和个人均可以在法院或适格的行政机构中确认一般使用的合同术语是否为公正的，以阻止非公正条款的适用。比起立法机关和行政机关对信息的保障而言，司法机关以个案的方式进行审理。在尚未明确产业发展前景时，以司法方式解决争议能够具有一定程度的灵活性，并在保障用户的合法利益时，降低对大数据产业的负面影响。③

三 政府介入的行动空间：以《消费者保护法》路径为例

（一）运用《消费者保护法》解决个人信息治理的必要性

互联网时代是数据的时代。21世纪以来，信息储存和传送的形态发生巨大变化，任何信息都可转化成数据，并通过电子化便捷地传送至世界各地。同时，随着互联网技术普及和发展，海量数据随时随地被分享。因此，有学者提出，人类社会已经步入"大数据时代"。④大数据时代意味着大规模信息的互联与互通，由此，对个人信息和数据的治理成为时兴的话题。

目前，各国大多建立起关于用户对个人信息的自决权或控制权。⑤

---

① FTC, ChoicePoint Settles Data Security Breach Charges; to Pay $10 Million in Civil Penalties, $5 Million for Consumer Redress, https://www.ftc.gov/news-events/press-releases/2006/01/choicepoint-settles-data-security-breach-charges-pay-10-million, last visited on 1 August 2020.

② Paul M. Schwartz, Daniel J. Solove, The PII Problem: Privacy and a New Concept of Personally Identifiable Information, 86 N.Y.U.L. Rev. 1814, 1856–1857, (2011).

③ 参见孙南翔《论作为消费者的数据主体及其数据保护机制》，《政治与法律》2018年第7期。

④ See Omer Tene, Jules Polonetsky, Privacy in the Age of Big Data: A Time for Big Decisions, Stanford Law Review Online, Vol. 64, 2012, p. 63.

⑤ 美国实践可参见龙卫球《数据新型财产权构建及其体系研究》，《政法论坛》2017年第4期。

然而，根据个人信息自决权理论建立起的个人信息同意机制在数据治理中面临挑战。① 在实践中，个人信息自决权变相丧失。当前网络服务商处于强势地位而网络用户处于弱势地位，即使互联网服务提供商以隐私保护合约来履行告知义务，"告知与许可"原则也只是一个摆设，因为用户的同意带有明显的被强制色彩，用户不同意就无法享受服务。② 由此，由于用户没有其他的替代性选项，网络用户的知情模式被虚置，该模式无法解决数据治理难题。

同时，作为保护用户隐私信息的去识别化机制也备受争议。虽然信息的去识别化在一定程度上有助于个人信息的不合理披露，但是该机制是以建立在数据和信息未达到规模级效应为前提的。例如，社会保障号码一般被视为是非常敏感的信息，出生日期则被视为是相对不敏感的。然而，当前的信息技术表明如果个人的出生日期和出生城市能够被获知，那么对该个人的社保账户将可被以精确地估量。③ 如果一个数据库包含大量的非敏感信息，那么信息的加总将能够追踪到现实存在的个人。个人的搜索记录可被视为是某种匿名的信息，但是其也是可识别的信息。例如，用户对本地商业、特定医疗诊断的信息等，并且个人也经常会搜索其自身的名字以获取信息资讯。④ 换言之，网络上的去识别化的信息并非真正的匿名化。虽然现在存在诸多的加密技术，但是信息的可识别性与不可识别性与具体场景密不可分。个人的不可识别并不等同于企业或者网络公司的无法识别。正如 Paul Ohm 所言，匿名数据通过计算机技术能够再识别，并且与具体的个人再次发生联系。⑤

更为遗憾的是，当个人信息被滥用时，若未触及侵权，那么用户将难以获得救济。例如，在 2015 年 6 月 "北京百度网讯科技公司与朱烨隐私权纠纷案"的终审判决中，南京市中级人民法院认为，由于

---

① 参见范为：《大数据时代个人信息保护的路径重构》，《环球法律评论》2016 年第 5 期。
② 徐明：《大数据时代的隐私危机及其侵权法应对》，《中国法学》2017 年第 1 期。
③ Paul M. Schwartz & Daniel J. Solove, "The PII Problem: Privacy and a New Concept of Personally Identifiable Information", N. Y. U. L. REV. 1814, Vol. 86, 2011, p. 1846.
④ Paul Ohm, "Broken Promises of Privacy: Responding to the Surprising Failure of Anonymization", UCLA Law Review 1701, Vol. 57, 2010, pp. 1717 – 1718.
⑤ See Paul Ohm, "Broken Promises of Privacy: Responding to the Surprising Failure of Anonymization", UCLA Law Review, Vol. 57, 2010, pp. 1716 – 1731.

网络服务商或数据从业者对于用户浏览信息的自动抓取收集行为以及个性化推荐行为欠缺公开性，并且网络服务商通过《使用百度前必读》已经明确告知网络用户可使用包括禁用浏览文本（cookie）、清除浏览文本或者提供禁用按钮等方式阻止个性化推荐内容，因此，上述行为不构成隐私侵权。由此，该案明确了数据从业者在收集和利用用户个人信息方面的自由空间。相似地，根据2014年《关于审理利用信息网络侵害人身权益民事纠纷案件适用法律若干问题的规定》的司法解释，其也是使用侵权的方式确定网络信息利益受损的救济方式。其第12条规定的"造成他人损害"是要求被侵权人请求承担侵权责任的前提条件。然而，实践中，网络中的"损害"难以界定和判定，数据收集和处理的目的也并非绝对有损于用户。例如，通过向第三方披露是否构成损害尚存疑问。由此，使用侵权法的方法对个人提供救济难以实现。

在互联网中，作为个人信息利益相关方，用户对个人数据缺乏控制能力，甚至在个人权利、数据权利受到威胁时，也未能充分确保个人数据被合理使用。胡夫纳格尔曾断言，因为互联网领域存在违反隐私权利等行为，因此，互联网比起野蛮的丛林社会不会更好。[①]本质上，数据经济呈现了一种复杂的利益关系，一方面是用户对于其个人信息的保护需要，另一方面则是经营者对于个人信息数据化利用的需要，即需要通过对个人信息收集和加工来形成某种数据资产。所以，如何从法律上设计或处理好用户和经营者之间的这种利益关系，就成为当前数据经济及数据资产化能否得到有效而合理开展的基本前提。[②]遗憾的是，正如龙卫球教授所言，我国立法迄今为止并没有对此提供一种清晰而合理的解决方案。[③]未能提供解决方案的重要的理由之一在于我国试图一味通过行政法或侵权法的手段，对数据进行治理。

晚近以来，更多的学者注意到数据的经济属性。例如，约翰·纽曼（John Newman）创新性地主张互联网企业提供的服务并不以索取服务

---

① Chris Jay Hoffnagle, "Reflections on the NC JOLT Symposium: The Privacy Self-Regulation Race to the Bottom", North Carolina Journal of Law and Technology, Vol. 5, 2004, p. 213.
② 龙卫球：《数据新型财产权构建及其体系研究》，《政法论坛》2017年第4期。
③ 龙卫球：《数据新型财产权构建及其体系研究》，《政法论坛》2017年第4期。

费用为目的,而是以信息关注与获取用户隐私为对价。① 又如克里斯·胡夫纳格尔等指出的,在理想状态下,市场力量将自发生成新协议,其将提供消费者关于信息交易条款的事先议价、事后监督权利,并且在违反协议时寻求救济的能力。② 上述观点带来了新的启发,即数据治理可从传统的公法救济的角度转向建立数据交易的市场化机制,并以合同法和消费者权益保护法的方式,通过赋予数据主体以具体权利,进而实现良性治理。例如,《欧盟第93/13/EEC号消费者合同不公正条款指令》禁止在消费者合同中使用非公正的条款,并且也要求成员国确保消费者的利益,进而阻止持续的不公正条款使用。③ 相似的,我国《消费者权益保护法》新增规定,要求经营者收集、使用消费者个人信息,应当遵循合法、正当、必要的原则。然而,至今互联网服务协议中的消费者权益保护的问题鲜少被研究,法院在司法审判中也鲜少提及互联网服务中的消费者权益保护。因此,下文拟通过中外相关的法律、判例等,④ 运用比较法的方法,结合中国的具体实情,探索数据交易的形成及以此为基础建立的关于个人信息的消费者保护机制。

(二) 数据主体到消费者的角色嬗变:何以可能?

当前,由于过分倚重信息的绝对安全,诸多国家在数据保护机制中忽视了数据经济及数据资产化的内在诉求。在理论上,若明确信息的价值属性,那么数据治理可从传统的公法实践转向市场化与规范化的双重规划法治路径,由此,数据治理的解决方案可通过数据主体到消费者之间的嬗变实现。在实践中,数据主体从用户到消费者角色的转变具有可能性。

第一,信息可成为合同的对价。虽然诸多商品的"整体价格"是

---

① See John M. Newman, "Antitrust in Zero – Price Markets: Foundations", *University of Pennsylvania Law Review*, Vol. 164, 2015, pp. 149 – 203; John M. Newman, "Antitrust in Zero – price Markets: Applications", The University of Memphis Research Paper, No. 150, 2015.

② Chris Jay Hoofnagle, Jan Whittington, "Free: Accounting for the Costs of the Internet's Most Popular Price", 61 UCLA Law Review 606, 2014, p. 664.

③ Peter Rott, "Data Protection Law as Consumer Law-How Consumer Organizations can Contribute to the Enforcement of Data Protection Law", EuCML, No. 3, 2017, pp. 114.

④ 需要说明的是,由于当前各国对互联网中面临的新情况都相似,消费者权益保护的目的和宗旨都相同,并且目前的挑战也多集中在法律适用层面,因此本书使用了美国、欧盟、德国等一些国家和地区的案例。

由金钱性的和非金钱性的部分组成，但是一些商品的价格完全是非金钱性的。毕竟，交易价格仅仅是交易商品价值之间的比率。在现实中，大多数价格被单一的金钱单位方式所确定，但是其并非是确定价格的必要和唯一条件。价格也可以表示为商品之间的等价交换。例如，若市场上，甲与乙交换五个苹果与十个橙子，那么一个苹果的价格就可以表示为两个橙子。①个人信息也可作为价格，用以进行商业交换。在实践中，向第三方披露用户设备信息、全球定位系统（GPS）信息和网页浏览历史都是有价值的。

如果用户访问一个广告支持的网站，那么用户支付的消费网站内容的价格就是那些关于用户访问该网站所产生的信息。该信息包括之前访问的网站地址、其后访问的网站地址、用户的地理位置等。②正如美国地区性法院所指出的，消费概念涉及多种元素，除金钱支付外，还包括登记、承诺、交付、获得限制性内容。③美国第一巡回上诉法院进一步指出，在使用应用软件以及用户浏览视频时，其实际上是在向服务提供者提供个人信息，例如他的安卓设备账号和用户设备上的定位信息。在该案中，虽然原告并没有支付金钱，但是原告对被告信息的获得并非是免费的，而是构成服务的对价。④正基于此，通过服务和信息之间的价值交换，用户缔结服务合同而成为消费者。⑤由此，美国第一巡回上诉法院认定，美国《音频隐私保护法》适用于"免费"提供服务，但向第三方披露用户设备信息、全球定位系统（GPS）信息和网页浏览历史等内容的应用程序服务提供者。⑥因此，信息可以作为合同对价而独立存在。

第二，互联网服务提供者从获取用户信息中得利。当前，互联网网站大多是"免费的"，虽然用户支付零金钱费用，但是他们需要支

---

① Caleb S. Fuller, "Privacy Law as Price Control", *European Journal of Law and Economics*, 2017, p. 1.

② Caleb S. Fuller, "Privacy Law as Price Control", *European Journal of Law and Economics*, 2017, p. 1.

③ Yershov v. Gannett Satellite Info. Network, Inc., 104 F. Supp. 3d 135, 147 (D. Mass. 2015).

④ Yershov II, 820 F. 3d, 482 (2016), 489.

⑤ 即使有法官认为网络订阅并非必然构成消费，但是该法院也认同，支付行为并非是认定消费的必要条件。See Eilis v. Cartoon Network, Inc., 803 F. 3d 1251 (11th Cir. 2015), 1256.

⑥ Yershov II, 820 F. 3d, 482 (2016), 484.

付非金钱性的成本——信息。用户的信息提供构成了互联网服务提供者的获利来源。具体而言，互联网服务提供者的获利方式主要来自于两种：其一，互联网服务提供商收集信息的行为对当事方是有价值的，因为信息能够促使服务提供商更有效率地开展活动。例如，互联网服务提供商可以通过消费者行为信息的收集和归纳，提升产品的效能，从而获得更好的金钱性回报。其二，通过识别消费者的特征，互联网企业能够精准投放广告从而获得利益。对于大多数互联网企业而言，广告收入是其收入的主要来源。[1]互联网服务提供者的广告收入来源依赖于对用户的个人信息利用。即互联网服务提供者将收集多种"非敏感的"数据（例如，网络协议地址、地理定位、浏览历史、设备信息等）[2]，进而对目标用户进行精准定位，由此实现精确的营销手段。事实上，广告商频繁地在互联网平台进行竞价，进而享有获得消费者关注的机会。[3]同时，在互联网环境中，浏览网站的用户将被动阅读"网络广告"。由此，通过用户的信息披露，互联网平台和广告商实现商业性的双赢。

第三，服务协议与数据政策本身为合同属性。从本质上，数据使用协议本身为授权合同。授权合同一般是许可者和被许可者之间达成的契约。互联网企业提供的服务协议或数据政策体现为合同属性。虽然有些互联网服务提供者主张，"数据保护政策"或"数据政策"并非是合同条款，其仅仅意味着消费者所欲达到的数据保护政策。[4]然而，在实践中，德国和美国法院均曾否认该主张，该法院从消费者的角度，认为该类型的文件具有（至少看似具有）契约本质，因为其与服务的标准条款不可分割，并且对潜在服务使用而言，一方认可政策是达成服务协议的必不可少的环节。在"注册网公司诉威瑞欧公司案"中，美国法院

---

[1] See Martin, K. D., P. E. Murphy, "The Role of Data Privacy in Marketing", *Journal of the Academy of Marketing Science*, Vol. 45, 2016, pp. 135 – 155.

[2] Goldfarb, A., Tucker, C. E., "Privacy Regulation and Online Advertising", *Management Science*, Vol. 57, No. 1, 2011, p. 59.

[3] Alexandre de Corniere, Romain de Nijs, "Online Advertising and Privacy", *RAND Journal of Economics*, Vol. 47, 2016, p. 48.

[4] Peter Rott, "Data Protection Law as Consumer Law-How Consumer Organizations can Contribute to the Enforcement of Data Protection Law", *Journal of European Consumer and Market Law* 113, 2017, p. 114.

指出,"虽然互联网上的新商业使得法院面临新的情况;但是其并没有根本性地改变合同的原则,并且当受要约人知晓并接受要约人的条件时,那么网站的合同条款就是有效的,且可执行"。① 由此,该案法院认定,域名数据库的服务条款可通过浏览协定表示同意。更进一步的,用户可能仅因为提交数据库的查询而表明同意服务协议的条款和条件。② 由此,互联网服务提供者提供的服务协议和数据政策本身体现契约的特征。

在大数据时代下,数据主体可通过服务协议与数据政策从用户转化为消费者身份。简言之,消费者提交个人信息,作为交换,其获取网络服务提供者的服务,因此,用户支付企业非金钱性的"价格"——信息,而企业通过信息而获取支付服务的价格。由此,用户和服务提供者之间建立起合同契约关系,即数据主体成为"免费的"互联网服务的消费者。相应地,个人数据保护的方式可从传统的侵权法思维进入消费者权益保护的领域。

(三) 大数据时代消费者权益面临的挑战

长期以来,合同法原则被认为是有效率的默认规则。③ 根据"法不禁止皆可为"的理念,民法本质上是对契约自由的保障,强调形式公平、私法自治。然而,互联网服务企业的绝对优势地位、大数据行业的内在特点、消费者经济利益被忽视等挑战着大数据时代的实质正义。从消费者权益保护的历史来看,消费者保护的渊源在于纠正市场失灵的困境,按照实质正义的要求对契约的形式进行相应调整。④ 若是民法强调

---

① ReGister. Com, Inc. v. Verio, Inc., 356 F. 3d 393 (2d Cir. 2004), p. 403.

② ReGister. Com, Inc. v. Verio, Inc. 案与 Specht v. Netscape Communications Corp., 306 F. 3d 17 (2d Cir. 2002) 可以进行对比。在 Specht 案中,争议是,Netscape 软件的用户从 Netscape 网站中下载软件,其是否受到 Netscape 案件的仲裁条款的约束,Netscape 将软件要约的条款放置在下载软件的网站上。该案法官裁定支持软件的用户,因为用户将可能无法看见 Netscape 的条款,因为其可能不能滚动计算机页面,并且也没有理由如此做。该证据并没有表明任何下载 Netscape 软件的人必然将看到该合同的条款。然而,Verio 不同于 Specht 案。在 Verio 案中,用户每天访问并获得 WHOIS 数据,并且每天都能看到 Register 要约的条款。See 356 F. 3d 393 (2d Cir. 2004), 402.

③ Richard S. Murphy, "Property Rights in Personal Information: An Economic Defense of Privacy", *Georgetown Law Journal*, Vol. 84, 1996, p. 2381.

④ 林越坚:《金融消费者:制度本源与法律取向》,《政法论坛》2015 年第 1 期。

自愿的交易，那么消费者权益保护的核心目标在于确保公平的交易。由此，应对大数据时代的消费者权益挑战的方法在于重构互联网的消费者权益保护机制。

1. 互联网企业的绝对优势地位

与传统合同相比，互联网合同的特殊性体现在互联网企业占有绝对优势地位。正如索罗所指出的，由于在信息捕获时的议价不平等，大型的互联网企业能够剥夺消费者权益。①互联网剥夺消费者权益的方式集中体现在互联网服务协议的格式合同属性上，实践中，诸多互联网企业通过制定格式合同，使处于弱势地位的消费者不得不接受不公正的规则。②其典型的不公平性体现在：由于议价能力不平衡，弱势方对合同缺乏有效的、真实的意思表示。③

传统上，合同应经过充分的磋商和讨价还价后，确定履行方式、交易方式和贸易条件。然而，在互联网语境下，互联网服务提供者难以与用户进行充分磋商，或者磋商成本是极其高昂的。因此，互联网服务协议多为格式合同，其旨在向所有消费者提供统一的条款，任何用户并无协商和谈判的可能性。此类型的合同大多设定相同的、不可磋商的条款，并以"要么拿走、要么放弃"的方式提供给消费者。④甚至于，互联网企业可通过设置不可更改的格式合同，消减其责任减少用户法律救济手段。

正如马克·莱姆利所批评的，在格式合同下，在一个"技艺高超"的律师帮助下，一个软件供应商能够非常简单地执行事实上其想要达成的条款，其只要增加文件页数并通过去显著化，将一些条款"变相隐藏"，用户甚至可能在其购买、安装或开始运行软件后仍未能发现此类条款。⑤由此，互联网企业利用绝对优势地位，其将具有限制用户消费

---

① See D. J. Solove, *The Digital Person: Technology and Privacy in the Information Age*, New York: NYU Press., 2004.

② Max Helveston, Michael Jacobs, "The Incoherent Role of Bargaining Power in Contract Law", *Wake Forest Law Review*, Vol. 49, 2014, p. 1023.

③ Max Helveston, Michael Jacobs, "The Incoherent Role of Bargaining Power in Contract Law", *Wake Forest Law Review*, Vol. 49, 2014, p. 1023.

④ Michael L. Rustad, *Global Internet Law*, West Academic Publishing, 2016, pp. 215 – 216.

⑤ Mark A. Lemley, "Beyond Preemption: The Law and Policy of Intellectual Property Licensing", Cal. L. Rev. Vol. 87, 1999, p. 122.

者权益的能力和潜在动机。换言之,处于优势地位的当事方可强迫、禁止或者以激励的方式,强制消费者同意那些限制其自由的不公正的合同条款。①实践中,互联网企业的格式合同经常引起争议。例如,花呗协议、微博内容协议争议等即为例证。

2. 大数据技术的商业利用对信息自控的威胁

新技术行业对消费者福利的诸多威胁是由大数据技术的商业使用所引发。以云计算、区块链、物联网等为代表的大数据行业突破传统的信息流动限制,涉及更多的参与者、更复杂的关系,② 由此加深了互联网的信息不对称和技术可控性。一方面,与现实世界不同,网络空间的建构物(即,编码)使得个人对其信息的认知、收集和控制非常困难;③ 另一方面,政府难以对去中心化的互联网活动进行全面的干预和控制。由此,大数据行业对用户的消费者利益形成严峻挑战。其主要体现在:大规模个人数据聚集将增加网络安全事故发生后的损失程度;大量的信息汇编成数据使得以个人同意为基础的信息使用机制易被虚置;④在做出销售、价格或雇佣决定前,使用数据挖掘技术增加企业歧视消费者的可能性。⑤

如美国联邦政府的报告所言,私人行业持续利用大数据技术的潜在漏洞,获得额外的利益。⑥毫无疑问,大数据方法使得个人隐私更多地曝光于现实世界中。以数据安全和合理使用为例。当消费者阅读"隐私

---

① See Max Helveston, Michael Jacobs, "The Incoherent role of bargaining power in contract law", Wake Forest Law Review, Vol. 49, 2014, pp. 1051 – 1052, 1054 – 1055.
② Nadezhda Purtova, "Property in Personal Data: Second Life of an Old Idea in the Age of Cloud Computing, Chain Informatisation, and Ambient Intelligence", in Serge Gutwirth etc, ed., Computers, Privacy and Data Protection: an Element of Choice, Springer, 2011, p. 39.
③ Julie E. Cohen, "Examined Lives: Informational Privacy and the Subject as Object", Stanford Law Review, Vol. 52, No. 5, p. 1437.
④ See Sarah Ludington, "Reining in the Data Traders: A Tort for the Misuse of Personal Information", Maryland Law Review, Vol. 66, 2006, 140, 143 – 144; Daniel J. Solove, Chris Jay Hoofnagle, "A Model Regime of Privacy Protection", Illinois Law Review, 2006, p. 357, pp. 368 – 372.
⑤ See Max N. Helveston, "Consumer Protection in the Age of Big Data", Washington University Law Review, Vol. 93, 2016, p. 863.
⑥ See Executive Office of the President, The White House, "Big Data: Seizing Opportunities", Preserving Values, 2014, p. 39.

政策"条款时,他们认为其个人信息将以特殊方式被严格保护,特别是,他们时常认为载有隐私政策的网站将不会分享他们的数据。然而,事实并不总是如此。约瑟夫·图罗等指出,隐私政策的更多目的在于为商业主体免除责任,而非是确保消费者隐私。[1]由此,大数据技术的商业利用威胁着用户信息的自决性和可控性。

3. 被忽视的消费者经济利益

作为合同相关方的用户,其信息的经济利益被互联网企业所排他性占有。现有的治理机制并未给予用户应有的关切,单纯信息自决机制无法保护数据主体的合法利益。在缺乏财产利益的情况下,互联网企业将免费地使用个人数据。[2]例如,2011年,一女士向腾讯公司请求获得离世丈夫的QQ密码以取得邮箱中的信件和照片,腾讯公司以QQ号码的所有权属于腾讯,其丈夫仅享有使用权为由,拒绝了该女士的请求。[3]由此产生疑问,为何互联网企业能够排他性地获得用户的所有信息,关于因收集、处理、利用用户信息而产生的利益到哪去了?究其本质,作为信息源泉的个人并未在大数据行业中获得真正的实惠,现阶段真正取得收益的是少数信息控制者和利用者,比如互联网服务提供者、广告公司等。[4]

毫无疑问,如果将个人信息所蕴含的财产价值赋予商家,无异于承认任何人都有权占有那些本来就被认为属于他人的财产。[5]更何况,若是个人信息利益属于服务提供者,那么用户将花费大量成本发现信息是否被搜集以及如何被使用。[6]这显然是不合理的。正如2016年"微博脉脉案"主审法官张玲玲所说,既然微博用户的信息毫无疑问是属于微博个人的,属于用户自己的消费者的利益,同时数据的结合应归于平台数据方,但是这些信息又被其他第三方所用的情况,触动的是消费者的利

---

[1] Joseph Turow, etc., "The Federal Trade Commission and Consumer Privacy in The Coming Decade", I/S: *A Journal of Law and Policy*, Vol. 3, 2007, p. 724.

[2] See Nadezhda Purtova, "Property Rights in Personal Data: Learning from the American Discourse", *Computer Law & Security Review*, Vol. 25, 2009, pp. 507–521.

[3] 参见梅夏英《数据的法律属性及其民法定位》,《中国社会科学》2016年第9期。

[4] 徐明:《大数据时代的隐私危机及其侵权法应对》,《中国法学》2017年第1期。

[5] 刘德良:《个人信息的财产权保护》,《法学研究》2007年第3期。

[6] 龙卫球:《数据新型财产权构建及其体系研究》,《政法论坛》2017年第4期。

益问题。① 娜杰日达·普托娃研究发现，如果不存在要求企业改变其行为的法律，那么在缺乏财产利益考量的情况下，企业有动力免费使用个人数据。②企业免费使用个人信息的行为不仅忽视了消费者的合法利益，更违背了公平正义的市场环境。由此，通过法律保护机制提升消费者福利，也是追求实质正义的必由路径。

4. 通过消费者权益重塑数据保护机制

21世纪，互联网信息保护机制的市场失灵与20世纪食品和安全信息上的失灵别无异样。③消费者保护的路径在于对以传统的契约自由为基础的民法模式上增加社会公平价值的考量。互联网企业的绝对优势地位、大数据技术对信息自控的威胁，以及被忽视的消费者积极利益都集中体现在互联网服务协议或数据政策中。当前，越来越多的法官假定互联网格式合同条款具有有效性。④因此，对互联网企业用户的消费者保护机制的核心在于确保互联网服务协议的公正性。

目前，互联网服务协议至少包括如下内容：（1）以互联网服务提供商为导向的法律选择条款；（2）声明知识产权并没有转让给消费者；（3）单一用户仅能获得有限的权利范围；（4）如果终止协议，消费者必须卸载或者销毁软件；（5）服务协议否认对交易能力（merchantability）或服务符合特定目的进行担保；（6）服务提供商提供消费者有限的（而非全面的）担保；（7）消费者没有权利获得免费的更新；（8）消费者明确应由服务提供商的居住国法院享有管辖权。⑤

传统上，消费者认为服务协议是对其权利的保障，其实此类协议更多充当服务提供者的免责说明。⑥由此，确有必要引入消费者权益的保护理念，通过对当事人权利义务的再调整，实现对服务提供者市场行为

---

① 参见张玲玲法官在2017网络法青年工作坊的讲座，网站：www.sohu.com/a/165122267-455313，最后访问时间：2022年2月20日。

② Nadezhda Purtova, "Property Rights in Personal Data: Learning from the American Discourse", *Computer Law & Security Review*, Vol. 25, 2009, p. 517.

③ See N. Newman, "The costs of lost privacy: Consumer harm and rising economic inequality in the age of google". William Mitchell Law Review, Vol. 40, 2014, pp. 849-1611.

④ Berkson v. Gogo LLC, 97 F. Supp. 3d 359, p. 383.

⑤ Michael L. Rustad, *Global Internet Law*, West Academic Publishing, 2016, p. 216.

⑥ Joseph Turow, etc., "The Federal Trade Commission and Consumer Privacy in The Coming Decade", I/S: *A Journal of Law and Policy*, Vol. 3, 2007, p. 724.

的规制，以追求实质公正。互联网服务协议的不公正性体现在程序性和实体性两个层面——不平等的议价和不公正的合同条款。①具体而言，程序性的不公正性意味着合同的谈判或议价由于压制和无知（surprise）而不公平；②实体性不合理性体现在合同条款是不正当的或体现滥用权利的特征。③

需要指明的是，正如美国联邦贸易委员会所言，"合同的不公正性跟随时间推移而变化，对不公正性标准的理解是发展的。法律故意将其制定在一般性术语中，因为制定一个完全封闭的不公正贸易实践的清单是不可能的。此类清单将迅速过期或者留下漏洞"。④毫无疑问，虽然企业对消费者利益的威胁无时不在，然而由于大数据时代新的技术特征和规制环境，消费者遭受的不公正待遇的方式、特征和表现形式存在细微差异，而该差异难以被立法所具体明确。由此，对大数据时代消费者利益保护的分析主要集中在司法判例层面。⑤当然，由于互联网问题的新颖性及其各国面临的挑战均相似，对国外实践的引用对于提升我国互联网服务中的消费者权益大有裨益。

（四）互联网服务协议缔结中的消费者权益保护

在消费者权益保护层面上，程序性的公正性要求，消费者和服务提供者在缔结合同时进行充分磋商。例如，《欧盟第93/13/EEC号不公正合同条款指令》（以下简称《欧盟不公正合同条款指令》）规定，如果违背善意要求，并导致当事方之间的合同权利和义务显著失衡，进而损害消费者利益，那么未经单独协商的合同条款被视为不公正的。在"Hancock v. AT&T Co. 案"中，美国第十巡回上诉法院也有相似的认定。该

---

① See Howard O. Hunter, *Modern Law of Contracts*, Thomson Recuters, 2015, 41.
② Stirlen v. Supercuts, Inc., 51 Cal. App. 4 th 1519, 60 Cal. Rptr. 2D 138, 145, Ct. App. 1997.
③ Michael L. Rustad, *Global Internet Law*, West Academic Publishing, 2016, p. 267.
④ US FTC, FTC Policy Statement on Unfairness, Dec 17 1980, available at https：//www.ftc.gov/public-statements/1980/12/ftc-policy-statement-unfairness, last visited on 22 Sep. 2020.
⑤ 例如，美国在不公正标准将会跟随时间发展而发展和变化的预期下，识别不公正贸易实践的目标被交给美国联邦贸易委员会，并受司法审查约束。US FTC, FTC Policy Statement on Unfairness, Dec 17 1980, available at https：//www.ftc.gov/public-statements/1980/12/ftc-policy-statement-unfairness, last visited on 22 Sep. 2020.

法院指出，在确定互联网服务协议是否公正时，法院将评估点击同意协议的条款是否明确地展示给消费者；消费者是否有机会阅读该协议，以及消费者是否清晰地、明确地表明对条款的接受。①归纳而言，程序性公正性包括消费者的知情要求和同意要件。

1. 消费者的知情要求

根据《欧盟不公正合同条款指令》第 5 条规定，非透明的合同条款具有不公正性的可能性。消费者的知情要求成为合同缔结程序的公正性判定标准之一。互联网领域广泛地存在服务协议缺乏透明度问题。例如，德国柏林地方法院认定，由于谷歌、苹果等企业多个条款并未明确告知消费者其将如何使用个人数据，因而上述条款无效。具体而言，消费者的知情要求可细分为以下层次。

第一，消费者应有事实上的或推定上的认知。美国律师协会电子缔约工作组曾指出，在电子化语境下，如果通过滚动条能够展示协议的部分内容，或者通过以一般水平的网站用户能够注意的方式展示条款或段落，那么用户被认为已被给予充分告知。②但是，在互联网服务中，若企业将协议放置在不明显的超级链接上，或许理性的人将不会注意此类超级链接，又或许理性的人将无法知晓其通过点击同意按钮缔结合同，那么法院将不会执行上述协议。③因此，在互联网语境下，在使用服务前，用户对服务协议的条款和条件应具有事实上的和推定上的认知。④如果互联网服务提供者未能提供或损害消费者的知情权，那么该合同的条款可能未能生效。

第二，消费者的权利和义务应不模糊地展示。服务协议中的用户权利和义务必须合理地展示，否则企业将面临法院不执行合同条款的风险。⑤一般而言，合同条款包括用户的提交事项、禁止性内容、互联网群体规范、服务上发布的提交事项的责任、网站的所有权、拒绝或移除

---

① See Hancock v. AT&T Co., 701 F. 3d 1248, 10th Cir. 2012, p. 1256; Specht v. Netscape Commc'ns Corp., 306 F. 3d 17, 2d Cir. 2002, pp. 28 – 32.

② Kunz, et al., Christina L. Kunz, et al., "Browse – Wrap Agreements: Validity of Implied Assent in Electronic Form Agreements", 59 Business Lawyer 279, 2003, p. 279.

③ Sgouros v. TransUnion Corp., 817 F. 3d 1029, March 25, 2016, pp. 1033 – 1034.

④ Michael L. Rustad, *Global Internet Law*, West Academic Publishing, 2016, p. 231.

⑤ Michael L. Rustad, *Global Internet Law*, West Academic Publishing, 2016, p. 234.

发布的情形、账户的终止、内容所有权的准据法、法院选择、隐私政策、担保声明、责任的限制、知识产权侵权、通知和关闭条款、使用提交事项的许可、第三方网站和服务、修改协定的条款、融合或一体化条款、对协定的终止和修改的条款等。①上述内容应清晰地列示。在"海因斯诉多库存网站公司案"中,美国一家互联网销售商在其网页上写明,"进入本网站构成用户对本条款和条件的接受"。其条款包括任何与访问网站方式相关的争议都必须在盐湖城进行秘密仲裁。然而,美国联邦法院认为,由于消费者并没有获得关于"条款和条件"的通知,进一步,法院指出网站并没有提供用户及时审查合同条款的机会,并且链接也是以不显著的方式展示,因此,该互联网企业的浏览同意协定是无法执行的。②欧盟也有类似的规定,在欧盟内部,互联网商业主体(包括美国公司)必须在缔约前向欧盟消费者明确披露特定的事项。③由此,在交付计算机软件或其他电子商务合同之前,网络销售者应向消费者披露足够明确的合同内容。④

第三,消费者应具有合理的阅读机会。在"施佩希特诉网景通信公司案"中,美国第二巡回法院拒绝认可互联网服务协议条款的有效性。其理由在于:在消费者做出同意前,尚不确定服务提供商是否提供消费者审查合同条款的机会。具体而言,在该案中,Netscape 主张应依据互联网服务协议进行强制性仲裁,并要求终止诉讼程序。然而,该案法院指出,在消费者被通过"立即下载"按钮免费下载软件时,服务协议条款放置在屏幕下方的事实不足以表明该企业已经询问消费者,或者已推定消费者获得通知。⑤本质上,消费者应该具有合理的阅读机会。《欧盟不公正合同条款指令》表明,给予所有的欧洲消

---

① Michael L. Rustad, *Global Internet Law*, West Academic Publishing, 2016, p. 234.

② See HiNes v. Overstock. Com, Inc, 668 F. Supp. 2d 362, 2009, p. 367.

③ See Council Directive 93/13/EEC of 5 April 1993 On Unfair Terms In Consumer Contracts, Directive 97/7/EC of The European Parliament and of The Council of 20 May 1997 on The Protection of Consumers in Respect of Distance Contracts; Council Directive 84/450/EEC of 10 September 1984 Concerning Misleading And Comparative Advertising, Council Directive 85/374/EEC of 25 July 1985 On The Approximation of The Laws, Regulations And Administrative Provisions Concerning Liability For Defective Products.

④ Michael L. Rustad, *Global Internet Law*, West Academic Publishing, 2016, p. 335.

⑤ SpEcht v. Netscape Communications Corp., 306 F. 3d 17, 2nd Cir. 2002, p. 32.

费者在缔结合同前一个阅读、审阅和理解标准条款的机会是消费者的一项基本权利。若消费者在支付前不能够审阅相关条款的服务协议，那么在所有欧盟成员国下，该合同条款都是无效的。①例如，在"三星案"中，虽然三星企业提供了超过50多页的数据政策，但并没有提供超级链接，或者是可以跳转至特定页面的选项，德国法兰克福地方法院认定，因为消费者无法合理获知数据政策的内容，上述做法构成不公正的商业实践。②

2. 消费者的同意要件

与现实中的书面同意相似，互联网上消费者同意也需要进行表示。在缔结中，当事方同意对于合同成立是必不可少的。虽然互联网改变了法院适用法律的事实背景，但是不管是书面的、口头的，或通过行为表达的，双方合意表示仍是合同的试金石。③作为基本原则，对合同的接受必须是积极的且明确的。④ 在消费者知悉互联网服务协议的条款后，消费者应对互联网服务协议表示同意的要求。在互联网语境下，消费者表示同意的方法有四种：点击同意、开封同意（shrinkwrap）、浏览同意和注册同意。点击同意的协议是通过用户点击"我同意"按钮确定协议条款；开封同意的协议是通过获得产品，而表明同意的方式；浏览同意一般是在网站中表明通过使用获得服务，或者安装程序，那么协议将具有拘束力；注册同意需要用户进行注册，才表明用户对协议表达同意。⑤

尽管存在不同的形式，消费者的同意要求的核心在于建构消费者对网络服务商的格式合同在事实上或推定上的认同。对于不同形式的同意而言，对其认同的标准有所差异。针对浏览同意而言，由于用户可以在未访问协议，甚至在不知晓协议网页存在的前提下，持续性地使用网站

---

① Article 4.1, Council Directive 93/13/EEC of 5 April 1993.
② See LG Frankfurt a. M., 10/6/2016, (2016) Beck Rechtsprechung (BeckRS) 10907 - Samsung.
③ See Nguyen v. Barnes & Noble, Inc., 763 F.3d 1171, 1175 (9th Cir. 2014); Berkson v. Gogo LLC, 97 F. Supp. 3d 359, p. 383; Mark A. Lemley, Terms of Use, 91 Minnesota Law Review 459, 2006, pp. 459 - 460.
④ Berkson v. Gogo LLC, 97 F. Supp. 3d 359, p. 388.
⑤ See Michael L. Rustad, *Global Internet Law*, West Academic Publishing, 2016, pp. 220 - 238.

及其服务，因此，与点击同意、开封同意和注册同意相比，用户的同意需要更大程度的清晰度。[1]

当然，由于互联网的相对匿名化特征，用户的同意表示是以理性人为前提进行分析。由于网络的拓展性和开放性的特征，服务提供者不应该允许执行那些旨在使一般水平的用户或消费者暴露在不可预期的压制型义务（oppressive obligations）下的隐蔽条款。[2]在实践中，美国"萨维斯基诉预付法律服务案"涉及解决当事方是否缔结有效且可执行的协议，其主要的分歧在于认定消费者的同意上。该案法院认定，由于一个理性的消费者无处知晓，其未能取消成员资格将会构成对仲裁条款的同意，因此，争议中的合同条款是无效的，也是不可执行的。[3]在"伯克森诉购购网站案"中，最为核心的问题是原告是否有效获知 Gogo 企业提供的电子格式合同的使用条件。该案法院也通过引入"一般水平上的互联网用户"（average internet user）概念，认定该类型的用户将不会意识到其通过签到而缔结一个有拘束力的合同，进而认定服务协议不可执行。[4] 同时，若接受行为方式存有模糊，那么用户对互联网协议的接受可能是无效的，因为用户虽然采取行动，但是并没有接受合同条款的意图，或者并未意识到其正在缔结合同协议。如果用户的同意是由于误解而做出，那么其可能通过信息传输中的误解事由抗辩合同的成立。[5]由此，在互联网语境下，尽管同意包括明示和默示，[6]但核心在于确保用户的知情权和自由选择权。

---

[1] Savetsky v. Pre – paid Legal Services, Case No. 14 – 03514 SC, 2015, p. 8; Michael L. Rustad, *Global Internet Law*, West Academic Publishing, 2016, p. 231.

[2] Ty Tasker and Daryn Pakcyk, Cyber – Surfing On the High Seas Of Legalese: Law And Technology Of Internet Agreements, 18 Albany Law Journal of Science and Technology 79, 2008, p. 148.

[3] Savetsky v. Pre – paid Legal Services, Case No. 14 – 03514 SC, 2015, p. 14.

[4] Berkson v. Gogo LLC, 97 F. Supp. 3d 359, April 9, 2015, pp. 402 – 404.

[5] Christina L. Kunz, et al., "Browse – Wrap Agreements: Validity of Implied Assent in Electronic Form Agreements", 59 *Business Lawyer* 279, 2003, p. 309.

[6] 例如，《信息安全技术公共及商用服务信息系统个人信息保护指南》（GB/Z 29929 – 2012），认可用户默示同意。

(五) 互联网服务协议的实体内容与消费者权益保护

当事方间缺乏磋商并不导致合同条款不可执行,[1]在互联网服务协议缔结中,强制所有服务提供者与用户进行磋商是不切实际的。用户与服务提供者进行逐条磋商对双方而言均是浪费时间,且成本昂贵的。解决程序公平和实质公正的方法在于：确保互联网服务商提供的格式合同受公正标准的约束。[2]例如,在欧盟法上,销售者并不能要求欧盟消费者放弃在《远距离销售指令》或《不公正合同条款指令》或其他强制性规则下的消费者权利。[3]在实践中,法院将拒绝执行那些实体不公正的协议内容。[4] 对实体内容不公正性的考察在于：当摒弃当事方的优势地位和强势身份后,合同及其条款是否应该被认可。[5]具体而言,互联网服务协议中的实体公正性要求包括如下。

1. 互联网服务协议中的诚信原则

（1）等价交易

互联网行业的生存与发展依赖信息的收集、流动与处理。然而,现实中的互联网企业却存在过度收集个人信息的动机。Hirsch 曾指出企业和消费者的信息不对称将导致互联网企业对消费和信息的"过分收集"。[6]同时,现有的互联网企业的行为模式也导致消费者需要提交超过合适水平的信息数量。[7]由此,诚信交易原则的核心内容之一在于互联网企业对消费者信息的收集应与其提供的服务成本相匹配。换言之,如果搜索引擎企业需要收集个人的信用卡等财务信息,其明显违反成本和

---

[1] Carnival Cruise Lines, Inc. v. Shute, 499 U. S. 585, 595, 111 S. Ct. 1522, 113 L. Ed. 2d 622 (1991), p. 593.

[2] See Carnival Cruise Lines, Inc. v. Shute, 499 U. S. 585, 595, 111 S. Ct. 1522, 113 L. Ed. 2d 622 (1991).

[3] European Commission, Unfair contract terms, http://ec.europa.eu/consumers/consumer_rights/rights-contracts/unfair-contract/index_en.htm.

[4] See 22 N. Y. Jur. 2d Contracts § 2 (2015); 14 Cal. Jur. 3d Contracts § 11 (2015); 12A Ill. Law and Prac. Contracts § 150 (2015).

[5] Howard O. Hunter, Modern Law of Contracts, Thomson Recuters, 2015, § 19:41, p. 41.

[6] See Dennis D. Hirsch, "Law and policy of online privacy: Regulation, self-regulation, or co-regulation", *The Seattle University Law Review*, Vol. 34, 2010, p. 439.

[7] See A. Acquisti, "J. Grosslags, What can behavioral economics teach us about privacy," *In Digital privacy: Theory, technologies and practices*, Routledge Press, 2007, pp. 363-377.

收益相匹配的等价交易原则。例如,在我国,花呗服务协议等要求消费者授权其可向任何第三方查阅个人信息,甚至要求收集个人的通信信息,[①]该过度收集个人信息的行为除不符合必要性和比例原则外,也不符合等价交易的原则。

(2) 禁止歧视

在现代社会中,根据种族、性别、年龄、性偏好、基因等差异,对个体或集体的歧视是违背商业道德的,同时也是违反现代法律特征的。[②]例如,美国联邦和州法律和法规在大多情况下禁止根据个人特征(例如,性别、年龄、信用等级、民族和性偏好)进行歧视。[③]在互联网中,互联网企业也时常基于用户的地理位置、浏览踪迹等进行价格歧视。[④]互联网方便企业利用大数据挖掘技术分析个人行为习惯和消费模式,并且将其分析的结果用于对个人的营销中。[⑤]但是,营销并不应与歧视相关,特别是通过对个人的地理位置、浏览页面、消费习惯、财务情况进行差别定价,该行为违反了消费者权益保护,更损害了社会的整体福利。

(3) 禁止欺诈和误导消费者

互联网企业须移除任何可能导致欺诈或误导消费者的网络信息。欧盟委员会近期发布通知要求移除欺诈或误导消费者的信息。互联网企业典型的欺诈或误导做法包括:第一,误导消费者支付价款;第二,消费者将落入免费试用的注册或订阅陷阱,但是企业并没有给予明确和足够的信息;第三,假冒伪劣产品的营销;第四,虚假的推销,诸如在社交媒体上推广"1 美元赢取智能手机",但其隐藏了长期使用所花费的每

[①] Max N. Helveston, "Consumer Protection in the Age of Big Data", *Washington University Law Review*, Vol. 93, 2016, pp. 892 – 893.

[②] Max N. Helveston, "Consumer Protection in the Age of Big Data", *Washington University Law Review*, Vol. 93, 2016, p. 863.

[③] See eg., Civil Rights Act of 1964; Equal Credit Opportunity Act; Tex. Bus. And Com. Code.

[④] See Cynthia Dwork, Deirdre K. Mulligan, "It's Not Privacy, and It's Not Fair", *Stanford Law Review Online*, Vol. 66, 2013, pp. 36 – 38.

[⑤] See Benjamin Zhu, "A Traditional Tort for a Modern Threat: Applying the Intrusion Upon Seclusion to Dataveillance Observation", *N. Y. U. Law Review*, Vol. 89, 2014, pp. 2387 – 2392.

年数百欧元的订阅费用。①在"联邦贸易委员会诉全球商业案"中，涉及的案件事实是商业星球企业邀请消费者激活免费的 7 天试验，如果到期不取消，那么其将支付每月 59.95 元的成员费。该案法院认定，商业星球网站上的上述内容具有实质性的和事实上的误导，因此，构成对个人的不公正的商业实践。②

2. 互联网服务提供者的责任承担

互联网服务协议建立了网络销售的条件，其可能限制网站对用户的内容和服务承担的损害责任。③在实践中，法院时常依赖公共政策作为拒绝执行滥用权利条款的理由。其一般表现在责任豁免或设置仲裁条款上。④在责任豁免上，如果一方排除其责任将会损害重要社会利益，那么该责任豁免是无效的。⑤

2017 年 3 月，欧洲委员会和成员国消费者机构要求社交媒体遵守欧盟消费者规则，并移除非法条款。其指出，社交媒体平台的服务条款应符合欧盟消费者法律规定。事实上，《欧盟不公正合同条款指令》第 3 条规定，若当事方权利和义务间的显著不平衡的格式条款损害消费者利益，那么该条款是非公正的，且是无效的。该指令第 5 条要求以平直的、明确的术语起草合同，且以消费者能够理解的方式明确地告知。在实践中，其意味着如下：第一，社会媒体网络不能剥夺消费者在其居住国向法院申诉的权利；第二，社会媒体网络不能要求消费者豁免其强制性权利，例如从网络购买中撤销的权利；第三，服务协议不能限制或完全排除社会媒体网络与其服务履行相关的责任；第四，受资助的内容不应该被隐藏，但是应该是可识别的；第五，社会媒体网络不能单边地改变条款和条件，在没有明确告知消费者其管辖权，并且没有给予他们在获得足够通知的情况下取消合同；第六，服务条款不能提供关于社交媒

---

① European Commission, "The European Commission and Member States Consumer Authorities Ask Social Media Companies to Comply with EU Consumer Rules", Brussels, 17 March 2017, http://europa.eu/rapid/press-release_IP-17-631_en.htm, last visited on 6 July 2020.

② FTC v. Commerce Planet, 878 F. Supp. 2d 1048, June 22, 2012, p. 1048.

③ Michael L. Rustad, *Global Internet Law*, West Academic Publishing, 2016, p. 234.

④ Max Helveston, Michael Jacobs, "The Incoherent Role of Bargaining Power in Contract Law", *Wake Forest Law Review*, Vol. 49, 2014, p. 1051.

⑤ Max Helveston, Michael Jacobs, "The Incoherent Role of Bargaining Power in Contract Law", *Wake Forest Law Review*, Vol. 49, 2014, p. 1051.

体操作者对内容移除的无限制的、自我裁量的权利；第七，社交媒体操作者的合同终止必须通过明确的规则所调整，并且不能在不具有理由的情况下单边决定。①

除上述外，具有基本权利属性的消费者权利也不应被克减。例如，在美国"纽约州公民诉网络联盟公司案"中，被告方在其防火墙软件产品销售中规定，任何个人在获得该企业批准前不得公开发布对该软件的评价。法院认为，由于其侵犯了用户的不可剥夺的权利，因而是不公正的，上述软件合同条款是无法执行的。②由此，通过对消费者合法权利的确认，互联网服务协议下的实体公正得以保障。

3. 救济方式的选择

互联网内容提供者利用优势地位，在服务协议中能够创造"责任豁免"的区域，剥夺消费者选择特定救济的方法和场所。通过同意争议前的强制性仲裁、集体诉讼豁免，以及免除企业的救济责任，互联网用户时常被迫放弃了开启证据的权利、陪审团的权利，以及在法院上诉的权利。③然而，在仲裁条款上，如果特定的仲裁条款对于非参与起草的当事方（通常是消费者）是不利的，那么该条款极容易被认为无效。④

在实践中，如果互联网服务协议中的救济条件不合理，美国法院将否认该条款的有效性。救济条件的不合理性包括：其一，包含的协议是欺诈或过度延伸（overreaching）的；其二，因为巨大的不方便或者选择法院条款的不公正性，申诉方将剥夺用户在法院申诉的机会；其三，选择适用法的根本不公正性将会剥夺原告的救济机会；其四，该条款与法院地的强有力的公共秩序形成矛盾。⑤进一步在"库姆诉贝宝案"中，美国法院认为，包含在"Paypal"服务协议中的仲裁条款本质上是不公

---

① European Commission, "The European Commission and Member States Consumer Authorities Ask Social Media Companies to Comply with EU Consumer Rules", Brussels, 17 March 2017, http://europa.eu/rapid/press-release_IP-17-631_en.htm, last visited on 6 July 2020.

② People v. Network Associates, 758 N.Y.S. 2d 466 (2003), p. 470.

③ Michael L. Rustad, *Global Internet Law*, West Academic Publishing, 2016, p. 245.

④ Max Helveston, Michael Jacobs, "The Incoherent Role of Bargaining Power in Contract Law", *Wake Forest Law Review*, Vol. 49, 2014, p. 1051.

⑤ Zaltz v. JDATE, 2013 WL 3369073 *8.

正的，因为正是这样一个"点击"协议的行为导致了在责任和合同条款尤其是仲裁条款立场上的失衡，这些已经足以认定该条款是不公平的。①由此可见，互联网服务协议中，消费者权益受损后的救济机制应是便利的、适当的，以及符合公共秩序的。

四 面向未来的网络个人数据交易与保护机制

以信息为载体的大数据行业已形成巨大的经济规模。截至目前，中国已存在二十余个大数据交易平台。党的十九大报告强调，应推动互联网、大数据、人工智能和实体经济深度融合，培育新增长点、形成新动能。作为网络大国和信息大国，中国的互联网信息治理承担着助力实现数字中国的重要使命。由于我国网民数量众多，中国应积极利用信息集聚的比较优势，发展出符合中国国情的信息治理路径，提升我国在全球信息交易和规则制定上的主导权和话语权。

（一）我国网络信息治理应从单轨制转向双轨制

1. 公法和私法相协调的方法

我国网络信息安全和保护体系已经基本建成，主要建立起两个层面的信息保护制度。其一，涉及国家安全的信息。其二，涉及个人隐私等人格权的信息。此外，现有的法律机制尚未明确一般性信息治理的规则。例如，在我国《民法总则》的制定中，由于数据问题的复杂性和较大分歧，其也仅仅做出开窗式的宣示性规定。②

总体观之，在信息治理上，我国立法上强调公法救济，而忽视私力救济。当前的信息立法欠缺对个人信息提供具体的保护，且未能明确信息利用的条件和方法，这无疑是立法的遗憾。必须强调的是，在互联网治理初期，倚重政府作为保障网络信息安全的体系确有必要。然而，政府无法承担对网络内容及其活动的全面监管责任。从中长期看，我国应重视市场机制和信息主体在保障其自身信息安全的作用，发挥司法机关个案审查的功能，进而建立起公法和私法双重救济的双轨制。

---

① See Craig Comb, et al. V. PayPal, Inc. Cases No. C – 02 – 1227, C – 02 – 2777 JF, N. D. Cal., August 30 2002.

② 陈甦主编：《民法总则评注》（下册），法律出版社2017年版，第785页。

如表 3—1 所示，总体而言，在公法层面，我国应借助《国家安全法》《网络安全法》等一系列公法性机制对涉及国家安全、公共道德和他人重要权益进行保护，其体现国家对网络信息安全和个人基本权利的切实保障，并主动积极惩罚网络犯罪行为；在私法上，我国应尽快完善个人信息的保护，并确认用户在其信息收集、传输和利用上的权利，特别是赋予利益攸关者能够追诉并弥补自身损害的法律机制。唯有公法与私法并用，才能建构起完整的网络信息保护和利用的制度框架。

表 3—1　　　　　信息类型化视角下的信息治理机制

信息类型	特征	核心目标	法律机制	救济方式	政府作用
涉及国家安全、公共利益的信息	高敏感性	信息保护（国家安全、公共利益）	《网络安全法》等	公法	积极作为
个人人格信息	可识别性+高敏感性	信息保护（他人人格权益）	《民法总则》《关于加强网络信息保护的决定》等	侵权法	回应型作为
其他个人信息	可识别性+低敏感性	信息自决、信息利用	《合同法》《消费者权益保护法》	《合同法》《消费者权益保护法》	辅助性作用

2. 信息保护与合法利用相融合的目标

在网络信息治理的目标上，我国应建立起网络信息保护及合法利用并行的目标体系。我国已迈入大数据时代，各行各业均需要合理利用信息和数据。我国应更关注互联网企业合理利用信息的需求，否则，过度强调一般性信息的保护可能损害我国的产业发展，并将影响下一代的互联网产业布局。

具体而言，我国应统筹立法，明确除高敏感属性的信息外，其他个人信息可合理利用，进而基于网络信息的类型建立双轨的信息治理机制。高敏感信息包括：关键信息基础设施相关的信息，[①]以及与人格权利高度相关的信息。比较特殊敏感信息还包括个人基因数据、医疗数据、生物数据等。除非基于公共利益的目的，此类信息应该限制利用。除此之外，网络社会还存在大量的其他信息。我国应建立起针对其他信息的合法利用框架。由此，高敏感信息以信息保护机制为主；而对于其他可识别的信息则应在保障信息安全的前提下，设定合法交易的条件。原则上，我国应对信息的敏感性作狭义的定义和解释，并在民商事领域，鼓励信息的合法交易，以此增进我国的产业利益。

（二）明晰信息商业利用的合法性条件，激励诚信履行合同

2012年12月施行的《全国人民代表大会常务委员会关于加强网络信息保护的决定》第1条明确规定，国家保护能够识别公民个人身份和涉及公民个人隐私的电子信息，任何组织和个人不得非法窃取或违法出售此类个人信息。具体而言，我国保护的个人信息是涉及个人身份和个人隐私的信息。然而，此处并没有对"非法窃取"或"违法出售"进行界定。2017年3月通过的《民法总则》第111条规定：自然人的个人信息受法律保护。任何组织和个人需要获取他人个人信息的，应当依法取得并确保信息安全。换言之，我国立法为网络信息商业利用提供了可能性，并设定了前提：信息获得和利用应具备合法性。笔者认为信息利用的合法性条件应从市场机制的基本法律规范——合同法中产生，并通过《消费者权益保护法》保障作为消费者的信息主体的权利。

1. 合同路径

在民商事领域，信息收集、处理和使用应发挥市场化机制的作用。市场以合同为基础，互联网服务协议以合法性为基础，体现充分披露、等价交易、诚信交易等要件。在网络信息交易机制中，我国应首先明确

---

① 参见我国《网络安全法》第31条规定，国家对公共通信和信息服务、能源、交通、水利、金融、公共服务、电子政务等重要行业和领域，以及其他一旦遭到破坏、丧失功能或者数据泄露，可能严重危害国家安全、国计民生、公共利益的关键信息基础设施，在网络安全等级保护制度的基础上，实行重点保护。关键信息基础设施的具体范围和安全保护办法由国务院制定。

网络信息的价值属性。美国发布的《关于使用"免费"和其相似术语的指南》限制企业对"免费"字眼的使用。①我国政府也可以参照发布关于慎用"免费"字眼的指导意见。实际上，网络服务商的"免费"并非真正的没有对价。我国应强化服务提供者披露其收集和利用信息的义务，并建立起提供服务与信息使用之间的等价体系。除外，网络服务协议和政策文件等应保证充分的信息公开，并体现诚信交易原则。

2. 消费者保护路径

新修订的《消费者权益保护法》增加"消费者信息权"，规定经营者的信息收集、使用应遵循的基本原则及保密义务。②然而，核心的问题在于互联网用户是否构成该法所保护的消费者。《消费者权益保护法》第 2 条规定，消费者为生活消费需要而购买、使用经营者提供的商品或接受经营者所提供的服务的市场主体。笔者认为，此处的"购买、使用"应做广义理解，包括信息作价。当前的互联网企业出现混业经营模式。由于诸多互联网企业已经涉及上下游和相关行业，根据业务领域不同，对物理、仓储等业务划分已经失去实际意义。由此，具体领域的单行法无法全面约束与规制互联网企业的行为。因此，唯有通过合同与消费者权益保护此类统筹市场交易机制的基础规制方式，才能对用户提供全面而系统的保护。在实际设计中，当互联网企业提供服务有欺诈行为的情形时，还可将消保法第 55 条第 1 款的惩罚性赔偿机制适用于互联网中的消费者，进而威慑试图故意隐瞒真实情况或故意告知虚假事实的企业。

(三) 实现多方参与，从强调事前同意转为事中事后交易监管

信息使用的事前同意机制被虚置。在实践中，网络服务提供者处于绝对强势地位，即使其以隐私政策来履行告知义务，"告知与许可"原则也只是一个摆设，因为用户的同意带有明显的被强制色彩，用户不同

---

① FTC, Guide Concerning Use of the Word "Free" and Similar Representations, https://www.ecfr.gov/cgi-bin/retrieveECFR?gp=&SID=4c2a16712079bc4bcaa6fed5899c2537&mc=true&n=pt16.1.251&r=PART&ty=HTML, last visited on 1 August 2020.

② 2016 年修订的《消费者权益保护法》第 29 条规定，"经营者收集、使用消费者个人信息，应当遵循合法、正当、必要的原则，明示收集、使用信息的目的、方式和范围，并经消费者同意"。

意就无法享受服务。①因此，对网络个人信息的保护机制应从强调事前同意转为事中事后诚信交易监管模式。对比世界的网络强国，美国将其产业利益放在网络信息治理制度中的核心地位，仅对特殊敏感的个人信息进行单独立法，其他个人信息的保护主要由市场机制来解决。②同时，美国也通过联邦贸易委员会纠正不公正的商业行为。近期，欧盟委员会要求社交媒体服务条款遵守消费者保护的规则，以实现信息商业利用的公正性。③

笔者建议，在适当时机，应由相关部委发布更为具体的信息利用的条件和机制，进而塑造规范化的、有活力的信息交易市场。实践中，政府应作为交易产权的保障者、消费者权益的捍卫者，在信息市场上发挥更大的作用。不仅如此，消费者权益保护组织、司法机关等也能够并应当提供救济用户信息权利的机会。

在很大程度上，未来的社会发展依赖于技术进步。技术进步也有利于消费者进一步保护自身权利。当前，人工智能系统可以对互联网服务协定进行自动扫描、分析、归类，并向用户展示涉嫌违反公正交易的条款。④

不管如何，网络空间法治化将约束信息市场的无序发展。有鉴于此，对网络信息交易的厘定将能够实质性地明晰权利属性，并提供信息市场更富有效率的、更公正的治理方案。此外，在国家与公民之间，信

---

① 徐明：《大数据时代的隐私危机及其侵权法应对》，《中国法学》2017 年第 1 期。

② 张金平：《跨境数据转移的国际规制及中国法律的应对——兼评我国〈网络安全法〉上的跨境数据转移限制规则》，《政治与法律》2016 年第 12 期。

③ 欧盟委员会要求，第一，社会媒体网络不能剥夺消费者在其居住国向法院申诉的权利；第二，社会媒体网络不能要求消费者豁免其强制性权利，例如从网络购买中撤销的权利；第三，服务条款不能够限制或完全地排除社会媒体网络与其服务履行相关的责任；第四，受资助的内容不应该被隐藏，但是应该是可识别的；第五，社会媒体网络不能单边地改变条款和条件，在没有明确告知消费者其管辖权，并且没有给予他们在获得足够通知的情况下。取消合同的可能性；第六，服务条款不能提供关于社交媒体操作者对内容移除的无限制的和自我裁量的权利；第七，社交媒体操作者的合同终止必须通过明确的规则做调整，并且不能在不具有理由的情况下单边决定。See European Commission, "The European Commission and Member States Consumer Authorities Ask Social Media Companies to Comply with EU Consumer Rules", Brussels, 17 March 2017, http://europa.eu/rapid/press-release_IP-17-631_en.htm, last visited on 6 July 2018.

④ See Hans-W. Micklitz, Przemyslaw Palka, Yannis Panagis, "The Empire Strikes Back: Digital Control of Unfair Terms of Online Services", 40 *J. Consum. Pol.* 367, 376 (2017).

息利用机制也具有启发意义。例如，有的国家的交通安全管理预检机制允许旅行者以事先自愿提供网络个人信息的方式完成安全检查，如果其不希望进行搜身与查验箱包。①换言之，增加政府对个人信息的获得减少了政府对个人身体和行李的接触，这也体现信息交易的特征。②在大数据行业中，信息的可利用性为数据处理与利用的前提条件。数据收集者进行多次开发与利用，并实现更大的资源价值。信息的可交易性解决信息和数据来源合法性问题，未来的法律规范还应进一步规范信息和数据的二次处理和利用。毋庸置疑，可预见的是，打造网络信息交易和利用机制将是一项充满挑战又富有远景的事业。

1. 在消费者权益保护中引入法经济学的分析范式

大数据时代，任何信息都是有价值的。个人信息具有财产权的属性。③对个人信息进行赋值并将信息价值初始配置给用户，是符合数据治理的客观现实需求的。④在互联网领域，若"信息与服务或货物"之间的交易得以形成，那么数据主体将成为互联网服务协议的消费者，进而从传统的人格权保护迈入平等交易的财产权保护方法。这不仅能够保护用户的信息自决权，更有助于整个大数据行业的发展。

2017年3月我国通过的《民法总则》第111条原则上确定了自然人的个人信息是受法律保护的，同时该法第121条确定了法律对数据保护是有规定的。依其规定，由于现实问题的复杂性和立法意见的分歧，《民法总则》对网络信息问题采取开窗式的立法授权规定。⑤本质上，我国通过的《国家安全法》《网络安全法》等确定信息利用的合法、正当、必要原则，并要求网络运营者不得收集与其提供的服务无关的个人信息。然而，实践中的难题之一在于如何界定信息利用的正当性和必要

---

① Mark Johanson, 7 Questions about TSA's PreCheck Program Answered, http://perma.cc/NRD7 - QS52, last visited on 6 July 2018.

② See David E. Pozen, Privacy - Privacy Tradeoffs, 83 U. Chi. L. Rev. 221, 222（2016）.

③ 刘德良:《个人信息的财产权保护》,《法学研究》2007年第3期。

④ 虽然信息价值难以确定，但是却并非不可能。例如，在实践中，美国联邦贸易委员会可通过计算得出互联网企业应赔偿侵犯消费者权益的成本。See US FTC, ChoicePoint Settles Data Security Breach Charges; to Pay $10 Million in Civil Penalties, $5 Million for Consumer Redress, https://www.ftc.gov/news - events/press - releases/2006/01/choicepoint - settles - data - security - breach - charges - pay - 10 - million, last visited on 6 July 2020.

⑤ 龙卫球:《数据新型财产权构建及其体系研究》,《政法论坛》2017年第4期。

性。笔者认为,若网络信息的价值性得以确定,那么对正当性和必要性的法律解释将可通过法经济学的成本和收益法而解决。①由于互联网服务提供者和消费者之间建立起契约关系,那么消费者所披露的信息应等价于互联网服务提供者的服务成本,进而通过等价交易确定必要性问题。同时,信息收集的正当性原则与协议缔结中的程序正义、诚信交易等相关。如若互联网服务提供者能够切实维护消费者权益,那么其对信息的收集、传输和利用便能够满足合法性、正当性和必要性的要求。

2. 发挥合同法与消费者权益保护的救济作用

传统上,对个人信息保护采取侵权法和行政法的救济方法。然而,一方面,网络个人信息的侵权救济依赖于信息公开性、信息敏感性和后果有害性的要求。②用户面临的求偿能力受限。另一方面,国家行政机关缺乏足够的人力、物力和时间监督所有的网络信息。由此,构建信息市场化机制并重视消费者权益保护的理念得到诸多网络大国理论界和实务界的肯定。③与传统的合同相比,互联网服务合同中的当事方议价能力悬殊,并且相互磋商成本巨大。因此,确有必要通过专门的规定予以明确用户的合法权益。从本质上,民法应保障契约自由,其更侧重等价交易;消费者权益保护强调限制滥权,更强调实质公正。合同机制和消费者权益保护二者相辅相成,共同保障数据主体的信息权利。

当然,消费者权益保护在大数据时代更显必要。由于互联网的高科技化,众多用户对互联网服务提供者的行为具有天然的无知感。此时,消费者权益保护便是套住科技异化的方法。我国《消费者权益保护法》第 29 条为新增法条,其规定:"经营者收集、使用消费者个人信息,应当遵循合法、正当、必要的原则,明示收集、使用信息的目的、方式和范围,并经消费者同意。"但是,存疑的是,该法指出本法保护的对象是为生活消费需要而购买商品或接受服务的消费者。我国的《消费者权

---

① 必要性和正当性要求的分析涉及对最小限制的替代措施、成本/收益分析等,其都涉及经济学的分析工具。

② 参见 2014 年《最高人民法院关于审理利用信息网络侵害人身权益民事纠纷案件适用法律若干问题的规定》第 12 条。

③ See Natali Helberger, Prederik Zuiderveen Borgesius, "Agustin Reyna, The Perfect Match? A Closer Look at the Relationship between EU Consumer Law and Data Protection Law", *Common Market Law Review*, Vol. 54, 2017, pp. 1427 – 1466.

益保护法》仍未脱离传统的现实世界的框架,其并未指名互联网服务消费者的特殊性。笔者建议,在电子商务法、民法典等编撰中,建议明确数据与信息的合同对价性,以此搭建互联网服务提供者和用户之间的诚信交易机制。同时,在消费者权益受损的情形时,可在补偿性赔偿机制上引入惩罚性赔偿机制,提高企业的违法成本,进而促进网络空间市场交易的法治化、有序化。

3. 从事前同意到事中诚信交易的监督机制

个人信息的自决权曾是数据治理的重要手段,其逻辑在于通过强化个人的事先同意机制,以此约束互联网企业滥用信息行为。然而,由于个人信息处理的日常化和数据的规模化,用户同意机制或许仅仅是提供给个人对信息的控制感,而非实际控制权。[1]现实中,多数消费者并没有意识到当其在微信、微博注册或者浏览搜索引擎网站时,其已经与服务提供者达成服务协议。由于很多用户对同意的内容和对象并不具有认知程度,片面强化同意要件变相地弱化了用户的合法权益。

在互联网中,"过度收集信息"是服务提供者的恶习。对电子信息的规制产生于两个潜在的使用消费者数据的担忧:非法的、欺诈性的行为,以及导致消费者受损的合法行为,例如行为广告营销或价格歧视。[2]本质上,上述问题都集中在交易过程,而非缔约过程。由此,对消费者的保护还应从发挥事中诚信交易机制着手。笔者认为,行政机构对数据治理的监管应从事先同意和事中诚信交易同步着手,通过确定等价交易、禁止欺诈等诚信交易理念,打造平等的、公正的网络空间数据流动机制。中央网信办、工信部、公安部、国家标准委四部门指导开展了个人信息保护提升行动之隐私条款的专项工作。[3] 笔者建议,相关部委在下一阶段可以展开诚信交易评审工作。

4. 激励多元主体的参与数据治理

我国主要在政府主导下开展数据治理工作。例如,中央网信办等四

---

[1] See Omer Tene, Jules Polonetsky, "Privacy in the Age of Big Data: A Time for Big Decisions", *Stanford Law Review Online*, Vol. 64, 2012, p. 67.

[2] Alexandre de Corniere, Romain de Nijs, "Online Advertising and Privacy", *RAND Journal of Economics*, Vol. 47, 2016, pp. 48 – 51.

[3] 《首批隐私条款评审结果发布》,新华网,http://news.xinhuanet.com/2017 – 09/25/c_1121717213.htm,最后访问日期:2020 年 9 月 20 日。

部门联合开展隐私条款评审工作。①笔者认为政府窗口指导和专项检查具有立竿见影的效果。但是,从长远看,政府很难监控所有的信息活动。因此,在数据保护层面上,一方面,作为个人信息的主体,用户应得到明确的赋权。个人是理性的权益关切者和利益最大化者。根据互联网业态,只要有一部分网民能够重视互联网的信息收集,那么整体的消费者福利也将提升。不管政府监管做出多少努力,最终做出决策的都是个人,政府无力关照每一个消费者。由此,我国权力部门的工作核心在于界定数据的产权,并最大限度地发挥个人作用。

另一方面,我国的数据治理也应积极发挥消费者协会和其他消费者组织的作用。由于消费者存在搭便车的心理,②以及数据违约所带来的收益较小而不愿提起诉讼活动,此时,消费者组织能够切实发挥重要的作用。同时,当互联网服务提供者的居所地在外国,并且消费者的本国政府行为受限时,消费者组织就将扮演补充的作用。③由此,通过多元主体的参与,我国保护消费者与数据相关的权益的目标也将得以实现。

---

① 首批评审的十款网络产品和服务为:微信、新浪微博、淘宝、京东商城、支付宝、高德地图、百度地图、滴滴、航旅纵横、携程网。评审的重点内容包括明确告知收集的个人信息以及收集方式;明确告知使用个人信息的规则,例如形成用户画像及画像的目的,是否用于推送商业广告等;明确告知用户访问、删除、更正其个人信息的权利、实现方式、限制条件等。

② See Omer Tene, Jules Polonetsky, "Privacy in the Age of Big Data: A Time for Big Decisions", Stanford Law Review Online, Vol. 64, 2012, p. 68.

③ Peter Rott, "Data Protection Law as Consumer Law-How Consumer Organizations can Contribute to the Enforcement of Data Protection Law", EuCML, No. 3, 2017, pp. 113 – 116.

第 四 章

百年未有变局下的网络空间经贸规则革新

第一节　网络空间经贸规则的变化

2018年，网络空间国际经贸活动发展迅猛。然而，与国际经贸迅猛发展相比，互联网经贸规则法治化治理机制的发展相对滞后。特别是在国际投资领域，各主要网络大国开始大规模出台限制互联网企业投资的法律和政策。除国际投资领域外，数据贸易和数据治理等规则也有所创新和发展。本章拟以数字贸易、对外投资、数据治理为核心，对当前互联网经贸规则法治化治理的现状与困境进行分析，以此为基础，提出推进互联网经贸规则法治化的中国方案。

一　互联网经贸领域的进展

21世纪以来，随着互联网、云计算、物联网等网络和通信技术的发展，网络空间成为人类生存的第五空间。本质上，人类通过互联网技术创造出一个与实体空间相平行的网络世界，其促使跨境贸易更加自由化和便利化。

互联网具有生产力，互联网贸易甚至成为众多贸易活动的主要形式。例如，跨国贸易通过先进的信息技术系统而运营；现代银行和金融体系几乎完全依赖于电子通信；公共信息也愈发通过网络渠道进行传输。综合而言，互联网对贸易的重要作用至少体现在以下两个层面：第一，网络空间使生产者、供应者和消费者之间的传输更加便利和便宜；

第二，网络空间促使信息的传输更加快捷和方便。毫无疑问，互联网促进了实体产品和信息产品的消费和贸易，通过实质性地削减交易成本，创造更大的贸易量并实现更高水平的社会福利。

2015年欧盟委员会报告指出，在未来的十年内，大多数经济活动将会依赖电子生态系统、一体化电子基础设施、硬件和软件、应用程序与数据。①网络贸易模式逐渐在全球达到广泛适用。中国跨境电商交易与进口规模呈快速发展，2016年，中国跨境电商交易规模达6.7万亿元。见图4—1，即使在我国货物进出口总值呈现小幅降低趋势的情况下，中国跨境电商交易规模仍逆势上扬。2017年上半年，中国跨境电商交易规模更高达3.6万亿元，同比增长30.7%。

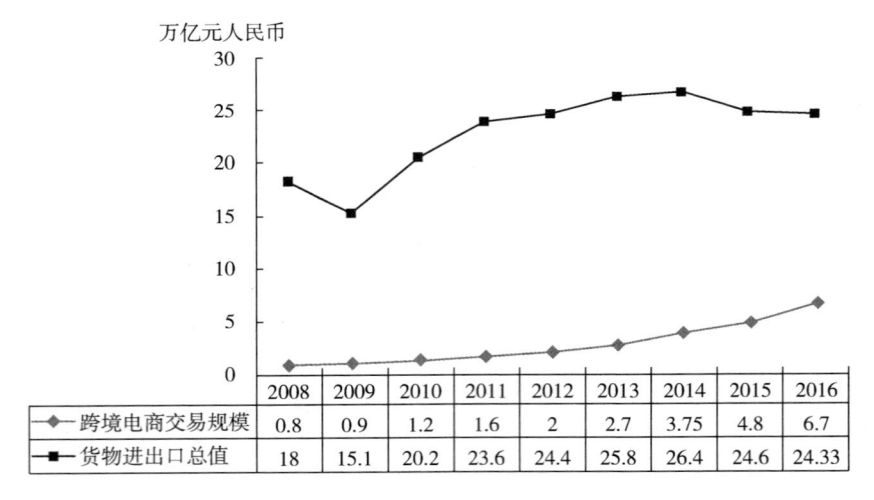

	2008	2009	2010	2011	2012	2013	2014	2015	2016
跨境电商交易规模	0.8	0.9	1.2	1.6	2	2.7	3.75	4.8	6.7
货物进出口总值	18	15.1	20.2	23.6	24.4	25.8	26.4	24.6	24.33

图4—1 中国跨境电商与货物进出口总值规模

资料来源：笔者自制。

与互联网贸易兴起相对应的是，传统的国际贸易规则也逐渐渗透入新兴贸易中。正如文森特所言，世界贸易组织（以下简称WTO）也开

---

① European Commission, Communication from the Commission to the European Parliament, the Council, the European Economic and Social Committee and the Committee of the Regions, A digital single market strategy for Europe, Brussels, 6.5.2015, COM (2015) 192 final.

始采取步骤定义多边的、规则导向的贸易体制如何在网络世界中得到适用，但是其工作也是刚刚开始。1995年，WTO成员方实施了旨在优化附加电信、计算机和相关服务，并保障对电信网络的非歧视准入的乌拉圭协议。1996年，WTO成员方完成了基础电信服务参考文件的谈判。1997年，WTO成员方完成了《信息技术协定》的谈判，进而在一系列信息技术产品上削减关税。1998年，WTO成员方同意延长对电子传输不施加关税的国家实践，并且建立全方位审查电子商务议题的工作计划。2001年，WTO成员方启动了多哈发展议程，其包括可能有助于进一步推动贸易体制适应于电子商务和信息技术议题的谈判。在互联网贸易兴起的过程中，与互联网贸易相关的规则构建也逐步加速。然而，由于多哈回合谈判停滞不前，所以通过多边经贸机制的方式升级互联网贸易规则的难度较大。

除世界贸易组织外，下一代自由贸易协定也存在涉及互联网贸易自由及其规制的条款。以《全面且先进的跨太平洋伙伴关系协定》（以下简称CPTPP）为例，该协定明确在跨境服务贸易领域使用负面清单，并在电子商务章节要求缔约方保障全球信息和数据的自由流动。同时，在专章规定一般例外、安全例外和其他合法的例外条款。其他多边或双边投资协定等也有相似的规定。由此，下文将从缔约实践出发，探索互联网贸易规则的发展趋势。

二　互联网经贸规则法治化所面临的挑战

2018年，网络空间国际经贸法治化体现了全球经贸治理机制的新趋势。网络大国逐渐系统提出自身解决互联网经贸合作的规则方案，当然，规则文本体现其自身利益诉求。当然，网络空间国际经贸法治化也遭遇了新的困境。例如，2018年，美国对中国启动单边301调查并对中国产品施加高额关税。同时，美国也限制中兴通信等中国互联网企业的正常经贸活动，并提起针对华为公司的诉讼。从此层面上，网络空间国际经贸规则博弈恐将更加复杂化、矛盾化和激烈化。

（一）互联网经贸治理机制碎片化

由于互联网经贸议题广泛，因此国际社会存在多种形式的国际治理机制，包括但不限于多边合作、区域合作、跨国与跨政府合作等模式。①然而，全球互联网经贸治理的多形式性导致了全球治理机制的碎片化。WTO、经济合作与发展组织（OECD）、八国集团与二十国集团规定了多边层面上的互联网贸易规则；自由贸易协定在不同程度上规定了针对数字贸易、电子商务、电信服务等互联网经贸规则；同时，各国也积极通过国内立法的方式对互联网经贸活动进行规制。②此外，在国际社会上，联合国贸易法委员会、海牙国际私法协会等还提供以《联合国电子商务示范法》为代表的国际性软法文件。

近期，互联网经贸治理机制进一步碎片化。一方面，在 WTO 机制下，各成员方已经分化为不同的阵营。2019 年 1 月 25 日，中国、澳大利亚、日本、美国、欧盟、俄罗斯等 76 个世贸组织成员方签署《关于电子商务的联合声明》，强调各方启动 WTO 电子商务谈判与致力于实现高水平的电子商务规则的愿望，并将充分考虑世贸组织成员方在电子商务领域面临的独特机遇和挑战。③与此同时，仍有一半以上的 WTO 成员方未对电子商务议题谈判进行正式表态。实践中，在改革 WTO 的过程中，由于议题谈判和潜在收益的分裂化，互联网经贸规则在 WTO 协定的谈判必将是漫长且艰难的过程。

另一方面，美国持续破坏 WTO 机制。作为解决国际经贸议题的唯一多边机制，WTO 正面临严峻挑战。通过阻碍 WTO 上诉机构成员遴选，频繁使用国家安全例外以及鼓吹中国例外论，美国正一步步破坏 WTO 机制的正常运转。同时，欧盟、加拿大等成员方对美国破坏多边贸易体系的做法表示反感，但至今尚未找到解决方法。在此背景下，大型区域贸易协定应运而生，不管是《全面且先进的跨太平洋伙伴关系协议》《美墨加协定》，还是正在谈判的《区域全面经济伙伴关系协定》，由于其覆盖面广且参与方为网络大国，其实质上都有可能削弱 WTO 在全球经贸机制的作用与功能。在实践中，数字贸易、电子商务议题等均是上述协定的重点谈判事项。从某种程度上，虽然与互联网全球公共产

---

① 全球经济治理也包括"公民社会"的管理方式。参见［美］罗伯特·基欧汉、约瑟夫·奈《权力与相互依赖》，门洪华译，北京大学出版社 2012 年第四版，第 287 页。
② 例如，《OECD 保护隐私与私人数据跨界传输准则》《欧盟通用数据保护条例》等。
③ See WTO, Joint Statement on Electronic Commerce, WT/L/1056, 25 January 2019.

品属性相互矛盾，但近期互联网经贸治理规则正反映出区域化、碎片化、差序化的特点。

（二）主要网络大国立场存在显著分歧

中国和美国是世界网络大国和强国。以二者为代表，目前主要网络大国对互联网经贸治理规则仍存在难以消弭的分歧。具体而言，在数据贸易规则层面，美国是数字贸易自由的推动者，而我国以网络主权为基础，强调国家对数字贸易活动的合法规制权。我国法律要求特定类型的数据存储应实现本地化。例如，2018年美国苹果公司的iCloud为进入中国市场，在贵州设立数据中心，存储中国用户的隐私数据及密钥。[①] 在国际投资规则层面，美国通过《对外投资风险审查现代化法》限制中国互联网企业并购美国公司，特别是其认为中国企业与政府存在密切关系，并以此为理由，阻碍中国企业的正当投资权利。在数据治理层面，美国是"数据控制者"模式的推广者，而中国长期坚持以"数据存储地"模式行使数据管辖权。例如，我国《网络安全法》要求我国关键信息基础设施运营者在中国境内运营，所收集和产生的个人信息和重要数据应储存在中国境内。[②]

美国和欧盟之间长期就数据流动和管辖问题产生争议。例如，美国是数据贸易自由的拥趸；而欧盟则是将公民的数据权利视为个人的基本权利。为解决分歧，美欧于2016年签署了《欧美隐私盾协议》，取代《美欧安全港协议》。然而，美欧之间的数据治理理念分歧仍存在。毫无疑问，由于主要网络大国之间存在难以消弭的分歧，构建协调一致的互联网经贸规则仍颇具挑战。

（三）互联网经贸单边主义政策日渐盛行

2018年以来，随着互联网行业和技术重要性与日俱增，各国以国家安全和公共秩序为名，实施互联网经贸单边主义，甚至开始主张以国家经济制度作为审查企业的重要因素。当前，美国大力推动对中国等新兴国家互联网行业的战略遏制。美国驻欧盟大使直接威胁：任何西方国家如果在关键基础设施项目中使用华为等设备，美国将对此类国家采取

---

① 参见周念利、陈寰琦、王涛《特朗普任内中美关于数字贸易治理的主要分歧研究》，《世界经济研究》2018年第10期。

② 中国《网络安全法》第37条。

"反制措施"。①同时,欧盟委员会已启动关于中国网络知识产权盗窃的调查研究。

《美国对外投资风险审查现代化法》《欧盟外商直接投资审查框架条例》等新规不仅要求对企业进行个案审查,而且涉及对其国家政策甚至是国家经济制度的宏观审查。实际上,与其说美欧投资审查新规针对企业,不如说其核心在于对国家市场经济制度进行审查。实际上,美欧新规指向性非常明显。在对外公布草案时,欧洲议会指出,"近20年里,中国对欧盟的投资增长了六倍"。②2018年7月《美国外国投资风险审查现代化法案》颁布后,2018年中国赴美投资骤降近九成。③由是观之,该条例的出台旨在削减中国等新兴国家对欧盟战略性行业的市场投资份额。因此,该条例具有明显的单边主义特征。更进一步,互联网企业赴欧投资将面临更加弹性的行政裁量空间。在条例中,欧盟将安全审查事项拓展至政府设备或资产的不动产交易,该标的性质既包括个人所有不动产,也包括国家所有不动产。然而,该条例并没有对公共秩序等重大利益进行界定,这给欧盟扩大"安全和公共秩序"定义提供了机会。简言之,该条例赋予了欧盟和其成员国极大的行政裁量空间。

不仅在高新技术投资领域,在网络经济间谍、知识产权救济等层面上,美国近期动向也体现出单边主义色彩。例如,美国直接突破企业的面纱,要求加拿大对华为公司孟晚舟进行逮捕并申请引渡。④从此层面可以看出,互联网经贸单边主义政策对网络空间法治机制形成严峻的挑战。

三 互联网经贸规则的缔约实践

自由贸易安排的加速时期是在20世纪90年代,特别是21世纪初,

---

① Mo Jingxi, Pompeo criticized for Huawei comments, China Daily, http：//www.chinadaily.com.cn/a/201902/13/WS5c6322eba3106c65c34e8f76.html, last visited on March 9 2020.

② European Commission, EU to Scrutinise Foreign Direct Investment More Closely, http：//www.europarl.europa.eu/news/en/press-room/20190207IPR25209/eu-to-scrutinise-foreign-direct-investment-more-closely, last visited on March 9 2020.

③ 《中国对美投资大幅缩水去年降幅高达83%》,中国产业经济信息网：http：//www.cinic.org.cn/hy/cj/470764.html, 访问日期：2020年3月7日。

④ 韩晓明：《美国将向加拿大正式提出引渡孟晚舟 中方：立即放人》, world.people.com.cn/n1/2019/0122/c1002-30585125.html, 访问日期：2020年3月7日。

WTO多边谈判陷入僵局,各成员方对区域或双边贸易安排的热情一路高歌猛进。美国和欧盟更是频繁地将区域主义和双边主义作为巩固和执行各自贸易政策的重要路径。有鉴于此,本部分以多边经贸规则、美国、欧盟等主要自由贸易协定为例,探析互联网贸易与规制文本的升级策略。

2012年2月,在多边贸易框架下,与《服务贸易总协定》谈判同时开展了以美国、澳大利亚、欧盟为主的WTO成员方组成"服务真正好友"谈判集团,并启动了关于服务贸易的全面协定的谈判,该协定被称为《国际服务贸易协定》(以下简称TiSA)。[1]除涉及传统的服务贸易规则外,TiSA还涉及了跨境数据流动、禁止本地化措施等敏感事项。由此,众多专家学者建议TiSA谈判认真对待新的贸易形式,并将乌拉圭回合后的电子贸易革命的成果纳入到文本中,进而实现网络空间的跨境交易自由。[2]

(一)美国自由贸易协定及其策略

迄今美国已与数十个国家缔结了自由贸易协定。虽然协定谈判方议价能力各异,然而美国自由贸易协定(以下简称FTAs)文本大多基于标准格式,在宗旨、结构、内容等上具有极高的相似性,这也反映在电子商务等规则上。经统计分析,美国诸多自由贸易协定涉及以下规则:[3]

第一,关于定义。多数电子商务章节不包括"数字产品"的定义,其一般规定线上与线下产品和服务应具有规制规则的相似性,并使用"技术中性"原则,该原则禁止由于技术的使用方式对货物或服务制定差别的待遇。

第二,关于WTO法的适用。电子商务章节一般规定WTO法对电子商务的直接适用性。

---

[1] European Commission: Trade in Services Agreement, European Commission http://ec.europa.eu/trade/policy/in-focus/tisa/, last visited on 20 Dec., 2020.

[2] Pierre Sauve, "A Plurilateral Agenda for Services? Accessing the Case for a Trade in Services Agreement (TISA)", NCCR Working Paper, No. 2013/29, May 2013.

[3] Rolf H. Weber, "Digital Trade and E-commerce: Challenges and Opportunities of the Asia-pacific Regionalism", *Asian Journal of WTO and International Health Law and Policy*, Vol. 10, 2015.

第三，关于非歧视性义务。非歧视原则要求确保缔约方不能因为产品或服务以电子方式为形式，而否认该产品或服务的法律待遇、条约有效性或可执行性。其进一步将最惠国待遇和国民待遇义务拓展至互联网交易中。

2007 年，美国与韩国签署的自由贸易协定首次规定了电子商务中的信息自由流动规则，其第 15.8 条规定：认识到信息自由流动对贸易便利化以及保护个人信息的重要性，成员方应该致力于避免对跨境电子信息流动施加或维持不必要的障碍。[①]该条款适用于所有的影响信息流动的措施，并且适用于所有的电子产品，不管其构成货物或服务与否。如上，美国自由贸易协定侧重于对信息流动的保护，但是其仍以避免构成障碍的方式，消极地确定与贸易相关的信息自由权利。

（二）下一代 FTAs 的创新：CPTPP

由于信息技术产业在美国经济中具有重要性，美国将电子贸易作为谈判协定中的优先事项。在实践中，美国希望建立关于国家可限制信息流动的明确规则，其主要的关注点反映在审查与过滤机制、数据中心及其服务器本地化要求、隐私权保护等事项。虽然美国最终并未签署《跨太平洋伙伴关系协定》，但 CPTPP 仍体现了以美国等网络大国利益为主的规则形态。CPTPP 共分为 30 个章节。涉及数据自由与互联网规制的条款散见在服务、电子商务、电信、例外等章节中。具体如下：

第一，在服务章节中，服务提供者是提供跨境服务的个人或企业，服务提供者并不需要与其消费者产生金钱上的来往。换言之，服务提供者包括提供免费电子商务的服务提供商。由此，CPTPP 服务章节适用于互联服务提供者及其相应的服务行为。该章节明确了使用负面清单（negative list）的方式，并且使用了美国 FTAs 范本中的第一附件和第二附件，两个附件分别代表两种类型的例外措施。绝大多数互联网贸易规定在第一附件，这意味着未来实施规制新媒体技术或文化贸易的措施可

---

① 该自贸区协定已于 2012 年生效。U. S. – Korea Free Trade Agreement, Chapter 15 Electronic Commerce. Article 15.8（Cross Border Information Flows）, signed June 1, 2007, Office of the United States Trade Representative, https://ustr.gov/trade – agreements/free – trade – agreements/korus – fta, last visited on 20 Nov., 2020.

能会违反自由贸易协议的规定。①特别在服务贸易使用负面清单表明未来新的服务类型都将被现有的自由化规则所调整。同时，还要求确保服务提供所需的资金转移自由化，并制定有关快递交付服务相关的附件。

第二，在电子商务章节中，其要求成员方确保全球信息和数据的自由流动。其直接规定缔约方不应对电子传输征收税收，不通过歧视性措施或彻底屏蔽的方式支持国内生产者或服务者。同时，在第14.11条中，其规定对电子方式跨境传输的自由化要求不得阻止缔约方为实现合法公共政策目标而采取或维持的限制性措施。②对个人信息保护的规定体现在第14.8条，其规定每一缔约方应采取或维持保护电子商务用户个人信息的法律框架，并鼓励建立机制以增强不同体制间的兼容性。③如此，CPTPP进一步便利化电子商务的贸易往来，但同时也赋予缔约方基于必要的公共政策要求对电子商务进行限制的权力。

第三，在电信章节，第13.5条规定缔约方应确保其领土内的公共电信服务提供商与另一缔约方的公共电信服务提供商直接或间接的以合理费率实现互联互通。该章节将商业移动服务定义为通过无线移动形式提供的公共电信服务，同时，其将电信服务义务拓展至手机移动服务商等新媒介。

第四，CPTPP还规定了专门的例外章节，其融合了《1994年关税与贸易总协定》《服务贸易总协定》的一般例外和安全例外条款，以及《双边投资协定》中的投资审慎、金融安全等例外原则。该例外章节确保缔约方具有管制公共利益的权力。尤为重要的是，第29.2条规定的"安全例外"仍为自裁决条款的属性，其规定任一缔约方具有权利采取其认为对保护其自身根本安全利益必需的措施。

当然，CPTPP还规定对通关手续和透明度的要求，在金融服务、技

---

① 孙南翔：《文化与FTAs：文化贸易规则的制度实践》，《国际商务对外经济贸易大学学报》2015年第4期。
② CPTPP第14.11条规定的实现合法公共政策目标的措施应满足两个条件：（a）不得以构成任意或不合理歧视的方式适用，或对贸易构成变相限制；（b）不对信息传输施加超出实现目标所需要的限制。
③ 除外，CPTPP第14.4条规定了数字产品的非歧视性待遇，要求任何缔约方给予另一缔约方领土内创造、生产、出版、订约、代理或首次商业化提供的数字产品的待遇，或给予作者、表演者、生产者、开发者或所有者为另一缔约方的国民的数字产品的待遇，均不得低于其给予其他同类数字产品的待遇。

术性贸易壁垒等章节也有对信息和技术标准的规定。虽然由于美国退出 CPTPP 使得该区域性协定的国际影响力降低，但是剩余 11 个成员最终仍达成重要共识。该 CPTPP 虽然中止了知识产权、投资者与东道国的争端解决机制等内容，但是保留了所有的电子商务条款。这也表明电子商务已经并将继续成为全球各大贸易协定谈判和签署的重要议题和内容。

第二节　网络与信息企业海外投资的新挑战及应对

当前，全球贸易投资自由化正经历国家保护主义的挑战。我国网信企业海外投资正面临核心技术产品管制、企业身份认识分歧、国际机制碎片化、地缘政治风险加剧等挑战。在亚太地区，美国推动区域内国家对遏制我国网信企业"走出去"。其中，澳大利亚政府紧跟美国的步伐。有鉴于此，作为负责任的大国，我国宜倡导以 WTO 改革为契机解决数字贸易议题，以升级自由贸易协定等区域、双边方式推动企业海外投资，系统完善我国互联网经贸治理机制，并以推进我国法域外适用的法律体系建设为起点维护我国正当利益。

一　网信企业"走出去"面临多重竞争与博弈

中国网信企业走出去不仅输出"工具类"应用软件，本质上还是中国文化、中国生活模式的展示。但网信领域也具有"先占为王""赢家通吃"的特点。网信产品与用户习惯、行业渗透率、地区文化密切相关，一旦在初始阶段抢得先机，后续其他企业进入难度很大。因此，我国网信企业海外投资对我国具有重大的现实利益和潜在的重大战略利益。然而，自 2018 年以来，美国特朗普政府对中国大型网信企业进行了不公正的制裁与刑事指控，以及其他各主要国家强化对网信领域的投资审查，使得中国网信企业海外投资面临新的挑战。

（一）核心技术产品贸易管制的博弈

网信产品往往需要较长产业链的通力协助，需要上下游企业的深度合作。在强调国际分工的全球化时代，几乎没有哪一家网信企业能够实现上下游全部中间产品的自我供给。包括苹果公司在内，绝大部分互联网巨头在技术、原料、工艺加工以及中间产品等方面的来源都是极为多元的。例如，华为全球供应商超过 2000 家，不仅包括半导体公司、手机原材料、芯片，还包括操作系统、软件应用等。但特别令人担忧的是，当前我国网信企业核心技术和产品仍高度依赖美国等西方国家，如果美国对核心技术产品进行出口限制，那么我国企业将面临严峻的供应链风险甚至生存危机。

总体上，网信行业自主可控技术有芯片、软件、整机、外设四大类领域。目前我国在整机方面发展势头较好，但在上游核心芯片研发、制造方面却存在明显短板，主要依赖进口。根据我国海关总署公布的重点进口商品量指标显示，2018 年，中国进口集成电路 4176 亿个，总金额高达 2.06 万亿人民币，占我国进口总额的 14% 左右。我国是网信产品大国，也是全球最大的进口集成电路消费国，集成电路主要核心技术仍被欧美和日本所垄断。因此，由于我国对部分核心技术产品缺乏掌控，甚至也没有打造多元的供应链，我国正面临核心技术产品贸易管制的博弈。

以中兴事件为例。美国商务部在 2018 年 4 月 16 日宣布，7 年内将禁止美国公司向中兴通信销售零部件、商品、软件和技术。对于此次禁售的通信元件包括无线网络产品中使用的基站芯片等，中兴通信自给率是零。[①] 2018 年 5 月，中兴通信公告称，受禁售令影响，本公司主要经营活动已无法进行。虽然是中国第二大通信设备制造商、全球领先的综合网信解决方案提供商，但中兴的主要业务领域依赖国外芯片，虽然后来在各方努力下暂时解决了问题，但不仅代价巨大，而且对中兴通信的企业形象造成沉重打击，对我国网信行业的形象也造成了严重负面影响。

（二）国家安全话语权争夺的博弈

2018 年以来，随着互联网行业和技术重要性与日俱增，各国以国家安全和公共秩序为名，实施互联网经贸单边主义，甚至开始主张以国

---

① 禁售理由是中兴违反了美国限制向伊朗出售美国技术的制裁条款。

家经济制度作为审查企业的重要因素。网络大国间的国家安全话语权争夺趋于激烈。

美国、澳大利亚外交阵营一致鼓吹华为等中国网络科技企业的安全隐患，长期指责华为设备存在"后门"，甚至在全球拼凑起围堵华为的"八国联军"。美国驻欧盟大使在 2019 年 2 月 7 日威胁称，任何西方国家如果在关键基础设施项目中使用华为等设备，美国就将对这些国家采取"反制措施"。除美国外，加拿大、澳大利亚、新西兰、日本已对华为产品进行了不同程度的严格限制。

除华为这样的通信设备生产和提供商外，我国网络媒体与互联网信息企业也面临更为不利的发展环境。2018 年 9 月，美国司法部要求新华社和中国环球电视网（CGTN）在美国的分支机构按照《外国代理人登记法》（FARA）登记为在美国的"外国代理人"，而非自由媒体。这两家机构将被要求向美国政府申报其年度预算和开支、所有权结构等信息。此外，它们还被要求在其发表和播出的文字、图片和音像中注明其为"外国代理人"。而且，美国也时常散布诸如"对美国国家安全威胁的网络攻击来自于中国"等言论，[①] 污蔑中国对美国及其盟国的网络安全造成威胁。

（三）国际网络信息治理机制的博弈

在国际网络信息治理机制上，美国和中国也正展开关于单边主义和多边主义的激烈博弈。

2018 年 3 月 23 日，美国总统特朗普签署关于中国的 301 调查报告，并制定对中国商品征收关税的清单和金额，由此中美贸易摩擦愈演愈烈。美国对华 301 调查报告中，所谓中国强迫不公正的技术转让、歧视性的许可限制、未经授权对美国商业计算机网络的入侵以及从事对知识产权和敏感商业信息的网络盗窃，成为美国对华的重要指控事项。除美国单边 301 调查外，孟晚舟事件也是美国滥用其国内法域外效力的体现。美国直接突破企业的面纱，要求加拿大对华为公司孟晚舟进行逮捕并申请引渡的行为，令国际舆论哗然。[②]

[①] 蔡翠红：《网络地缘政治：中美关系分析的新视角》，《国际政治研究》2018 年第 1 期。
[②] 韩晓明：《美国将向加拿大正式提出引渡孟晚舟 中方：立即放人》，world. people. com. cn/n1/2019/0122/c1002 - 30585125. html，最后浏览日期：2020 年 3 月 7 日。

实际上，美国等西方国家在国际网络信息治理机制上，日益倾向于采取单边主义的措施，而非国际社会所要求的多边合作措施。例如，美国301调查就与WTO协定相违背，因此，中国在WTO中提起针对美国的诉讼。又如，欧盟等推动的《网络犯罪公约》本身未能反映国际社会特别是发展中国家的共识。在此层面上，中国网信工作也将持续面对西方国家单边主义的威胁和挑战。

（四）海外投资目的国地缘政治的博弈

"一带一路"沿线国家是我国网信企业海外投资的重要目的国。一方面，"一带一路"沿线国主要以新兴经济体和发展中国家居多，上述地区是当今世界安全热点问题较为集中的地区，安全形势复杂严峻。"一带一路"沿线国家因政权更迭、战争、社会局势动荡、恐怖袭击等，可能会对海外员工、财产、机构和组织的正常运行造成损害等政治和非传统安全风险。[①]同时，"一带一路"沿线许多国家都是所谓"转型国家"，正处于新旧体制转轨期、"民主改造"探索期和社会局势动荡期。借由经济全球化，西方发达国家的宪政文化观念传播至世界各地。在此背景下，广大亚非拉地区民众的"公民意识"慢慢觉醒。然而，一些国家"民主"体制不健全、移植西方民主"水土不服"等问题突出，政权更替频繁化、部落政治、民族宗教矛盾集聚，对我国网信企业投资项目构成系统性风险。

另一方面，随着华为等中国企业强势崛起，中国网信企业正为其他国家和地区的人民提供了可替代的优质产品，这相应地冲击了美国、澳大利亚等西方国家的相关产业和供应链。因此，在争夺市场上，中国面临与美国的政治博弈。实际上，中国和美国市场竞争不仅在亚太地区，在非洲、拉丁美洲、中东欧等地区也存在着地缘政治博弈。在互联网治理态度方面，主要有两类观点，一类主张政府有限作用的"多利益攸关方"模式，另一类主张由联合国牵头并由国家主导的"多边主义"模式。美国、英国等国家属于第一类；

[①] 参见裴岩、宋磊凯《"一带一路"战略下中央企业海外安保体系建设》，《中国人民公安大学学报》（社会科学版）2017年第4期。

中国、俄罗斯等国家属于后一类。[①]当前的地缘政治博弈正体现为英美与中俄之间在互联网治理上的理念、价值和手段上的强烈对抗。

（五）单边主义网络经济制裁的兴起

美国制裁法律体系是美国制裁的法律法规及其执法机制的总称。美国制裁的法律法规以《美国国际紧急状态经济权力法》为核心；美国制裁的执法机制以美国财政部外国资产管理办公室为牵头机构。根据美国的法律规范及其行政、司法实践，美国制裁法律体系的约束对象不仅是美国人，还包括与美国关联的企业或人员，甚至在特定情况下还针对与美国无关联的企业或人员。从此层面上讲，美国制裁法律体系对我国企业也具有相关性。

具体而言，美国制裁法律体系主要适用于"美国人"，而"美国人"的概念是以属人管辖权和属地管辖权为基础进行构建。其包括"任何美国公民、永久居留外国人、根据美国法律组建的实体或美国境内的（包括外国分支机构）任何实体"。实际上，美国制裁还通过两种方式扩大管辖权：其一，将美国人拥有或控制的外国公司列入管辖对象，并把来源于美国的产品、技术和服务等列入禁止范围；其二，通过二级制裁直接把第三国个人和实体纳入制裁对象。

美国制裁项目生效后，将立即产生"阻拦"与被制裁的国家或实体进行任何形式交易活动的效果。具体而言，第一，如果"知道或有理由知道"货物或服务将运往被制裁的国家，那么受美国管辖的人员应禁止参与此类货物的交易；第二，如果任何企业为货物或服务运往被制裁的国家提供便利，那么其行为违反美国制裁法律规定；第三，若非美国企业或人员与被制裁的实体开展美元交易，或非美国企业或人员导致美国人从事违反美国制裁法律的行为，那么非美国企业或人员将违反美国制裁法律规定。若违反美国制裁法律规范，相关的实体或个人将面临一系列的行政、民事和刑事责任。若美国企业试图与被制裁的国家的企业进行交易，其必须获得美国财政部颁发的许可证。

任何人违反美国制裁法律规定，其将通过三种方式承担其法律责任：第一，该人员可与美国财政部达成和解，并承担罚款金额。第二，

[①] 蔡翠红：《网络地缘政治：中美关系分析的新视角》，《国际政治研究》2018年第1期。

对美国的行政行为提起行政复议。行政复议的申请主要以违反宪法性权利（特别是程序性权利）为理由，包括被通知权利、获得听证的权利。第三，对美国行政行为的复议结果提起司法审查。行政复议是司法审查的前置程序。在司法审查中，当事方要证明美国财政部的行政决定是恣意的、反复无常的、滥用裁量权的，或者不符合其他法律规定。

自从特朗普上任以来，美国制裁措施体现出新现象、新趋势、新特点。具体而言，美国制裁对象不断增加，制裁措施拓展到全部领域，对企业违规的惩罚金额大幅攀升，并且制裁措施沦为政治手段。在实践中，美国推行其单边制裁手段的背后原因在于：美国具备影响甚至控制经济全球化的权力。一方面，美国具有操控全球美元结算体系、跨国金融支付系统、世界领先技术产品以及全球最大消费市场等硬实力；另一方面，美国在对外宣传、社交媒体以及情报工作等软实力上也具有无可比拟的优势。

在美国制裁体系下，在微观层面，美国总统可对我国企业进行定点打击，主要目的在于打破中国在重要行业的供应链，并促使美国企业终止与中国企业的商业往来。在中观层面，美国可通过阻断支付结算系统、互联网信息系统，使得中国企业难以开展国际业务。在宏观层面，美国若单边宣布与中国处于武装敌对状态，其可以冻结并处理中国政府及相关机构、人员在美国的资产。正基于此，我国未来将积极从经济战略、全球市场、国际合作与法律救济等角度出发，采取多种措施，消解美国制裁的潜在威胁。

在网络时代，随着越来越多的企业跨境提供服务，更多的平台企业不可避免受到美国制裁和出口管制法律的约束。电子商务的兴起产生了美国制裁法律法规适用于平台企业的问题。然而，美国并没有发布关于电子商务企业执行美国制裁的法律规范。由此出发，本质上，美国以非歧视的方式对待虚拟交易和实体交易。具体而言，若互联网上的商业活动损害美国的外交或国家安全，那么美国机构将执行美国制裁及出口管制法规。

近期，提供用户和第三方关联服务的企业、云计算企业、共享经济企业、涉及技术出口的平台企业、与数字货币相关的企业、与移动设备相关的企业等成为美国制裁重点关注的平台企业类型。美国政府认为，平台企业一般能够储存、记录、管理和存档数据。因此，平台企业能够具有信息来履行美国制裁法律规定的义务。因此，如果平台企业处理的数据能够涵盖美国制裁项目，如果平台企业知晓或"有理由知晓"非法贸易活动，如果平台企业"便利"了非法贸易活动，那么平台企业需履行美国制裁法律规定的义务并承担违规责任。

在实践层面，平台企业降低企业违规风险的做法主要包括：制定有效的合规政策并进行内部审查，要求当事方履行注册义务，要求当事方签署免责的服务协议等。进一步地，美国政府强调，一个企业不能依靠另一个企业的合规计划来减轻违反美国法律制裁的风险。因此，符合美国制裁的合规要求将贯穿于电子商务交易的始终。

若平台企业受到美国国内法及其执法机构的不公正对待，平台企业可积极寻求企业母国的外交保护。通过企业母国与美国开展斡旋、谈判和磋商等方式，实现对平台企业的有效救济。除外交保护外，如果平台企业认为美国制裁行为侵害其经济权利，在相关国家或地区与美国缔结自由贸易协定、外商投资保护协定的情况下，平台企业可以提起针对美国政府的国际投资仲裁，以此维护其合法利益。

二　网信领域国际经贸法律合作的未来趋势

（一）以数字贸易为方向深化区域层面的经贸合作

近期，最为引人瞩目的国际经贸协定是美国牵头的《美国—墨西哥—加拿大协定》（以下简称《美墨加协定》）。2018年9月30日，美国、加拿大和墨西哥历时13个月的自由贸易协定谈判落下帷幕。三国一致于2018年11月30日共同签署新贸易协定。从某种程度上，《美墨加协定》是《北美自由贸易协定》的升级版，其保留了原协议的主要框架。虽然《美墨加协定》仍需要经过三国国会的批准，然而该协定产生的广泛影响已经不容小觑。

《美墨加协定》的创新点之一在于首次专章解决"数字贸易"问题，进而与"跨境服务贸易""电信"等章节相独立，并取代了传统美式自由贸易协定中的电子商务章节。《美墨加协定》第19章"数字贸易"适用于缔约方通过或维持的、以电子手段影响贸易的措施。在共同点上，《美墨加协定》延续了《美式自由贸易协定》等对数字产品非歧视待遇、避免对电子交易造成不必要监管负担、不对数据处理中心和源代码进行贸易限制,以及保护消费者合法利益等规定。在此层面上,《美墨加协定》保持了《全面且先进的跨太平洋伙伴关系协定》基本框架。①

作为全球瞩目的最新经贸协定文本,与先前经贸协定不同,《美墨加协定》"数字贸易"章节具有如下创新点。

第一,在适用范围上,《美墨加协定》增加了关于算法、信息内容服务提供商、交互式计算机服务、政府数据等新内容,使得《美墨加协定》从电子商务规则发展为数字贸易规则。例如,其第19.12条规定,"任何一方不得要求被涵盖的人使用或位于该地区的计算机设备,以此作为在该领域开展业务的条件"。在第19.18条中,其规定了,"各缔约方应努力开展合作,确定各缔约方如何扩大获取和使用其公开的政府信息,包括数据,以增加和创造商业机会,特别是中小企业的商业机会"。新的规则内容使得数字贸易规则体系更加完善和系统。

第二,在权利范围上,《美墨加协定》在消费者权利和个人信息保护层面强化缔约方共识。除透明度要求外,《美墨加协定》第19.8条直接规定了缔约方建立个人信息保护法律框架的指导原则,这些原则包括:"限制收集原则、自由选择数据质量、目的规范匹配、使用限制、安全保障、透明化、个人参与和可问责性"。其要求各缔约方应确保遵守保护个人信息的措施,确保对个人信息跨界流动的任何限制都是必要的,并与所面临的风险相称。另一个亮点在于,该协定大量涉及区域性合作标准与合作机制,以此推广美式经验。例如,该协定要求缔约方参照《亚太经合组织隐私框架》。

第三,在整体目标上,《美墨加协定》旨在弱化国家对数字贸易的监管能力。与《全面且先进的跨太平洋伙伴关系协定》相比,《美墨加协定》删除了相应条款中的国家监管能力规定。例如,在运算设备条款中,新协定删除了"每一缔约方可就运算设备使用制定自己的监管要求"。同时,新协定也删除了源代码中,关于"本协定不阻止在商业谈判合同中包含或实施与提供源代码相关的条款,或缔约方要求对源代码

---

① 虽然美国尚未签署《全面且先进的跨太平洋伙伴关系协定》,但是作为《跨太平洋伙伴关系协定》起草者,美国在确定基本框架和内容上发挥了重要影响。

做出必要修改等要求",以及"源代码不包括关键基础设施所使用的软件"等规定。

总体上,作为美国特朗普政府的重要经贸外交成果,《美墨加协定》被称为美国 21 世纪贸易协定的新范本。在美国单边主义的背景下,《美墨加协定》是 2018 年全球最为重要的且难得的国际经贸合作成果,其大力推动了自由的数字贸易规则。从此层面,《美墨加协定》数字贸易章节具有被复制推广的可能性,对其发展应进行跟踪与分析。

(二)以安全审查制度为工具限制互联网行业的海外投资

随着互联网和大数据时代的到来,互联网行业的国际投资相关问题愈发重要。这主要来自于两个层面:一是,由于科技企业或互联网企业拥有众多的个人信息或数据,因此产生了国际投资新问题;二是,由于投资者赴海外投资科技或互联网企业,其涉及东道国互联网关键技术,进而产生国家安全风险。[①]

当前,互联网企业海外投资面临四大法律风险:第一,禁止提供基础网络通信设施的准入风险。例如,作为全球领先的网络基础设施的供应商,华为等企业被排除在部分西方国家市场之外。第二,违背隐私保护和反不正当竞争规则等运营风险,特别是随着《欧盟通用数据保护条例》等法律的颁布,互联网企业正面临合规经营的风险。第三,企业高管人员面临知识产权盗窃指控等刑事风险。例如,我国公民在境外因"实施网络间谍"等罪名被逮捕与起诉。第四,互联网企业面临严峻的安全审查风险。例如,美国鼓吹华为等中国互联网企业存在安全隐患。除美国外,加拿大、澳大利亚、日本和新西兰等已对华为产品及投资进行严格限制。

近期,美国、欧盟、澳大利亚等纷纷制定旨在遏制科技企业投资的新规,其具有明显的限制性。具体而言,第一,新规规制对象为欧盟高新科技行业,其剑指互联网行业和高新技术。例如,新规明确提及欧洲国家通信、科技、运输等产业与安全相关。其中,通信部分包含 5G 相关产业,科技部分的核心为人工智能、半导体和机器人等重点产业。

[①] See OECD, Current Trends in Investment Policies Related to National Security and Public Order, https://www.oecd.org/investment/Current-trends-in-OECD-NatSec-policies.pdf, last visited on 7 March 2020.

第二，新规针对关键技术领域，其核心主张为不透明的、政府所控制的企业将会影响区域组织或国家安全和公共秩序。因此，其要求对外商投资展开两方面的审查：只有一方面，在决定外商直接投资是否影响安全或公共秩序时，欧盟委员会或成员国可考虑如下因素：包括但不限于目标企业或技术是否为关键基础设施①、重要的技术及其技术的双重用途②、重要产品的提供、对重要信息的获得③，或媒体的自由以及多元性。

第三，新规重点在于审查企业与政府的关系。其核心目的在于避免受国家所控制的企业影响组织和成员国的安全和公共秩序。例如，在决定外商直接投资是否影响安全或公共秩序时，欧盟委员会或成员国将主要考虑外国投资者是否直接或间接为第三国政府所控制、外国投资者的所有权结构及政府重大的资助行为、外国投资者是否在一成员国内参与影响安全或公共秩序的活动等。

（三）以控制者标准为基础拓展数据治理的管辖范围

作为 21 世纪重要的生产和生活资料，数据正成为各国互联网治理的重点关注事项。近期，美国、欧盟等纷纷以单边立法形式明确国家对域外数据的管辖权，并在多边层面大力推广数据管辖的"控制者标准"模式。

在单边层面，2018 年 3 月，美国通过了《澄清境外数据的合法使用法》。该法明确规定美国可要求所有受美国管辖的互联网企业提供其所持有、保存或控制的数据，即使该数据存储在美国境外。虽然该法规定了美国有权对其认为适格的政府进行国际礼让，然而美国本质上试图以法律方式确定域外数据的管辖权。除美国外，《欧盟通用数据保护条例》已于 2018 年 5 月 25 日正式实施。该条例的核心目标在于确保欧盟对所有收集、储存和处理欧盟数据的企业进行有效约束与管辖。该条例一实施，欧盟数据保护委员会就受理了奥地利律师麦克斯·施瑞姆斯诉谷歌和脸书违反《欧盟通用数据保护条例》的案件。

---

① 这包括实体的或虚拟的，如能源、运输、水、健康、通信、媒体，甚至还包括此类基础设施具有重要作用的土地或房地产。

② 例如，人工智能、机器人、半导体、网络安全、太空等。

③ 这包括个人信息以及对此类信息的控制。

在多边层面，欧美开始联手致力于推动《网络犯罪公约》成为国际协定。该公约实际上以"数据控制者"模式为治理机制，并赋予具备互联网技术能力的国家进行单边远程跨境取证的权力。例如，《网络犯罪公约》第32条规定，无须获得其他缔约方同意，只要获得数据持有者的同意，一缔约方可通过其领土范围内的系统获得和接收存储在其他缔约方的数据。截至2019年3月7日，该公约在62个国家实际生效。[①]近期，欧美积极向印度等互联网新兴国家推广该公约。当然，由于中国、俄罗斯等国的强烈反对，《网络犯罪公约》仍未能成为普遍适用的国际机制。

毫无疑问，数据存储形式多样化、传输方式便捷化、服务分包碎片化等特点导致数据多重管辖问题的存在。实践中，同一条数据极有可能同时受到存储地、传输地、所有者国籍地等法律的管辖。在未形成国际统一制度或协调机制之前，基于保护国家安全和实施监控的目标，各国均对数据提出符合本国最大利益的治理方案。实践中，美欧所主导的"数据控制者"模式具有长臂管辖的特征，其显然具有自利性。由于西方国家具有大量的海外互联网企业，该模式实际上拓展了西方国家行政管辖权可及的范围。

---

① Council of Europe, Convention on Cybercrime, https://www.coe.int/en/web/conventions/full-list/-/conventions/treaty/185/signatures, last visited on March 7 2020.

第 五 章

网络空间经贸规则的中国参与

随着网络空间战略地位的提升,各国高度重视掌握网络空间规制制定的先发优势和主导权。党的十九大报告指出,要加强互联网内容建设,建立网络综合治理体系,营造清朗的网络空间。互联网内容建设和网络综合治理体系构建离不开社会治理法治化进程的有效推进。[①] 在贸易领域,网络综合治理体系的构建离不开世界各国的互联网贸易法治化发展。当前,网络空间国际经贸治理机制正处于塑造的关键节点。为应对网络空间经贸规则治理的挑战,我国应从国际法、国内法层面加速推动网络空间经贸规则法治化治理进程。

第一节 中国网络空间法治化治理导向与实践

一 中国网络与信息行业的外向型发展

(一)经济成果斐然

从 2007 年至 2017 年,我国信息传输、计算机服务和软件业对外直接投资净额均为正值,并呈快速上升的趋势。如图 5—1 所示,我国信息传输等行业对外投资净额从 2007 年的 3.0384 亿美元增长到 2017 年的 44.3024 亿美元,并一度在 2016 年达到顶峰,为 186.6022 亿美元,占当年中国对外直接投资净额近 10%。如图 5—2 所示,信

[①] 参见习近平《决战全面建设小康社会、夺取新时代中国特色社会主义伟大胜利》,人民出版社 2018 年版。

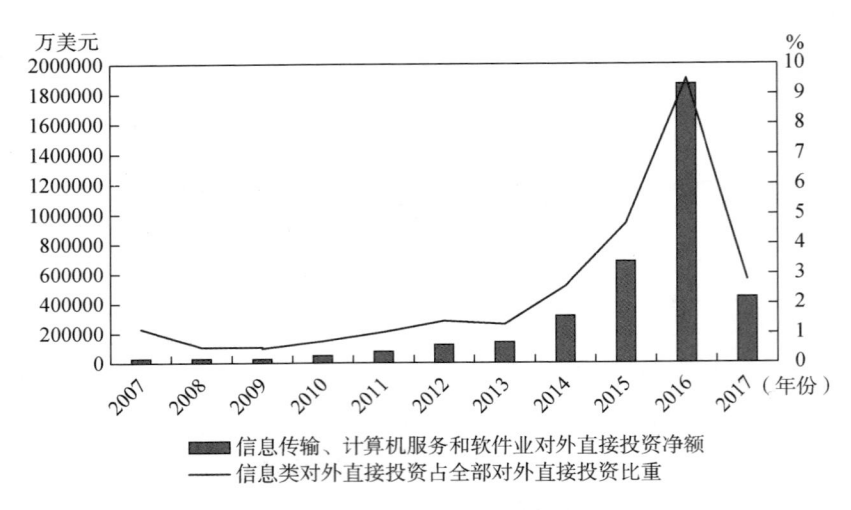

图 5—1　信息传输、计算机服务和软件业对外直接投资净额情况

资料来源：国家统计局，http：//data.stats.gov.cn/easyquery.htm? cn = C01，最后浏览日期：2020 年 4 月 9 日。

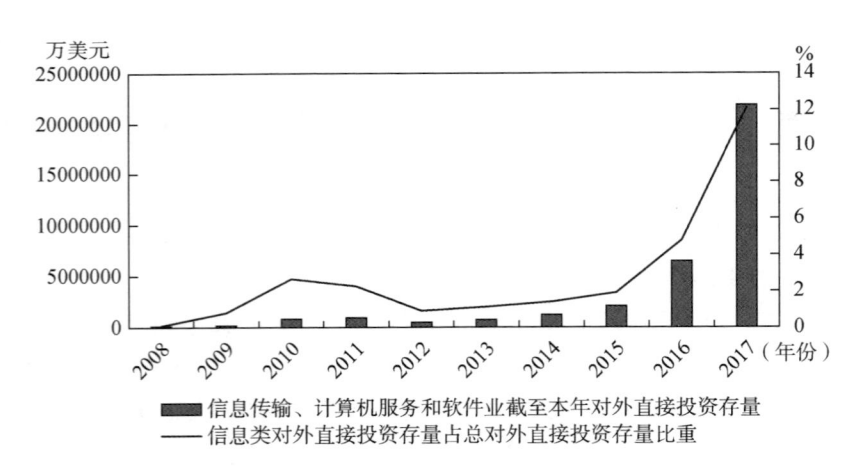

图 5—2　信息传输、计算机服务和软件业对外直接投资存量情况

资料来源：国家统计局，http：//data.stats.gov.cn/easyquery.htm? cn = C01，最后浏览日期：2020 年 4 月 9 日。

息传输、计算机服务和软件业截止到 2017 年对外直接投资存量达到 2188.9737 亿美元，占中国对外投资存量总额的 12.10%。但近两年来，由于网信企业"走出去"面临新的挑战，我国信息传输、计算机服务和软件业对外投资呈下降趋势，但仍保持在高位出口态势。必须说明的是，由于诸如交通运输业、仓储和邮政业，金融业，商务服务，技术服务，文化、体育和娱乐业等其他对外投资行业也都与网络信息技术密切相关，因此，网信事业发展有力地保障并促进了我国海外投资的发展。

自 2010 年以来，我国通信设备企业营收不断增长，如表 5—1 所示，华为自 2013 年起连续占据世界首位，中兴通信业表现不错。各企业占据全球市场的份额如图 5—3 所示，华为和中兴也长期保持在全球前列水平，在与爱立信、诺基亚等西方电信设备商的竞争中逐渐占据更大优势。

表 5—1　　　　　　　全球通信设备商收入规模排名变化

	2010 年	2011 年	2012 年	2013 年	2014 年	2015 年	2016 年
NO.1	爱立信	爱立信	爱立信	华为	华为	华为	华为
NO.2	阿朗	华为	华为	爱立信	爱立信	爱立信	新诺基亚
NO.3	华为	阿朗	诺西	阿朗	阿朗	阿朗	爱立信
NO.4	诺西	诺西	阿朗	诺西	诺基亚	中兴	中兴
NO.5	摩托罗拉	中兴	中兴	中兴	中兴	诺基亚	

资料来源：《2018 年全球通信设备行业竞争格局及市场份额分析》，中国报告网，http：//free.chinabaogao.com/dianxin/201804/04263330092018.html，最后访问时间为 2020 年 10 月 18 日。

优异的市场表现源于对科技研发的巨额投入，以及对专利和知识产权的重视。在技术研发和进步层面，我国网信企业在全球主要专利和技术方面日益举足轻重。在最新的 5G 竞争中，中国信通院知识产权中心对在 ETSI 网站上声明的 5G 标准必要专利信息进行了提取、合并、去重和统计。① 如图 5—4 所示，截至 2018 年 12 月 28 日在 ETSI 网站上声明专利量累计为 11681 件，其中华为以 1970 件 5G 声明专利排名第一，占比 16%，中兴以 1029 件排名第七，占比 9%，大唐电信以 543 件排名第九，占比 5%；三家中国企业的专利声明总量为 3542 件，占总量的 30%。网络与信息技术成为我国技术创新的核心领域。如表 5—2 所示，在 2018 年申请专利排行前十的名单中，华为、广东欧珀移动通信有限公司、京东方、格力、联想、腾讯、中兴通信等我国网信企业占据 7 个位置。②

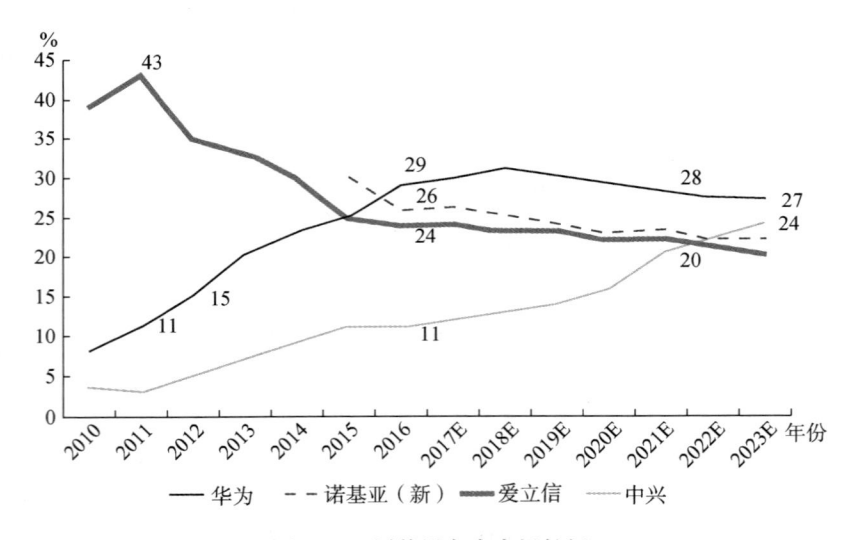

图 5—3　通信设备商市场份额

资料来源：《2018 年全球通信设备行业竞争格局及市场份额分析》，中国报告网，http://free.chinabaogao.com/dianxin/201804/04263330092018.html，最后访问时间为 2020 年 10 月 18 日。

---

① 中国信通院发布《通信企业 5G 标准必要专利声明量最新排名（2018）》，https://www.sciping.com/23914.html，最后浏览日期：2020 年 4 月 10 日。
② 国家知识产权局，http://www.sipo.gov.cn/zscqgz/1135326.htm，最后浏览日期：2020 年 4 月 9 日。

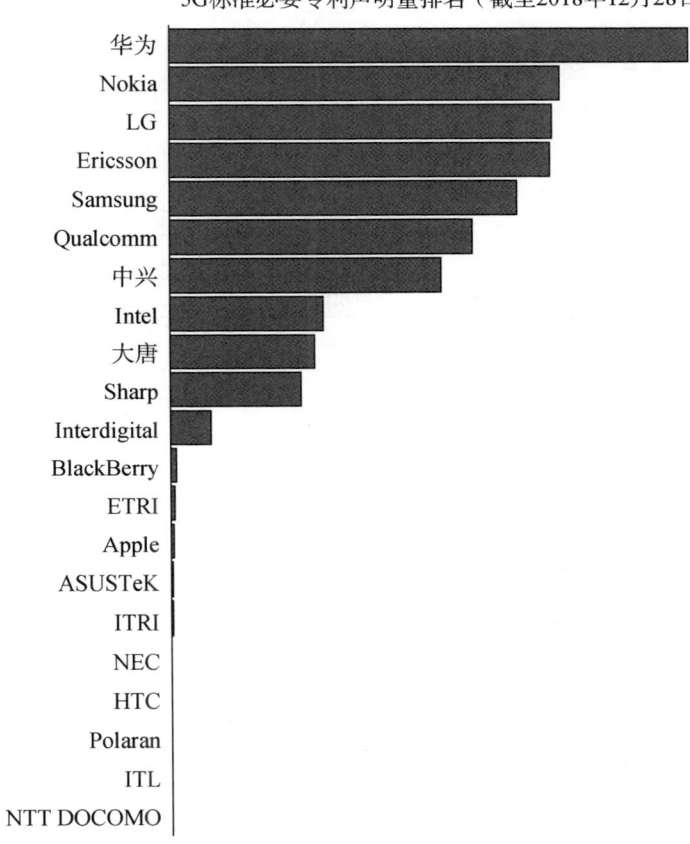

5G标准必要专利声明量排名（截至2018年12月28日）

华为
Nokia
LG
Ericsson
Samsung
Qualcomm
中兴
Intel
大唐
Sharp
Interdigital
BlackBerry
ETRI
Apple
ASUSTeK
ITRI
NEC
HTC
Polaran
ITL
NTT DOCOMO

图 5—4　5G 标准必要专利声明量

资料来源：《中国信通院发布〈通信企业 5G 标准必要专利声明量最新排名（2018）〉》，科塔学术网，http://www.sciping.com/23914.html，最后访问时间为 2020 年 4 月 10 日。

表5—2　　　　2018年我国发明专利授权量排名前10位
的国内（不含港澳台）企业

排名	企业名称	数量（件）
1	华为技术有限公司	3369
2	中国石油化工股份有限公司	2849
3	广东欧珀移动通信有限公司	2345
4	国家电网公司	2188
5	京东方科技集团股份有限公司	1891
6	珠海格力电器股份有限公司	1834
7	联想（北京）有限公司	1807
8	腾讯科技（深圳）有限公司	1681
9	中兴通信股份有限公司	1552
10	中国石油天然气股份有限公司	1129

资料来源：《2018年中国发明专利数据——另类解读》，腾讯网，http：//new.qq.com/omn/20190121/20190121G11EBR.html，最后访问时间为2020年10月18日。

（二）"中国制造"形象和影响力不断提升

随着近年来网信企业的壮大与发展，我国政府及企业在网信领域的话语权和影响力不断攀升。微信、微博是国际上少有的能与美国公司比肩的社交媒体，阿里巴巴在电商和第三方支付领域已经成为国际领先企业，短视频平台正在成为海外中国网络文化以及生活方式的传播者。例如，抖音海外版逐渐成为文化走出去的"偏师"。在日本、韩国、菲律宾、马来西亚等国家，抖音都成为当地最流行的短视频应用程序。在美国，2018年以来，抖音海外版（TikTok）的安装量超过了其他知名软件。从某种程度上讲，中国网信企业海外投资不仅有助于中国产品走出国门，更能够向海外推广中国先进的互联网生活方式和文化。

网信企业正重新塑造中国企业和中国产品的形象。华为已经成长为全球领先的通信企业，通过海量资金的技术研发投入和市场努力，华为掌握了关于5G基带芯片、智能手机芯片以及众多电子通信设备的核心技术。华为产品摆脱了以前中国产品质次价低的形象，在海外售价高于国内市场的情况下，仍受到国外消费者的欢迎。在新加坡、巴黎等地，都有消费者排长队，购买华为最新发布的旗舰产品。① 近年来，华为主动提起针对三星等互联网企业侵权行为的诉讼活动，② 不仅表明了中国网信企业对知识产权创新的重视，也向世界展示了中国企业创新发展的良好形象。

我国网信企业家也逐渐走向互联网国际治理和数字经济发展的中心舞台。阿里巴巴原董事局主席马云在 2016 年首倡建立世界电子贸易平台，并通过包容性的方法为世界创造更多的贸易和发展机会。2019 年 1 月 22 日，马云赴联合国日内瓦总部主持召开联合国数字合作高级别小组第二次全体会议，作为该联合国高级别小组的联合主席，他关于数字技术智能监管的倡议也得到联合国秘书长古特雷斯的高度赞誉。

（三）互联网全球竞争成为国家战略的有力支撑

近年来，中国互联网企业逐渐瞄准互联网国际基础设施的供应服务。例如，除了在 5G 技术和设备方面形成领先之势，华为还大力投入海底光缆的铺设工程。截至目前，华为已经开展了大约 90 个光缆方面的项目，以建立或升级海底光纤链路。当前，全球海底大约有 380 条海底光缆，海底光缆几乎可以传输全球所有的互联网数据，承载了大约 95% 的洲际语音和数据流量。中国互联网企业的努力，对于互联网全球基础设施的完善以及消除数字鸿沟起到了巨大作用，为许多不发达国家和地区享受数字科技红利做出了巨大贡献。

而且，海底光缆铺设等活动，也在一定程度上有利于维护和保障本国在数据安全、网络安全方面的国家利益，体现了我国在互联网重要基础资源上的战略利益。华为在海底铺设光缆遭到了澳大利亚等国的种种阻碍，克服了重重困难。在 5G 发展上，据美国国防部旗下咨询部门国防创新委员会（Defense Innovation Board）2019 年 4 月 3 日发布的《5G 生态系统：国防部的风险和机遇》报告，中国在 5G 发展方面处于领先

---

① 谷智轩：《感谢美国"宣传"，巴黎人也开始排长队买华为手机》，观察者网，https://www.guancha.cn/economy/2019_04_09_496879.shtml?s=sywglbt，最后浏览日期：2020 年 4 月 11 日。

② 例如，华为诉三星侵犯知识产权案（深圳中级人民法院）；华为诉三星侵犯知识产权案（泉州中级人民法院）等。

地位,而作为行业领军者的华为,已向海外供应超过一万个基站,拿下全球 28% 的电信设备市场,且"版图"还在持续扩张中。①

除国家安全利益外,我国网信企业也正在为全球,尤其是第三世界国家和地区提供更多的互联网公共产品。随着"一带一路"倡议的深入,我国大力推行与其他国家信息港的建设,如中国—东盟信息港、中国—阿拉伯国家网上丝绸之路等。中国网信企业也积极参与"一带一路"沿线国家和地区的信息基础设施、重大信息系统和数据中心建设,并启动建设一批海外研发基地。毫无疑问,这将成为构建网络空间人类命运共同体的生动体现和有力支撑。

（四）以我为主供应链体系的构建

由于网信行业的细分与技术分工的细化,国内网信企业的发展还能够带动上下游企业的协同发展,推动中国制造业水平的整体发展。智能手机设备在很大程度上就是组装产品,苹果公司本身不生产手机,但是依靠庞大的供应链,使得苹果手机成为最受欢迎的智能手机品牌之一。智能手机设备供应链不仅涉及原材料、设备等硬件,还涉及应用程序、数据服务等软件。网信企业的发展,带动了相关产业的跨越式进步,使从十年前连手机涂漆技术与工艺都相当落后的中国,一举发展成为产业链、供应链及周边技术和工艺都相当完备的互联网技术与产业发展较强的国家。比如,华为手机对京东方等企业的发展,就起到了良好的推动作用。华为采用京东方等国产屏幕用于高端旗舰机,有利于国产屏幕的发展,并使得国内企业进入全球高端的产业链。华为与国内的芯片代工企业中芯国际进行合作开发芯片,也为克服困扰我国多年的"缺芯"问题带来了更多希望。最新消息显示,华为甚至有可能为陷入"缺芯"困境的苹果提供 5G 芯片。② 可见,网信产业发展不仅仅涉及软件开发、科技研发,更涉及新材料、新工艺的发展,是一个系统性、综合性和带动性极强的产业,具有很强的

---

① 王恺雯:《华为拿下全球近三成电信市场,美国防部报告承认中国 5G 领先》,观察者网,https://www.guancha.cn/internation/2019_ 04_ 10_ 497068.shtml,最后浏览日期:2020 年 4 月 11 日。

② 谷智轩:《美媒曝华为或独家出售苹果 5G 芯片,业内:只有苹果有需求》,观察者网,https://www.guancha.cn/economy/2019_ 04_ 09_ 496935.shtml? s = zwybjwzbt,最后浏览日期:2020 年 4 月 11 日。

正外部性，源源不断地为国内外上下游企业发展提供更多机会，也有利于维护我国互联网发展的供应链安全。

二　中国网络空间的法治化进程

21世纪以来，网络空间逐步成为人类生活的第五空间。随着网络空间战略地位的提升，各国高度重视掌握网络空间规制制定的先发优势和主导权。本质上，网络空间的有效运转离不开互联网规则体系的建设，而互联网内容建设和网络综合治理体系构建离不开社会治理法治化进程的有效推进。

党的十八大以来，我国网络空间法治化治理体系正加速成形。具体而言，一方面，我国统筹考虑并积极推进《民法典》《国家安全法》《网络安全法》《电信法》《电子商务法》等立法进程；另一方面，相关规章、司法解释加快出台，如《刑法修正案（九）》《电信条例》《计算机软件保护条例》《信息网络传播权保护条例》等。由此，我国网络空间法治化的四梁八柱已经形成。当前的主要挑战转变为网络空间法治化如何迈向法治化治理。在实践中，中国网络空间法治化治理机制包括立法、执法和司法等领域。

（一）中国网络空间立法活动及发展

在网络空间治理中，互联网领域的立法是法治化治理进程的前提和基础。习近平总书记多次强调指出，要抓紧制定立法规划，完善互联网信息内容管理、关键信息基础设施保护等法律法规，依法治理网络空间，维护公民合法权益。在此背景下，特别是党的十八大以来，中国网络空间法治化水平快速提升。同时，网络空间新形势也为加强网络社会管理、推进网络依法规范有序运行提出了新的要求。例如，党的十八届四中全会《决定》提出"加强互联网领域立法，完善网络信息服务、网络安全保护、网络社会管理等方面的法律法规，依法规范网络行为[①]"。总体而言，中央的一系列要求，为我国加强网络法制建设、依法治网提供了基本遵循，为互联网法律体系的构建指引了方向。

1. 中国网络空间立法发展历程

[①] 国家网信办：《十八大以来网络空间法治化全面推进》，http://www.xinhuanet.com/politics/2015-12/14/c_128529424.htm，最后访问日期：2020年12月1日。

回溯网络空间法律制度建设的发展历程，中国网络空间立法活动至少可以包括以下三个阶段：

第一阶段为网络空间物理层立法期，其主要从 1994 年至 2000 年。该时期为我国互联网建设初期，网络空间立法主要限定在传统的电信立法之中。1994 年 2 月 18 日实施的《计算机信息系统安全保护条例》是我国在网络空间领域第一部专门的行政法规，其率先对计算机信息系统的建设、应用和运行中的安全问题做出规定。随后，1996 年 2 月 1 日实施的《计算机信息网络国际联网管理暂行规定》是在我国接入国际互联网之后，首次系统的对国际计算机信息交流等问题进行的规定，为互联网产业的发展夯实了基础。除此之外，我国还在 1997 年批准了《计算机信息网络国际联网安全保护管理办法》。总体而言，该时期的立法偏重于保护互联互通以及计算机信息系统，其核心在于确定我国与国际互联网互通中的安全问题。

需要说明的是，该时期也是我国加入世界网络空间治理机制的阶段。全国人民代表大会常务委员会在 1985 年批准《国际电信公约》，并于 1997 年批准《国际电信联盟组织法》和《国家电信联盟公约》。由此可见，中国互联网立法进程与国际治理机制的发展密切相关。

第二阶段为网络空间应用层立法期，主要从 2000 年至 2011 年。进入 21 世纪后，随着网络空间逐渐成为生产的重要工具，中国网络空间立法强调对应用层的监管，初步构建了覆盖信息网络建设、信息应用管理、信息安全保障和信息权利保护的网络安全和信息化法律体系。从 2001 年至 2008 年，互联网开启 Web 2.0 的全新时代，在这个时期，互联网发展呈现出去中心化、开放和共享的特征，互联网的信息传播呈现出双向传播特征，互联网博客开始出现，互联网媒体影响力与日俱增，电子商务开始发展。到 2008 年 3 月，中国的网民数量和宽带数量均超过了美国，中国网民规模开始领跑世界。[①]该时期的立法主要围绕网络信息传播为主导，同时对互联网信息服务管理、互联网上网营业平台等做出专项性的规定。为进一步保障网络空间治理规范化，2011 年 1 月 8 日，我国同时实施《计算机信息网络国际联网安全保护管理办法》《互

---

① 郭少青、陈家喜：《中国互联网立法发展二十年：回顾、成就与反思》，《社会科学战线》2017 年第 6 期。

联网信息服务管理办法》《互联网上网服务营业场所管理条例》等修订法律文件，预示着我国网络空间立法进程加速期的到来（具体如表5—3所示）。需要注明的是，该时期的网络空间立法以行政法规和部门规章为主。

表5—3　　　　2000—2011年网络空间重点立法情况

法律文件名称	实施日	有效性	法律类型
《全国人民代表大会常务委员会关于维护互联网安全的决定》（2009年修正）	2009年8月27日实施	现行有效	法律
《计算机信息网络国际联网安全保护管理办法》（2011年修订）	2011年1月8日实施	现行有效	行政法规
《互联网信息服务管理办法》（2011年修订）	2011年1月8日实施	现行有效	行政法规
《互联网上网服务营业场所管理条例》（2011年修订）	2011年1月8日实施	已被修订	行政法规
《信息网络传播权保护条例》	2006年7月1日实施	已被修订	行政法规

资料来源：笔者自制。

第三阶段为网络空间内容层立法期，主要从2012年发展至今。党的十八大以来，我国网络空间法律体系进入基本形成并飞速发展的新阶段。2012年通过的《全国人大常委会关于加强网络信息保护的决定》开启了系统地对我国网络空间内容层立法的时期。此后，我国工信部、网信办、商务部、文化部（现文旅部）、国家工商行政总局、国务院新闻办公室等颁布了大量的部门规章。

2014年2月27日，由习近平总书记担任组长的中央网络安全和信息化领导小组正式成立，标志着我国已经将网络空间安全上升到国家战略的高度，也预示着我国将从网络大国向网络强国转变。同时，《网络安全法》也于2016年11月7日发布，自2017年6月1日起开始施行。2018年3月31日，我国发布了《电子商务法》，该法于2019年1月1

日实施。至此，我国网络空间立法不仅实现确保网络安全，也同时致力于推动电子商务、工业互联网和大数据技术的发展，并引导互联网企业拓展国际市场。该时期成为我国网络空间法治化加速期，并基本实现了网络空间法治化。

表5—4　　　　　　　　2012年至今网络空间重点立法情况

文件名称	实施日	有效性	类型
《中华人民共和国电子商务法》	2019年1月1日实施	尚未生效	法律法规
《中华人民共和国网络安全法》	2017年6月1日实施	现行有效	法律法规
《中华人民共和国电子签名法》（2015年修正）	2015年4月24日实施	现行有效	法律法规
《全国人民代表大会常务委员会关于加强网络信息保护的决定》	2012年12月28日实施	现行有效	法律法规
《中华人民共和国电信条例》（2016年修订）	2016年2月6日实施	现行有效	行政法规
《外商投资电信企业管理规定》（2016年修订）	2016年2月6日实施	现行有效	行政法规
《互联网上网服务营业场所管理条例》（2016年修订）	2016年2月6日实施	现行有效	行政法规
《信息网络传播权保护条例》（2013年修订）	2013年3月1日实施	现行有效	行政法规

资料来源：笔者自制。

2018年9月，十三届全国人大常委会立法规划公布，个人信息保护法、数据安全法、未成年人保护法成为本届人大第一类项目，即此类法律草案审议条件比较成熟，任期内拟提请审议。《数据安全法》《个人信息保护法》等法律规范的公布和实施无疑将进一步强化中国网络空间法治化的水平和范围。毫无疑问，中国网络空间法治化水平已位居世界前列。具体如表5—4所示。

2. 中国网络空间立法范式：以《电子商务法》为例

近年来，中国网络空间立法活动加快，《电子商务法》《数字安全法》《个人信息保护法》等先后出台。下文拟以《电子商务法》为例，分析网络空间经贸规则的范式。2018年8月31日，第十三届全国人民代表大会常务委员会第五次会议通过《电子商务法》，其在2019年1月1日起施行。该法律规范的起草与制定旨在解决电子商务存在的突出问题，规范并促进电子商务发展，并将中国网络空间法治化的进程推向深处。

在内部需求上，近十年来，我国电子商务交易额年平均增速超过35%，市场规模居全球第一。电子商务行业的发展有效降低企业交易成本、增加消费者的多元选择，突破传统交易的时空限制，促使资源更有效配置。然而，与电子商务规模的迅猛发展相比，我国电子商务法治化进程却相对落后。虽然学界和实务界试图将《侵权责任法》《消费者权益保护法》等相应条款适用于电子商务行业，然而由于缺乏顶层设计，并且立法呈现碎片化，地方性法规、部门规章、司法解释等甚至出现冲突与矛盾。在实践中，非注册经营、非税销售、假冒产品、炒信行为等现象充斥着电子商务行业。鉴于此，电子商务领域的规则体系亟待规范。

在外部条件上，2015年9月4日，国务院做出接受世界贸易组织《贸易便利化协定》的决定。《贸易便利化协定》要求成员通过互联网公布进出口程序信息，并鼓励适用互联网的方式促进贸易便利化。作为负责任大国，在立法层面上，中国率先通过《电子商务法》履行协定义务。

在结构设计与条款安排上，《电子商务法》共7章89条，包括总则、电子商务经营者、电子商务合同的订立与履行、电子商务争议解决、电子商务促进、法律责任和附则七大部分。其开宗明义表明该法目的与宗旨在于保障电子商务各方主体的合法权益，规范电子商务行为，维护市场秩序，促进电子商务持续健康发展。该法律规范具有鲜明的先进性与时代性，具体如下。

第一，该法律规范建立起以电子商务经营者为主体、政府监管、行业自律与社会共治的治网模式。其规定，电子商务经营者包括电子商务平台经营者、平台内经营者以及通过自建网站、其他网络服务销售商品或者提供服务的电子商务经营者等，并对各类型的服务提供者规定明确的义务与责任，其主要责任包括审核平台内经营者的资质资格、保障交易安全以及数据信息安全等。同时，该法律规范也创新性地引入多元利益攸关方的共治模式，推动形成政府有关部门、电子商务行业组织、电子商务经营者、消费者等共同参与电子商务市场治理，并进一步规定国家采取措施推动建立公共数据共享机制，促进电子商务经营者依法利用公共数据。

第二，该法律规范明确平台交易规则的制定方式与修改程序。其构建起关于平台交易规则制定、公示及修改方式的法律体系。其要求电子商务平台经营者应当遵循公开、公平、公正的原则，制定平台服务协议和交易规则，明确进入和退出平台、商品和服务质量保障、消费者权益保护、个人信息保护等方面的权利和义务。当然，该法律规范也鼓励发展电子商务新业态，创新商业模式，推进电子商务诚信体系建设，营造有利于电子商务创新发展的市场环境，为云计算、大数据等新兴行业的发展提供制度保障。

第三，该法律规范批判性地吸纳媒介中立、内外平等待遇的现代治理理念。"媒介中性原则"是指法律对采用纸质媒介或电子媒介的交易均一视同仁，不因交易采用的媒介不同而区别对待。其致力于平等对待线上与线下的商务活动，进而避免歧视性的政策措施对商务活动的发展产生扭曲效果。进一步地，该法律规范致力于推动跨境电子商务活动的展开，其明确提及将建立健全适应跨境电子商务特点的海关、税收、出入境检验检疫、支付结算等管理制度，并促进跨境贸易便利化。

除外，该法律规范还对与电子商务息息相关的知识产权保护、不正当竞争行为的禁止、广告规则、消费者权益保护、小型微型企业发展机会等事项做出了规定。

（二）中国网络空间执法行动及发展

法律的生命在于实施。随着网络空间法制化水平的提高，我国行政机构加大对网络空间的执法力度，并推动营造风清气正的网络空间。其中，全国人大常委会推动的"一法一决定"实施情况的执法检查，以及中央网信办、工信部、公安部、国家标准委四部门隐私条款评估是中国网络空间执法创新的机制。

没有网络安全就没有国家安全。2017年8月至10月，全国人大常委会对《网络安全法》《全国人民代表大会常务委员会关于加强网络信息保护的决定》（简称"一法一决定"）的实施情况进行检查。2017年12月，全国人大常委会公布了检查报告中，其指出，当前网络安全实施方面仍存在一些困难和问题，包括但不限于网络安全意识亟待增强、网络安全基础建设总体薄弱、网络安全风险和隐患突出、用户个人信息保护工作形势严峻、网络安全执法体制有待进一步理顺、网络安全法配套法规有待完善、网络安全人才短缺。[①] 该报告也直接提及需进一步加大用户个人信息保护力度的建议。

与此同时，中央网信办、工信部、公安部、国家标准委四部门联合对互联网产品和服务实施隐私条款专项评审。隐私条款专项评审工作将分批选取重点网络产品和服务，对其隐私条款进行分析梳理。2017年7月开始，四部门对十款网络产品和服务进行评估，其包括微信、新浪微博、淘宝、京东商城、支付宝、高德地图、百度地图、滴滴、航旅纵横、携程网。本轮评审的重点内容包括明确告知收集的个人信息以及收集方式；明确告知使用个人信息的规则，例如形成用户画像及画像的目的，是否用于推送商业广告等；明确告知用户访问、删除、更正其个人信息的权利、实现方式、限制条件等。

2017年9月24日，首批网络产品和服务评审结果出炉。本次评审工作的目的在于规范企业隐私条款并提升个人信息保护水平；在展示方式上，鼓励网络产品和服务提供简洁、精练的隐私告知；征得用户同意必须向用户展示隐私条款后，由用户做出选择性同意操作，例如用户主动声明、主动勾选、主动点击"同意""下一步"等。通过此次专项评审工作，网络产品服务提供商原本缺失或者不完整的隐私条款变得更加完整，并且告知、提示用户；原本语焉不详的、晦涩难懂的、避重就轻

[①] 《十二届全国人大常委会第三十一次会议举行第三次全体会议》，人民网，http://media.people.com.cn/n1/2017/1225/c40606-29725899.html，最后访问日期：2020年12月1日。

的隐私条款文本将变得更加易读和规范。① 2018 年，第二批隐私条款专项评估工作也已启动。从某种程度上，网络产品和服务的隐私条款是对用户的承诺，也是政府执法的创新方式。

此外，我国还通过引入国家标准的方式推进网络空间法治化。2018 年 5 月 1 日，我国正式实施《信息安全技术个人信息安全规范》，该标准规范了个人信息控制者在收集、保存、使用、共享、转让、公开披露等信息处理环节中的相关行为，旨在遏制个人信息非法收集、滥用、泄露等问题，最大限度地保障个人的合法权益和社会公共利益。同时，《个人信息和重要数据出境安全评估办法》《信息安全技术数据出境安全评估指南》等也在制定阶段。这也将进一步提高网络空间执法的法治化水平。

（三）中国网络空间司法活动及发展

在司法领域，中国网络空间也逐步打造法治化治理机制，其主要体现在刑事领域和民事领域。为加大对公民个人信息的刑法保护，我国于 2015 年公布并实施《刑法修正案（九）》。该修正案对我国《刑法》第 253 条进行了修改，将原来的出售、非法提供公民个人信息罪和非法获取公民个人信息罪这两个罪名调整为一个罪名，即侵犯公民个人信息罪。为了正确理解和适用侵犯公民个人信息罪，2017 年 6 月 1 日正式实施《最高人民法院、最高人民检察院关于办理侵犯公民个人信息刑事案件适用法律若干问题的解释》。该司法解释进一步明确了对个人信息的刑事制裁手段。其主要规定了"公民个人信息"的范围、"违反国家有关规定"的认定、非法"提供公民个人信息"的认定、"非法获取公民个人信息"的认定、侵犯公民个人信息罪的定罪量刑标准、认罪认罚从宽处理、涉案公民个人信息的数量计算规则、罚金刑适用规则等八个方面的内容。② 不仅如此，最高人民检察院还发布了六起侵犯公民个人信息犯罪典型案例规范统一司法，并促进正确适

---

① 《四部门公布 10 款互联网产品和服务隐私条款评审结果》，中新网，http://www.xinhuanet.com/yuqing/2017 - 09/25/c_ 129711462.htm，最后访问日期：2020 年 12 月 1 日。

② 最高人民法院：《最高人民法院、最高人民检察院关于办理侵犯公民个人信息刑事案件适用法律若干问题的解释》，http://www.court.gov.cn/zixun - xiangqing - 43942.html，最后访问日期：2020 年 12 月 1 日。

用法律和司法解释。①

在民事领域,我国法院也对一些重大问题进行了厘定。其主要的案件包括"朱烨诉百度侵权案"和"新浪微博诉脉脉反不正当竞争案"。在"朱烨诉百度侵权案"中,朱烨起诉百度公司,认为其记录自己所搜索的关键词涉嫌侵犯隐私。本案二审法院认为,百度公司收集、利用的是未能与网络用户个人身份对应识别的数据信息,该数据信息的匿名化特征不符合"个人信息"的可识别性要求。其也指出,Cookie 技术是当前互联网领域普遍采用的一种信息技术,基于此而产生的个性化推荐服务仅涉及匿名信息的收集、利用,网络服务提供者对此依法明示告知即可。最终,南京市中级人民法院判定百度公司的个性化推荐新闻不构成侵犯朱烨的隐私权。②

在"新浪微博诉脉脉反不正当竞争案"中,脉脉被指控非法抓取使用"新浪微博"用户信息。2016 年 12 月,北京知识产权法院对于脉脉利用不当手段获取新浪微博用户信息的行为,判定脉脉构成不正当竞争。本质上,本案法院指出,脉脉大量抓取、使用新浪微博用户职业信息、教育信息,但微博公司却未能提交直接证据证明被告的获取方式,存在不妥之处,而且在发现脉脉软件发生非法抓取使用微博用户信息的情况下,以他人利益作为交换条件,放纵不正当竞争行为。该案判决实际上表明,互联网经营者应当遵循自愿、平等、公平、诚实信用的原则,遵守公认的商业道德,尊重消费者合法权益,才能获得正当合法的竞争优势和竞争利益。③

总体上,我国司法机构保障了网络空间法制化及其治理成果。当然,由于司法机构典型的个案裁决属性,其对我国网络空间法治化治理的影响并不是即期的,而具有潜移默化的特征。

---

① 最高人民检察院:《最高人民检察院发布侵犯公民个人信息犯罪典型案例解读》,http://www.spp.gov.cn/xwfbh/wsfbt/201705/t20170516_190645_3.shtml,最后访问日期:2020 年 12 月 1 日。
② 参见江苏省南京市中级人民法院(2014)宁民终字第 5028 号。
③ 中国法院网北京海淀法院:《"脉脉"非法抓取使用"新浪微博"用户信息被判不正当竞争》,https://www.chinacourt.org/article/detail/2016/04/id/1846497.shtml,最后访问日期:2020 年 12 月 1 日。

三 中国互联网规制措施具有合法性与必要性

互联网自由是中国互联网政策的特征之一。正如中国外交部发言人所言，中国的互联网自由、开放、有序。中国作为主权国家，对互联网依法进行管理完全是正当的，目的是维护公民和企业的公平合法权益，确保互联网既属于每个人，也属于所有人。①然而，西方学者和企业时常无端批评我国的互联网政策。例如，谷歌公司认为，不管是政治上的或文化上的形式，中国政府的互联网审查机制构成不公正的贸易壁垒，并且影响《公民权利及政治权利国际公约》第 19 条规定的表达自由权。②需要强调的是，作为负责任的大国，中国的互联网政策也并不违反《公民权利及政治权利国际公约》等国际人权协定的规定。

首先，中国的互联网规制措施具有合法性目标，并且该合法性目标由立法明文规定。我国互联网法律规范散见于《中华人民共和国电信条例》《信息网络传播权保护条例》《互联网信息服务管理保护办法》等法律文件中。③绝大多数法律文件都规定了个人自由及其限制自由的条款。以《互联网信息服务管理保护办法》为例，其第 15 条规定，互联网信息服务提供者不得制作、复制、发布、传播被列入禁止清单的信息内容。该禁止清单的内容包括：反对宪法所确定的基本原则的；危害国家安全，泄露国家秘密，颠覆国家政权，破坏国家统一的；损害国家荣誉和利益的；煽动民族仇恨、民族歧视，破坏民族团结的；破坏国家宗教政策，宣扬邪教和封建迷信的；散布谣言，扰乱社会秩序，破坏社会稳定的；散布淫秽、色情、赌博、暴力、凶杀、恐怖或者教唆犯罪的；侮辱或者诽谤他人，侵害他人合法权益的；含有法律、行政法规禁止的其他内容的。如上，中国限制互联网自由的目标为保障国家安全、公共利益与他人权益，并且通过最终的兜底条款，其要求禁止的内容应由法律、行政法规所规定。从国际人权协定的理论与实践而言，中国的互联

---

① 中国外交部：《外交部回应互联网依法管理：中国互联网自由开放有序》，available at http://news.xinhuanet.com/newmedia/2015 - 04/17/c_ 134158934.htm，last visited on 10 May 2020。

② Uyen P. Le, "Online and Linked In: 'Public Morals' in the Human Rights and Trade Networks", 38 North Carolina Journal of International Law and Commercial Regulation 107 (2012).

③ 参见张平《互联网法律规制的若干问题探讨》，《知识产权》2012 年第 8 期。

网政策符合合法性目标。

其次,中国的互联网规制措施使用价值平衡的工具。例如,全国人民代表大会常务委员会《关于加强网络信息保护的决定》中指出,网络服务提供者等收集、使用个人电子信息应遵循合法、正当和必要的原则。同时,我国电信用户依法使用电信的自由和通信秘密受法律保护,除因国家安全或追查刑事犯罪的需要外,国家安全机关或者人民检察院依照法律规定的程序对电信内容进行检查外,任何组织或个人不得以任何理由对电信内容进行检查。[1]如上,中国的互联网自由限制政策体现必要性原则,并规定信息收集的主要责任部门。此外,正如周汉华研究员所言,互联网法与其他法律的关系,相当于特别法与一般法的关系。[2]对互联网自由的限制还涉及民法、行政法、国家安全法等其他一般法。上述一般法的条款也规定个人权利及其限制合法措施之间的必要平衡。例如,《中华人民共和国国家安全法》第83条规定,在国家安全工作中,需要采取限制公民权利和自由的特别措施时,应当依法进行,并以维护国家安全的实际需要为限度。如上,中国的互联网政策基本满足必要性的要求。

最后,中国不断加强公民对互联网基础设施的可获得性。互联网是助力人权实现的催化剂。[3]互联网基础设施和设备的可获得性成为互联网自由的核心内容。中国不断加强本国内的基础设施的建设,并保障公民的互联网接入权。《电信条例》第17条要求建立电信网之间的经济合理、公平公正的互联互通。该条例第40条规定,电信业务经营者不得无正当理由拒绝、拖延或者中止对电信用户的电信服务。在城市建设和村镇、集镇建设中,该条例也强制要求配套设置电信设施。同时,中国的网民规模迅速攀升,近十年我国的网民数量从1.11亿人次提高到2015年的6.88亿人,[4] 该成果不仅实现了我国公民的互联网接入权,更成为普及互联网的中国经验。

---

[1] 参见《电信条例》第65条。
[2] 周汉华:《论互联网法》,《中国法学》2015年第3期。
[3] Stephen Tully, "A Human Right to Access the Internet? Problems and Prospects", 14 *Human Rights Law Review* 185 (2014).
[4] 中国互联网络中心:《中国互联网络发展状况统计报告》,http://www.cnnic.net.cn/hlwfzyj/hlwxzbg/201601/P020160122469130059846.pdf, last visited on 15 May 2020,第37页。

第二节　中国参与网络空间国际经贸规则的挑战

法治作为全球治理的根本方式，包括国际和国内两级治理领域的法治进路。[①]本质上，国际法治与国内法治相互砥砺。国际法律规则通过对国家产生权利和义务的方式，影响国内立法、执法与司法；同时，国内法治也为国际法治的推进提供源源不断的规则文本与司法实践。在互联网领域，国际法治与国内法治也相互补充、相互促进，进而实现全方位的互联网贸易法治化。

一　中国互联网贸易法律体系所面临的挑战

中国互联网贸易立法的取向目前已经基本确定，其核心目标在于平衡政府、电子商务经营者和消费者之间权利义务关系。然而，现有的我国互联网贸易体系仍存在一些缺憾。

第一，国内立法与国际贸易缔约实践并不同步。当前，区域或双边贸易协定关于互联网贸易的规则主要体现在两个方面：其一为消除阻碍跨国电子商务发展的歧视性实践；其二是赋予电子商务主体获得信息的权利。然而，一方面，在《电子商务法》中，我国仍未能系统回应上述的问题。我国的立法仍过多强调电子商务经营者的义务和责任，而缺乏实质性鼓励电子商务发展的规则，特别是与贸易有关的信息流动规则。这也导致了我国立法与国际贸易实践的脱轨。《电子商务法》规定，"中华人民共和国境内的电子商务活动，适用本法"。从文本解释上，此处的中国境内的电子商务活动本身采取的是数据存储主义，而非数据控制者。然而，该模式无法完全抗衡美国执法部门所主张的跨境远程调查权，甚至某种程度上也主动放弃了我国互联网企业在域外的数据管辖权，这无疑是立法的缺憾。

第二，我国互联网贸易规则仍存在执行难问题。法律的生命在于实

[①] 赵骏：《全球治理视角下的国际法治与国内法治》，《中国社会科学》2014 年第 10 期。

践。互联网贸易法治的使命在于指导与规范跨境网络贸易领域的客观实践。遗憾的是，以《电子商务法》为代表的中国互联网贸易法律体系还有一些难以落地之处。例如，在跨境贸易便利化层面上，各级政府和相关部门如何协同保障通关、税收、检验检疫、交通运输、金融服务等贸易政策的一致性与统一性，更应避免"九龙治水、各管一方"的情形出现。规则创新是建立在机构创新的基础上，单纯地通过规则创新将难以实现互联网规则法治化治理的目标。

第三，电子商务立法应具有时代前瞻性。互联网技术发展迅猛，互联网贸易立法的理念应具有前瞻性，并体现适应互联网时代的特点，为未来互联网商业发展与技术创新留出空间。例如，电子商务立法并没有注重数据流动和开发问题。片面忽视一般网络信息的价值性，其将无法回应市场的需求，更难以切实达到保护用户的利益。[①] 又如，对电子商务活动的监管应与云计算、大数据、人工智能、区块链等新兴技术行业的发展相协调。从根本上，政府对互联网贸易活动的监管应体现目的合法性和手段合法性。在目的上，政府对电子商务活动的监管应保护国家利益、公共利益与个人合法权益；在规制手段上，政府监管应体现必要性，避免遁入"一管就死、一放就乱"的规制怪圈。

二 中国网信企业"走出去"面临的挑战

与传统海外投资企业与其他西方国家企业相比，我国网信企业"走出去"具有一些显著的特点，主要如下。

第一，在网信企业海外投资中，国企和民企同样具有比较优势。与传统的海外投资企业不同，我国网信企业走出去的主体不仅包括国有企业，还包括众多的民营企业。中国网信行业的企业主要以民营企业为主。因此，在对外投资领域，与基础设施建设、采矿等行业相比，投资网信领域的市场主体中，民营企业占据了极为重要的地位。当然，在网信企业出海中，我国企业间也时常出现相互竞争，有时候甚至带来巨大的损失。

第二，我国网信企业偏重技术应用，但在"硬核"的核心技术开

[①] 龙卫球：《数据新型财产权构建及其体系研究》，《政法论坛》2017 年第 4 期。

发上仍存在不足。特别是与美国网信企业相比，中国互联网企业在核心技术层面上的落后更为明显。根据 CB Insights 的统计，截至 2019 年 3 月，全球独角兽企业中，美国占 48%，中国占 28%。①除市场规模存在差距外，美国和中国独角兽企业发展的路径不完全相同。中国网信企业的优势在于创新商业模式；而美国企业的核心优势在于科技创新。相比而言，我国网信企业的多数技术掌握在其他国家的企业手中。苹果公司并不从事直接的材料生产，但是通过知识产权，苹果公司成为通信行业利润率最高的企业之一。而由于我国网信企业核心技术研发仍然不够，导致盈利率偏低，经常遭遇高烈度而低水准的市场竞争。

第三，我国网信企业海外投资主要目的国地缘政治风险较大。中国网信企业海外投资目的地不仅包括发达国家，还包括发展中国家，特别是处于信息化建设初期的国家。由于美国等西方国家在法律、政策等方面的重重壁垒，第三世界国家和地区在中国网信企业的市场布局中分量极重。但这些国家和地区，也往往是政局不稳、社会动荡、经济落后、风险偏高的区域，市场成熟度不高，开发难度大。以"一带一路"沿线国家为例，大多数沿线国家的网络信息基础发展不平衡，网络基础设施亟待改善；大多数国家起步较晚，如菲律宾、巴基斯坦等国光纤宽带用户占比尚不足 5%。②政权不稳、法治不昌、大国博弈等地缘政治风险，更使得中国互联网企业"走出去"危机重重。③而且，中国网信企业在参与当地社区、企业形象营造以及危机公关技巧等方面仍然有所欠缺，由于与美国等西方网信企业的竞争，更由于大国利益的博弈，往往引发西方企业、媒体和政府肆意的抹黑与打压；尤其是打着人权、环保旗号的抵制，严重恶化了中国企业的海外营商环境。而作为发达国家的美国市场，对中国网信企业更是极不友好。

第四，中国网信企业也存在法治意识不强，不善于融入当地社区和构建企业良好形象等问题。对于中国网信企业来说，海外投资应遵守当

---

① See CB Insights, https://www.cbinsights.com/research-unicorn-companies，最后访问日期：2020 年 4 月 9 日。
② 参见李彦婷、姚可微《"一带一路"沿线国家互联网发展现状与前景展望》，《信息通信技术与政策》2018 年第 9 期。
③ 参见蒋姮《"一带一路"地缘政治风险的评估与管理》，《国际贸易》2015 年第 8 期。

地法律法规、政府政策和社会习俗，尤其是应提前做好合规工作。但是，"一带一路"沿线国家法律体系非常繁杂，至少涉及伊斯兰法系、英美法系以及大陆法系等三大法系，以及印度教法、佛教法、苏联法、东盟法、阿拉伯国家联盟法、欧盟法、WTO 法等七大法源，[①]这给中国网信企业识别当地法律制度带来了很大的困难。

特别是，全球目前已有近 90 个国家和地区制定了个人信息保护相关法律。[②]由于网络信息法律制定更新频繁，客观上也增加了海外投资中国网信企业合规障碍。对于一些喜欢拉关系、跑路子的中国企业来说，就面临着较大的法律风险。除法治意识不强外，由于国内外体制的差异，中国网信企业一般不善于与当地工会、非政府组织和媒体进行沟通，也不善于利用慈善、教育、环保等履行并宣传企业的公共责任，企业形象意识欠缺。

第三节 对中国参与网络空间经贸规则的建议

一 通过网络综合治理推动互联网贸易法治化发展

（一）网络经济主权是互联网贸易法治化发展的基本原则

2016 年，习近平主席在第三届世界互联网大会上再次呼吁携手构建网络空间命运共同体。网络空间命运共同体体现为网络空间国际合作的"中国方案"，其核心在于利用好、发展好、治理好网络空间。网络经济主权反映为国家的治权，体现国家对域内的人、物及国内事务的管辖权和管理权，也体现为对外处理国家利益的权力。本质上，国家主权是网络空间命运共同体构建中的基本准则，是破解当前网络霸权主义的核心原则。在互联网贸易法治化发展的"中国方案"中，国家主权合作应坚持主权平等和公平互利的国际法基本原则。

发展是人类社会永恒的主题。互联网贸易法治化的核心在于保障国

---

① 参见何佳馨《"一带一路"倡议与法律全球化之谱系分析及路径选择》，《法学》2017 年第 6 期。

② 《全球 90 个国家和地区制定个人信息保护法律》，人民网，http://world.people.com.cn/n1/2017/0810/c1002-29463433.html，最后浏览日期：2020 年 4 月 9 日。

内公民能够实现发展权。互联网与发展权密切相关。在 2014 年互联网安全论坛上，联合国秘书长就明确指出确保互联网是可负担的、安全的和可信的全球公共资源，将能创造出更好的世界。① 互联网与发展紧密相关，深化发展是各国互联网贸易法治化进程建设的重要内容。2017 年 12 月 14 日，我国企业家提出的"全球电子商务平台"（Electronic World Trade Platform）成为在阿根廷布宜诺斯艾利斯举行的世界贸易组织第 11 次部长级会议的最新成果。全球电子贸易平台的构建能够着力提升小微企业的公平、自由与开放的贸易平台，更能够促进各国贸易的增长，实现全人类福利的增进。全球电子商务平台的构建无疑能够助力实现互联网贸易的深度发展。

本质上，在国际法层面，互联网贸易法治化体现各国权利与义务、责任与权力之间的协调统一，并实现秩序与自由、发展与安全价值的平衡。由此，打造互联网贸易法治化发展的"中国方案"应呼吁各国增强国内国际网络空间法律和制度供给，携手反对网络空间的非法贸易活动，依法惩治网络违法犯罪活动，切实实现互联网贸易法治化。

（二）深入推进多边与双边互联网贸易规则的构建

WTO 与双边经贸协定能够平衡互联网贸易自由与网络安全政策需求之间的冲突。当前，中国应主动升级本国对外经贸协定。

其一，我国应明确贸易自由在互联网治理中的基础性作用。在实践中，我国应履行 WTO 关税减让表和服务承诺表对信息技术产品与网络服务的自由贸易承诺。更为重要的是，互联网不仅是特定服务调整的对象本身，还发挥着分销媒介的功能。除非满足国家安全例外的情形，否则，我国不应限制特定产品的互联网分销渠道。在推进互联网强国战略中，我国可在 WTO 协定义务的基础上，适当地拓宽信息技术产品与特定服务部门的贸易开放，并且逐步便利化互联网的分销、传输等功能。

其二，我国应建立起一套系统的、完整的、分层次的网络安全

---

① Curtailing Freedom Dves Not Preserve Order, but Undermines it, Securing-General Tells Conference on Internet Security Foum, https：//www.un.org/press/en/2014/sgsm15808.doc.htm, last visited on 20 Feb. 2022.

政策的法律体系。WTO与双边贸易协定按照国家利益、公共利益与私人利益对互联网贸易安全政策措施进行限制。在实施《国家安全法》《电子商务法》的过程中，我国应该善意地进行适用。虽然安全例外条款并未规定严格的必要性要求，并赋予成员方自裁决权。针对《网络安全法》的条款设置下，我国应区分国家网络安全与其他网络安全事项的差异性，与贸易相关的国家网络安全应反映出本国的"重要安全利益"，并在"紧急情况"下才可使用；而对于一般的网络安全事项，我国应明确措施的必要性与实施过程中的非歧视性。

（三）适应互联网时代的回应型贸易立法

我国应主动创设具备示范效应及推广价值的法律文件。党的十八大以来，我国率先开展网络空间法治化治理进程，并相继公布《国家安全法》《网络安全法》《电子商务法》等法律文件。由此，保障网络安全的"四梁八柱"总体框架已基本稳定。下一步，我国应在坚持国家总体安全观的前提下，探索建立推进互联网贸易、加强网络信息利用的法律规定，进一步释放数字红利。

以《电子商务法》为例，其应与国内、国际规则进行合理对接。在国内规则中，《网络安全法》与《电子商务法》共同解决互联网贸易中的安全、秩序与自由的问题，并通过立法的方式解决互联网贸易的规制难题。同时，未来可能制定的《个人信息保护法》也可能影响《电子商务法》的规制范围和程度。在国际规则领域，新一代国际经贸规则开始进入规范电子商务的领域。例如，《加拿大—哥伦比亚自由贸易协定》规定，缔约方不应以不适当的电子方式阻碍贸易。美国自2000年之后签署的自由贸易协定都专章提及电子商务。基于此，《电子商务法》的实施不仅应对接相关国内规则与国内实践，更应与中国在国际规则上的利益诉求相衔接，通过打造科学的、系统的、成熟的中国电子商务法体系，有效提升中国在全球经济治理中的规则话语权。

总体而言，作为网络大国，我国应不断归纳本国创新性立法及其司法经验，通过国内法治对国际法治的示范与引领作用，使互联网治理的先进成果惠及全球。

二　构建面向未来的网络空间国际法治机制

（一）在网络空间实现人的全面发展

正如习近平总书记所言，在人权问题上没有最好，只有更好。[①] 人权是发展的，并且也应结合具体的语境。[②]中国的互联网自由本身体现为逐步发展的过程。纵然互联网政策符合当前的国际人权协定的要求，我国也应以更高的标准进一步提高互联网自由的水平，率先实现网络空间的法治化。

第一，以机制化、规范化为导向，不断深化互联网表达自由、接入自由和通信自由的范围与程度。虽然我国在立法上保障互联网自由，然而相关法律文件也存在一定缺陷。例如，《互联网信息服务管理办法》规定，若互联网信息服务提供者发现网络传输的信息违反法律规定，其应立即停止传输，保存有关记录，并向国家有关机关报告。然而，该笼统的规定可能带来执行和救济上的问题，其一，此处的"国家有关机关"是哪个机关？是国家安全部门、电信部门、公安机构，还是其他机构？由于该报告主体的不确定，受到利益影响的个人将难以主张其权利；其二，该法并没有规定信息发布、传输者的知晓权利及相应的救济措施。相似的条款规定也存在于其他法律文件中，甚至于最新的《网络安全法（草案）》第 40 条也存在此诟病。虽然基于国际人权协定的规定，对保护合法性目标的必要性的认定是基于个案解决的思路，也并未规定具体的执法部门。因为中国司法体制并未确定先例制度，个案解决的方法将损害法律规定的稳定性和可预见性，有鉴于此，笔者认为在相关的立法文件中，我国应明确限制互联网自由决策的机构，及其相应的救济机制。

同时，中国目前采用互联网实名制机制。互联网实名制并不违反现有的国际人权协定。在实践中，韩国等其他国家也采取实名制

[①] 新华网：《习近平：在人权问题上没有最好，只有更好》，http://news.xinhuanet.com/world/2012 - 02/15/c_ 111528580. htm，last visited on 15May，2020.

[②] See Marton Varju，"European Union Human Rights Law: The Dynamics of Interpretation and Context"，*Edward Elgar*，2013，pp. 1 - 2.

管理网络行为。① 然而，中国鲜见与互联网实名制配套的身份信息安全和保密等法律规范。② 在未来的立法或修改法律时，应将相应的制度完善。只有合法保障信息安全和保密，表达自由才能真正实现。

第二，我国应有理有据地维护我国网络空间的国家安全、公共利益和个人权利。以权利为本位的互联网政策并不意味脱离国家控制的互联网自由。美国奥巴马总统在2011年5月发表的《网络空间的国际策略》也指出，政府应该在网络空间中发挥负责任行为体的作用。③ 并非所有的审查机制、过滤机制、当地化措施（localization measures）等规则都构成非法的限制互联网自由的措施。其关键在于确保国家干涉自由的合法目标与必要性。由此，面对西方政府和学者等批评，我国应对外阐述自身特殊的政治体制和文化传统，并将现有的法律文本与实践进行合法性分析，消除一切不必要的互联网限制措施。

第三，增强国内外的互联网基础设施和设备可获得性，解决地区性的"数字鸿沟"（digital divide）。目前而言，我国是依照市场调节价确定电信资费。④ 作为一种公共成品，对互联网使用的获得不仅是经济发展的需要，更是人的基本权利之一。有鉴于此，我国未来应保证电信业务经营者收取市场导向的电信资费，同时合理照顾边远地区公民和弱势群体的上网权。2014年，在解决互联网安全论坛上，联合国秘书长指出，联合国将致力于确保互联网是可负担的、安全的和可信的全球公共资源，进而帮助人们创造出更好的世界。⑤ 作为负责任的大国，中国不断加强国内公民的互联网自由的同时，也在不断向广大发展中国家和欠发达国家提供互联网建设的帮助，提升全球互联网自由，自觉承担

---

① See Sean Gallagher, "A Handy Cheat Sheet for North Korea's Private Internet", Ars Technica, July 20, 2015.

② 参见全国人民代表大会常务委员会《关于加强网络信息保护的决定》，http：//www. gov. cn/jrzg/2012 – 12/28/content 2301231. htm. ，最后访问时间：2022年2月20日。

③ U. S. Department of State, "Remarks on the Release of President Obama Administration's International Strategy for Cyberspace", http：//www. state. gov/secretary/20092013clinton/rm/2011/05/163523. htm, last visited on 15 May 2020.

④ 参见《电信条例》第23条。

⑤ UN Secretary – General, Curtailing Freedom Does Not Preserve Order, But Undermines It, http：//www. un. org/press/en/2014/sgsm15808. doc. htm, last visited on 10 May 2020.

起大国责任。例如，在"一带一路"建设过程中，我国提出与东盟、阿拉伯、非洲等地区加强网络合作，共建"网上丝绸之路"的倡议。作为网络大国，我国应继续加大对互联网基础设施和设备的可获得性的投入，并将中国成功的经验推向世界，以此实现全人类的更美好未来。

（二）打造网络经济主权合作共治模式的中国方案

2016 年，习近平主席在第三届世界互联网大会再次呼吁携手构建网络空间命运共同体。网络空间命运共同体的建设为我国对网络空间国际合作提出的"中国方案"，其核心在于利用好、发展好、治理好网络空间。在"中国方案"构建中，网络经济主权合作不能缺位。如上分析，中国参与网络空间经济治理应在坚持网络经济主权平等的基础上，实现网络空间经贸活动的主权合作共治模式。

1. 倡导网络经济主权原则是主权合作共治模式的基础

网络经济主权反映为国家的治权，体现国家对域内的人、物及国内事务的管辖权和管理权，也体现为对外处理国家利益的权力。本质上，网络经济主权原则是网络空间命运共同体构建中的基本准则，其是破解当前网络霸权主义的核心原则。[1]

网络经济主权独立与平等体现为国家的规制自主性。国家规制反映国内的文化偏好（cultural preferences），并且回应国内需求。不同社会公民的文化和经验自然地导致对特定类型规制的不同见解和偏好，强制成员更改偏好是不合适的。[2] 在网络经济主权合作的"中国方案"中，国家主权合作应坚持主权平等和公平互利的国际法基本原则。具体而言，主权平等是合作的基础。在构建网络空间治理机制时，各国不应干涉他国内政，应尊重其他国家自主地选择网络发展道路、网络管理模式、网络治理机制等。

2. 网络经济主权合作的目标为促进网络空间和平与发展

---

[1] 孙南翔：《打造网络空间法治化治理的中国方案》，《中国社会科学报》2017 年 9 月 15 日。

[2] Michael Ming Du, "Domestic Regulatory Autonomy under the TBT Agreement: From Non-discrimination to Harmonization", *Chinese Journal of International Law*, Vol. 6, No. 2, 2007, p. 274.

和平与发展是人类社会永恒的主题。网络经济主权的行使在于保障国内公民能够实现发展权。互联网与发展权密切相关。在2014年解决互联网安全论坛上，时任联合国秘书长潘基文就明确指出确保互联网是可负担的、安全的和可信的全球公共资源，将能创造出更好的世界。互联网与发展紧密相关，深化发展是各国网络经济主权合作的重要内容。同时，网络空间的发展将保障网络空间的和平与稳定。

具体而言，其一，网络经济主权合作应关注发展中国家的利益。发展中国家和最不发达国家缺乏互联网技术与资金，其维护自身国家安全能力较薄弱。网络经济主权合作的目的在于深入推进全球网络经贸活动，致力于为各国特别是发展中国家人民共享发展成果创造条件和机会，进而实现全人类的共同发展。其二，网络经济主权合作为小微企业提供发展机会，实现包容性发展。信息共享、网络能力建设和资金筹集是小微企业发展面临的显著难题。2016年，阿里巴巴董事局主席马云多次提出构建全球电子商务平台（e-World Trade Platform）的倡议。该倡议已写入二十国集团领导人杭州峰会公报。全球电子贸易平台的构建能够着力提升小微企业的公平、自由与开放的贸易平台，更能够促进各国贸易的增长，实现全人类福利的增进。

3. 网络经济主权合作的方式在于实现网络空间法治化

网络主权核心体现为国家对网络基础设施、网络信息与技术标准、网络经贸活动的排他性管辖权与规制权。在主权合作中，网络空间法治化是破解网络空间无政府秩序的有效方法，也是实现网络空间长治久安的根本途径。正如"1949年科孚海峡案"中，阿尔瓦雷斯法官所言，主权确认了国家的权利，同时也要求国家承担义务。在国际法层面上，网络空间法治化体现各国权利与义务、责任与权力之间的协调统一，并实现秩序与自由、发展与安全价值的平衡。由此，网络空间命运共同体的"中国方案"构建应呼吁各国增强国内国际网络空间法律和制度供给，携手反对网络空间的非法贸易活动，依法惩治网络违法犯罪活动，切实实现网络空间法治化。

4. 推动网络经济主权合作共治模式的可循路径

习近平总书记在主持中共中央政治局第三十六次集体学习时指明，

"加快提升我国对网络空间的国际话语权和规则制定权"是我国建设网络强国的核心举措。网络经济主权合作与中国利益和全球公共利益均密切相关。作为网络大国和负责任的大国，我国应通过我国互联网治理的先发优势，不断提升我国的国际话语权与规则制定权，不断倡导和推动网络经济主权合作。

具体而言，中国参与引导创制网络空间规则的国际法方法有两种路径，其一，积极提出网络空间治理的提案，参与制定彰显信息时代特征的国际条约。在国际条约制定上，中国应提出体现信息时代特征的协定文本。例如，中国政府曾于2016年11月向世界贸易组织提交电子商务发展议案。然而，该文本并未提及数据流动、网络技术标准互认等信息时代的核心议题。在未来缔约时，我国可从互联网行业需求以及各国博弈的焦点出发，在明确中国核心利益的基础上，制定具备国际吸引力的提案与草案。

其二，通过国内立法形成示范作用而吸引他国效仿，进而形成普遍的国际实践，从而创制国际习惯法。在国内立法上，我国率先开展网络空间法治化治理进程，并已取得卓越成效。例如，2016年12月，我国公布《电子商务法》（草案），该草案分别对电子商务经营主体、电子商务第三方平台、电子支付服务提供者等进行规制。该类型的规制模式告别传统的统一化的规制模式。由此，中国应不断归纳本国创新性立法及其司法经验，向世界分享中国网络空间法治化治理的先进经验。

三　推动网络空间经贸规则法治化治理的中国方案

网络空间国际经贸治理机制正处于塑造的关键节点。作为负责任的大国，我国应积极参与国际经贸治理机制。习近平总书记指出，中国走向世界，以负责任大国参与国际事务，必须善于运用法治。[①]法治化治理是互联网经贸的终极目标。正基于此，为应对网络空间经贸规则治理的挑战，我国应从国际法、国内法层面加速推动网络空间经贸规则法治化治理进程。

---

① 习近平：《加强党对全面依法治国的领导》，《求是》2019年第4期。

（一）以WTO改革为契机解决数字贸易议题

当前WTO正面临严峻的挑战，其原因主要来自以下三个层面：第一，国际经贸格局变动影响世贸组织体系的既有稳定性，主要的原因是美国、欧盟、中国和日本在国际贸易领域实力和地位发生了变化；第二，WTO协定文本存在滞后性，除贸易便利化等程序性规则外，WTO协定文本自1995年后没有进行与时俱进的修订；第三，大型区域贸易协定的勃兴导致WTO的地位受到威胁。在上述三个原因的共同作用下，WTO改革具有必要性。在此契机下，通过WTO改革解决数字贸易议题具有可行性。

其一，WTO仍是迄今为止唯一的多边贸易机制。虽然互联网经贸规则正面临碎片化的威胁，然而我国应坚持在WTO框架下解决互联网经贸规则。由于互联网具有跨国界性，只能由国际社会共同解决。同时，鉴于数字贸易议题为新议题，其核心是解决数字贸易的客观情势变化与法律规则滞后之间的冲突。在可行性上，各成员方具有求同存异并实现共同利益的动机。

其二，WTO可确保数字贸易的非歧视待遇。一方面，WTO协定涉及货物贸易、服务贸易、投资等领域。由于非歧视待遇是WTO协定的基石，将数字贸易纳入WTO协定可确保数字贸易及其相应投资政策的非歧视性。另一方面，WTO对"国家安全""安全""公共秩序"等例外规则进行严格限制，[①] 其有利于避免成员方肆意扩大国家安全等概念，阻碍互联网经贸活动的正常进行。

（二）以升级中国区域贸易协定与双边投资协定的方式推动企业走出去

虽然《欧盟外商直接投资审查框架条例》等对中国互联网企业海外投资构成潜在威胁并增加额外的交易成本，但是毫无疑问，中国企业仍要将西方国家作为重要的目标市场。例如，欧盟具有市场化程度高、

[①] 例如，欧洲议会要求《欧盟战略性行业投资法规草案》应符合世贸组织协定下对安全和公共秩序的限制性措施要求，特别是《服务贸易总协定》关于限制措施不构成歧视性待遇或变相贸易限制的规定。同时，《服务贸易总协定》评注5规定，公共秩序例外只能在对社会的基本价值形成实质性的和足够严重的威胁情况下才可以被适用。换言之，在世贸组织法层面，对援引安全和公共秩序例外的标准较高，需要成员方证明其限制投资措施满足保障社会基本价值功能。

营商环境好，具备先进技术和与管理经验等优势，中国互联网企业仍具有在西方市场获得短期盈利或长期竞争力的巨大利益。为此，中国应积极以升级中国区域贸易协定与双边投资协定的方式推动互联网企业走出去。

当前，区域经贸协定是全球贸易治理机制的重要内容。作为抗衡美国对中国的"规锁"，[①]中国应加速推进《区域全面经济伙伴关系协定》《中日韩自由贸易协定》等区域经贸协定的谈判，并以此为模板，构筑数字贸易、对外投资和数据治理的中国范本，在法律上、舆论上和策略上应对美式范本的挑战。此外，中国与众多国家签署双边投资协定，并与德国、荷兰、葡萄牙、西班牙等主要国家在近十年内重新商签新协定。因此，一方面，中国要积极利用国民待遇、最惠国待遇和公共公正待遇主张中国投资者的合法利益；另一方面，中国也应积极推进中欧双边投资协定等重要的双边投资协定谈判。在中欧双边投资协定中，我国可建议对安全及公共秩序审查做出具体安排，特别是界定并梳理安全和公共利益的核心内容，并通过强化安全审查的透明度和程序公正要求，以此避免东道国投资安全审查对中国投资者所造成的不利影响。特别是，中国也可借鉴经济合作与发展组织对外国投资审查的四项指导规范，即，非歧视性、透明度/可预测性、规制比例性和可负责性，[②]以此获得公正合理的待遇。

（三）以系统完善中国互联网经贸治理机制为基础推广中国经验

欧洲智库研究认为，在其调查的65个主要国家或地区中，我国数字贸易限制壁垒程度最高，达到0.7（总分值为1），远高于数字贸易限制第二高的俄罗斯水平（其分值约为0.45）。[③]然而，我国理论界和实务界长期认为我国互联网立法具有比较优势，甚至应成为互联网治理的中国经验。东西方两种观点存在显著的矛盾。正因如此，中国有必要系统

[①] 参见张宇燕、冯维江《从"接触"到"规锁"：美国对华战略意图及中美博弈的四种前景》，《清华金融评论》2018年第7期。

[②] OECD, Guidelines For Recipient Country Investment Policies Relating to National Security, Recommendation adopted by the OECD Council on 25 May 2009, https://www.oecd.org/daf/inv/investment-policy/43384486.pdf, last visited on March 7 2019.

[③] See ECIPE, Digital Trade Restrictiveness Index, http://ecipe.org/app/uploads/2018/04/DTRI-final1.pdf, last visited on March 7 2019.

梳理并阐述我国互联网经贸治理的制度和实践。

其一，中国应明确国内法治与国际法治的可通约性。二者本质都在于推动互联网经贸规则的发展，并对贸易商和投资者实现最小化的规制负担。在此基础上，我国应推动我国互联网法治化机制的完善。同时，与欧盟的强保护机制不同，中国互联网治理模式在确保政府控制敏感信息的前提下，赋予市场主体更多的灵活性。例如，我国将个人信息的保护集中在"个人可识别信息"。该规则在保护个人信息的同时，允许企业对"不可识别信息"或"去识别化信息"的利用。从根本上，与互联网平台企业走出去相伴而生，我国应积极推动中国互联网治理模式走出国门。当前，众多发展中国家正酝酿制定网络法或信息法，我国应鼓励和支持行业协会、科研单位与高校等机构研究和参与其他发展中国家网络与信息立法，积极向海外推广中国互联网治理的先进经验。

其二，我国应系统理清政府与企业之间的所谓"不透明"关系。针对美国、欧盟等对中国互联网企业受到政府控制的担心，我国可通过明确的指导、完善的执法、有效的监督等机制解决政府和企业之间"不透明"的关系。例如，在制度构建上，我国司法部门可出台政府与企业关系行为守则，厘清政府和市场的关系；在行为约束上，中国市场管理部门可深化公平竞争审查制度，在国内建立起一视同仁的公平竞争机制；在监督层面，我国商务部门可设置联络点，以完善的救济机制应对不公正补贴、国有企业超国民待遇等申诉。

（四）以推进法域外适用的法律体系建设为起点维护我国正当利益

在与欧美国家的数据博弈中，我国应加大对数据管辖的立法活动，推进我国法域外适用的法律体系建设。目前而言，我国对数据管辖问题采取了较为保守的数据存储主义。数据存储地管辖模式导致我国无法管辖对我国境内产生实质性影响的境外活动。我国《网络安全法》《电子商务法》等立法均只约束在我国境内的网络活动和电子商务活动。一方面，该立法模式无法抗衡美欧在第三国主张对我国数据的管辖权；另一方面，作为新兴的互联网大国，该立法模式相当于放弃对我国企业在域外运营数据的管辖权。因此，我国应反思对互联网经贸规则治理消极应对的理念与立场。①

在理念层面，我国宜拓展数据管辖权的范围，进一步贯彻落实总体国家安全观。目前而言，我国对数据管辖问题采用了较为克制的数据存储地标准，其属于典型的属地管辖标准。当前，属地管辖标准无法应对美欧数据长臂管辖的挑战，也不符合国家管辖权的国际法实践。国家管辖权可分为属地管辖权、属人管辖权、保护性管辖权和普遍性管辖权。因此，我国司法机构或执法机构可通过司法解释或者行政决定确定我国数据管辖权的范围，其不仅包括对中国境内以及中国实体所持有数据的管辖权，还应包括外国人在我国境外实施侵害我国国家和公民的重大数据利益的犯罪行为以及危害国际安全及全人类利益的国际犯罪行为享有管辖权，以此在法理上确定我国数据治理的合法与正当权限。

在实践层面，我国应尽快建立统一的重要数据出境报告及安全评估机制。美欧单边数据长臂管辖规则已正式实施。数据本地化政策无法解决数据的不当跨境流动问题。我国亟须建立重要数据的出境报告机制及安全评估机制。2017年，全国信息安全标准化技术委员会公布《数据出境安全评估指南（草案）》。该草案规定不同部委享有对不同领域的数据安全评估权。然而，不同部委在数据安全评估上难以形成统一的执法标准。因此，建议长期内可探索设置专门的数据治理与保护机构，短期内则可考虑将数据出境报告和安全评估的统一联络点设置互联网信息办公室，并由其他单位等予以配合，以此有效地应对日益严峻的美欧数据管辖威胁。

同时，在《外商投资法》颁布实施后，我国应尽快出台《外商投资法》实施细则，细化我国外商投资安全审查机制。虽然我国《外商投资法》规定我国可采取反制措施应对其他国家的投资保护政策，然而由于缺乏实施细则，对相关企业、国家并未形成威慑力。有鉴于此，我国应建立与美国、欧盟新规相似的国家安全审查机制，以此抗衡中国企

---

① 我国《网络安全法》规定："关键信息基础设施的运营者在中华人民共和国境内运营中收集和产生的个人信息和重要数据应当在境内存储。"我国《电子商务法》规定："中华人民共和国境内的电子商务活动，适用本法。"从文本解释上可知，此处的中国境内的电子商务活动本身采取的是数据存储主义，而非数据控制者。

业在美欧可能遭受的不公正待遇。同时，我国商务部门、科研院所应积极研究欧盟及其成员国的立法动向和司法实践，我国商会和行业协会应对赴欧投资者提供及时的法律和政策咨询建议。在确保合规的前提下，依法鼓励我国互联网企业赴欧投资。

参考文献

一 中文文献

［德］卡尔·拉伦茨：《法学方法论》，陈爱娥译，商务印书馆 2003 年版。

［法］M. 维拉利：《国际法上的善意原则》，刘昕生译，《国外法学》1984 年第 4 期。

［美］杰克·戈德史密斯、埃里克·波斯纳：《国际法的局限性》，龚宇译，法律出版社 2010 年版。

蔡昉：《中国改革成功经验的逻辑》，《中国社会科学》2018 年第 1 期。

李林：《中国依法治国二十年（1997—2017）》，社会科学文献出版社 2017 年版。

刘敬东：《"市场经济地位"之国际法辨析——〈加入议定书〉与中国"市场经济地位"》，《国际经济法学刊》2015 年第 1 期。

刘敬东：《WTO 法律制度中的善意原则》，社会科学文献出版社 2009 年版。

刘岳川：《投资美国高新技术企业的国家安全审查风险及法律对策》，《政法论坛》2018 年第 6 期。

裴长洪：《法治经济：习近平社会主义市场经济理论新亮点》，《经济学动态》2015 年第 1 期。

石广生主编：《中国加入世界贸易组织谈判历程》，人民出版社 2011 年版。

孙南翔、张晓君：《论数据主权：基于网络空间博弈与合作的考察》，《太平洋学报》2015 年第 2 期。

孙南翔：《美国经贸单边主义：形式、动因与法律应对》，《环球法律评论》2019 年第 1 期。

孙南翔：《WTO 体制下国内治理的"正当程序"规则研究》，《国际经济法学刊》2014 年第 1 期。

孙南翔：《裁量余地原则在国际争端解决中的适用及其拓展》，《国际法研究》2018 年第 3 期。

孙南翔：《互联网规制的国际贸易法律问题研究》，法律出版社 2017 年版。

孙南翔：《论"发展的条约解释"及其在世贸组织争端解决中的适用》，《环球法律评论》2015 年第 5 期。

孙南翔：《〈美墨加协定〉对非市场经济国的约束及其合法性研判》，《拉丁美洲研究》2019 年第 1 期。

孙南翔：《超越先例作用力：基于 WTO 争端解决实践的研究》，《武大国际法评论》2015 年第 18 卷第 1 期。

孙南翔：《从限权到赋权：面向未来的互联网贸易规则》，《当代法学》2016 年第 5 期。

孙南翔：《国家安全例外在互联网贸易中的适用及展开》，《河北法学》2017 年第 5 期。

孙南翔：《唤醒装睡的美国：基于美国对华单边贸易救济措施的分析》，《国际经济法学刊》2018 年第 4 期。

孙南翔：《跨区域贸易安排的勃兴与中国的因应》，《汕头大学学报》（人文社会科学版）2015 年第 2 期。

孙南翔：《认真对待"互联网贸易自由"与"互联网规制"——基于 WTO 协定的体系性考察》，《中外法学》2016 年第 2 期。

孙振宇：《WTO 多哈回合谈判中期回顾》，人民出版社 2005 年版。

谢海定：《中国法治经济建设的逻辑》，《法学研究》2017 年第 6 期。

袁鹏：《四百年未有之变局：中国、美国与世界新秩序》，中信出版集团 2016 年版。

［美］约瑟夫·E. 斯蒂格利茨：《让全球化造福全球》，雷达译，中国人民大学出版社 2013 年版。

张宇燕、冯维江：《从"接触"到"规锁"：美国对华战略意图及中美博弈的四种前景》，《清华金融评论》2018 年第 7 期。

张宇燕、高程:《美国行为的根源》,中国社会科学出版社2016年版。

张月姣:《亲历世界贸易组织上诉机构》,社会科学文献出版社2017年版。

赵维田:《中国入世议定书条款解读》,湖南科学技术出版社2005年版。

赵维田:《WTO的司法机制》,上海人民出版社2004年版。

二 外文文献

A. Von bogdandy, I. Venzke, *In Whose Name? A Public Law Theory of International Adjudication*, Oxford, 2014; N. Grossman, "The Normative Legitimacy of International Courts", *Temple Law Review*, 2012.

Bernard Hoekman, "Proposals for WTO Reform: A Synthesis and Assessment", *Minnesota Journal of International Law*, Vol. 20, 2011.

Bernard Hoekman, "The World Trade Order: Global Governance by Judiciary?", *European Journal of international Law*, Vol. 27, 2016.

Bernard Hoekman, Will Martin, Aaditya Mattoo, "Conclude Doha: It Matters!", *World Trade Review*, Vol. 9, No. 3, 2010.

Bobjoseph Mathew, *The WTO Agreements on Telecommunications*, Peter Lang, 2001.

D. E. Denning, "Power over Information Flow", in Ramesh Subramanian and Eddan Katz (eds.), *The Global Flow of Information: Legal, Social and Cultural Perspectives*, New York: New York University Press, 2011.

Dani Rodrik, "How to Save Globalization from Its Cheerleaders", *Journal of International Trade and Dispute*, Vol. 1, 2007.

David Sloss, Judicial Deference to Executive Brach Treaty Interpretations: A History Perspective, 2007.

Dieter Ernst, Indigenous Innovation and Globalization: The Challenge for China's Standardization Strategy, June 2011, East – West Centre.

Evgeny Morozov, "The Net Delusion: The Dark Side of Internet Freedom", *Public Affairs*, 2010.

Federico Ortino, Basic Legal Instruments for the Liberalization of Trade: A Comparative Analysis of EC and WTO Law, Oxford: Hart

Publishing, 2004.

Fredrick M. "Abbott, A New Dominant Trade Species Emerges: Is Bilateralism A Threat?" *Journal of International Economic Law*, Vol. 10, 2007.

Gregory Shaffer, etc., "China's Rise: How It Took on the U. S. at the WTO", *University of Illinois Law Review*, Vol. 2018, 2018.

Hamid Mamdouh, Services Liberalization, "Negotiations and Regulation: Some Lessons from the GATS Experience", in Aik Hoe Lim, Bart De Meester (eds.), *WTO Domestic Regulation and Services Trade: Putting Principles into Practice*, Cambridge: Cambridge University Press, 2014.

Hosuk Lee-Makiyama, "Future-Proofing World Trade in Technology: Turning the WTO IT Agreement (ITA) into the International Digital Economy Agreement (IDEA)", ECIPE Working Paper No. 04/2011.

Ian Brownlie, *Principles of Public International Law*, Oxford, 1990.

Ignacio de la Rasilla del Moral, "The Increasingly Marginal Appreciation of the Margin-of-Appreciation Doctrine", *German Law Journal*, Vol. 6, No. 7, 2006.

Ilaria Espa, Philip I. Levy, "The Analogue Method Comes Unfastened – The Awkward Space between Market and Non-Market Economies in EC-Fasteners (Article 21.5)", *World Trade Review*, Vol. 17, 2018.

Jacob Katz Cogan, "Competition and Control in International Adjudication", Virginia Journal of International Law, Vol. 48, 2008.

Jeff Waincymer, WTO Litigation: Procedural Aspects of Formal Dispute Settlement, Cameron May, 2002.

Jennings/Watts, *Oppenheim's International Law* (9th ed), Oxford University Press, 1992.

Joel P. Trachtman, "International Legal Control of Domestic Administrative Action", *Journal of International Economic Law*, 2014, 17, 753–786.

Joel P. Trachtman, *The Future of International law: Global Government*, Cambridge University Press, 2013.

Joost Pauwelyn, Legal Avenues to "Multilateralizing Regionalism": Beyond Article XXIV, WTO-HEI Conference on Multilateralising Regionalism,

Geneva 1, 2007.

Julia Ya Qin, "'WTO-Plus' Obligations and Their Implications for the WTO Legal System: An Appraisal of the China Accession Protocol", in *Journal of World Trade*, Vol. 3, No. 3, 2003.

Julia Ya Qin, Defining Nondiscrimination Under the Law of the World Trade Organization, *Boston University International Law Journal*, Vol. 23, 2015.

Karen J. "Alter, Agents or Trustees? International Courts in their Political Context, European Journal of International Relations", Vol. 14, 2008.

Kent Jones, "The Doha Blues: Institutional Crisis and Reform in the WTO", Oxford University Press, 2010.

Klabbers, "Jurisprudence in International Trade Law: Article XX of GATT", *Journal of World Trade*, Vol. 26, 1992.

Majone, Giandomenico, "Two Logics of Delegation: Agency and Fiduciary Relations in EU Governance", *European Union Politics*, Vol. 2, 2001.

Manfred ELSIG, "The World Trade Organization's Legitimacy Crisis: What Does the Beast Look Like?", *Journal of World Trade*, Vol. 41, 2007.

Manfred Elsig, Thomas Cottier, *Governing the World Trade Organization: Past, Present and Beyond Doha*, Cambridge University Press, 2011.

Mark Wu, "Free Trade and the Protection of Public Morals: An Analysis of the Newly Emerging Public Morals Clause Doctrine", *Yale Journal of International Law*, Vol. 33, 2008.

Mark Wu, "The 'China, Inc.' Challenge to Global Trade Governance", *Harvard Journal of International Law*, Vol. 57, No. 2, 2016, p. 261.

Matthias Bauer, Hosuk Lee-Makiyama, Erik van der Marel, Bert Verschelde, "The Costs of Data Localisation: A Friendly Fire on Economic Recovery", ECIPE Occasional Paper No. 03/2014.

Meredith Kolsky Lewis, "Dissent as Dialectic: Horizontal and Vertical Disagreement in WTO Dispute Settlement", *Stanford Journal of International Law*, Vol. 48, 2012.

Meredith Kolsky Lewis, "The Trans-Pacific Partnership: New Paradigm or

Wolf in Sheep's Clothing?", Boston College International and Comparative Law Review, Vol. 34, 2011.

Michael Cartland et al., "Is Something Going Wrong in the WTO Dispute Settlement?", *Journal of World Trade*, Vol. 46, 2012.

Mike Moore, Doha and Beyond: The Future of the Multilateral Trading System, Cambridge University Press, 2004.

Mohamed Shahabuddeen, *Precedent in the World Court*, Cambridge University Press. 1996.

Musacchio, Sergio G. Lazzarini, "Leviathan in Business: Varieties of State Capitalism and their Implications for Economic Performance", *Harvard Business School Working Paper* 12 – 108, 2012.

Oddný Mjöll Arnardóttir, "Organised Retreat? The Move from "Substantive" to "Procedural" Review in the ECtHR's Case Law on the Margin of Appreciation", *European Society of International Law Conference Paper Series*, No. 4/2015.

Ortino, "From 'Non – Discrimination' to 'Reasonableness': A Paradigm Shift in International Economic Law?", *Jean Monnet Working Pape* 01/05, 2005.

P. J. K., "From the board: The US Attack on the WTO Appellate Body", Legal Issues of Economic Integration, Vol. 45, 2018.

Panagiotis Delimatsis, "International Trade in Services and Domestic Regulations", Oxford University Press, 2007.

Paul Blustein, "China Inc. In the WTO Dock: Tales from a System under Fire", CIGI Papers No. 157, December 2017.

Petros C. Mavroidis, "If I Don't Do It, Somebody Else Will (Or Won't): Testing the Compliance of Preferential Trade Agreements with the Multilateral Rules", *in Journal of World Trade*, Vol. 40, 2006.

Petros C. Mavroidis, "The Gang That Couldn't Shoot Straight: The Not So Magnificent Seven of the WTO Appellate Body", *European Journal of International Law*, Vol. 27, 2016.

Pierre Sauve, "A Plurilateral Agenda for Services? Accessing the Case for a

Trade in Services Agreement (TISA)", NCCR Working Paper No. 2013/29, May 2013.

Rafael Leal – Arcas, "Proliferation of Regional Trade Agreements: Complementing or Supplanting Multilateralism?" *Chicago Journal of International Law*, Vol. 11, 2011.

Raj Bhala, "National Security and International Trade Law: What the GATT Says, and What the United States Does", 19 *University of Pennsylvania Journal of International Economic Law* 1988.

Robert Howse, Hélène Ruiz – Fabri, Geir Ulfstein, Michelle Q. Zang, *The Legitimacy of International Trade Courts and Tribunal*, Cambridge University Press, 2018.

Robert Howse, "The World Trade Organization 20 Years On: Global Governance by Judiciary", *European Journal of International Law*, Vol. 27, 2016.

Rostam J. Neuwirth, Alexandr Svetlicinii, The Economic Sanctions over the Ukraine Conflict and the WTO: "Catch – XXI" and the Revival of the Debate on Security Exceptions, *Journal of World Trade*, Vol. 49, No. 5, 2015.

Shin – yi Peng, Cybersecurtiy Threats and the WTO National Security Exceptions, Journal of International Economic Law, Vol. 18, 2015.

Shin – yi Peng, "GATS and the Over – the – Top Services: A Legal Outlook", 50 Journal of World Trade 2016.

Shin – yi Peng, "Regulating New Services through Litigation? Electronic Commerce as a Case Study on the Evaluation of 'Judicial Activism' in the WTO", *Journal of World Trade*, Vol. 48, No. 6, 2014.

Shlomo – Agon, Sivan, " 'Clearing the Smoke: The Legitimation of Judicial Power at the WTO' ", *Journal of World Trade*, Vol. 49, 2015.

Shoaib Ghias, International Judicial Lawmaking: A Theoretical and Political Analysis of the WTO Appellate Body, Berkeley Journal of International Law, Vol. 24, 2006.

Surendra Bhandari, "Doha Round Negotiations: Problems, Potential Outcomes, and Possible Implications", *Trade Law and Development*, Vol. 4, No. 2, 2012.

Tetyana Payosova, Gary Clyde Hufbauer, Jeffrey J. Schott, "The Dispute Settlement Crisis in the World Trade Organization: Causes and Cures", *Peterson Institute for International Economics*, PB18－5.

Thomas Cottier, "The Common Law of International Trade and the Future of the World Trade Organization", *Journal of International Economic Law*, Vol. 18, 2015.

Tim Wu, "The World Trade Law of Censorship and Internet Filtering", *Chicago Journal of International Law*, Vol. 7, No. 1, 2006.

Timothy Meyer, Saving the Political Consensus in Favor of Free Trade, *Vanderbilt Law Review*, Vol. 70, 2017.

Tom Ginsburg, "Bounded Discretion in International Judicial Lawmaking", *Virginia Journal of International Law*, Vol. 45, 2005.

W. S. Minor, "Public Interest and Ultimate Commitment", in C. J. Friedrich eds., Nomos V, *The Public Interest*, New York: Atherton Press, 1962.

Weihuan Zhou, Delei Peng, "EU－Price Comparison Methodologies (DS516): Challenging the Non－Market Economy Methodology in Light of the Negotiating History of Article 15 of China's WTO Accession Protocol", *Journal of World Trade*, 2018.

William H. Cooper, "The Jackson－Vanik Amendment and Candidate Countries for WTO Accession: Issues for Congress", *US Congressional Research Service*, 26 July 2012.